Momber · 's ist Krieg! 's ist Krieg!

So sah ich als Soldat aus

Diese II. Probe der Kriegsmappen widme ich
Karl Nierendorf
im Juni 1924

Eckhardt Momber

's ist Krieg! 's ist Krieg!
Versuch zur deutschen Literatur
über den Krieg 1914–1933

Redaktion: Peter Moses-Krause

CIP-Kurztitelaufnahme der Deutschen Bibliothek:

Momber, Eckhardt:
's ist Krieg! 's ist Krieg!: Versuch zur dt.
Literatur über d. Krieg 1914–1933 / Eckhardt
Momber. – Berlin: Das Arsenal, 1981.
  ISBN 3-921810-50-7

Umschlag: Ralf Christians
Satz: IBV Lichtsatz KG, Berlin
Druck: F. L. Wagener, Lemgo

Das Arsenal. Verlag für Kultur und
Politik GmbH., Tegeler Weg 5, D-1000 Berlin 10

ISBN 3-921810-50-7

's ist Krieg! 's ist Krieg! O Gottes Engel wehre,
   Und rede du darein!
's ist leider Krieg – und ich begehre
   Nicht schuld daran zu sein!

Was sollt ich machen, wenn im Schlaf mit Grämen
   Und blutig, bleich und blaß,
Die Geister der Erschlagnen zu mir kämen,
   Und vor mir weinten, was?

Wenn wackre Männer, die sich Ehre suchten,
   Verstümmelt und halb tot
Im Staub sich vor mir wälzten und mir fluchten
   In ihrer Todesnot?

Wenn tausend tausend Väter, Mütter, Bräute,
   So glücklich vor dem Krieg,
Nun alle elend, alle arme Leute,
   Wehklagten über mich?

Wenn Hunger, böse Seuch' und ihre Nöten
   Freund, Freund und Feind ins Grab
Versammleten, und mir zu Ehren krähten
   Von einer Leich' herab?

Was hülf mir Kron' und Land und Gold und Ehre?
   Die könnten mich nicht freun!
's ist leider Krieg – und ich begehre
   Nicht schuld daran zu sein!

Matthias Claudius, 1782

Nein, ich werde nicht gleich zur Sache kommen. Krieg unter Beteiligung der Bundesrepublik und in der möglichen Folge davon auch in der Bundesrepublik scheint nicht mehr ausgeschlossen. Krieg, wie ich ihn als roten Faden in der deutschen (Literatur-)Geschichte von 1914 bis 1933 aufdröseln will, hat offensichtlich eine vorläufig endlose Laufzeit in diesem Land.

Nie wieder Krieg! Das war nach dem 1. Weltkrieg eine ernstgemeinte Parole, auch nach dem 2. Weltkrieg. Inzwischen hat sie an politischer Glaubwürdigkeit verloren und ist in die Nähe der frommen Wünsche geraten.

GEHT'S DENN SCHON WIEDER LOS?

Man könne nicht zusehen, daß die Sowjetunion ihren Arm über unsere Ölquellen strecke! Zu diesem »man« zählte sich in erster Linie Franz Joseph Strauß in einer ZDF-Sendung am 13. Januar 1980. »Unsere« Ölquellen bezog sich auf die Ölquellen am Persischen Golf. Für den Aufbau einer militärischen Einsatzgruppe in der Dritten Welt sprach sich der entwicklungspolitische Sprecher der CSU-Bundestagsfraktion aus. Die »Frankfurter Rundschau« fragte am 6. 8. 1979 schon: Entwicklungspolitik mit anderen Mitteln? Auf ihrem Sicherheitskongreß im Januar 1980 forderte die CDU die Aufhebung der geographischen Begrenzung der NATO. Die CDU gibt sich den Anschein, als wolle sie die Energiekrise der Bundesrepublik notfalls auch mit einem »Ölkrieg« lösen. Das ist trotz der historischen Herkunft dieser Partei – Stichworte: Remilitarisierung, Eingliederung in die NATO und seit der Gründung der entschiedene Vorrang einer »Politik der Stärke« – als neue Stufe einer hauptsächlich promilitaristischen Politik überraschend.

Und die SPD? Was denken ihre führenden Leute, seit ein Krieg und die Beteiligung der BRD daran wieder ins Gerede gekommen ist? Ihr Hauptmerkmal im Unterschied zur CDU ist der geringere Grad an Nibelungentreue zur Supermacht USA. Letztlich aber herrscht auch in dieser Partei das bündnistreue Denken vor. Herbert Wehner brachte das deutsch-amerikanische Abhängigkeitsverhältnis in einen atemberaubenden Vergleich zum Verhältnis DDR/Sowjetunion: »Die werden nicht machen können, was sie eigentlich für nützlich hielten, wir werden nicht machen können, was wir eigentlich für nützlich hielten. So wird das sein. Das ist unsere nächste Zukunft«[2].

Weitere Zukunftsäußerungen: Bundeskanzler Helmut Schmidt hält einen Krieg um das Öl »für möglich«[3]. Für den Fall einer US-Blockade der persischen Häfen vermutet er: »Dann sind wir ganz nah am Schießen«[4].

Bundeskanzler Schmidt hat einen, wie ihm scheint passenden, Vergleich aus der Geschichte parat: Die internationale Lage sei ähnlich explosiv wie im Jahre 1914 am Vorabend des 1. Weltkriegs. Der verdächtig leichte Griff in die Geschichte als Geste der Interpretation gegenwärtiger Politik: Wer die Politik der Entspannung befürworten will, der erinnert an die Zeit vor 1914. Hier könne man lernen, daß Säbelrasseln und »Politik der Stärke« internationale Mißverständnisse fördere und den Krieg riskiere. Wer dagegen die Politik der Härte befürworten will, der erinnert an die Zeit vor 1939. Hier könne man lernen, wie illusionär Entspannungspolitik gegenüber einem »totalitären Staat« sei.

So wird Geschichte entleert, anstatt aus ihr zu lernen. Die wirklichen Triebkräfte beider Kriege bleiben ungenannt.

In beiden Vorkriegszeiten blieben die eigentlichen Kriegsursachen vernebelt. Sollten wir in der Zeit vor einem möglichen 3. Weltkrieg unsererseits über die kriegstreibenden Ursachen der Gegenwart im Unklaren bleiben?

Es gibt nicht einen einzigen Hinweis darauf, daß sie grundsätzlich anders beschaffen seien als vor 1914 und vor 1939. An den kapitalistisch fundamentierten gesellschaftlichen Verhältnissen hat sich im Kern nichts geändert. Immer noch geht es um fremde Territorien und außenpolitische Einflußsphären, damals ums Erz, heute ums Öl. Immer noch können Menschen gegen ihre eigenen objektiven Interessen massenhaft vernichtet werden.

Zu meinen Kindheitserinnerungen gehört der Tod des Unteroffiziers Brinkmann vor Verdun im Frühjahr 1916, so wie mein Großvater ihn mir erzählte. Vorweg kommt immer die kleine Episode von einem gefallenen Franzosen, neben den er sich in glühender Mittagshitze gesetzt habe. Der Tote sei noch ganz frisch gewesen, trotzdem habe er sich nicht getraut, ihn anzufassen. Warum denn nicht? Darauf antwortet er stets ausweichend, als wüßte er das bis heute noch nicht.

»Ich weiß nicht genau, ob ich nun von der Front zurück mußte oder nur zurück wollte. Auf jeden Fall ritt Unteroffizier Brinkmann vor mir her, auf einem braunen Pferd. Da sah ich rechts und links Staub- und Dreckwolken einschlagender Geschosse. Das kannte ich schon, das war Piefke. So nannten wir ein Geschoß, das den Boden nur anschlug und dessen Splitter weit auseinandersprritzten. Ich konnte nur noch ›Trab‹ sagen, aber da war es schon geschehen. Erst fiel der Unteroffizier Brinkmann vom Pferd, und dann fiel auch das Pferd um. Beide tot, er und das Pferd. Ich bin erst mal weitergeritten und dann, als sich die Lage etwas beruhigt hatte, bin ich zurück, habe ein Loch in die Erde gemacht, ein Stück Holz davor, so 'ne Art Kreuz. Und dann haben wir ihn da reingelegt. Mußte ja gemacht werden, nicht?«

Für die Arbeiter, nicht für alle, aber doch für die meisten, war der Krieg faktisch eine böse Sache. Für sie wurde er tatsächlich, als was er sonst gern ausgegeben wird: eine Naturkatastrophe.

Die Kriegskreditbewilligung durch die Führer der Sozialdemokratie (plus Gewerkschaft) wirkte verheerend. Die Mehrheit der sozialdemokratisch organisierten Arbeiterbewegung stürzte sich in das chauvinistische Glück, endlich nicht mehr »vaterlandslos« sein zu müssen, endlich mit von der Partie, endlich deutsch sein zu dürfen. Eine Minderheit wollte den Krieg verhindern und wurde zunächst einmal auseinandergejagt, in die vordersten Gräben oder auf die Festungen (die Militärzuchthäuser).

Was dieser Krieg unter »sozialistischen« Arbeitern, vormals auf den Frieden und seine Verteidigung eingeschworen, anrichtete, wie er die gesamte Arbeiterschaft in Deutschland durcheinanderwirbelte und sie eigentlich bewußtlos machte, das schildert

Willi Bredel in seinem Roman »Die Väter« (1941). Im Mittelpunkt steht eine Hamburger Arbeiterfamilie:

Johann Hardekopf, treuer, ja glühend überzeugter Sozialdemokrat, hatte schon den Krieg 1870/71 gegen Frankreich mitgemacht. Als er auf Befehl gefangene französische Klassenbrüder, Pariser Kommunarden zur Erschießung abliefert, da wird dieses Erlebnis ein Wendepunkt in seinem Leben. Diese Schuld bedrückt ihn seitdem, und er widmet sein Leben dem Kampf gegen Krieg und Gewalt, für den »Sozialismus«.

Gegen Ende seines Lebens ist Johann Hardekopf ein gebrochener Mann. Enttäuschungen über Enttäuschungen lassen ihn am historischen Fortschritt zweifeln; nur einmal noch bricht Sonne durch, in den Tagen der Reichstagswahl im Januar 1912: 110 Abgeordnete stehen jetzt nach dem größten Wahlsieg der SPD vor dem 1. Weltkrieg gegen die kriegstreiberischen Alldeutschen, die Interessenvertreter des deutschen Monopolkapitals.

Der schöne Traum schien Wirklichkeit zu werden: Freiheit, Gerechtigkeit und Liebe unter den Menschen. Der Krieg, von allen Übeln das größte, schien ein für allemal von Deutschland abgewendet. Zwar tobte und drohte er noch in anderen Teilen der Welt, doch das war weit weg, in Tripolis, in Mexiko und als akute Drohung in Marokko und um den »Kranken Mann am Bosporus«.

Aber die beiden europäischen Machtblöcke, hier Deutschland/Österreich, dort Frankreich/Rußland/England, hörten nicht auf, sich aneinander zu reiben. In den Gewerkschaftshäusern der deutschen Sozialdemokratie drehte sich der politische Wind. Im Sommer 1914 sang man zunächst »Wir halten fest und treu zusammen… wie die Wurst am Band… wie die Wurst am Band« und die Funktionäre barsten vor »Realpolitik«: Wir Sozialdemokraten nehmen die Dinge, wie sie sind. Wir Sozialdemokraten machen uns keinen Traum aus der Welt. Wir Sozialdemokraten sind gewohnt, auch den unangenehmsten Ereignissen kühl, ganz kühl ins Auge zu sehen. Es dauerte nicht allzu lange, da schallte es »Deutschland, Deutschland über alles – über alles in der Welt« auch aus den »Waffenschmieden des Proletariats«.

August 1914. Erst die Mobilmachung, und gleich darauf war er da, der Krieg. Aber das Leben ging weiter, als wäre er nicht da. Die Männer schufteten wie zuvor, die Frauen hamsterten Mehl und Zucker, Graupen und Reis. Jeder für sich – das lebte sich nun ungehemmter noch als in Friedenszeiten. Johann Hardekopfs Jüngster kommt von See zurück nach Hause, sein Liebster, er strotzt vor Gesundheit, Kraft und – Kriegsbegeisterung. Der Junge meldet sich freiwillig. Von nun an stirbt Vater Hardekopf jeden Tag ein bißchen mehr.

»›Jawohl, Vadder, erst hab ich auch gedacht: Krieg? Gottverdorri! Hände weg davon! Als ich aber dann las, daß die Sozialdemokraten dem Kaiser in die Hand geschworen haben, Deutschland zu verteidigen, und sogar einige von den Abgeordneten sich freiwillig gemeldet hätten – da, ja, da hab' ich die Sache doch anders gesehen.‹

Stimmt, ich hätte früher schreien sollen, dachte Hardekopf. Was hab ich denn auch getan, um die Jungens sozialistisch zu erziehen? Aber konnte ein Mensch ahnen, daß es so kommt? Konnte einer das ahnen? – ›Und das ist doch auch richtig, nicht wahr, Vadder? Wir können doch nicht zulassen, daß die Russen Deutschland verwüsten? Und England will doch nur unsere Kolonien haben und unsere Flotte vernichten, nicht? Wenn da nicht alle Deutschen zusammenhalten.. Und hier… ja natürlich, hier! Hast doch gelesen, Vadder!‹ Fritz wies auf

die Fensterbank, auf der die Augustnummer des ›Wahren Jakob‹ lag. Der deutsche Michel auf dem Titelblatt schlug mit dem Dreschflegel auf Engländer, Franzosen und Russen ein, und darunter stand: ›Nun, Kinder, drauflos! Jetzt hilft nur das Dreschen!‹
Ich bin schuld, dachte Hardekopf, nur ich bin schuld. Hätte früher schreien müssen…«[5]
Johann Hardekopf stirbt mit dem Wissen vom Ende der sozialdemokratischen Utopie und von den kommenden Barbareien. Der ihn so sterben ließ, Willi Bredel, veröffentlichte »Die Väter« mitten im 2. Weltkrieg.

Schon im August 1914 erlitten die k.u.k.-Heere in Galizien schwere Niederlagen. Der österreichische Generalstabschef Conrad von Hötzendorf, einer der großen Einpeitscher und Scharfmacher des 1. Weltkriegs auf Seiten der Mittelmächte, befahl Gegenoffensiven, die neue Menschenopfer kosteten und wiederum in Niederlagen endeten. Einer, der diese mörderischen Gemetzel mitgemacht hatte, war der Medikamentenakzessist im Leutnantsrang Georg Trakl. Nach der Schlacht bei Grodek mußte er allein in einer Scheune an die hundert Schwerverwundete betreuen, ohne ihnen wirklich helfen zu können. Als er in höchster Verzweiflung, auf der Flucht vor dem Schreien der Verwundeten davonrennt, sieht er die Leichen schnell hingerichteter Ukrainer an den Bäumen hängen; er will sich erschießen, was im letzten Augenblick verhindert werden kann. Scheinbar beruhigt und ohne äußere Zeichen der Erregung, versieht er zunächst weiter seinen Dienst. Er wird dennoch ein paar Wochen später zur Beobachtung seines Geisteszustandes in die psychiatrische Abteilung des Krakauer Garnisonspitals abkommandiert und stirbt bald darauf, in der Nacht vom 3. zum 4. November 1914, vermutlich an Gift. Innerlich zerbrochen, war er noch kräftig genug, die Wirklichkeit des 1. Weltkriegs, das unvorstellbar Düstere, Wahnsinnsnahe in Wortbildern festzuhalten. Sein letztes Gedicht trägt den Titel: Grodek.

> Am Abend tönen die herbstlichen Wälder
> Von tödlichen Waffen, die goldnen Ebenen
> Und blauen Seen, darüber die Sonne
> Düstrer hinrollt; umfängt die Nacht
> Sterbende Krieger, die wilde Klage
> Ihrer zerbrochenen Münder.
> Doch stille sammelt im Weidengrund
> Rotes Gewölk, darin ein zürnender Gott wohnt,
> Das vergossne Blut sich, mondne Kühle;
> Alle Straßen münden in schwarze Verwesung.
> [...]

Und dagegen das Gerede derer, die heute in unserer Gesellschaft über Krieg und Frieden bestimmen sollen:
»Heute vor 40 Jahren begann der 2. Weltkrieg. In Europa dauerte er fünf Jahre und acht Monate. Er brachte über 55 Millionen Menschen den gewaltsamen Tod, stürzte Deutschland in den Abgrund einer militärischen und politischen Niederlage, zerstörte das deutsche Ansehen in der Welt.«[6] Diese Worte des gegenwärtigen Bundespräsidenten Carstens drücken Ungeheuerliches aus: Das »deutsche Ansehen«, was immer das sein mag, sei nicht schon 1933 mit dem Beginn der faschistischen Diktatur, sondern erst mit ihrem höchsten Ausdruck, im Krieg zerstört worden. Wie wäre es um das »deutsche An-

Feldpostkarte Georg Trakls

DER WAHRE JACOB

◦ ◦ ◦ Abonnementspreis pro Jahr Mk. 2.60 ◦ ◦ ◦　◦ ◦ ◦ ◦ ◦ Erscheint alle vierzehn Tage. ◦ ◦ ◦ ◦ ◦　Verantwortlich für die Redaktion: B. Heymann in Stutt
Anzeigen pro 4 gespaltene Nonpareille-Zeile Mk. 2.50 │ Preis bei Postbezug vierteljährlich 65 Pfg. (ohne Bestellgeld). │ Druck und Verlag von J. H. W. Dietz Nachf. G. m. b. H. Stuttg

„Nun, Kinder, drauf los! Jetzt hilft nur noch das Dreschen!"

sehen« bestellt, wenn Deutschland gesiegt hätte? »Begann« der 2. Weltkrieg einfach von selbst? Es bleibt das brave lexikalische Wissen um die 55 Millionen, denen der Krieg den »gewaltsamen Tod« brachte.

Nicht nur Herr Carstens spricht jene Staats- und Regierungssprache, in der die konkrete Geschichte unseres Landes nicht mehr vorkommt. Er ist auch in dieser Frage das Oberhaupt des bundesrepublikanischen Staates.

Als Staatsoberhaupt wohnte er selbstverständlich der Feier zum 25jährigen Bestehen der NATO am 6. Mai 1980 bei, als öffentliche Rekrutenvereidigung in einem Sportstadion inszeniert. Mir ist der Protest aus der Bremer Bevölkerung gegen diese an wilhelminische Feldgottesdienste erinnernde Veranstaltung sehr verständlich. Er richtete sich gegen die wieder eingeführte traditionsreiche Form der inneren Militarisierung.

Dem entspricht das besondere Traditionsverständnis unseres Bundespräsidenten: »Tradition bedeutet lernen, empfangen, glauben. Sie ersetzt beim Menschen gleichsam das, was beim Tier der Instinkt ist.« Und: »Im Dickicht der Gegenwart ist die Vision im wohlverstandenen Sinn das Ziel, das wir anstreben, doch die Tradition ist Karte und Kompaß, mit denen wir durch das Dickicht steuern.«[7]

Noch etwas hat Tradition: der Verteidigungsfall, in eingeweihten Militärkreisen »V-Fall« genannt. Heute wird zwar nicht mehr das »Vaterland« verteidigt, wohl aber »Frieden und Sicherheit«, »Recht und Freiheit«, »freiheitliche demokratische Grundordnung«.

Der Verteidigungsminister und Sozialdemokrat Apel, der in die einhellige Verurteilung der als »Bremer Krawalle« denunzierten antimilitaristischen Demonstration einstimmte, bereitet den Verteidigungsfall auf seine Weise vor: »Erziehung zur Demokratie kann ohne die Bereitschaft zur Auseinandersetzung mit den Grundlagen unserer Verteidigung nicht erfolgreich sein. Diese Erziehung muß den Sinn des Dienens deutlich machen...«[8]

In der DDR haben die Kirchen gegen den »Wehrkundeerlaß« für die Schulen scharf protestiert. Sie fanden Zustimmung bei allen Friedensfreunden, auch bei hier Regierenden. Wo bleibt der Protest unserer Kirchen gegen solche Forderungen wie die von Apel, mit denen unsere Schulen militaristisch ausgerichtet werden sollen?

Das Studium der Kriegsliteratur – jetzt komme ich langsam zur Sache – verdeutlicht mir etwas ganz anderes. Solange die Politik dieses Landes nicht bestimmt ist von Respekt vor und Nichteinmischung in die Angelegenheiten anderer Länder, solange die Politik dieses Landes von Denkweisen, Militärdoktrinen und Verteidigungskonzepten im Geist jener »Tradition« bestimmt ist, halte ich es für unerläßlich, nach Formen des antimilitaristischen Widerstandes zu suchen, auch in unserer Geschichte und Literatur.

Ein Indiz vager Trauer über den Krieg ist das Gedicht »Lili Marleen«. Erst im 2. Weltkrieg berühmt geworden, von Millionen hingebungsvoll gesungen, wurde es bereits 1914 von Hans Leip aus einem persönlichen Erlebnis heraus geschrieben[9].

Während ich der mit etwas Sentimentalität noch nachvollziehbaren Wehmut dieses Kriegsliedes, diesem beinahe schon ganz verflüchtigten Schmerz der Betrogenen und Geschlagenen nachsinne und hinter ihrer Trauer die historische Wirklichkeit zweier Weltkriege aufzuspüren versuche, fallen mir dagegen wieder scharf und stechend die Berichte und Bilder der spontan eskalierten antimilitaristischen Gewalt am 6. Mai 1980 in Bremen ein. Der Protest jener Zehntausend, der der gewaltsamen Minderheit eingeschlossen, scheint mir ermutigender und hoffnungsvoller, vor allem wehrhafter als die Leipsche millionenhafte Tränenumflortheit. Noch schlimmer als diese von vergangenen Kriegstreibern erzwungene dünne Trauer allerdings, ja geradezu lebensgefährlich, finde ich die Empörung über die kleinere Bremer Gewalt bei denen, die der unvergleichlich größeren Gewalt des möglicherweise kommenden Krieges ihren Lauf lassen. Hier bekommt das Gewalttabu der bürgerlich-parlamentarischen Mentalität die Dimension des Grauenhaften.

AUF DER SUCHE NACH EINEM STANDPUNKT

Mehr als Parteien und politische Richtungen haben mich Menschen interessiert, einzelne, viele, die den 1. Weltkrieg und die Zeit danach mitgemacht hatten. Viele, im August 1914 die Mehrheit, waren begeistert und mehr oder weniger freiwillig in den Krieg gezogen. Aber es war eine Mehrheit, die schon im ersten der vier Kriegsjahre ermüdete und – soweit ihnen der Krieg dazu noch Gelegenheit gab – nüchtern wurde. Einige, bei weitem nicht die Mehrheit, waren dann zum Kampf gegen den Krieg und seine Betreiber entschlossen. Von dieser Minderheit ging eine Bewegung aus, die um die Jahreswende 1918/19, in der Novemberrevolution und den ihr nachfolgenden Kämpfen bis 1920 niedergeschlagen wurde.

Der massenhafte politische Irrtum und das Umdenken und Umlernen unter den existentiellen Höchstanforderungen des Krieges, wie es einzelne Menschen (exemplarisch) durchlebt hatten, ist mein Thema. Der Weg, den sie im Rahmen der Weimarer Demokratie bis vor die Tore des 2. Weltkriegs zurücklegten, ist seine unvermeidliche Ausweitung.

Auf der Suche nach einem Standpunkt geriet ich in die verwirrenden Widersprüchlichkeiten ihres kriegsbesetzten und dann äußerlich friedensmäßigeren Alltags, von dem die politischen und historischen Dokumente so wenig melden. Mehr noch als auf die Ziele achtete ich auf die aus der Lebenserfahrung der einzelnen gewachsenen Ansätze zur Veränderung.

Aber bevor ich so weit war, daß ich annäherungs- und versuchsweise von den Standpunkten der »Unteren«, der unaufhörlich um ihre Freiheit Betrogenen ausgehen wollte, war ich schon einmal gründlich gescheitert. Ich hatte versucht, Geschichte aus dem Blickwinkel parteipolitisch festgelegter »Basis« darzustellen. Noch schneller als die kommunistische Orientierung schied die sozialdemokratische aus. Kriegskreditbewilligung, Burgfriedenspolitik, Niederschlagung der revolutionären Initiativen 1918 bis 1923 und schließlich Panzerkreuzerbau Ende der zwanziger und Anfang der dreißiger Jahre standen im Widerspruch zu meinem antimilitaristischen Rigorismus; schwieriger war die Überwindung eines Geschichtsverständnisses, das in der Weimarer KPD höchsten Wert und oberstes Kriterium sah. Schwerer als die einzelnen Fehler dieser Partei wog ihre falsche Gesamtkonzeption, die im Kern nur auf »das Proletariat« und nicht auf die Befreiung des ganzen Volkes zielte. Jetzt wurde es schwierig für einen Nichthistoriker.

Die historische Welt der Jahre 1914 bis 1933 schien auf eine befremdliche Weise aufgeteilt zwischen ihren politischen und historischen Verwaltern. Das, was ich herausbekommen wollte, die Lebensbedingungen, Gedankenwelten und Gefühlshaushalte des einzelnen in einer verpfuschten Geschichte, erschien wie unter Verschluß oder des Aufhebens nicht wert.

Ich begann deshalb mit drei Grundfragen:

Was bringt einen Menschen dazu, auf eine ebenso entschlossene wie hilflose Weise pazifistisch zu denken und zu handeln, wie es die breite kriegsmüde Mehrheit getan hat?

Was ist zweitens mit einem Menschen geschehen bzw. was hat einer nicht lernen können oder dürfen, der schon einen Krieg mitmachen mußte und nun, wie die 1933 schließlich siegreiche deutschnationale bis nationalsozailistische Mehrheit, auf einen zweiten Krieg lossteuerte?

Und schließlich: Wie war es möglich, daß die Antikriegsbewegung von 1918/19 in der Weimarer Republik versandete, daß sogar nicht wenige derjenigen, die revolutionär bis kommunistisch dachten, 1933 vor einer anscheinend übergroßen Aufgabe scheiterten?

Alle drei Grundfragen richten sich über einzelne an »die Massen«, also an das sogenannte historische Subjekt der Jahre 1914 bis 1933. Aber so, als »die« Massen, gab es sie gar nicht. Vier Jahre Krieg hatten für ein schillerndes Durcheinander gesorgt. Beide Hauptklassen schoben sich gewissermaßen ineinander. Schärfer als der klassenmäßige Unterschied zwischen Kleinbürgertum und Proletariat erwies sich der zwischen drei Grundströmungen durch beide Klassen hindurch: erstens die anfangs noch politisch mächtige, unbestimmt sozialdemokratisch-pazifistische Strömung, zweitens die später übermächtige chauvinistische und faschistische Sammelbewegung und drittens die eindeutig kleinere revolutionäre Strömung mit ihrer im Vergleich größeren inneren Festigkeit. Mit dieser Grobskizze des historischen Subjekts im Kopf habe ich lernen müssen, die Kriegsliteratur zu betrachten und in ihr nach dem Krieg/Frieden-Erlebnis von Menschen zu fragen – unterhalb der dicken ideologischen Verkrustung, die sich über der Geschichte jener Jahre gebildet hat.

WO ÄUSSERTEN SICH DIE MASSEN?

Um näher heranzukommen, müßte man fragen: Wo äußerten sich die Massen direkt, sich und ihre Äußerungen selbst bestimmend?

Überall da, wo sie unter sich waren, wo sie das Ohr der Herren, ihrer Arbeit- und Brotgeber oder auch nur das der Abgesandten, der Aufpasser und Polizisten nicht fürchten zu müssen glaubten. Sie müssen in ihren Behausungen, an ihren Arbeitsplätzen (soweit Arbeitstempo und Meister es zuließen), an Straßenecken und in Kneipen geredet haben. Schon die Versammlungslokale der politischen Parteien gehörten nur begrenzt zu jenen Orten, wo man ungeschminkt hat reden können. Wer um 1916 in einem Gewerkschaftshaus auf den sozialdemokratischen Burgfrieden schimpfte, dem konnte es passieren, daß er per Gestellungsbefehl in den Schützengraben befördert wurde. Und dort sorgte in der Regel der Tod oder die Angst dafür, daß man verstummte. Aber es gab doch Wahlen? Spätestens ab 1919, allerdings dann nur bis Ende 1932, also ein gutes Dutzend Jahre lang, konnte man immerhin auf dem Stimmzettel und in geheimer Wahl einen Teil seiner Meinung ausdrücken.

Doch ich mißtraue der Wahläußerung der ersten Republik zunächst einmal. Es ist nicht auszudenken, wieviel Ungesagtes und Hinuntergeschlucktes in den millionenfachen Kreuzchen steckengeblieben ist. Das zeigt uns schon ein Blick auf die Vielfalt der heftigen außerparlamentarischen Geschehen in der Weimarer Republik, auf die wilden Streiks und Meutereien, der Blick in die Kasernen, Gefängnisse und sonstigen Verwahranstalten.

Vollends mißtrauisch werde ich angesichts einer bestimmten politischen Eintönigkeit über den Krieg hinweg. Vor dem 1. Weltkrieg wählte die überwiegende Mehrheit der deutschen Arbeiter sozialdemokratisch. Das war so standesgemäß, wie die Mittelschichten bürgerlich wählten. Erschreckend ist dann aber doch, daß sich das Wahlverhalten dieser beiden großen gesellschaftlichen Hauptklassen durch die Kriegserfahrung nicht wesentlich änderte. Es ist, als hätte der Krieg nicht stattgefunden oder doch zumindest nicht unter maßgeblicher und verantwortlicher Beteiligung derselben Parteien. Die Nachkriegsparteien sind gewählt worden, als wären sie nicht eben noch Parteien der Kriegstreiberei gewesen. Die einzigen parteiengeschichtlichen Ereignisse, die in diesem Zusammenhang einen gewissen Ausbruch und Widerspruch signalisierten, sind die vorübergehende Abspaltung der Unabhängigen Sozialdemokraten und die Gründung der Kommunistischen Partei(en).

Die ersten Wahlen der Republik, die Wahlen zur Nationalversammlung, fanden auf den Trümmern des wilhelminischen Reichs und unter dem Schutz veränderungs- und revolutionsfeindlicher Truppen statt. Die bürgerlichen, kapitalistisch orientierten Parteien erhielten eine knappe Mehrheit. Die sozialistischen Parteien erhielten zusammen 45,5% der abgegebenen Stimmen. Ein kleiner Teil der Arbeiter wählte unstandesgemäß Zentrum und Demokraten. Umgekehrt wählte ein nur geringer Prozentsatz etwa der Angestellten sozialdemokratisch.

Die nach dem 1. Weltkrieg verstärkt einsetzende Differenzierung und Polarisierung im bürgerlichen und im »sozialistischen« Lager brachte allenfalls ein wenig mehr Unruhe und Unübersichtlichkeit in jedes der beiden Lager. Man hatte der Sozialdemokratie die Kriegskreditbewilligung entweder nie krumm genommen oder schon wieder verziehen. Burgfriedensdiktatur und Niederschlagung der Revolution war anscheinend bald vergessen worden. Ähnlich stabil blieb das bürgerliche Wahlverhalten. Insgesamt hat es den Anschein, als hätten sich Arbeiter, Bauern, Angestellte, Intellektuelle und Selbständige in großer Übereinstimmung mit den politischen Zielsetzungen ihrer Parteien befunden. Und dies so fort bis 1933: Die Arbeitermehrheit klebte weiter am kleineren Übel SPD, und der Mittelstand ließ sich die Scheinlösungen der faschistischen Sammelbewegung vorträumen. Und noch später hat weder der drohende Faschismus noch ein 2. Weltkrieg die beiden großen Mehrheiten politisch von Grund auf neu orientieren können.

Die mehrheitlichen Wahläußerungen der Massen haben mit dazu beigetragen, Kontinuität in der deutschen Herrschaftsgeschichte relativ ungebrochen fortbestehen zu lassen. So gesehen sind diese Äußerungen nicht gerade ermutigend. Aber dieses Gleichmaß in der Zustimmung zu den altwilhelminisch-neuweimarischen Parteien, ist es nicht auch höchst unglaubwürdig und in jedem Fall verdächtig? Deutete der Krieg und seine Erfahrung nicht auf ganz andere politische Lösungen? Und wenn diese anderen politischen Lösungen nicht angeboten wurden, muß man dann den Krieg und seine Erfahrung nicht auch im Schweigen der großen Mehrheiten suchen? Hat der Krieg selbst nicht großen Anteil am Nichtzustandekommen einer Alternative zu Krieg und Unterdrückung? Was alles an Veränderungsbereitschaft ist vom Krieg verschüttet und vernichtet worden, daß der Weimarer Frieden so entsetzlich lau und elend werden konnte?

Krieg/Friedenserfahrung war Jedermannserfahrung, viel tiefer verstaut, als daß die bestehenden politischen Parteien sie hätten greifen und kontrollieren können, untergetaucht im subpolitischen Alltag der Republik. Von hier aus gesehen mutet die Wahl des historischen Einschnittes »1918 bis 1933« besonders willkürlich an. Gerade diese erste Republik kam direkt aus dem Krieg. Andererseits waren vom Ende dieser Republik bis zum Anfang des 2. Weltkriegs knappe sechs Jahre nötig.

Von all dem, vom Krieg selbst, von seinen Anfängen und seinem Ende im Frieden wissen wir immer noch viel zu wenig. Lexika und Geschichtsbücher vermitteln ein Wissen, mit dem die von der fortlaufenden Geschichte immer wieder errichtete Sperre zwischen unserer Gegenwart und »unserer« Vergangenheit nicht durchbrochen werden kann.

Anders verhält es sich mit der Literatur, speziell der Kriegsliteratur von 1914 bis 1933. In ihr ist die Vergangenheit als lebendige, unmittelbare Gegenwart erhalten geblieben. Bezeichnenderweise macht es Schwierigkeiten, diese Literatur als sogenannte hohe Literatur im Gegensatz zur sogenannten Massen- oder Groschenliteratur einzuordnen. Es handelt sich offenbar um eine mittlere Literatur, die der konkreten Erfahrung mehr verdankt als der literarischen Fiktion. In ihrem Zentrum steht das Kriegserlebnis und seine Mitteilung.

Ihre Autoren äußern sich, von wenigen Ausnahmen abgesehen, autobiographisch, und in der Regel begann die Arbeit an den Romanen, Erzählungen und Berichten mit dem Tagebucheintrag. Die überwiegende Mehrheit der für diese Untersuchung ausgewählten Autoren von Kriegsliteratur lernte das Schreiben als Soldat bzw. unter Kriegseinwirkungen.

Wenn Kriegserfahrung in den Jahren 1914 bis 1933 Jedermannserfahrung war, dann sorgte der Promillesatz von Autoren für nicht mehr, aber auch nicht weniger als die (literarische) Verarbeitung dieser Erfahrung. Sie schrieben als einzelne für sehr viele, wie an den Vorabdrucken in Tageszeitungen und den darauffolgenden Auflagenhöhen zu erkennen ist. Kriegsliteratur gehörte als Tagesgespräch zu den Äußerungen der Massen.

WIE VORGEHEN?

»›Am 28. September trete ich nicht mehr zum Appell mit an. Ich bin krank!‹ Hinter der Scheune spreche ich mit August. ›Wann gehst du ins Revier?‹ fragt August. ›Gleich nachher!‹ ›Werd dich schon noch mal sehen. Morgen werden sie uns ja wohl noch nicht verladen?‹ ›Wer weiß?‹ ›Ja, wissen kann man gar nichts!‹ ›Na, wenn schon! Leb wohl, August!‹ Ich reiche ihm die Hand hin. Er schaut an mir hoch, nimmt die Pfeife aus dem Mund, wischt sich, als wollte er etwas essen, die Rechte erst am Hintersten ab und reicht sie mir wortlos und zögernd, als wäre er gar nicht darauf gefaßt, daß wir voneinander gehen. ›Leb wohl, Hans!‹ Als ich zum Hof hinaus bin und noch einmal zu ihm hinübersehe, sitzt August Wendt wieder auf der Bank. Sein Gesicht liegt in seinen hohlen Händen, die er auf die Knie stützt. Seine Mütze liegt ihm vor den Füßen.« [10]
Herbst 1915 an der Ostfront. Karl Betzoldt, Adam Scharrers Ich-Erzähler in dem revolutionären Kriegsroman »Vaterlandslose Gesellen« (1929), hat kaputtgelaufene Füße. Er geht ins Lazarett, und sein Kamerad und Freund August Wendt bleibt bei der Truppe.

Betzoldt kommt durch und erlebt die Novemberrevolution in Berlin, August Wendt
kommt nicht durch. Das erfährt Betzoldt aber erst später.

Was mich sofort berührt hat, das ist die langsame und bedächtige Art, in der hier zwei
Soldaten voneinander Abschied nehmen, fast wie in Trance. Ernst und Sorgfalt dieses Ab-
schieds enden in Sprachlosigkeit, und doch hat Scharrer auf irgendeine Unheilschwüle
verzichtet. Die Szene ist banal und in ihrer Banalität eigentümlich genau gesehen.

Ich will mich nicht nur um die Brennpunkte kümmern. Mich interessiert, was im weit-
läufigen Abseits des historisch Spektakulären geschah, scheinbar unbedeutend und banal,
gleich um die Ecke im schweren Alltag von Krieg und Nachkrieg. Oft ist es das eher Beiläufige, was die Geschichte praktisch in dem einzelnen, in seiner Schicht und Klasse in
Gang brachte, zurückwarf oder erstarren ließ. Von hier aus wäre das Gewöhnliche und
Flache des historischen Alltags beschreibbar, und es ließen sich die in ihm breitgetretenen
Schrecken, Freuden und Traurigkeiten derer einsehen, die Geschichte gemacht haben, indem sie »nur« gelebt, gearbeitet, gekämpft und gelitten haben.

Für diesen Zweck mußte ich großzügiger, zuweilen verschwenderisch mit Literatur um-
gehen. Längeres, scheinbar auch willkürliches Zitieren ist Ausdruck meiner seither gestie-
genen Achtung gegenüber dem Autor als Übermittler kollektiver Erfahrungen. Ich versuchte, ihn als Last- und Spannungsträger zu verstehen; Spannung zwischen dem, was sich
ihm an Wirklichkeit aufdrängte und dem, was er davon sah bzw. nicht sehen konnte oder
wollte. »Parteilichkeit(en)« aus Herkunft oder politischer Natur nahm ich erst in zweiter
Linie wahr.

Ich bin mir bewußt, daß mein Vorgehen des bescheideneren, weil »nur« wieder in Erinnerung bringenden Lesens den Kontroversen und wissenschaftlichen Debatten wie z. B.
der um das »Dilemma linker Literaturwissenschaft« nicht entgehen kann, wiewohl ich
eher am Rande der großen Begriffe und Programme bleibe. Plausibel erscheinen mir Klaus
Brieglebs Zweifel und Vorbehalte gegen den »wissenschaftlichen Begriff in einer arbeits-
teilig produzierenden Gesellschaft«: »Der Doppelcharakter des Begriffs, nämlich Schutz
vor Wirklichkeit zu sein und nützlich in der gesellschaftlich notwendigen Gesamtarbeit,
macht ihn korrupt.«[11] Ebenfalls recht gut nachvollziehen kann ich Hans-Thies Lehmanns
Hinweis auf die schwierige Situation einer materialistischen Literaturwissenschaft heute,
auf ihr (Un)Heil, »[…] indem sie im Wort Literaturwissenschaft die Komponente Literatur reduzierte und den Bestandteil Wissenschaft imperialistisch erweiterte. Konkret: Fest-
stellbar ist eine Verwissenschaftlichung auf Kosten der Kenntnis des Gegenstandes eben
dieser Wissenschaft. Einerseits wird Literatur zurückgedrängt, andererseits unterliegt sie
dort, wo sie betrieben wird, einer raschen Formalisierung und ideologiekritischen Raste-
rung.«[12] Aber schon sein kompliziertes Plädoyer für eine »erweiterte Lektüre« kann ich
nicht mehr ausdiskutieren.

Statt der Lektüre bevorzuge ich das gemeinere Lesen; das möchte ich schon erweitert
wissen. Was mir beim Lesen von Kriegsliteratur als erstes verloren ging, das war eine bestimmte Bevormundung von Literatur, eine besserwisserische, normative Arroganz, auch
gegenüber rechten und faschistischen Autoren. Während das Interesse an den unübersehr-
bar herausragenden politisch-ideologischen Strukturen von Literatur – ganz wie diese
selbst – immer blasser wurde, hatte ich große Mühe, mit den Stoffmassen fertigzuwerden.
Ich wollte beides, mich nicht von ihnen erdrücken und sie zu ihrem Recht kommen lassen.

Dieses Herangehen an Literatur bedeutet: ihr nicht gleich über das Maul zu fahren, sie in jedem Fall erst einmal zu Wort kommen zu lassen. In jedem Fall halte ich eine Abkehr von einer Literaturgeschichtsschreibung für sinnvoll, die, wie im nachzuweisenden Fall der Kriegsliteratur, das Ordnen von erlebter Geschichte als ihr Wegpacken organisiert, leidenschaftslos und entsetzensfrei Erfahrungsarmut über den Krieg (mit)organisiert.

Ich wollte die Kriegsteilnehmer verstehen lernen, ohne ihre Erfahrungen aus dem historischen Fluß herauszuzerren. Sie haben diese Geschichte durchlebt und kürzer oder länger durchgestanden. Es wäre billig, ihre Dunkelheiten und Ungewißheiten im gleißenden Licht unserer seit über dreißig Jahren scheinbar friedensgewissen Gegenwart zu beleuchten. Die Kriegsliteratur ist ihr Gedächtnis, ein tausendfächriges System zur Aufbewahrung und zum Transport zurück in die Gegenwart. Gingen wir etwas rücksichtsvoller und menschlich zulässiger mit Kriegsliteratur um, könnte sie uns heute von größerem Nutzen im Kampf um unsere kriegsbedrohte Zukunft sein.

Soll das heißen »Zurück zur Literatur«? Ja und Nein. Ja in dem vorerst nur angedeuteten Sinne. Ich möchte zum Beispiel Walter Höllerers Umschreibung eines historischen Bewußtseins in Romanen auf die Literatur überhaupt ausweiten und speziell auf die Kriegsliteratur anwenden: »Was im Laufe der Zeit sich wirklich verändert hat, in den Lebensläufen der Leute, in den Beziehungen der Menschen zueinander, von Mann und Frau, im Gemeinwesen der Dörfer und Städte, im Kopf eines Menschen, so wie er morgens aufwacht, – das hat die Geschichtsschreibung nicht erfaßt, das muß man in anderen Dokumenten suchen [...]«[13]

Die hier angesprochene Aufgabe für Literaturgeschichte und Literaturwissenschaft ist immens. Die vorliegende Untersuchung steht noch ganz an einem Anfang.

In Literatur ist das allmählich zerfallende und verwitternde Mosaik einst gelebter Geschichte aufgehoben. Vorerst erlaubt sie Blitzaufnahmen auf den umständlichen Prozeß des Entstehens und Geschehens der Geschichte(n) von Menschen.

Von hier aus argumentiert mein Nein gegen ein »Zurück zur Literatur«, wie es meiner Auffassung nach der »rekonstruierenden« und »produktionsorientierten« Umgangsweise mit Literatur innezuwohnen scheint.[14] Gerade weil es sich bei Literatur »in erster Linie um lebende Menschen und Kollektive handelt«[15], verbietet sich uns eine »organische« Verbundenheit mit ihnen. Das zu weit getriebene »sich-einbringen-wollen« verhindert die historische Profilierung dessen, was in der Geschichte lehrreich sein könnte. Der Wunsch nach allzu großer Nähe ist problematisch. Für mich ist Literatur so etwas wie eine mehr oder weniger echte Münze der Geschichte; in der Regel ist sie abgegriffen, am Rand meist mehr als in der Mitte... Über den wirklichen Wert getraue ich mich nicht immer zu urteilen; ich schätze sie ein nach ihrem (vormals) vorgestellten.

Hier berührt sich die Vorstellung eines erweiterten Lesens mit einem bestimmten Begriff von »den« Massen. Natürlich, ganz natürlich verweigern sie sich präziser Begrifflichkeit. Sie sind als einzelne, als Gruppen, Schichten und Klassen und in der jeweiligen historischen Kohärenz unberechenbar, und das ist gut so. Sie fügen sich weder dem niederdrückenden, irrationalen Konzept eines Ortega y Gasset noch den scheinheiligen Anbetungsritualen des östlichen Parteimarxismus.

Eine Versicherung, nie von oben, stets von unten, von »den« Massen auszugehen, kann ich also nicht geben. Im Gegenteil, meine Annäherungen enden möglicherweise fern von ihrer historischen und konkreten Gestalt. Zwischen mir und »ihnen« lagert zumindest die Geschichte. Selbst wenn ich wollte, gehörte ich nicht dazu, bliebe draußen. Was »ihnen« wehtat, kann mir höchstens Angst machen. In diesem Sinne sind meine Sympathien für die breiten Volksmassen Außenbeziehungen. Mein Begriff von den Massen ist eine Hilfskonstruktion, in der Entfernung zu ihnen liegt seine unvermeidliche Gefahr.

Ausgehend von der Kriegsliteratur der Jahre 1914 bis 1933 habe ich eine Vorstellung von der Vielfältigkeit der in den breiten Massen wirkenden Kräfte gewonnen. Diese Vorstellung leugnet ihre fortschrittliche Rolle nicht, schließt aber ein, daß sie gegen Rückfälle und Erfahrungsverluste von größten Ausmaßen überhaupt nicht gefeit waren. Die Verantwortung dafür einzig auf die Herrschenden abzuschieben, würde die Beherrschten entmündigen und die Wege zur Selbstbefreiung verbarrikadieren helfen.

Frontromane, Romane von der Heimatfront des Krieges, Romane über den Pendelverkehr dazwischen, auch Bürgerkriegsromane, alle aus den drei großen, gar nicht so geschlossenen politischen Lagern, sollen rekonstruieren helfen, was wirklich los war in den Menschen.

Das öffentliche Interesse an Kriegsliteratur der Jahre 1914 bis 1933 ist gegenwärtig etwas undurchsichtig und punktuell, aber durchaus vorhanden. Günter Blöcker erinnerte in der »Frankfurter Allgemeinen«[16] unter der Überschrift »Ein Hamlet in Knobelbechern« an das bis heute berühmteste deutsche Kriegsbuch überhaupt, an Erich Maria Remarques »Im Westen nichts Neues«. Klaus Theweleits kritische Abhandlung über die Freikorpsliteratur (»Männerphantasien«) wurde als Dissertation mit einem Schlag bekannt[17]. Karl Heinz Bohrers Untersuchung des Frühwerks von Ernst Jünger (»Ästhetik des Schreckens«) fand ebenfalls außergewöhnliches Interesse[18].

ERGEBNISSE?

Noch während man sich unten vergeblich gegen Militarismus und Krieg zusammenzuschließen versuchte, liefen weiter oben die Kriegsvorbereitungen erneut auf Hochtouren. Das (deutsche) Kriegsgewinnlertum wurzelt(e) direkt in der Massenvernichtung, die Staat und Industrie einträchtig organisiert hatten.

Ein Beispiel, nicht nur die chemische Industrie Deutschlands betreffend: Mitten im 1. Weltkrieg, im August 1916, bildeten die wichtigsten deutschen Chemieunternehmen – angeführt von Bayer, Hoechst, BASF und fünf weiteren Betrieben – den lockeren Kartellverbund »Interessengemeinschaft der deutschen Teerfarbenindustrie«, bald nur noch »I.G.« genannt. Mit massiver staatlicher Unterstützung wurde in Bayer- und BASF-Laboratorien u. a. jenes Chlorgas entwickelt, das auf deutscher Seite entgegen der Haager Konvention zuerst eingesetzt wurde. Der Aufstieg der »I.G.« begann. Denn auch nach Kriegsende konnte die Demontage verhindert werden. Die »I.G.« entwickelte sich zum größten Konzern Europas und zum größten Chemie-Konzern in der Welt.

Im Dezember 1933 schloß die »I.G.« mit den Machthabern des »Dritten Reichs« einen Vertrag über den Ausbau ihrer Werke und die synthetische Herstellung von Öl ab. Fast drei Viertel aller Mittel des 1936 von Hitler entwickelten Vierjahresplans für die Kriegsvorbereitung erhielt die »I.G.«. Ende 1941 beherrschte die »I.G.« ein Industrie-Imperium, das von der Barentsee bis zum Mittelmeer und von den Kanalinseln bis nach Auschwitz reichte.

Der Buna- und Ölsyntheseanlage in der Nähe von Auschwitz war das »KZ Monowitz« angeschlossen. Über dieses KZ heißt es in der Nürnberger Anklageschrift: »Die Arbeitsbedingungen in der Buna-Fabrik der I.G. waren unerträglich und trieben viele Gefangene zum Selbstmord. Aufgrund dieser Bedingungen betrug der Umschlag an Arbeitskräften in einem Jahr dreihundert Personen.«

Der Plan der Alliierten Kontrollkommission zur Auflösung der »I.G.« nach dem 2. Weltkrieg wirkte sich so aus: Der größte Teil entfiel auf die bereits genannten großen drei Unternehmen, die bald wieder miteinander verbunden waren, und heute ist jedes der drei größer als es die »I.G.« während des 2. Weltkrieges war[19].

Welches Kraut ist gegen dieses menschenvernichtende Wachstum gewachsen? Auch auf diese Frage gibt es – im Augenblick des wieder möglich gewordenen Kriegs – keine erlösende Antwort.

Wenn ich in diesem Zusammenhang Rosa Luxemburg zitiere, dann nicht als Luxemburg-Forscher, sondern weil ich ihre nüchterne Hoffnung auf die begrenzten Möglichkeiten in den Massen teile. »Die Psyche der Massen«, schrieb sie in einem Brief, »birgt stets in sich, wie die Thalatta, das ewige Meer, alle latenten Möglichkeiten: tödliche Windstille und brausenden Sturm, niedrigste Feigheit und wilden Heroismus. Die Masse ist stets das, was sie nach Zeitumständen sein muß, und sie ist stets auf dem Sprunge, etwas total anderes zu werden, als sie scheint«[20]. Optimismus, zwar sehr vorsichtig und differenziert, sehe ich in der Unberechenbarkeit der unterdrückten Massen. Nie stehen sie ihren Unterdrückern voll und ganz zur Verfügung, und ihre Veränderungsbereitschaft wächst möglicherweise gerade dann, wenn sie veränderungsfeindlich erscheinen.

Stets hat man auch gesungen unter der schweren Kriegsarbeit, dieses oder ein anderes Lied: »Lippe Detmold eine wunderschöne Stadt, darinnen ein Soldat, bumm, bumm. Ei, da liegt er nun und schreit so sehr, ei, da liegt er nun und schreit so sehr, weil er getroffen ist, weil er getro-ho-ffen ist«. Betäubende Wiederholung, dämlicher Frohsinn über einen – von Millionen –, den es erwischt hat und das alles doch sehr genau in der mitempfundenen Betroffenheit. So kann es gewesen sein, wenn man mittendrin war, Angst hatte und wieder raus wollte.

Die heute wieder weit, viel zu weit schon verbreitete Kriegsselbstverständlichkeit darf nicht abermals in Kriegsbereitschaft umgewandelt werden[21].

Aus der Kriegsliteratur 1914 bis 1933 lese ich heraus, was die konkreten gesellschaftlichen Zustände aus Menschen machen können bzw. wie weit sie Menschen herunterbringen können und welche ungeheuren kollektiven Anstrengungen nötig sind, diese Zustände zu ändern.[22]

Wollt ihr wieder fallen, damit die Aktien steigen?!

Teil I
Die Vernunft der einfachen Leute

ZUR KONTINUITÄT DES KRIEGES

Fritz von Unruh, adliger Autor des kleinen Anti-Kriegsbuches »Opfergang« (1915) –
was hatte denn so einer mit den Erfahrungen der einfachen Leute im 1. Weltkrieg zu tun?
Aber das war es ja. Wer den Krieg mitmachte, egal ob mit oder ohne Uniform, ob an der
militärischen oder an der »Heimatfront«, der wurde für eine Zeitlang aus seiner gewohn-
ten sozialen Herkunft herausgerissen und irgendwo in das geordnete Chaos des Krieges
gestellt. Persönliche Betroffenheit, leidenschaftliches Aufbegehren gegen die existentielle
Extremsituation und müdes Zurücksinken in die Gleichgültigkeit des Kriegsalltags konnten dann (Klassen-)Herkunft vergessen machen.

Der junge von Unruh war ein Kind seines preußisch-deutschen Vaterlandes, damals ein
Kriegerstaat, in dem sich alles um die Armee drehte, die Gesellschaft, die Wirtschaft, die
Steuern, die Beamten und anderen Untertanen[1]. Wie nicht anders zu erwarten, mußte
Fritz von Unruh bald in eine der preußischen Jugendzuchtanstalten, Kadettenanstalten
genannt. In Plön versuchte man, dem musisch veranlagten Jungen alle unpreußischen
Flausen aus dem Kopf zu schlagen. Einmal als er, wenn auch unter der Bettdecke, vor
Heimweh und Kummer laut geschluchzt hatte, mußte er »im Ordonnanzanzug die Nacht
über am Bette stille stehen«[2]. Bei Kriegsausbruch August 1914 war er, wie alle in seiner
näheren Umgebung, vaterländisch begeistert. Bevor er diesen Krieg verabscheuen und
hassen lernte, bevor er zu einem entschiedenen Pazifisten wurde, mußte er den Krieg am
eigenen Leibe zu spüren bekommen.

Während eines Erkundungsritts an der Westfront schon ganz zu Anfang des Kriegs, war
Unruh zu weit auf feindliches Gebiet vorgestoßen. Verwundet, von den Kameraden im
Stich gelassen, von Belgiern für tot gehalten, ausgeraubt und entkleidet, gelang es ihm,
zurück hinter die eigenen Linien zu kommen.

Dieses Erlebnis muß sich tief eingeprägt haben, denn Unruh entwickelte inmitten des
um ihn herum vernichteten Lebens ein neues Verantwortungsgefühl. Ein aus diesem Gefühl heraus verfaßtes Gedicht trug ihm sofort ein Strafverfahren ein, wegen »Pessimismus«[3].

Aber Unruh ließ sich nicht einschüchtern und schrieb sein Anti-Kriegsbuch. »Opfergang«, eines der frühesten literarischen Dokumente des Friedensgedankens, forderte kein
»Nieder mit der Regierung«, auch kein »Nieder mit dem Krieg«, eher ein sehr grimmig
herausgewürgtes »Schluß jetzt damit«.

Heute ist Fritz von Unruh so gut wie vergessen. Er ist nicht ganz unschuldig daran, denn
später, schon auf dem scheinbar gesicherten Boden der Weimarer Republik, waren seine
Antworten auf die großen, durch den 1. Weltkrieg aufgeworfenen Fragen nach den politischen und moralischen Konsequenzen nur unzureichend[4].

Dennoch, Fritz von Unruh hatte ursprünglich seinen Kampf gegen den Krieg mit einem
radikalen, keimhaft umstürzlerischen und von expressionistischem Pathos getragenen Pazifismus begonnen.

»Opfergang« schildert das sinnlose Sterben einer Sturmkompanie vor Verdun, ihr Warten in vorderster Linie, den Sturm selbst und dann seinen Zusammenbruch. »*Auf seiner entschlossenen Stirn glänzte voller Morgen, als er die Kompanie aus dem Graben riß, vor – über drei Meter.*«[5]

Unruh trifft die Grunderfahrung der Soldaten des 1. Weltkriegs nach dem Scheitern der deutschen Blitzkriegsstrategie in der Marneschlacht Anfang September 1914[6].

Die Hoffnungen auf den Sturmlauf bis nach Paris waren nicht nur Generalstabshoffnungen. So, »jeder Stoß ein Franzos«, »jeder Schuß ein Russ«, hatten sich auch die einfachen Soldaten den Krieg vorgestellt. Und Weihnachten wollte man schon wieder zu Hause verbringen. Während man aber im Generalstab diese Hoffnungen nur modifizierte, verbluteten die Soldaten in den Schützengräben und Trichterfeldern des zermürbenden Stellungskriegs. Der Krieg war nur zu bald nicht mehr das, was die Augusttage mit ihren chauvinistischen Räuschen versprochen hatten: mehr oder weniger willkommene Flucht aus dem kapitalistischen Alltag, auch Abenteuer und über die Nur-noch-Deutschen hinwegrauschende Begeisterung der Kleinen, Unteren für das »Große« und »Höhere«, für Deutschland, Vaterland.

Schon im Übergang des Bewegungskriegs in den Stellungskrieg wurde die auf den deutschen Kasernenhöfen und im Manövergelände eingeübte preußische Disziplin locker. Bald funktionierte sie nur noch gegen wachsende Widerstände, über die sich die unter Befehl kämpfenden Soldaten ihre Überlebenswege suchten.

Unruh schildert die dabei ganz unvorschriftsmäßig aufkommenden Lebensängste, aber auch ihre Überwindung, etwa wenn der Soldat Kox ausgerechnet mitten im feindlichen Kugelregen mit einem Durchfall zu kämpfen hat. Das ist nicht nur drastisch-komisch, es deckt auch eine allmählich wieder Oberwasser gewinnende Seite im Kampf mit der inneren Militarisierung der Soldaten auf. Dort, wo sich das Leben sehr vital auch im Kugelhagel durchsetzen muß, beginnt der preußische Zuchtstab zu zerbrechen und an seine Stelle setzt sich das gegen Befehlsstrukturen und Lebensängste wiedergewonnene eigene Rückgrat.

Schon recht ungezwungen geht Unruh mit dem von oben eingebläuten Feindbild um. Während der Eroberung eines französischen Dorfes hat ein unentdeckt gebliebener französischer Soldat zu guter Letzt und völlig überraschend noch einmal zu schießen begonnen. Dem machen die Deutschen ein schnelles, tödliches Ende. Einer der deutschen Soldaten scheint mit dieser militärischen Lösung nicht ganz zufrieden zu sein. »*Seine Brust war beklommen. Von widerstrebenden Gefühlen gezerrt verschwand er in der Kirche. Oben im Turm, vor dem toten Franzosen, blieb er stehen, steckte ein Streichholz an und sah bei dem kurzen Brand in das bleiche Gesicht seines Feindes. Auf ein Knie sich niederlassend, steckte er noch ein Streichholz an: ›Weiß der Kuckuck‹, und er machte zum dritten Mal Licht, ›was Du getan hast, Bengelchen‹ und drückte die Französenhand, ›ich hätte es auch getan. Gib mir Deine Flosse her, Bengel.‹*

Muffiger Blut- und Brandgeruch standen wieder zwischen ihm und dem Toten. Er legte dessen Hand scheu zurück: ›Weiß der Kuckuck, das mag ein anderer herausfinden als ich; aber etwas ist mir nicht klar.‹ Ängstlich griff er nach dem Trommelreifen und stieg in den Kirchenraum.«[7]

Da ist sie, die im 1. Weltkrieg von den unteren, einfachen Leuten immer wieder gestellte und lange offen gebliebene Frage nach dem Sinn und Hintersinn des gegenseitigen Mordens. Im Augenblick eines militärischen Zusammenstoßes tragen sie sich schwer mit dieser Frage. Sie äußert sich mehr oder weniger bewußt als Landser-Unwohlsein, als Sich-nicht-wohlfühlen vor, während und nach dem legalisierten Totschlag. Unruh deutet diese Erfahrung in jener, vom deutschen Kaiser und Generalstab sicher nicht gern gesehenen oder genehmigten Geste der Versöhnung an. Zwischen dem schon toten Franzosen und dem noch lebenden Deutschen steht in diesem Augenblick keine »Erbfeindschaft«, nur »muffiger Blut- und Brandgeruch«. So etwas konnte die Siegerlaune kosten und die Angst lehren.

Unruhs Soldat Clemens, der Milde und Sanfte, radikalisiert die in seinem Namen programmierten Tugenden während eines Sturmangriffs vor Verdun. Er wird wild und von einem rabiaten Tatendurst ergriffen. Während man auf den Volltreffer wartet, der einen in tausend Stücke reißt, kommt es zu folgendem Wortwechsel: »›Clemens!‹ ›Hauptmann?‹ ›Ich glaube, in dieser Schlucht verwirrt sich noch unser Verstand.‹ ›Er klärt sich, Hauptmann.‹ ›Klärt sich?‹ ›Überreizt ist unser Sinn.‹ ›Möglich! Gerade darum sehen wir weiter als sonst!‹ ›Und wenn es so wäre, Clemens? Was fingen wir damit an? Wenn wir das Licht dieser Stunde mit in die Heimat brächten, wo nur Lampen in Häusern brennen!‹ – Er lacht bitter: ›Wer könnte es ertragen, daß wir wieder um Pfennige leben? Clemens, man wird uns Türen weisen und alles zerkleinern mit tausend Mitteln, bis die Verklärung dieser entsetzlichen Schlucht wieder zerfließt in Müdigkeit und Ekel.‹ ›Hauptmann, verbrennen wird alles! Vor Kreaturen, die nur an ihre Brötchen zum Frühstück denken? Vor Spielern und Gecken weicht uns nicht der Geist! Er ringt sich von Stunde zu Stunde aus seiner Umklammerung! Wo sind sie, die uns Barrieren bauten? Ich sehe sie nicht! Tod hält sie uns fern. Was hinten an Ketten lag, geht hier frei und ahnungstrunken unter Brüdern. Was hinten auf Thronen saß, sitzt jetzt bleich und bebend an Telephonen und lauert auf uns. Wir sind die Entscheidung. Unser ist die Tat.‹ «[8]

Unruh entwarf ein Bild vom spätwilhelminischen Deutschland in der Zerreißprobe des 1. Weltkriegs. Überraschend ist aber doch die jähzornige Wildheit jener, die »in Ketten« lagen. Die Wut auf diejenigen, die sie in das Weltkriegsschlamassel hineingeritten haben, ist blank.

Der Pazifist Unruh kommt dem wahren Kern der chauvinistischen Legendenbildung vom Granaten- und Minenhagel, der nicht nur die Erde, sondern auch die Seelen der Soldaten »umpflügte«, sehr nahe. Jenes »Licht dieser Stunde« scheint voll gegen die wilhelminische Lebenseinstellung, gegen Öde und demütigende Normalität des Vorkriegsalltags. Unter der Einwirkung des Kriegs kann ein titanisches Gefühl für Verbrüderung und Losschlagen entstehen, das in der gesamten rechten bis linken Kriegsliteratur immer wieder artikuliert wird. Das Gefühl, zur gesellschaftsverändernden Tat berufen und berechtigt zu sein, entsteht aus einem ganz realen, für die Nichtteilnehmer des Kriegs kaum nachvollziehbaren Erlebnis des Kriegs.

Während die Dividenden z. B. in der Chemie-Industrie im Zeitraum 1913/14 bis 1916/17 von 5,95 auf 8,33 v. H. des Aktienkapitals stiegen, in der Eisenindustrie von 11,81 auf 14,58, während Krupp allein 1914/15 128,2 Millionen und 1915/16 143,3 Millionen Bruttogewinn verbuchen konnte, starben, siechten und schufteten Hunderttausende für den Kriegsreichtum.

Hier spricht New York

Von FRITZ VON UNRUH

Hier spricht
  aus New York
ein Sohn preussischer Generäle —
der Bruder gefallener Soldaten,
ein Kämpfer von Verdun:
  Fritz von Unruh.

*

Als ich 1932 im Sportpalaste Berlin
zum letztenmale vor Euch stand,
  da weckte Wort —
  und Antwort
  in Euch, Deutschen,
den Willen zur Eisernen Front
gegen diesen Menschenschinder
  aus Oesterreich!

*

Seid Ihr seiner Mordtechnik er-
  legen?
  Damals, wie heute —
  rufe ich Dich,
  Du heimliche Seele,
  meines Volks!
Dich, hinter zugezogenen Gardinen..
Dich! in den Konzentrationslagern—
Dich! kommandiert zu verfluchtem
  Dienst
in Prag, Polen, Norwegen — an
  der Dordogne —
  oder oben auf dem Olymp!

*

Fasse Mut!
Lasse Dir nicht länger
Dein klares Weltenauge
von perversen Sadisten
verdunkeln —
  durch Lebensangst
und Rassenangst ..

Germania!
wie lange noch willst Du verblendet
Rechtsbruch und allgemeine Ver-
  ödung
  für Herrschaft halten?
  Und das Gemetzel
  von kleinen Völkern
  Dir aufputschen zum Sieg
  und gigantischen Schlachtfest!

*

Dein Stillschweigen
  auf der Oktoberwiese
  dieser Gangsterrotte
  wird Dir gar bald
im Imperialen Raume der Freiheit
  zum Nessushemd werden —
  Abbrennen Deinen Dünkel
  Stück um Stück ..
  schauervoll!
  bis auf die Knochen!

*

Denn dem lechzenden Eroberer-
  traum
  ergrauter Kadetten —
  steht heute wieder entgegen .
  eine Eiserne Front!

*

Und hat gestern
die Jammerfeigheit der Bonzo-
  kratie —
diesen Bräuhauskrakehler aus
  Braunau
  gross gemacht — —
so wird ihn übermorgen der Herz-
  mut
  der Demokratie
  wieder — — kleinhauen!

Gesprochen im PEN-Club 1[?]
Mai 1941. Zugebilligte Sprechzeit
1 Minute 40 Sekunden.

Da genügte schon die leiseste Ahnung von diesem Sachverhalt, und man konnte, wie die Unruhsche Gestalt des Clemens, »wild« werden.

Zu so einer rasenden, tatendurstigen und gleichwohl noch ohnmächtigen Wut kam der Sand, der mit dem Scheitern der Blitzkriegsstrategie in das wirtschaftliche und gesellschaftliche Getriebe des wilhelminischen Deutschland geraten war. Ein Millionenheer von Arbeitskräften war jetzt nicht wie vorgesehen Weihnachten 1914 wieder zu Hause, sondern blieb auf Jahre in Heer und Marine. Frauen und Jugendliche nahmen ihre Arbeitsplätze ein, auch zwangsrekrutierte ausländische Arbeiter, Kriegsgefangene und Deserteure. Innerhalb der werktätigen Massen hatte ein enormer Umschichtungsprozeß begonnen. Arbeiter wurden Facharbeiter und stiegen auf in die Klasse der Angestellten, Angestellte lebten gleich Arbeitern und stiegen tendenziell ab in die Klasse des Proletariats[9]. Aus der sozialen wuchs die politische Unruhe.

Unruhs Abwendung vom kaiserlichen Deutschland steht noch unter dem Schock des Weltkriegserlebnisses. Die massenhafte Abwendung von der alten Gesellschaftsordnung hatte gerade erst begonnen. Unruhs »Opfergang« zeigt, wie politisch ziellos sie anfangs ist. Die gesellschaftsverändernde »Tat«, von der der kriegsmüde Clemens träumt, ist eng verwandt mit jenem Tat-Bedürfnis, wie wir es in den Nachkriegswirren bei den Freikorps wiederfinden werden. Aber der Unruh'sche Umsturz-Impuls ist ehrlich und in maßloser Erregung gegen den Krieg empfunden. In der politischen Offenheit liegt eine große Chance für eine grundlegende gesellschaftliche Veränderung; reflexartig ist die Kriegswirklichkeit mit der alten, wilhelminischen Gesellschaft in Verbindung gebracht. Aber dieser Impuls ist noch zu schwach, um schon die Idee einer neuen, anderen Gesellschaft in Deutschland zu zünden.

In der Verarbeitung der Kriegserfahrung schon um zwei Jahre weiter als Unruh sowie unter dem unmittelbaren Eindruck der ab 1916 stärker aufkommenden Massenbewegung gegen den Krieg schrieb Leonhard Frank seinen Novellenzyklus »Der Mensch ist gut« (1917).

Frank wählt nicht die militärische Front der Schützengräben und Kanonen als Handlungsort. »Der Mensch ist gut« spielt in den größeren Städten Deutschlands, in Fabriken, Straßen und Wohnungen.

In der Schilderung eines von einem Kriegskrüppel angeführten stündlich anschwellenden Demonstrationszugs wird die Faszination spürbar, die von der explosiven Antikriegsstimmung der Massen und der in ihnen aufgeladenen sozialen und politischen Spannung ausgeht. Dabei bleibt Leonhard Frank der idealistische Träumer, der die objektive und konkrete Lage der gegen den Krieg in Bewegung geratenen Menschen übersieht und doch ihre ausgesprochenen und unausgesprochenen Wünsche und Ziele erfassen kann. »*Die Rolläden der Geschäfte, an denen der Zug vorüberwallt, rasseln herunter. Ladnerinnen, Hausdiener, Liftjungen schließen sich an. Staunende Kommis zögern, begreifen das Ereignis, daß die vom Leide durchstürmten Bewohner der Millionenstadt in Bewegung geraten sind, und schließen sich an. Der Zug schließt die Werkstätten, schließt die Büros, schließt die Geschäfte, schließt die Fabriken. Der Zug zieht durch lange Geschäftsstraßen, in denen er noch nicht gewesen ist. Und doch sind alle Rolläden schon heruntergelassen. Das Ereignis fliegt dem Zug voraus. Es gibt in der ganzen Stadt keinen Menschen mehr, dessen Seele nicht schon berührt worden ist von dem Ereignis. In den Vorstädten bilden sich schnellmarschierende Züge, die zum Hauptzug stoßen. Aus den letzten Fabriken brechen die Arbeiter aus: Fanatismus in den ölverschmierten, rußigen, bleichen Gesichtern.«*[10]

Ende 1916 kam es aufgrund der militärischen Mißerfolge und der hohen Verluste zu einer breiter angewachsenen Friedensbewegung. Jetzt gab es erste, schwache Kontakte zwischen dem proletarischen Antimilitarismus und bürgerlich-pazifistischen Kriegsgegnern im »Bund neues Vaterland«. Die erste revolutionäre Situation entwickelte sich im Frühjahr 1917, als sich auch in Deutschland der Widerstand als Echo auf die russische Februarrevolution verschärfte. Die Aprilstreiks 1917 wurden durch eine erneute Senkung der Brotrationen ausgelöst. Die demonstrierenden Massen wurden täglich größer. Wenn auch das Anwachsen der antimilitaristischen Kräfte in Berlin nicht repräsentativ für das ganze Land war, so gibt es doch einen Eindruck vom Erstarken des Antimilitarismus: Am 18. April beteiligten sich 40 000 Menschen, in der Hauptsache Arbeiter, Hausfrauen und andere Werktätige an einer Antikriegsdemonstration. Am 19. April waren es 15 000, am 20. April 30 000, am 21. April 12 000 und am 23. April 50 000. Im Sommer desselben Jahres bildete der Aufstandsversuch von Kriegsmarine-Matrosen und die Verbrüderung zwischen russischen und deutschen Soldaten den vorläufigen Höhepunkt der Antikriegsbewegung in Deutschland.

Einen Tag nach der sozialistischen Oktoberrevolution in Rußland erließ die neue revolutionäre Regierung ein »Dekret über den Frieden« »an alle«, das weithin vernommen wurde.

In allen am Krieg beteiligten Ländern und auch in Deutschland war ein Aufschwung der antimilitaristischen Massenbewegung zu beobachten. Am Januarstreik 1918 beteiligten sich schon über eine Million Menschen in rund 40 Städten. Der Großberliner Arbeiterrat stellte folgende Forderungen auf: sofortiger Friede ohne Annexionen und unter Hinzuziehung von Arbeitervertretern zu den Friedensverhandlungen, ausreichende Lebensmittelversorgung; Aufhebung des Belagerungszustandes und Wiederinkrafttreten des Vereins-, Versammlungs-, Koalitions- und Streikrechts, Freilassung aller politischen Gefangenen. Die Spartakusgruppe unter der Führung von Luxemburg und Liebknecht rief in Flugblättern zum Sturz der kaiserlichen Regierung auf.

»Gewaltige Züge leiddurchtobter Mütter, Kriegswitwen, Väter, Bräute stoßen im Eiltempo durch die Menge, lösen sich auf, bilden sich neu.

Die Bekenner der Wahrheit verlassen die aufspringenden Zuchthauszellen, finden den Zug, geführt von dem Einen, dessen Namen die ganze Menschheit kennt und ehrt: Liebknecht!«[11]

Frank setzt seine ganze Hoffnung auf den Frieden und die dafür nötige gesellschaftliche Veränderung. »Liebknecht« bedeutet keine Identifikation mit den Losungen von Spartakus, eher schon ist das der leidenschaftliche Ruf nach Erlösung vom Krieg als dem Übel und der Geißel der Menschen. »Liebknecht« verkörpert etwas von dieser Erlösung.

Gegen Ende des Krieges ist die Lage der Massen bis zum Zerreißen gespannt. »Revolution« ist Ausdruck einer elementaren, unversöhnlichen Forderung nach einer radikalen Änderung der gesellschaftlichen Verhältnisse.

»Das weiße Gesicht der Menge war eine Frage, die gleich einer Lichtreklame selbsttätig

die blutrote Antwort ›Revolution‹ langsam, Buchstabe nach Buchstabe, an den dunklen Himmel schrieb.« [12]

Die mit der Beobachtung und Überwachung der Volksstimmung beauftragten Dienststellen der Regierung registrierten eine hochexplosive Grundstimmung im ganzen Reich. Es war allerhand zu hören: »Wir werden bald was erleben« und »So kann es nicht weitergehen«, oder »Der Krieg wird doch nur für die Firma Wilhelm und Söhne geführt« bis »Ehe nicht der Kronenwirt in Blut ersauft, hört auch das Blutvergießen nicht auf«. Die Spitzel des Wilhelminismus mußten nach oben berichten, daß das Vertrauen der kriegsmüden Massen zu Staat und Regierung rapide schwand. »Treu und Glauben sowie Achtung vor dem Gesetz schlafen immer mehr ein.« [13] Als schließlich auch keinerlei Aussicht mehr auf militärische Erfolge bestand, da stand die Monarchie auf dem Spiel [14].

Im Vergleich zu Unruhs »Opfergang« trägt Franks Umsturz-Impuls schon den Namen Revolution, auch ist er bereits Impuls von Massen. Ihre Abrechnung mit dem Volksbetrug »Vaterland«, »Altar des Vaterlandes« oder »Feld der Ehre« ist stürmisch und läßt an Volksgerichtsbarkeit denken. Das »Vaterland« scheint in den machtvollen Straßenumzügen, Redeschlachten, Dialogen und Monologen unterzugehen. Auch das, was Teile der proletarischen Massen besonders beschäftigen mußte, nämlich die politische Rolle der SPD im August 1914, wird nicht verschwiegen. *»Wenn aber in jenem entscheidenden Momente die Führer nicht abgeschwenkt wären, in das Lager, das sie bis dahin bekämpft hatten? Dann würden wenigstens die [...] organisierten Massen schon lange in den Protest hineinmarschiert sein, wie sie in den Krieg hineinmarschiert sind.«* [15]

Sicher, am 4. August waren die Hunde des Krieges schon losgelassen und die internationale Sozialdemokratie, allen voran ihre stärkste, die deutsche Abteilung konnte zumindest das nicht mehr verhindern. Aber sie hätten Steine schmeißen können und Knüppel zwischen die Beine der losrasenden Kriegsfurie. Die Rolle der deutschen Sozialdemokratie bei der Entfesselung des 1. Weltkriegs ist eine der bis heute heiß umstrittenen Fragen. Die Sozialdemokratie spricht am liebsten gar nicht darüber und äußert sich meist nur, wenn sie daraufhin angerempelt wird [16].

Irreführend allerdings ist das geläufige Wort vom »Verrat der rechten SPD-Führer«. [17] Natürlich haben sie »verraten«, als sie sich mit der Kriegskreditbewilligung [18] auf die Seite der herrschenden, kriegslüsternen Klasse stellten, und Hunderttausende haben das gemerkt. Aber mindestens ebenso viele merkten es nicht, fanden es in Ordnung. Das war nicht verwunderlich. Zu lange schon hatte der deutsche Kommißgeist auch in der Arbeiterschaft und unter sozialdemokratischer Schirmherrschaft [19] gewirkt. Als dann die sozialdemokratisch orientierten Massen, völlig unbewandert in Fragen der kabinettpolitischen Kriegsvorbereitung und von der wilhelminischen Publizistik getäuscht, sich plötzlich von »Todfeinden«, darunter dem verhaßten russischen »Zarismus«, umringt sahen, gab es kaum ein Halten mehr und immer weniger, im Kriegstaumel schwindende, proletarische Vernunft. Nun galt es, das Vaterland aus der Umzingelung herauszuhauen. In Wirklichkeit aber half die Mehrheit der deutschen Bevölkerung anfangs begeistert mit, Deutschland den Weg aus dem Gestrüpp zwischenstaatlicher Konkurrenz freizuschlagen. Streik, das war ja nur die Losung der sozialdemokratischen Arbeiterschaft im Falle eines Angriffskrieges von deutscher Seite. So konnten die Friedensresolutionen der großen Kongresse 1912 in Basel und 1907 in Stuttgart verstanden werden.

Nun, gegen Ende des Krieges hatten vor allem die proletarischen Teile der Bevölkerung dazugelernt. Sie waren zu einer treibenden Kraft gegen den Krieg geworden. Leonhard Frank sah proletarische Massen vermischt mit Angehörigen anderer Schichten und Klassen auf den Straßen Berlins und bewunderte ihre Bewegungen zwischen Friedensliebe und Revolution. Obwohl moralisch-linksengagierter Kriegsgegner, stößt er nicht auf die Hauptursache des 1. Weltkriegs, den »Feind im eigenen Land«, wie Spartakus es nannte. Und doch geraten Franks Überlegungen in unmittelbare Nähe dazu. Scharf verurteilt er das demagogische Hetzen und Suchen nach den Ursachen des Krieges in den Gegnern »außer uns«, das offizielle Meinungsdiktat von Deutschlands Todfeinden, die den Krieg verschuldet hätten. *»Nicht Engländer, Franzosen, Russen und für diese nicht der Deutsche, sondern in uns selbst ist der Feind.«*[20] Vom Feind »in uns« ist es nicht mehr weit bis zum Feind unter uns. Vor diesem Gedanken machen Franks Überlegungen in »Der Mensch ist gut« allerdings halt. Leonhard Frank markiert in seiner begrenzten Einsicht in die Ursachen des Krieges einen allgemeinen Erkenntnisstand. Daß der »Feind« vor allem in den kriegstreibenden Kräften und Kreisen des eignen Landes zu suchen ist, das war ein zu ungeheuerlicher Gedanke.

Bruno Vogels »Es lebe der Krieg!« (1924) ist verbitterte, fast zynische Reaktion all derer, die ihre Hoffnungen auf Frieden und eine demokratische Friedensordnung in die Novemberrevolution und die folgenden Bürgerkriegskämpfe gesetzt hatten. Aber die deutsche Revolution 1918/19, die größte Massenbewegung in der deutschen Geschichte, war steckengeblieben. Letztlich ließ sie die Machtverhältnisse unangetastet und mobilisierte die Gegner der Demokratie und des Friedens: Statt des revolutionären Bruchs mit dem Alten überwog die Kontinuität der über 1918/19 hinweg herrschenden wirtschaftlichen und gesellschaftlichen Strukturen.

Als der Kaiser gehen mußte, blieben ja nicht nur die Generäle, mit ihnen blieben der Großgrundbesitz, die Industrie, die Armee, die Bürokratie, die Justiz. Hinzu kam die Sozialdemokratie, sie war den alten Eliten vorübergehend hoch willkommen.

Vogel war einer jener Kriegsteilnehmer, dem nach Kriegsende alle Hoffnung auf eine friedliche Entwicklung zerstoben war. Er mußte mit ansehen, wie nach der Niederschlagung der Revolution sich neben »Rittergut und Hochofen« die »Blaujacken« etablierten. Für Bruno Vogel war der Krieg noch lange nicht aus, er fühlte sich auch auf dem Boden der Republik nicht entschädigt für die Opfer und Leiden. Er fühlte sich immer noch getreten und war damit nicht allein, wenn auch in einer deutlichen Minderheit[21]. Tucholsky bezeichnete Vogels »Es lebe der Krieg« als das beste deutsche Anti-Kriegsbuch neben Arnold Zweigs »Grischa«-Roman[22].

Vogel ging in seiner Ohnmacht gegen die fortdauernde Kriegsgefahr in den Jahren der Nachkriegskrise so weit, daß er nach dem 1. Weltkrieg einen zweiten auf die Menschen herabwünschte, der *»dieses schändliche Planetchen erlösen wird von dem Irrtum der verflossenen Jahrtausende, den sie ›unsere Kultur‹ nennen«*. Vogel wünscht sich einen Krieg als Sintflut, nach der erst Hoffnung für die Menschen sein könne, die dann *»nie wieder den Fehler begehen, Staaten zu bilden oder einen Gott zu schaffen«*[23] – verständlich vor dem politischen Hintergrund der ersten Jahre nach dem Krieg. Die deutsche Außenpolitik nach 1919 zeigte sich nicht bereit, die durch den Krieg geschaffenen zwischenstaatlichen Verhältnisse in Europa anzuerkennen. Ihr Ziel blieb die Wiederaufrichtung der deutschen Großmachtstellung in Europa und möglichst in der ganzen Welt. Mit militärischen Mitteln war das nur vorerst nicht möglich.

Die Wirtschaft und Herrschaft von »Rittergut und Hochofen« in Deutschland war bald wieder hergestellt und stabilisiert. Im »Reichslandbund« der Landwirte dominierte der politische Einfluß des ostelbischen Großgrundbesitzes, und die Industrie fand in ihrem einheitlichen »Reichsverband der deutschen Industrie« zu neuer Stärke. Hinzu kam die neue, aber schon kriegsbewährte politische Kraft der Sozialdemokratie; sie setzte unverdrossen ihre Politik des Stinnes-Legien-Paktes fort. Während die übergroße Mehrheit der deutschen Bevölkerung dieser restaurativen Entwicklung in Deutschland ihren Lauf ließ und sie teilweise sogar begrüßte, verfluchte eine relevante, aber ohnmächtige Minderheit sie. In diesem Sinne ist Bruno Vogels verzweifelter Wunsch nach erneutem Krieg zu verstehen: wenn schon keine Rettung, dann das Heil der Katastrophe.

Das Denken in solchen Ohnmachtsvorstellungen gehört mit in den Katalog der von den immer noch Herrschenden erreichten Kriegsziele.

Auch die Republik hatte ihr Meinungsdiktat über den Krieg. Sie gab sich friedliebend. Indem und wie Bruno Vogel daran erinnert, daß schon einmal ein Krieg verheerend an der Lebensmoral und Widerstandskraft der Menschen gerüttelt hatte, legt er den Gedanken nahe, daß dies nicht das letztemal gewesen sein muß. So läßt er einen Sohn an seinen Vater schreiben:

»Schließlich hat sich der Menschenvorrat des Angreifers erschöpft. Eine Weile später wird das Feuer des Feindes zögernder, weniger sicher. Einige Minuten, und bloß vereinzelte schwerfällige Minen lärmen noch, hören dann auch auf.

Nur die Stimmen der Menschen gellen weiter über die Ebene. Vielleicht vermutest Du, lieber Vater, daß nun Heldensöhne mit trotzig stolzem Munde ›Deutschland, Deutschland über alles!‹ sangen und, schon brechenden Auges, ein letztes: ›Es lebe unser Kaiser!‹ ausstießen, wie es so oft in Zeitungen geschah.

Nein.

›Sanitäter!‹ ›Sanitä– – –ter!‹

Das ist der Ruf, der das Feld beherrscht, vom leisesten, verlöschenden Hauch anschwellend bis zum schrillsten Kreischen, dessen Gräßlichkeit keiner Sprache Wort mehr ausdrückt.

›Sa – täter‹ –

›Sa – ! ni – ! tä – !! ter!‹

Irgendeiner: ›Kamerad, schieß mich doch tot, schieß mich doch tot, bitte, bitte, schieß mich tot – – – Hören Sie, ich gebe Ihnen den direkten Befehl, schießen Sie mich tot – – – Hören Sie, das ist Gehorsamsverweigerung vorm Feind! – Kamerad, sei doch so gut! – Hier haben Sie meine Uhr und meine Brieftasche, nehmen Sie doch! Und schießen Sie mich tot!‹

›Mein Kopf! Mein Kopf! Mein Kopf! Ach Gott, ach Gott, mein Kopf, mein Kopf – ‹ schreien sie und ›Hilfe‹. Etliche fluchen.«[24]

Wer wenigstens äußerlich heil oder halbwegs heil durch den Krieg und für diesmal noch davongekommen war, der konnte die kriegsgeschaffene politische Friedensrealität mit einer scharfsinnigen Verzweiflung betrachten, jede konkrete und kämpferische Perspektive gleichwohl in den Wind schlagend. »*Schwindel, Schwindel, Schwindel sind alle die verfluchten hohlen Phrasen – der Wanst von ein paar tausend Schuften ist der Sinn des Krieges. Dafür lassen sich Millionen harmloser Menschen abschlachten und brüllen womöglich noch Hurra zu ihrer Blödheit. Ob das nun ein sadistischer Oberst oder die Millionengewinne eines Kanonen- oder Lederlieferanten oder ein Schwein von Gottes Gnaden ist – wir sind verreckt, damit andere ihren Wanst mästen können!*«[25]

Nur »Schwindel« – und nicht planmäßig betriebenes politisches Geschäft des Kriegs und der Expansion – war gängige Antwort auf die Frage nach den Ursachen des Krieges.

Sichtbar wurde die Distanz zwischen den Amen und Reichen, auch der Nutzen, den die einen von den anderen durch den Krieg hatten. Unsichtbar blieb der Staat und die eigene Funktion. Ebenso schwer zu erfassen war die Frage nach dem »Vaterland«, die nationale Frage. Vogel äußert sich in »Es lebe der Krieg« sehr pessimistisch und bezeichnenderweise aus einem Massengrab heraus. Für ein nach vorne gerichtetes, praktisch auf die eigenen Interessen orientiertes, nationales Konzept fehlte nicht nur ihm die Kraft. Zu schnell kam der historische Rollenwechsel vom einstigen kriegstreiberischen Deutschland zur von den Versailler Siegermächten unterdrückten Nation. Der Pazifismus hatte zwar als Reaktion auf das Völkermorden des 1. Weltkriegs den Geist der internationalen Versöhnung erstarken lassen, gleichzeitig aber konnte sich die Vorstellung der nationalen deutschen Selbstbestimmung nicht durchsetzen. Hier unter anderem setzten die Nationalsozialisten ihre ideologischen Hebel an und erreichten eine seither andauernde Irritation.

Die stärkere, mächtigere Kontinuität des Krieges von 1914 bis 1933/39 läßt sich an folgender Linie der politischen Unterdrückung von pazifistischer Literatur nachzeichnen: 1915 wurde Unruhs »Opfergang« noch vor dem Erscheinen verboten[26], 1917 konnte Franks »Der Mensch ist gut« in Deutschland nicht erscheinen und mußte aus dem Schweizer Exil nach Deutschland hineingeschmuggelt werden[27], 1924 wurde Vogels »Es lebe der Krieg« sofort nach Erscheinen beschlagnahmt und sodann verboten[28]. Alle drei Autoren schafften es mit mehr oder weniger Schwierigkeiten, ihre Anti-Kriegsbücher in der Weimarer Republik zu veröffentlichen. Frank erhielt sogar den Kleist-Preis, was noch einmal für eine größere Verbreitung von »Der Mensch ist gut« sorgte. Aber 1933 gehörten auch diese drei zu den politisch verfolgten und »verbrannten« Autoren[29].

Nicht zuletzt diese Kontinuitätslinie der politischen Unterdrückung pazifistischer Literatur weist darauf hin, daß die durch den 1. Weltkrieg mobilisierte größte Massenbewegung der deutschen Geschichte es nicht vermochte, Frieden und Demokratie zu sichern. Der Höhepunkt dieser Friedensbewegung, die deutsche Revolution 1918/19, war nur ein Oberflächenbruch in der deutschen Kriegskontinuität.

Aber die Republik danach, die republikanischen Pazifisten, was erreichten sie? Wo und wie gingen sie vor gegen den Krieg? Welche Erfahrungen führten z. B. Bernhard Kellermann am Anfang und Joseph Roth am Ende der Weimarer Republik gegen den Krieg und die für ihn nützliche Diktatur ins Feld?

AUCH DIE REPUBLIK DEMONTIERTE DEN FRIEDEN

In der Weimarer Republik hatte der Frieden äußerst geringe Chancen. Für die maßgeblichen, Innen- und Außenpolitik bestimmenden politischen Kräfte war Pazifismus ein rein taktisches Kalkül. Die Stützen des Kaiserreiches blieben die Stützen der Republik und bewahrten das Bewußtsein von Deutschlands Vor- und Großmachtstellung. Hierfür charakteristisch war Gustav Stresemann und seine Politik des »friedlichen Gleichgewichts« zwischen Locarno und Völkerbund.

Derselbe Mann hatte im Dezember 1914 noch die alldeutschen Weltmachtswünsche vertreten, wirkte während des Krieges als »Ludendorffs junger Mann« und verstand diese Tätigkeit, wie er später eingestand, nicht als »Sprachrohr fremder Interessen, sondern [...] aus eigenem innersten Antrieb«[30].

Zusammen mit Aristide Briand erhielt Stresemann 1926 den Friedensnobelpreis. Hatte sich die Kriegstrompete in eine Friedenschalmei verwandelt?

Keineswegs, denn hinter jeder politischen Äußerung aus der Ecke Stresemanns stand das später von Hitler ausprobierte Konzept der deutschen »Wiedergeburt«. Zum Beispiel der Locarno-Vertrag Oktober 1925, das war Friedenspolitik dieser Art: sie festigte Deutschlands Streben nach Großmachtpositionen zwischen der Sowjetunion und den Entente-Staaten. Stresemann gab das – leider nicht öffentlich – mit folgenden Worten zu: »So zeigt sich die Bedeutung des Geistes von Locarno vor allem in den Gedanken, [...] daß ein Zusammenbrechen Deutschlands nicht nur eine deutsche Frage, sondern eine europäische und Weltfrage ist. [...] Damit ist eine Politik der Diktate und der Unterdrückung Deutschlands nicht vereinbar. [...] Denn, glauben wir [...] dadurch zur Wiedergewinnung der Grundlage zu kommen, auf der sich später einmal deutsche Lebensmöglichkeit und deutsche Freiheit aufbauen kann?«[31]

Über die deutsche Revolution 1918/19 und die Gründung der Weimarer Republik hinweg hielt Stresemann an der Vorstellung eines großdeutschen Reiches fest: »Die Schaffung eines Staates, dessen politische Grenzen alle deutschen Volksteile umfaßt, die innerhalb des geschlossenen deutschen Siedlungsgebietes in Mitteleuropa leben und den Anschluß an das Reich wünschen [...]«, und in einem Zusatz heißt es weiter: daß neben »unseren Volksgenossen auch Angehörige fremder Nationalitäten unter deutsche Staatshoheit gestellt« würden[32].

Noch unverhüllter gibt sich dieses frühe »Heim ins Reich« in einem Brief an den Landrat a. D. von Keudell: »Ich sehe in Locarno die Erhaltung des Rheinlandes und die Möglichkeit der Wiedergewinnung deutschen Landes im Osten [...].«[33]

Für die in Deutschland herrschenden Kreise waren »Friedens«verträge wie die von Locarno politische Schachzüge im Übergangsstadium auf dem Weg zurück zur Weltmachtpolitik. Stresemann war ihr Pfadfinder, die militärische Niederlage Deutschlands als Lehrbuch im Gepäck.

Was wußte der einfache Mann auf der Straße davon? Die wenigsten durchschauten die politische Entwicklung hinter den Friedensfassaden, viele ahnten aber, daß der Frieden schon lange – und nicht erst durch Hitler – diskreditiert und demontiert worden war.

Hier hatte die Resignation und Unentschiedenheit des Weimarer Pazifismus eine tiefere

Berechtigung. Eine große, möglicherweise letzte Chance für den Frieden vor 1933 ergab sich in der politischen Auseinandersetzung um den Bau von Panzerkreuzern während der Monate August bis Oktober 1928: »Das Referendum gegen die Panzerkreuzer wird den deutschen Friedenswillen mächtiger bekunden als eine Unterschrift in Locarno oder Paris«, schrieb Carl von Ossietzky. »Der Panzerkreuzer ist militärisch eine Lappalie, gefährlich nur als Eröffnung einer Serie. Aber der Kampf darum zeigt, daß Deutschland nicht eine Renaissance seiner Militärmacht will, daß es die Wiederkehr einer Gott sei Dank versunkenen Glorie nicht einmal in Miniaturformat wünscht [...] Es geht darum, endlich jenen perfiden Militarismus zu treffen, der, tausendmal bankrott und kompromittiert, immer wieder den Weg durch die Seitentüren gefunden hat [...] Wir haben ihn oft entlarvt, seine Schliche aufgedeckt, seine Finten durchkreuzt. Wir haben ihn oft zum Rückzug gezwungen, aber nie wirklich getroffen. Zum erstenmal sind wir ihm ganz dicht an der Gurgel. Wer zögert da?«[34]

Es zögerte vor allem die SPD- und Gewerkschaftsführung. Nachdem die SPD bei den Reichtagswahlen mit der Losung »Für Kinderspeisung, gegen Panzerkreuzer!« einen Wahlsieg errungen hatte, brach sie ihr Wahlversprechen. Die von dem Sozialdemokraten Müller geführte Koalitionsregierung stimmte der ersten Rate für den mit 80 Millionen RM veranschlagten Bau des Panzerkreuzers A zu.

Diese Entscheidung wurde in der gesamten Arbeiterschaft bis weit in ihre sozialdemokratisch orientierten Teile hinein mit großer Empörung aufgenommen. In Partei und Gewerkschaft wurde die Abberufung der SPD-Vertreter aus der Reichsregierung, sogar ihr Ausschluß aus der Partei diskutiert. Doch der Parteivorstand verstand es geschickt, die Erregung an der Basis auf die Ausarbeitung seines SPD-Wehrprogramms zu steuern.

Als politische Partei stand nur noch die KPD gegen den Panzerkreuzerbau, mit der Losung »Keinen Pfennig für den Panzerkreuzerbau« und »Nieder mit der Panzerkreuzer-Regierung«. Da aber jede Unterschrift unter das von ihr eingeleitete Volksbegehren gegen den Panzerkreuzerbau als Bekenntnis zur KPD gewertet und verstanden werden konnte (und sollte), kamen zu wenige Stimmen zusammen. So scheiterte auch diese Bewegung für die Erhaltung des Friedens.

Die »Ära Stresemann« und der Ausgang der Panzerkreuzer-Debatte signalisieren die Aussichten der Friedensbewegungen seit der Novemberrevolution. Das Friedensinteresse der breiten Massen wurde umgangen und betrogen. Die Friedensfassade wurde bis 1933 immer rissiger, sichtbarer wurde das siegessichere Grinsen des deutschen Militarismus.

Die pazifistischen Schriftsteller reagierten empfindlich. Aber der Frieden stand auf verlorenem Posten.

Bernhard Kellermanns Pazifismus gibt hierfür ein gutes Beispiel. Hatte er noch während des Krieges konventionell vaterländische Bücher veröffentlicht[35], so endet sein Buch »Der 9. November« (1920) sehr optimistisch und hoffnungsvoll antimilitaristisch. Der in der Gestalt Ackermanns mystisch personifizierte Friedens- und Fortschrittsglaube siegt über einen gebrochenen und isolierten General.

»Endlos bewegt sich der schwarze Strom des Volkes dahin, langsam, die roten Fahnen wogen. Die Musikkapellen spielen Trauerweisen, Bataillone von Soldaten, Bataillone von Matrosen. Berge von Blumen. Unter diesen Bergen von Blumen liegen die Opfer der Freiheitskämpfe.

Zur gleichen Stunde setzte sich der mit schwarzen Tüchern behangene Trauerwagen mit dem Sarge des Generals in Bewegung. Hauptmann Wunderlich, in einem einfachen Solda-tenmantel, an seinen Krücken humpelnd, gab ihm das Geleite zum Bahnhof. Niemand sonst. Nein, niemand.« [36]

Bezeichnenderweise ist der Anführer der Massen gar nicht mehr von dieser Welt. Seine Zielsetzung und ihre Interessen haben keinen realen Bezug. »*Ja, endlos, endlos, in Wahrheit! Ein Meer von Menschen wälzt sich vorüber. Wogen von Blumen über dem wallenden Menschenmeer. Gleichmäßig, ohne jede Eile, wandert der Schritt der Hunderttausend dahin, die Stadt beginnt zu dröhnen, zu donnern – Hoch über dem Strom der Köpfe aber zieht Ackermanns Geist dahin!*

›Mein Volk, meine Liebe und meine Sehnsucht fliegen vor dir her! Wirst du auserwählt und berufen sein unter den Völkern der Erde? Sieh, wie sie funkeln, am Firmament des Gedankens, seine großen Geister, sie blicken auf dich! Auf, auf! Auf den Weg [...]‹« [37]

Hinter dieser mystisch-religiösen Zukunftsgläubigkeit verbirgt sich nur schlecht eine gewisse Ratlosigkeit. Aber nach dem Krieg und seinen Opfern, nach dieser Revolution und ihren spärlichen Siegen kann Ratlosigkeit schon um sich greifen.

»*Endlich wurde die Straße frei. Der mit schwarzen Tüchern behangene Wagen mit dem Sarge des Generals setzte sich wieder in Bewegung, und Wunderlich nahm seine Krücken und humpelte hinter ihm her.*

Schon dunkelte es, schon sanken die finsteren Nebel über die Straßen. Schon begann das Gewehrfeuer wieder zu knattern in der von Finsternis erfüllten Stadt.« [38]

Ludwig Renn

Leonhard Frank

Der Mensch ist gut

Volks-ausgabe

51. bis 80. TAUSEND

„Arbeiter lest dieses Buch, es wird euch die Augen öffnen. Mütter lest dieses Buch, es handelt von euren Tränen, euren Schmerzen. Frauen, Bräute lest es, es ist voll von euren Leiden. Eure gefallenen Männer sprechen daraus und klagen an." (Volkswille)

GUSTAV KIEPENHEUER VERLAG POTSDAM

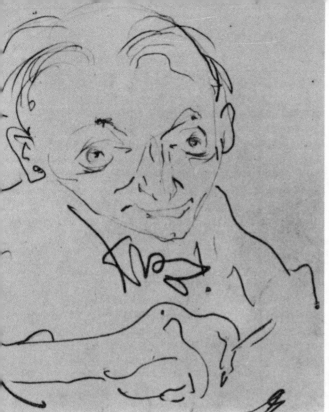

Joseph Roth

Der General, Repräsentant des Krieges, ist zu Grabe getragen, doch gegen seine Gewehre wird man sich auch nach Kriegsende noch wehren müssen. In diesen letzten Sätzen kommt Kellermann nach mystischem Überschwang der Nachkriegswirklichkeit doch noch relativ nahe.

Daß der Krieg Anfang der 30er Jahre nur etwas lange auf sich warten ließ, aber nun nicht mehr aufzuhalten war, das erfaßte Joseph Roth in »Radetzkymarsch« (1932) auf schwermütige und gleichwohl hellsichtige Art. Jetzt, am Vorabend der den Krieg vorbereitenden faschistischen Diktatur, gab es keinen Grund mehr für Zukunftsgläubigkeit. Der Pazifismus war überrannt.

Seiner politischen Haltung nach ist Roth zuletzt ein anständiger Radikaler, wie er es selbst formuliert. Aber er war nicht immer nur das gewesen. Roth neigt bis etwa 1926 mehr ins linke, sozialistisch orientierte Lager[39]. 1931/32 geißelt er nur noch den vormarschierenden Nationalsozialismus[40]. Die persönliche Entwicklung Roths und sein Blick auf die sich verändernde politische Situation bis 1933 findet ihren Niederschlag auch in »Radetzkymarsch«. In diesem Roman geht es nicht nur um den untergangsreifen k.u.k.-Monarchismus bis in die ersten Tage des Weltkriegs. Gerade der Romanschluß, den Roth unter dem Zeit-Druck der zerfallenden Weimarer-Republik schrieb – wie aus seinen Briefen hervorgeht[41] –, ist implizit der Kommentar zu einem Demokratieverständnis, das sich im Gefühl seiner eigenen Vergeblichkeit zu verlieren scheint, Sinn nur noch im Sterben für eine aufs Elementare zusammengeschnurrte Menschlichkeit steht. Das war ja auch ein sehr deutsches (Intellektuellen-)Problem.

Feuilleton.

O Freunde, nicht diese Töne!
Von Hermann Hesse.

Die Völker liegen einander in den Haaren und jeden Tag leiden und sterben Ungezählte in furchtbaren Kämpfen. Mitten zwischen den aufregenden Nachrichten vom Kriegsschauplatz fiel mir, wie das so geht, ein längst vergessener Augenblick aus meinen Knabenjahren ein. Da saß ich, vierzehnjährig, an einem heißen Sommertag in Stuttgart in dem berühmten schwäbischen Landexamen, und als Aufsatzthema wurde uns diktiert: „Welche guten und welche schlechten Seiten der menschlichen Natur werden durch einen Krieg geweckt und entwickelt." Meine Arbeit über dies Thema beruhte auf keinerlei Erfahrung und fiel entsprechend traurig aus, und was ich damals, als Knabe, unter Krieg sowohl wie unter Kriegstugenden und Kriegslastern verstand, stimmt nicht mehr mit dem zusammen, was ich heute so nennen würde. Aber im Anschluß an die täglichen Ereignisse und an jene kleine Erinnerung habe ich dem Krieg in dieser Zeit viel nachgedacht, und da jetzt doch einmal der Brauch eingerissen ist, daß Männer der Studierstube und des Ateliers ihre Meinungen hierüber kundgeben, scheue ich mich nicht länger, auch die meine auszusprechen. Ich bin Deutscher und meine Sympathien und Wünsche gehören Deutschland, aber was ich sagen möchte, bezieht sich nicht auf Krieg und Politik, sondern auf die Stellung und Aufgaben der Neutralen. Damit meine ich nicht die politisch neutralen Völker, sondern alle diejenigen, die als Forscher, Lehrer, Künstler, Literaten am Werk des Friedens und der Menschheit arbeiten.

Da sind uns in letzter Zeit betrübende Zeichen einer unheilvollen Verwirrung des Denkens aufgefallen. Wir hören von Aufhebung der deutschen Patente in Rußland, von einem Boykott deutscher Musik in Frankreich, von einem ebensolchen Boykott gegen geistige Werke feindlicher Völker in Deutschland. Es sollen in sehr vielen deutschen Blättern künftig Werke von Engländern, Franzosen, Russen, Japanern nicht mehr übersetzt, nicht mehr anerkannt, nicht mehr kritisiert werden. Das ist kein Gerücht, sondern Tatsache und schon in die Praxis getreten. Also ein schönes japanisches Märchen, ein guter französischer Roman, von einem Deutschen noch vor Kriegsbeginn treu und liebevoll übersetzt, muß jetzt totgeschwiegen werden. Eine schöne, gute Gabe, mit Liebe unserm Volke dargebracht, wird zurückgestoßen, weil einige japanische Schiffe Tsingtau bekriegen. Und wenn ich heute das Werk eines Italieners, eines Türken, eines Rumänen lobe, so darf das nur mit dem Vorbehalt gelten, daß nicht vor Beendigung des Abdrucks in diesen Völkern ein Diplomat oder Journalist die politische Lage ändert!

Anderseits sehen wir Künstler und Gelehrte mit Protesten gegen kriegführende Mächte auf den Plan treten. Als ob jetzt, wo die Welt in Brand steht, solche Worte vom Schreibtisch irgend einen Wert hätten. Als ob ein Künstler oder Literat, und sei er der beste und berühmteste, in den Dingen des Krieges irgend etwas zu sagen hätte. Als ob Heeresleiter in ihren Aktionen sich von solchen Worten beeinflussen lassen könnten und dürften.

»So warteten sie zwei Tage, und es war nichts vom Krieg zu sehen. […] Man sah manchmal verwundete Grenzfinanzer, auch hier und da einen toten Grenzgendarmen. Sanitäter schafften Verwundete wie Leichen weg, an den wartenden Soldaten vorbei. Der Krieg wollte nicht anfangen, er zögerte, wie manchmal Gewitter tagelang zögern, bevor sie ausbrechen.«[42] Hier ist 1932 nicht nur die Atmosphäre von 1914 eingefangen.

Als der Krieg dann endlich da ist, läßt Roth ihn ganz schmählich beginnen, mit Rückzug und Chaos, sich widersprechenden Befehlen und Standgerichten. »Der Krieg der österreichischen Armee begann mit Militärgerichten. Tagelang hingen die echten und vermeintlichen Verräter an den Bäumen auf den Kirchplätzen, zur Abschreckung der Lebendigen. Aber weit und breit waren die Lebenden geflohen.«[43]

In dieser düsteren Situation gleich zu Beginn des Krieges handelt Roths Held gar nicht offiziersgemäß. Er verbündet sich mit den einfachen, standgerichteten Soldaten, indem er ihre Leichen von den Bäumen schneidet und sie wenigstens notdürftig begräbt. Das ist die späte, aber ernstzunehmende Geste von einem, der mit diesem Krieg nichts zu tun haben will. »Das waren die Gesichter des Volkes, mit dem er jeden Tag exerziert hatte.«[44]

Roths Leutnant von Trotta stirbt im Zeichen einer mit der Katastrophe des kommenden Krieges rechnenden, tieferen Verbundenheit mit dem Volk, den einfachen Leuten[45].

ERSTES ZWISCHENERGEBNIS:
LINKE KRITIK DES PAZIFISMUS –
VORBEI AN MILLIONEN KRIEGSGEGNERN

Der Pazifismus, der aus dem Protest gegen den 1. Weltkrieg entstanden war, blieb machtlos gegen die Politik seiner revanchistischen Wiederholung. Lag das nur an der schließlich mächtigeren Kontinuität des Krieges? Oder wurden nicht auch Fehler gerade von denen gemacht, die sich für die Erhaltung und langfristige Sicherung des Friedens eingesetzt hatten?

Nehmen wir Brecht zum Beispiel, 1934.

Er konnte von sich behaupten, in der politischen und literarischen Kritik nie so weit gegangen zu sein »wie einige«, die nur durch die »vollständige Änderung« der Weimarer Gesellschaft etwas ändern oder verhindern zu können glaubten. Und doch sah er selbstkritisch und für seine Person ein, daß man z. B. den Pazifismus der Kriegsdienstverweigerer oder der Liga für Menschenrechte hätte stärken müssen, ihre »großen und kleinen Unternehmungen zur Bekämpfung des Unrechts«. Seiner korrigierten Auffassung nach hätten der Krieg und seine Vorbereitung auch mit den schwächsten Mitteln bekämpft werden müssen. »Schlimmer als die Illusion, ohne die Entfernung der Ursachen des unnötigen Elends könnten seine Folgen entfernt werden, ist nämlich die Illusion, diese Ursachen könnten bekämpft werden ohne die Folgen und getrennt von ihnen und unter Verzicht auf die schwächsten und allerschwächsten Mittel.« Brecht wollte, so fügte er anspielungsreich hinzu, viele beobachtet haben, die durch ihre Kenntnis der schlimmen Ursachen geradezu verhindert wurden, die »schlimmen Folgen zu bekämpfen«[46]. Brecht muß hier vor allem die linksorientierte und kommunistische Pazifismus-Kritik im Auge gehabt haben. Diese Kritik beschränkte sich in der Tat auf die tieferen, ökonomischen und politischen Ursachen und blieb unfähig, von den Folgen und Erscheinungen im individuellen Leben und Denken aus auf das Ursächliche hinzulenken.

René Schickele

Die weißen Blätter

EINE MONATSSCHRIFT

SECHSTES HEFT ♦♦ 4. JAHRGANG ♦♦ JUNI 1917

INHALT:

Johannes R. Becher: Das Neue Gedicht

Leonhard Frank:
Die Kriegswitwe
Der Kamerad

Marcel Martinet:
Poètes d'Allemagne, ô frères inconnus

GLOSSEN: R.S., Geburt des Menschen; Kerenski; Die Kirschbäume; Mitleid; Klimax; Die Zauberflöte. G. F. Nicolai, Die Entstehungsgeschichte eines Buches. S. Friedländer, Von kommenden Dingen. Notizen.

EINZELPREIS 2 FRANKEN ODER 2 MARK

VIERTELJÄHRL 5 FRANKEN ODER 5 MARK

1917

VERLAG RASCHER & CIE ZÜRICH UND LEIPZIG

Davon profitierte die rechte bis faschistisch ausgerichtete Pazifismus-Kritik. Als scheinbar Alleinbevollmächtigte pflegte sie das Erbe des 1. Weltkriegs zwischen Leidensseligkeit und Heroisierung so lange, bis eine Grenzverwischung zwischen dem erreicht war, was die Menschen im Krieg tatsächlich erlebt und dabei gedacht hatten und dem, was die Ideologen der faschistischen Sammelbewegung daraus im Laufe der Weimarer Jahre zu machen verstanden hatten.

Vor dem Hintergrund dieser Entwicklung ist Walter Benjamins Kritik an Unruhs »Nike – Buch einer Reise« (1925) nur teilweise berechtigt. Benjamin mokierte sich über den »Pazifismus des Herrn Unruh«[47]. Seine spöttische, beinahe höhnische Kritik wollte den Kitsch und Antikommunismus in Unruhs pazifistischem Gedankengut treffen. Tatsächlich traf er aber nur den mittlerweile harmloser gewordenen Friedensapostel Unruh, der rund zehn Jahre nach »Opfergang« vergessen zu haben schien, was er eine seiner Gestalten vormals sagen ließ: daß man, wenn der Krieg vorbei sei, den vom Kriegserlebnis Betroffenen und Gezeichneten die »Türen weisen« werde und »alles zerkleinern mit tausend Mitteln«. Nicht nur Fritz von Unruh hatte den Schwung des frühen antimilitaristischen Aufbruchs mittlerweile verloren – eine politische Zeiterscheinung, gefährlich genug, um sie besser nicht nur zu verhöhnen.

In ähnlicher, nur viel systematischerer Weise verkannte vor allem die kommunistische Kritik die pazifistische Literatur. K. A. Wittfogel ist in diesem Zusammenhang ein exemplarischer, wenn auch herausragender Fall dadurch, daß die »Rote Fahne« ihm Raum für seine Kritik gab. Noch vor den September-Wahlen 1930, also vor dem ersten spektakulären Wahlerfolg der NSDAP, heißt es dort:

»Trotzdem drangen, heimlich und unter Gefahr verbreitet, vor allem in der zweiten Hälfte des Krieges, doch einzelne anklägerisch-revolutionäre Erzählungen und Romane ins deutsche Gebiet ein, Aufklärung und Zersetzung hervorrufend oder steigernd. Leonhard Franks ›Der Mensch ist gut‹ wirkte so. Die Schärfe des Angriffs überscholl zunächst die pazifistischen Untertöne, deren im Grunde bürgerlicher Sinn erst Franks spätere Entwicklung klarmachte.«[48]

Ähnlich wie Unruh, aber auch ähnlich wie viele später prominente kommunistische Autoren, genannt seien nur J. R. Becher und Friedrich Wolf, zog sich Frank nach der Niederlage der Novemberrevolution aus der Tagespolitik zurück. Die erfolglosen revolutionären Nachkriegskämpfe machten es allen Kriegsgegnern schwer, pessimistisch-depressive Haltungen zu überwinden. Aber nicht das ist wirklich wichtig an dieser Kritik Wittfogels, auch nicht dieser auf die Person Franks gemünzte Vorwurf des politischen Rückweichlers mit seinen Untertönen, daß »bürgerlich« und »pazifistisch« prinzipiell etwas Verwerfliches sei. Schlimmer ist die avantgardebewußte Arroganz in einer revolutionären Zeitung für proletarische Massen. Wittfogel hatte zu wenig Blick für den allgemeinen Charakter des politischen Rückzugs nach der Niederlage der deutschen Revolution. Es war sehr wohl möglich und als Haltung weit verbreitet, den Krieg einerseits leidenschaftlich zu verurteilen und andererseits relativ ohnmächtig in seiner Bekämpfung zu bleiben.

Retter des Kapitalismus, wie Wittfogel urteilte, war Leonhard Frank ebensowenig wie Bernhard Kellermann. »Der Zusammenbruch der deutschen militaristischen Maschine rief die kleinbürgerlich-›proletarischen‹ Retter des Kapitalismus auf den Plan. Im Zeichen eines kleinbürgerlichen Sozialdemokratismus wurde die aufjagende Revolution niederkartätscht. Die Ideologen dieser Schichten beherrschten das Feld. Kellermanns ›9. November‹ – mit sogar einer gesellschaftlichen Kritik am Kriege – entstand damals.«[49] Wieviel Verachtung gegenüber Mitkämpfern gegen den Krieg spricht aus diesen Sätzen! Wie war das möglich? Ein bürgerlicher Antimilitarist, möglicherweise nicht ganz auf der Höhe der marxistischen Kritik am Militarismus, später ein aufrichtiger Antifaschist, wird hier umstandslos in die Nähe des hauptsächlich von der SPD zu verantwortenden Terrors zur Herstellung von Ruhe und Ordnung gerückt.

Wittfogels Kritik lief auf eine Beschimpfung der bürgerlichen und kleinbürgerlichen Intellektuellen hinaus. Sie traf aber auch alle, die sich z. B. in »Der Mensch ist gut« wiedererkennen wollten und mit den revolutionären Ereignissen 1918/19 sympathisiert hatten. Nicht sie hatten ja die Revolution niedergeworfen, nicht sie waren hauptverantwortlich für die Niederlage aller revolutionären Anstrengungen. Wittfogel trennte nicht scharf genug zwischen Unterdrückern und Unterdrückten. Er ließ gerade die Unterdrückten, nicht an alter oder neuer Kriegsherrschaft Interessierten mit ihren begrenzten Einsichten in die Hintergründe der Kriegstreiberei, allein. Hier tat nicht polemisch-denunziatorische Distanz not, sondern aufklärende Nähe zum wirklichen Kriegserlebnis der Massen. Wittfogels Pazifismus-Kritik isolierte sich selbst, indem sie die politisch prägende Kraft des preußisch-wilhelminischen Vorkriegsdeutschlands und des militärzuchthausähnlichen Weltkriegsdeutschlands auf die große Mehrheit der Bevölkerung leugnete. Wie anders als unter *diesen* historischen Voraussetzungen sollte sich denn eine massenhafte Haltung gegen den Krieg entwickeln? Auch die Revolutionäre, die späteren Kommunisten eingeschlossen, waren nicht ganz woanders großgeworden, und es war ein folgenschwerer politischer Fehler, über ihrem minoritären Wissensvorsprung den nationalgeschichtlich schweren Lernprozeß der breiten Massen zu vernachlässigen oder geringzuschätzen.

Wittfogels Pazifismus-Kritik in der »Roten Fahne« signalisiert das Verhältnis der deutschen Kommunisten zu den Volksmassen: Im Blickwinkel der Avantgarde erschien die Eigenbewegung der Massen nicht, ihre oft kleineren, dafür aber Tag für Tag im Kampf ums Überleben gegen die »deutsche militaristische Maschine« unternommenen Schritte waren nichts, wovon man ausgehen konnte; statt dessen herrschte eine Durchbruchsmentalität, die z. B. einen bewußt empfundenen Stolz der Avantgarde auf den Widerstand in den eigenen, vormals gemeinsamen Reihen nicht aufkommen ließ.

Der entscheidende Fehler der kommunistischen Pazifismus-Kritik bestand darin, nicht von dem ausgegangen zu sein, was die proletarischen und mittelständischen Massen selbst während des 1. Weltkriegs an Überlebensstrategien ausprobiert und erfolgreich anzuwenden gelernt hatten. Ohne den Bruch zwischen der Weimarer KPD und der SED heute verwischen zu wollen, sei im folgenden vorerst nur auf die Kontinuität dieser massenfernen Kritik in der DDR-Wissenschaft hingewiesen.

Da ist z. B. Joseph Roth, über ihn heißt es im Zusammenhang der Einschätzung seines Romans »Radetzkymarsch«: »Resignation auf Grund der Zuspitzung der politischen Situation, in der er nicht die Notwendigkeit des Kampfes um die Erneuerung der Welt zu erkennen und zu bejahen vermochte, Verzweiflung gegenüber dem Vormarsch des Bösen prägen die Erzählungen und Romane des Österreichers Joseph Roth.«[50]

Es wird nicht gefragt, ob Roth diese Notwendigkeit zur Erneuerung nicht vielleicht doch gesehen hat und nur nicht wußte, mit welchen Mitteln, auf welchen Wegen das zu leisten sei – womit er nicht allein dastand in den letzten Monaten vor 1933, aber auch danach noch.

»Der Rückblick«, heißt es an anderer Stelle derselben Literaturgeschichte, »erreicht nicht die Qualität einer der Zukunft zugewandten Bilanz«. Richtig, das waren aber die Allerwenigsten, die kurz vor dem Machtantritt des Hitler-Faschismus schon sein Ende sahen, und sich auch vor diesem nicht fürchten zu müssen glaubten.

»Sein kritisches und melancholisches Erzählen von der sterbenden Welt der österreichischen Doppelmonarchie [...] versagte immer mehr vor den Kämpfen der Epoche. Daher vermochte er Hitler nur als Erscheinung des Antichristen aufzufassen und mythisierte ihn so. Sein erbitterter Haß gegen Hitler festigte einen katholischen Legitimismus, der ihm den Weg zum kämpfenden Antifaschismus verbaute«[51].

Mag sein, daß sich Roths Blick in den letzten Jahren seines Lebens religiös etwas verdüsterte, gleichwohl bewahrte er sich hartnäckig humanistisches Demokratieverständnis und Antifaschismus, wenn er auch nur eines der, wie Brecht formuliert hatte, »schwächsten Mittel« im Kampf gegen das Unrecht einsetzte. Aber Roth hatte auch darüber hinaus gedacht.

In jenem kleinen Roth-Text, auf den die »Geschichte der deutschen Literatur« sich in ihrem Urteil bezieht, steht nur wenige Zeilen weiter unten über die Aufgaben des Dichters: »Es gibt kein wahrhaftes Talent ohne die folgenden Eigenschaften: 1. Mitgefühl für die unterdrückten Menschen; 2. Liebe zum Guten; 3. Haß gegen das Böse, Mut, das Mitgefühl für die Schwachen, die Liebe zum Guten, den Haß gegen das Böse auch laut und unzweideutig, also deutlich, zu verkünden«[52]. Gänzlich unmißverständlich lautet die Überschrift dazu: »Unerbittlicher Kampf«. (Wir schreiben das Jahr 1934 und Roth befindet sich im Pariser Exil.)

Wenn also Pazifismus-Kritik so nicht zu leisten ist, weil sie von einer zu hohen politischen Warte aus geführt wird, wie kann man dem massenhaften pazifistischen Widerstand gegen den Krieg gerecht werden?

Vor 1933 war es vor allem Carl von Ossietzky, der einen anderen Weg für die Pazifismus-Kritik vorschlug. Das wird zum Beispiel in seiner vehementen Verteidigung der Milestone-Verfilmung von Erich Maria Remarques weltberühmtem Antikriegsbuch »Im Westen nichts Neues« deutlich.

Um den Remarque-Film gab es eine ganze Reihe von politischen Krawallen. Oft warteten NS-Schlägertrupps auf die Kinobesucher. Schließlich verbot die Film-Oberprüfstelle die Aufführung. Diese Zensurmaßnahme war mit dem Reichsinnenministerium und dem Ministerium der Reichswehr abgesprochen. Ossietzky verteidigte nun erst recht die Grundaussage des Films als eine maßvoll pazifistische Denkungsart, »die über Millionen von Anhängern verfügt und in der Verfassung des Reiches selbst, in jener Mahnung, Erziehung im Geiste der Völkerversöhnung zu erstreben, eine legale Prägung gefunden hat [...]«[53].

Ossietzky wurde zwar selbst auf der Grundlage der Gesetze der Weimarer Reichsverfassung zu einer Gefängnisstrafe verurteilt[54], dennoch vermißte er die öffentliche Verteidigung eines Allgemeinplatzes, den die Massen ernstgenommen wissen wollten, während die Staatsmänner einen eher floskelhaften Umgang mit ihm pflegten: daß der Krieg schlechter sei als der Friede. Ossietzky forderte die »republikanische Feigheit« auf, die stark gefährdete pazifistische Denkungsart noch mit den »Zähnen« zu verteidigen. Er kritisierte die Weimarer Vernunftrepublikaner, die, wenn es um die Verteidigung der Vernunft ging, lieber zu Hause blieben, als auf die Straße zu gehen. Gleich nach diesen aber nahm Ossietzky die »Superklugen« aufs Korn, die linksüberheblich das Argument des »gerechten Kriegs« wie einen »Lendenschurz« herumtrugen. Ossietzky vermißte Reichsbannerleute, die jungen Sozialisten der SPD wie die Kommunisten in der Front zur Verteidigung der maßvoll pazifistischen Denkungsart, und er brachte dies schließlich in Zusammenhang mit dem Wahlsieg der NSDAP im September 1930.

Aber hinter Ossietzkys wütender, verfassungsgetreuer Verteidigung eines antimilitaristischen Minimalkonsenses stand schon eine bis 1933 zunehmende politische Verzweiflung darüber, daß die »Millionen«, von denen er sprach, durch eine scheinheilige, im wesentlichen von Stresemann und der Schwerindustrie betriebene Friedenspolitik ihre Selbstinitiative zur Verteidigung von Frieden und Demokratie verloren hatten.

Kurt Tucholsky, nicht minder verzweifelt über die seit dem 1. Weltkrieg auf den Faschismus zutreibende politische Entwicklung, machte u. a. in der Pazifismus-Kritik einen weiteren, wichtigen Schritt auf die Millionen der »maßvoll pazifistischen Denkungsart« zu. Er schlug vor, das »Ding« Weltkrieg doch einmal nicht von oben, sondern von unten zu betrachten (ein auch heute noch für die historisch-kritische Beurteilung des Weimarer Pazifismus nützlicher Vorschlag). Tucholsky faßte seine Rezension eines Kriegsbuches in Form eines Briefes an einen professoralen Literaturkritiker. Er warnt vor der Wahrheit der Reichsarchive; statt dessen schlägt er vor, die »Klagen und die Tränen eines unterdrückten Volkes« ernstzunehmen: »Wenn Sie wirklich die Wahrheit kennenlernen wollen, dann halten Sie sich an die unmittelbaren Quellen, lesen Sie die Schriften der Beteiligten, der Gequälten, die Schriften derer, die ausfressen mußten, was andere ihnen eingebrockt haben.« Über den Autor schreibt Tucholsky: »Und weil sie ihn nicht ermordet haben wie die anderen, so kann er uns erzählen, was er erlebt hat. Er sagt es: einfach, auf der Basis einer Schulbildung, wie sie ihm sein Staat, der das Geld der Steuerzahler in Pulverdampf auflöste und keines hatte für anständige Volksschulen, ermöglicht hat – er sagt es klar, schlicht und ruhig – und Sie haben die seltene Möglichkeit, Herr Professor, das Ding einmal *von unten* zu sehen: mit Shakespearschen Augen sozusagen, von der Perspektive der Leidenden her... Das sieht dann ganz anders aus als die Geschichtsbücher, Herr Professor«[55].

Wie also sah der 1. Weltkrieg von unten aus? Welche Erfahrungen zählten aus dieser Sicht? Ist diese Sicht zum Beispiel in den großen Antikriegsromanen von Zweig, Renn und E. M. Remarque vorhanden?

»Von unten«, das bezieht sich zunächst noch auf die pazifistische Literatur. War es nicht gerade dieses »von unten«, was die Ideologen der faschistischen Sammelbewegung fürchten mußten? Und lag hier die eigentliche Stärke der pazifistischen Bewegung vor 1933? Aber auch in der präfaschistischen und faschistischen Kriegsliteratur stellt sich die Frage nach der Sicht »von unten«: Arbeiten nicht auch in dieser Literatur unbeachtet gebliebene Erfahrungen von Millionen? Nicht zuletzt hat diese Frage etwas zu tun mit der sogenannten Massenbasis des Faschismus.

Umgekehrt fehlte es der kommunistischen Bewegung der Weimarer Republik, die auf ganz wesentliche Art ein »Kriegskind« war, geboren im 1. Weltkrieg, an eben dieser Massenbasis. Die Frage nach der Sicht »von unten« in der revolutionären und kommunistischen Antikriegsliteratur stellt sich schließlich so: Wieviel oder wiewenig von der Millionenerfahrung des Krieges arbeitete in einer Literatur, die mithelfen wollte, den Krieg durch die Revolution zu beendigen oder gar für immer abzuschaffen?

Zurück zur pazifistischen Literatur: Das in diesem Strang der Kriegsliteratur gebündelte Erfahrungspotential verdient ernstgenommen zu werden. Der in ihr erkennbare Widerspruch zu Krieg und Faschismus entfaltet politische Kraft im politisch scheinbar Nebensächlichen, im Bereich des kleinen, subpolitischen Widerstands. Wo, wenn nicht auf dieser untersten Stufe, soll Widerstand als Bewegung breiter Teile des ganzen Volkes denn seinen Ausgang genommen haben?

DIE DRÜCKEBERGER

»Ginster (1928) und »Schlump« (1928) sind zwei anonym erschienene Kriegsbücher. In ihnen kommen jene vor, die man weder auf den Gedenktafeln für die toten noch auf den Listen der lebenden Helden finden wird. Es hat auch keinen Zweck, sie auf der Seite des Widerstandes gegen den Krieg zu suchen. Sie hatten tief unterhalb aller Vorstellungen und Handlungen gelebt, die auf Verhinderung des Kriegs zielten. Es waren die Drückkeberger des 1. Weltkriegs, jenes »Gesindel« also, das so richtige Angst vor dem Krieg oder ihn einfach nicht mögen gelernt hatte[56]. Das war auch ein Grund, noch in den letzten Jahren der Weimarer Republik anonym zu bleiben, als Drückebergerei im Weltkrieg zumindest nicht mehr strafverfolgt werden konnte.

Als der Kriegsroman »Ginster« erschienen war, fragte sich Joseph Roth, wer dieses Buch wohl verstehen und lieben würde. Er kam zu dem Schluß, daß es weder »Generäle« noch »Pazifisten«, wohl aber die »große Masse der Einfachen und die ganz geringe Zahl der Denkenden«[57] sein müßten. Mit seiner relativ kleinen Auflage kam »Ginster« an die Masse der einfachen Leute nicht heran. Die hätte vielleicht »Ginsters« hintergründigen Mut lieben gelernt, mit dem er sich 1928 als Drückeberger gegen die »deutsche« Front der Panzerkreuzer und Wiederaufrüster aufzubauen gewagt hatte.

Aber Ginster fällt als ein junger Mann auf, der wegen seiner absoluten Begeisterungslosigkeit für alles Kriegerische durch das moralische Netz des Kaiserreichs hindurchfällt. Er kommt einfach nicht an, bei den militärischen Vorgesetzten nicht und bei den Frauen in seiner bürgerlichen Umgebung auch nicht. Er bleibt fremd und kann so auch die *» feine Unterscheidung zwischen fremden und einheimischen Soldaten«* nicht treffen. Er ist mutterseelenallein in einer Gesellschaft, die nur aus Helden bestand: *» [...] auch die Hausfrauen benahmen sich heldisch«*[58].

Ginsters Feigheit ist aber auch in einem anderen Sinne problematisch. Seine Angst vor dem Krieg ist so groß, daß er denen gegenüber blind und abweisend bleibt, die gleich ihm Angst haben, aber dennoch bereit sind, gegen ihre Angst und gegen den Krieg den Kampf aufzunehmen. Ginsters Haltung ist auch die Haltung der tausendfach vereinzelten Un-Kameradschaft.

Ginster hat nur einen Menschen, der ihm näher steht. Es ist sein Freund Otto, der aber gleich in den ersten Tagen des Krieges getötet wird. Jetzt beginnt Ginster zu spüren, daß er sich aus diesem Krieg nicht gänzlich raushalten kann.

In einer einzigen Frage, in der Frage des Festhaltens am eigenen Leben, das er von allen Seiten bedroht sieht, kann er auf eine ebenso sture wie schlaue Weise Widerstand leisten. Nach einem bis an die Grenzen der physischen Kräfte durchgehaltenen Marsch kommt der Befehl zu singen, den Ginster für sich erfolgreich verweigert. *»Vizefeldwebel Leuthold näherte sich Ginsters Querreihe, schon spürte ihn Ginster im Raum. Was sang nur Göbel so schallend, er hätte zweimal Platz in der Stimme gehabt. Der Vizefeldwebel musterte die Zahnreihen, ob sie schnell genug auf und ab marschierten. Kein schönrer Tod. Linkes Bein und rechtes Bein marschierten getrennt; wie im Zirkus, mit den Händen einzeln weiterzuschieben. Seinen eigenen Tod besingen – Ginster erfaßte erst jetzt den Sinn, Gesangstexte verstand er immer so schwer. Er wollte nicht sterben, noch dazu hier auf freiem Feld. Als wer vorm Feind erschlagen, um keinen Preis singen. ›Singen Kerl. Sie können ja auch sonst das Maul aufsperren und auf mich schimpfen.‹ Der Vizefeldwebel hatte den Raum weggefegt und sich dicht an Ginster gepreßt, eine Riesenzahnbürste wie auf einem Dachplakat, die ihm mit ihren Borsten ins Gesicht fuhr, immer hin und her, und zugleich drückte von unten der Boden links und rechts gegen die Füße, jedesmal etwas fester, bald gingen sie gar nicht mehr hoch. Vielleicht wären die Fußlappen doch praktisch gewesen. Ginster bewegte die Zahnreihen auf und ab, durch die Querreihen hindurch sah der Vizefeldwebel ihm zu. Wer hatte ihm die abfällige Bemerkung beim Karabinerputzen neulich hinterbracht. La – la – la – la – nur nicht den Tod singen. Die Leute sangen so laut, daß der Vizefeldwebel die Lalas nicht merkte. Wenn er zwischen die Zahnreihen geraten wäre – la – la – la, aber er eilte schleunig wieder nach vorne«*[59].

Der im Kasernendunkel geflüsterten Meinung, daß bis zum Ende des Krieges »noch manche Offiziere niederknallt«[60] werden, bringt Ginster kein besonderes Interesse entgegen. Seine Kritik an den gesellschaftlichen Zuständen läßt einmal und dann auch nur »gesprächsweise die Möglichkeit eines Umsturzes in Aussicht«[61] stellen. Der deutsche Drückeberger Ginster demonstriert den in die taktische Anpassung getriebenen Widerstand gegen den Krieg und Völkermord.

» Was kommt jetzt für ein Krieg...«[62]. Das ist die Frage, die Ginster aus den ersten Tagen der Novemberrevolution seinen Lesern 10 Jahre später mit auf den Weg gibt...

Bis heute ist Kracauers »Ginster« als Kriegsroman in der deutschen Literaturgeschichte gar nicht oder zu wenig ernstgenommen worden. Die »Geschichte der deutschen Literatur« (DDR) führt ihn gar nicht. Die »Deutsche Literatur in der Weimarer Republik« (BRD) kommt immerhin darauf zu sprechen. Allerdings scheint es fraglich, ob »Ginster« nicht doch mehr als nur die »Sozialpsychologie des Ersten Weltkrieges aus der Sicht des untauglichen intellektuellen Außenseiters« darzustellen sucht[63].

Die kaiserlich angeführte Volksgemeinschaft der Nur-noch-Deutschen war ja soweit tauglich, daß alles Unsoldatisch-Unheldische als gesellschaftsschädigend ausgesondert und bekämpft wurde. Wer unpreußisch gegen den Burgfrieden des Krieges aufmuckte, der war nicht nur einfach ein Volksschädling; er leistete (objektiv) Widerstand.

»Die Geschichten und Abenteuer aus dem Leben des unbekannten Musketiers Emil Schulz, genannt ›Schlump‹, von ihm selbst erzählt« handeln von einem Schneidersohn, der

1914 ganze 16 Jahre alt ist, der anfängt, neugierige Blicke nach den Mädchen zu werfen und der ihretwegen so schnell wie möglich die Soldatenuniform anziehen will. Seine Eltern verbieten ihm das. Aber 1915 im August ist es dann soweit, Schlump wird Soldat, bleibt aber zivilcouragiert. Er läßt sich nicht rumkommandieren, täuscht das Putzen der Uniformknöpfe nur vor und bleibt so Zeit des Krieges einfacher Soldat. Das Schießen auf dem Schießstand machte ihm so viel Spaß wie das Herumtreiben in der Nähe des weiblichen Kantinenpersonals. Schlump schießt gut und ist sehr gespannt auf den Ernstfall.

Mit dieser Melange aus Anpassung, Widerspruch und Neugier geht Schlump in den Krieg. *»Am 4. Oktober wurden sie verladen. Die Musik spielte auf dem Bahnhof, und es klang, als schrie sie in namenlosem Schmerz, und die Leute vor dem Zug weinten zum Herzzerbrechen. Die Soldaten waren aufgeregt und neugierig, die Zukunft stand vor ihnen wie ein schreckliches Ungeheuer, das sie bekämpfen mußten«*[64].

Es fällt überhaupt kein Wort über Deutschland, das Vaterland oder seine Verteidigung. Jeglicher Chauvinismus ist in einer harmlosen Form abwesend.

Das »Ungeheuer« läßt auf sich warten. Schlump kommt in eine Art Wartestellung zu ihm, nämlich in die Etappe, als Ortskommandant über drei französische Dörfer. Schlump ist darum nicht traurig, so scharf auf das Ungeheuer Krieg ist er wiederum nicht. Er empfindet die Etappe nicht als Schande, er freut sich seines noch einmal geschenkten Lebens. *»Schlump ging durch die Felder und sah das Laub von den Bäumen drüben am Walde fallen und freute sich, daß er lebte«*[65]. Er verkörpert so etwas wie das unschuldige Selbstvertrauen der Etappen»schande«, wenige Kilometer hinter dem Kanonendonner der Front. *»Es herrschte Ordnung, und abgesehen von den Kanonen, die von der Front herüberbrummten, herrschte tiefer Frieden in seinen drei Dörfern«*[66]. Die Franzosen bleiben freundlich, die Männer schmunzeln, und die Frauen lachen über ihren Ortskommandanten. Und doch ruht dieses Etappenidyll in der lauernden Gefahr des Krieges. Zu den Franzosen ist Schlump geduldig und freundlich; sagt ein deutscher Vorgesetzter etwas »Gemeines«, haut Schlump zu, läuft dann aber gleich fahnenflüchtig weg. Er darf sich entschuldigen, weil dieser Vorgesetzte in Etappenschiebereien verwickelt ist.

»Der Unteroffizier geriet in die größte Wut, als er ihn sah. Er schrie ihn an, schimpfte ihn einen Lumpen, einen Verbrecher, einen Strauchdieb und packte alle Kosenamen aus, die in der deutschen Armee geläufig waren. Schlump stand während der ganzen Zeit stramm, die Hände an der Hosennaht. Dann fauchte ihn der Unteroffizier an: ›Scheren Sie sich raus!‹ Schlump ging nach Hause wie jemand, der auf dem Schafott begnadigt wurde. Er dachte an seine Mutter und atmete auf«[67].

Der Krieg kommt jeden Tag ein wenig näher. Schlump vernimmt die ersten Augenzeugenberichte und wird immerhin nachdenklich, auch wenn er noch ungläubig lacht. *»Schlump hörte den Fahrern andächtig und ehrfürchtig zu. Das Feuer war fürchterlich gewesen, die Garde wäre ausgerissen, aber von den grünen Jägern sei keiner wiedergekommen. Die Toten hockten gruppenweise im Straßengraben, und wenn man sie anrühre, fielen sie um. Die waren schon im Vormarsche getroffen worden. Und trotzdem seien die Franzosen nicht vorwärtsgekommen. Und die Trainsoldaten sahen Schlump von oben bis unten an und dann gleichgültig an ihm vorbei und nickten mit dem Kopfe und nahmen die Pfeife aus dem Mund: ›Ja, ja‹. Und Schlump fragte leise, wieviel Verluste sie gehabt hätten.*

›Dem Leutnant seinen Schimmel haben sie ein Bein abgeschossen. Der Leutnant ist vom

Pferde gefallen und hat sich den Hintern im Stacheldraht aufgerissen.‹ Da mußte Schlump lachen. Aber die Trainsoldaten guckten ihn zornig an und spuckten aus und meinten, das wäre gerade schlimm genug. Der Leutnant hätte ebensogut tot sein können. Nachdenklich ging Schlump nach Hause und glaubte ihnen nichts, obwohl sie nicht gelogen hatten«[68]. Schlump hat den Krieg ja noch vor sich.

Als es ans Schanzen vor den eigenen Linien geht, da staunt Schlump über das erste Schrapnell und hört sich Kriegsgeschichten in den Arbeitspausen an. Für seine Vorgesetzten bleibt er das dumme Luder, ist selber aber immer noch neugierig auf den Schützengraben. Ganz allmählich verwandelt sich das »Ungeheuer« in die Kriegswirklichkeit. *»Dschinn!! Wie wenn eine Lokomotive explodiert, und dann erschreckte ihn das niederträchtige Fauchen der Splitter, die mit scheußlichem Klageton durch die Luft zeterten. Das war die Antwort der Franzosen. ›Da haben wir Schwein gehabt, daß wir nicht dort waren‹, sagte einer. Mit einer gewissen Beklemmung gingen sie an dem frischen Granatloch vorbei. ›Wenn jetzt eine kommt‹, dachte Schlump, ›da kannst du gar nichts machen, du bist ganz wehrlos‹«*[69].

Bald hat Schlump Läuse, lernt Instruktionen und Postenstehen. Einmal kommt ein General hinter ihm zu stehen, der sich zur großen Verwunderung der älteren, erfahrenen Soldaten in die vorderste Linie gewagt hatte. Schlump bildet sich seine eigene Meinung über Generäle: *»Schlump schaute scharf nach dem Feinde aus. Der General blieb hinter ihm stehen und fragte ihn, wie er hieße und wie die Parole laute. Schlump äugte nach dem Feinde aus, drehte dem General seine Rückseite zu und antwortete kurz, aber bestimmt und verlor den Feind nicht aus dem Auge. Der General schien zufrieden zu sein. Er sprach mit den Offizieren und entfernte sich. Schlump blieb mit seinen Gedanken zurück. Er wußte nicht recht, wie er daran war. ›Der General ist ein Schafskopf‹, meinte er, ›wenn er denkt, er kann mit den Soldaten seine Witze machen. Hoffentlich sind die anderen Generäle ein bißchen gescheiter, sonst werden wir den Krieg nicht gewinnen‹«*[70].

Schlump hat Glück, eine Tellermine erwischt ihn nur so, daß er noch zum Lazarettschreiber taugt. Während des Besuchs in seiner Heimatstadt ärgert er sich über Imponiergehabe der durch die Kriegswirtschaft wichtig gewordenen Milch- und Brotfrauen, auch über die Schreiber in den Amtsstuben. Eine junge Arbeiterin mit schon altem Gesicht steckt ihm dann die Wahrheit über seine eigene Lage: *»Wieder so ein armes Schwein auf die Schlachtbank. Und noch so ein junges Blut«*[71].

Langsam und unter ständigem Erschrecken lernt Schlump die Kriegswirklichkeit erfassen. Bald ist er wieder an der Front. Ein Volltreffer in den ersten Graben tötet seinen Freund. Schlump schlottern noch zwei Tage danach die Knie. Auch Kameradschaft will nur schwer aufkommen. Um Schlump herum sind sie alle schon zu sehr durcheinandergewirbelt. Nur wenige hatten gemeinsam Überleben lernen können.

Nun fühlt er sich, Infanterist, der er ist, als Frontproletarier. Der Traum, da herauszukommen – zu den Fliegern! – bleibt nicht aus, auch nicht der näherliegende Frontschweintraum »Wenn ich dann Offizier bin...« Seine Versuche, Held des 1. Weltkriegs zu werden, scheitern allerdings sämtlich. *»Schlump war schrecklich enttäuscht von diesem Krieg. Und die Gelegenheit zu einer Heldentat wollte immer noch nicht kommen«*[72].

In diese naiv-unschuldige Enttäuschung (oder besser auf sie drauf) schlägt bald der Schrecken des Krieges mit aller Wucht. *»Sie sprangen von Granatloch zu Granatloch. Sie*

kamen vor und hielten sich nach links. Hier lagen Tote, Deutsche und Engländer, alles
durcheinander. An einer Stelle hatten sie sich alle auf einen Haufen gedrängt, als ob sie sich
im Tode noch wärmen wollten. Sie lagen alle auf dem Bauch und drehten den Kopf nach
der Seite und zeigten ihre grünlichen Gesichter, und zwischen den schwarzen Lippen schim-
merten die Zähne ein wenig. Gewehre, Gasmasken, alles durcheinander, vom Blut durch-
tränkt, überall Blut, Blut. Da war noch ein Stück Grabenwand, darüber hing ein Telefon-
draht. Sie mußten sich bücken. Schlump stieß an eine gelbe Offiziersgamasche. Der Schuh
steckte daran und das Bein darin. Das Fleisch war genau mit der Gamasche abgeschnit-
ten«[73]. Im Schweiß von Todesangst rennt Schlump, halb schon im Amoklauf, hinter die
eigenen Linien zurück.

Der Impuls, die eigene lebensbedrohende Lage augenblicklich zu verändern, geht in einen visionären Wachtraum über. Sein Kamerad Michael ist ein Spezi des Kriegs, der sich
wie die Ratten sicher zwischen den feindlichen Gräben bewegt – ein Gegenbild zum
»deutschen Michel«: »*Michael peitscht einen Ton auf seiner Geige, auf der untersten Saite,*
fängt den Schwung der Maschinen, spielt einen Takt mit Rädern, auf der untersten Saite,
peitscht ihn höher, peitscht ihn in alle Glieder, durch alle Balken und Mauern des Elends,
spielt ihn drohend zu den Reichen, daß sie an ihren Tischen erbleichen, spielt ihn in kostbar
vergoldeten Hallen, ließ ihn klirrend in Tempel fallen, spielt ihn vor den Altären der Liebe,
schreckt die Wollust aus ihren Pfühlen, spielt, spielt, Tage und Nächte in zischende Lampen,
die grausame Wunden in die Nächte brannten, peitscht den Ton auf der obersten Saite, im-
mer höher, immer höher, alles schreit aus seiner Geige, Arbeit, Lampen, Räder, Maschinen,
riesige Schädel auf schwachen Brüsten, nacktes Gewürm mit hohlen Augen... und sie hetzen
heraus, reißen Steine aus allen Pflastern, türmen Barrikaden mit Steinen, Leitern...«[74].
Aber die revolutionäre Veränderung, der Aufstand gegen den Krieg bleibt in der roman-
tisch-revolutionären Umkehrung vom schlaftrunkenen, treudeutschen Michel stecken.
Das wilde Pathos dieser Vision erinnert an die revolutionäre Begeisterung, mit der Leonhard Frank die Massenaufmärsche der vorrevolutionären Situation 1917 schildert.

Schlump wird nicht zu einem Barrikadenkämpfer. Er wird schwer verwundet, muß
lange Zeit genesen und nutzt die Zeit außerhalb der tödlichen Bereiche von Front und
Massenmord für die Liebe. Sie erscheint als eine Art Luxusartikel für die durch den Krieg
Gejagten.

Mittlerweile ist Schlump nicht mehr neugierig auf den Krieg, er geht ihm jetzt möglichst
ganz aus dem Weg. Seines Lebens im offiziellen Alltag des 1. Weltkriegs nicht mehr froh,
taucht er unter im illegalen deutschen Alltag. Seine Weggenossen sind Deserteure, durch
den Krieg psychisch Erkrankte, Streikende und Schieber. Er schiebt auch mal mit, fühlt
sich aber nicht recht wohl dabei. Seine Moral ist radikal und subversiv gegen den Krieg
und tendenziell auch gegen die wilhelminische Gesellschaft gerichtet. Gegen deren
»menschliche Größe« stellt er die »menschlichen Schwächen«. Er praktiziert ein offiziell
unbeachtetes, aber insgeheim gegen die Heldenbrüste und großen Kriegerdeutschen
gerichtetes Leben. Er versucht, sich als Drückeberger in einem Deutschland durchzuschlagen, das von Menschen in rotgestreiften Generalshosen beherrscht wird und für
Drückeberger eigentlich gar keinen Platz hat.

Schlump ist der Un-Held des 1. Weltkriegs, der den Strafgefangenen Brot zusteckt und
gegen Ende des Krieges laut in einen Kabarett-Saal hineinruft: »Schlagt das fette Schwein

tot«[75]. Und die Soldaten schlagen eines der fetten Etappenschweine, einen der während des Krieges dicker und dicker werdenden Herrn mit Offiziersachselstücken, tatsächlich tot.

Insgesamt hat Schlump Schwein gehabt. Er schafft es, bis zum Kriegsende auf Druckposten zu bleiben. Als der Rückzug der Etappe beginnt und die ersten Offiziere abhauen, weil die Soldaten ihnen wilde Worte nachrufen, da wird auch Schlump von einer heimlichen Erregung gepackt.

Aber er geht nur plündern. Jetzt will er nur noch durchkommen auf den letzten Metern des 1. Weltkriegs und vorbei an den Toten, »Autos, sterbenden Pferden, die mit den Hinterbeinen schlugen, als wollten sie den Tod verscheuchen, der auf ihrem Bauche saß«[76].

Schlump setzt jetzt rücksichtslos auf die Friedenskarte. *»Eine wunderbare Seligkeit durchströmte ihn. Er glaubte mit herrlicher Gewißheit, daß letzten Endes alles gut werden würde... Er würde arbeiten wie der selige Michel, er wollte es schon zu etwas bringen, denn es mußte Frieden werden, jetzt, bald, Frieden! Frieden und Anständigkeit, wie schön mußte das Leben sein!«*[77]

Die Revolution ist für Schlump etwas, das in Berlin und anderen großen Städten vor sich geht, fern und kaum zu glauben. Die Züge haben ja noch Anschluß in Deutschland, und wenn man selbst einen Platz in ihren überfüllten Abteilen und Gängen gefunden hat, wenn man nicht von Puffern und Trittbrettern heruntergefegt worden ist, auch nicht in den ersten Nachtfrösten des Herbstes 1918 auf den Waggon-Dächern erfroren, dann gibt es eigentlich nur noch ein Hindernis: Es kann jemand nach der Fahrkarte fragen. *»Er wunderte sich, daß alles noch in solcher Ordnung lief. Er fuhr noch einmal zwölf Stunden. Und als er am Abend in seiner kleinen Heimatstadt ausstieg, verlangte der Schaffner von ihm die Fahrkarte. Schlump sah in verblüfft an: ›Die Fahrkarte?‹ fragte er, ›ja, Kamerad, soviel Zeit haben sie uns nicht gelassen‹. Er trat heraus aus der Halle, als einfacher Soldat, wie er ausgezogen war«*[78].

So, nur kriegsgeschoren und unpolitisch geblieben, konnte einer den Krieg überstanden haben. Viele gab es, die jetzt nur noch leben wollten und sonst gar nichts. Aber war das nicht schon etwas? Muß man nicht heute noch all jene rühmen, die sich vor dem Völkermord drückten und gegen den militaristisch verseuchten Strom deutscher Geschichte schwammen? Sie machten sich nichts aus dem preußischen Putz-, Glanz- und Gesangesfimmel, sie konnten keinen Sinn in dekorativ-militärischem Gepränge und Geprotze entdecken. Und wenn sie auch Befehle nicht offen verweigerten, so lernten sie doch, diese zu unterlaufen. Vor Erbfeindschaftsgefühlen standen sie jedenfalls nicht stramm, angesichts eines deutschen Generals sanken sie nicht andachtsvoll und ehrerbietig in den blutgetränkten, deutschen Boden.

Schlump und Ginster, beides kleine Undeutsche, nahmen den 1. Weltkrieg und seine von oben erzwungene Subalternität auf die leichte Schulter und dies zu einer Zeit, als der überwiegende Teil der deutschen Bevölkerung das Gewehr dort tragen wollte. Allerdings, hinter Ginsters melancholischer Grundhaltung und Schlumps fröhlicher Unbekümmertheit lauerten die Anfälligkeiten und Gefahren des bequemsten Wegs. Ihre subversive Grundhaltung war anpassungsgefährdet.

WENN DAS PACK SICH ZU FÜHLEN BEGINNT

Arnold Zweig gehört zu jenen Schriftstellern, die sich 1914 zusammen mit Gerhart Hauptmann, Alfred Döblin, Rudolf Leonhard u. a. zu chauvinistischen Bekenntnissen hatten hinreißen lassen[79]. Erst im Lauf der Kriegsjahre lernte Zweig den Krieg hassen. Sein langer Erkenntnisprozeß über den wahren Charakter des 1. Weltkriegs war von erheblichem Nutzen für sein antimilitaristisches Werk. Denn »Der Streit um den Sergeanten Grischa« – erster Band seines groß angelegten Romanzyklus' »Der Große Krieg der weißen Männer«[80] – enthält viel Verständnis für in Deutschland verbreitete Denkweisen in Sachen Krieg.

Der »Grischa«-Roman war so etwas wie der Auftakt in der letzten Runde der literaturpolitischen Auseinandersetzung zwischen Pazifisten und Chauvinisten um das Erbe des 1. Weltkriegs vor 1933.

Zweig wählte einen Handlungsort, der nicht direkt an der militärischen Front liegt, sondern eher am Rande des Kriegsgeschehens in der Etappe Ober-Ost.

Dem russischen Kriegsgefangenen Grischa Paprotkin glückt ein Fluchtversuch aus dem Lager, er irrt lange durch die Wälder des Besatzungsgebiets, wird gefaßt, für einen Spion gehalten und zum Tode verurteilt.

Der Versuch einiger kultivierter unterer und mittlerer Chargen, ihn im Namen einer schon fast in Vergessenheit geratenen Menschlichkeit und sittlichen Normalität vor der Hinrichtung zu retten, mißlingt angesichts der absurden, sich durchsetzenden Logik des deutschen Militärapparats.

An der Spitze dieses über alle inneren Widersprüche hinweg doch reibungslos funktionierenden Systems steht die Ludendorff-Figur des Generalmajors Schieffenzahn.

»*Der Antrieb seines Tuns war eindeutig aussprechbar: er wünschte bei Friedensschluß dies Gebiet dem deutschen Reiche in einem nutzbaren Zustande anzugliedern, so wie er schon jetzt seine Schienengleise auf deutsche Spurweite umarbeiten ließ. Ihm war vollständig klar, die Rolle der Deutschen auf Erden habe erst begonnen; als das vorbestimmte Volk der Herrschaft, Schöpferlichkeit, Höherzüchtung standen sie in seinem Denkfeld*«[81].

Zweig zeigt einen rassistisch getönten Expansionismus lange vor dem Siegeslauf des Hitlerschen Expansionismus. Beides wurzelte schon in den führenden Militärkadern des Kaiserreichs. Hier hatte Zweig genau hingesehen, aber sein Blick auf das deutsche Offizierskorps ist, obwohl realistisch in der Vermeidung von Schwarz-Weiß-Bildern, nicht immer scharf. Tucholsky bemängelte, Zweigs Offiziere wären »so witzig und haben alles durchschaut und die stumpfsinnige Brutalität der Preußen gemildert, wo sie nur konnten, und sie hatten die herrlichsten Talmudworte für alles und waren schnell in der Auffassung und blendend. Und haben doch mitgemacht«[82].

Blieb gegenüber diesem Militarismus mit heruntergeschliffenen Zähnen Zweigs Antimilitarismus arglos, war sein radikaler Pazifismus zu entgegenkommend?

Der Armierungssoldat Bertin zum Beispiel, »in Zivil« Schriftsteller und jetzt, von oben gesehen, der letzte Dreck, verachtet zwar die ganze mythologische Militärhierarchie ebenso wie die deutsche Gefühlstradition ziviler Kniefälligkeit davor; aber er selbst kommt nur allmählich frei von der Furcht vor Orden, Tressen, Schnüren und Befehl – und von jenem intellektuellen Einverständnis, das den Krieg zwar als Barbarei begriff, aber darin zugleich als Kulmination der rohen Bedürfnisse der Massen, an denen der einzelne »Geistige« nur leiden konnte.[82a]

Daß diese subtile Massenverachtung – Basis nicht nur einer »unpolitischen Leidenskultur«, sondern schließlich auch einer lebensrettenden Hofnarren-Existenz in der Etappe – nicht erfunden zu werden brauchte, sondern zur Bildungstypologie einer ganzen bürgerlichen Vorkriegs-Schriftstellergeneration gehörte, ließe sich im einzelnen darstellen. Zweig, selbst Armierungssoldat, »Schipper« im Krieg, zeichnet hier in geradezu makabrer epischer Breite den sprichwörtlich »weltfremden« deutschen Intellektuellen (bzw. einer Minderheit in dieser Schicht), der »unsoldatisch«, sozial erniedrigt im Krieg, menschliche Sensibilität und »zivilisiertes« Denken retten wollte. Bertin, das ist der leidensfähige Schriftsteller im 1. Weltkrieg, dessen »Erziehung« nicht »vor Verdun« stattfand, sondern mit der Nietzsche-, Hölderlin-, Weininger- oder George-Lektüre der germanistischen Hörsäle und literarischen Zirkel der Vorkriegszeit abgeschlossen war. Wenn so einer sich nicht wie der Doktor Demant in Joseph Roths »Radetzkymarsch« schon vorher erschoß, kam die politische Irritierung erst lange nach Verdun, Jahre nach Kriegsende…

Als Bertin Zeuge der Ermordung Grischas werden soll, lehnt er ab. Den ungewollt fatalistisch-zynischen Rat seines Vorgesetzten, des Kriegsgerichtsrats Posnanski, sich diese Hinrichtung eines Unschuldigen als Erfahrung für sein zukünftiges Schriftstellerdasein nicht entgehen zu lassen, beantwortet Bertin ganz unmilitärisch mit einem Kopfschütteln. *»Er braucht die Erfahrung nicht, um die sich der andere so eindringlich bekümmert. Vor aller Erfahrung sitzt ihm die Anschauung sprungbereit hinter der Stirn und ergießt sich rasend und zwanghaft in die Welt, wenn die Stunde gekommen ist. Und in seinem Herzen durchleidet er, besser als wenn er es hätte sehen müssen [...] den Todeskampf, das zersplitternde Bewußtsein, den erstickten Schrei des Ermordeten. Wenn er – und er leidet es so sehr, daß ihm alles Blut aus den Backen weicht – jetzt, im Augenblick, Posnanski dies auseinandersetzte, so wäre der Anwalt einsichtig genug, ihn zu verstehen. Aber er vermag davon nicht zu sprechen«*[83].

Wenn Zweig ihn auch nicht mit in die Kiesgrube vor der Stadt gehen läßt, so bleibt Bertin dem gleich Ermordeten doch am nächsten von allen Beobachtern, Mitfühlenden und hilflos Empörten. Hinter einem Fenster verschanzt, sieht er Grischa auf seinem letzten Weg, die Hände auf dem Rücken gefesselt, Soldaten vor und Soldaten hinter ihm, vornweg zwei Feldwebel zu Pferde. *»Vielleicht ist's Wahnsinn, der hier geschieht, aber dann geschieht das Wahnsinnige mit solcher Wucht und Selbstverständlichkeit, daß außer Grischa niemand etwas davon merkt«*[84]. Und Bertin sieht das Hinrichtungskommando zurückkommen, die Soldaten in Erwartung ihrer Belohnung, Schnaps nach getaner Arbeit.

Die Kriegsmaschine hatte funktioniert.

Bertin, *»ein Glas Tee vor sich, erblich. Sie hatten ihn getötet… Paß nur auf, wenn wir erst gesiegt haben, wie wir dann dastehn werden – als sittliche Wesen, dachte er. [...] Er sah auf die Uhr. Der ganze Verlauf, den er zwischen Hin- und Rückweg hier verwartet, hatte nicht fünfundzwanzig Minuten gedauert. Er stand auf, drückte sein Gesicht an die Scheiben, besah die singenden Münder der Soldaten, dann nur noch ihre Helme, ihre marschierenden Kehrseiten, die Mäntel, vorn und hinten die Zipfel aufgeschlagen, eingehakt in die dafür genähten Ösen – und bedeckte die Augen, fiel in seinen Sitz zurück. Es ist vollbracht, wollte* *er sagen, aber das Wort war ihm mit peinlichen Sinnverknüpfungen zu sehr beladen; er ist erledigt, dachte er statt dessen. Schluß mit Grischa. Die Maschine kann's besser. Zollstarke Räder hat solch ein Befehlsapparat, und läuft er mal, so läuft er. Wie lange noch?*«[85]

Es ist dagegen keine Verhöhnung des Proleten und der Masse der einfachen Leute, wenn Zweig einen bayrischen Vizefeldwebel anläßlich der bevorstehenden Vollstreckung des Todesurteils am russischen Deserteur Grischa wenig mitfühlsam erklären läßt: »*Wer sich so oft das Blut des Nebenmannes vom Koppelschloß gewischt hat [...] Zwei kleine Löcher in den Hinterkopf frisiert – mit so 'ner Pulverspritze hier... reichten ja vollkommen zu*«[86]. Dieser Mann wollte sich gar nicht erst in den Streit um den Sergeanten Grischa einmischen. Der Kriegsalltag hatte ihm beigebracht, in solchen Angelegenheiten kurzen Prozeß zu machen. Wenn auch der einfache Landser kein materielles und ideelles Interesse an der Wahrung einer unmenschlichen, militaristischen Tradition haben konnte, so lehrte doch der 1. Weltkrieg ihre naheliegende, sinnfällige Logik.

Ohne die dieser Art funktionierenden Untertanen – Vizefeldwebel oder Schipper-Schriftsteller – lief die Kriegsmaschine nicht.

Der Wachsoldat Sacht liefert einen besonders einleuchtenden Grund für das Funktionieren der wilhelminischen Kriegs- und Unterdrückungsmaschine. An dieser Gestalt demonstriert Zweig, daß grundlegende gesellschaftliche Veränderungen in Deutschland an bestimmten Erfahrungs- und Reaktionsmustern nicht vorbeikommen. Denn bis zum einfachen Soldaten Sacht scheint die Befreiung des unschuldig zum Tode verurteilten russischen Soldaten zu gelingen. Vor ihm aber scheitert sie endgültig. Sacht steht für subalterne Verläßlichkeit.

Es kam Zweig auf eine genauere Beschreibung der Schwierigkeiten an, die auftreten, wenn es den »einfachen Leuten« um ihre eigene Befreiung geht. Der Wachsoldat Sacht ist in seiner Ängstlichkeit und peniblen Vorsicht die Reproduktion des preußischen Obrigkeitsstaats in den breiten Massen.

»*Den Helm auf dem Kopfe, das Gewehr um den Hals gehenkt, in der Rechten ein Kistchen, in der Linken das Paket und die Papiere, ohne welche man ebensowenig auf Urlaub gehen kann wie ohne Beine: Urlaubsschein, Entlassungsschein, Verpflegungsschein, Fahrschein mit allen Stempeln, hastet er schweißtriefend unter den Bäumen hin*«[87]. Sacht versucht, den aus dem Krieg herausdampfenden Zug, in den Frieden, zu seiner Familie, noch zu erreichen. Dieser heimwehkranke und besorgte Familienvater Sacht hatte eben noch Grischas Befreiung wegen eines fehlenden Stempels sabotiert.

Warum war dieser eine fehlende Stempel so unerläßlich für den Wachsoldaten Sacht? – Warum? »*Uns Mannschaft [...] geht's immer gleich an die Nieren*«. Stimmte das etwa nicht? Sacht versinnbildlicht die Reaktion der einfachen Leute an der Nahtstelle zwischen berechtigter Angst und herrschendem Zwang.

Sacht ist nicht nur der in obrigkeitsstaatlichem Denken dreiviertel schon ertränkte kleine Mann, nicht nur Kadavergehorsam. Bei so einer unverhofft unvorschriftsmäßigen, gegen jedes eingeübte militärbürokratische Reglement verstoßenden Befreiung eines Gefangenen riskiert Sacht die Existenz seiner Familie und sein eigenes Leben. Andere, Höhere, würden in dieser selben Angelegenheit nur disziplinarisch belangt, versetzt vielleicht. Sachts kleines bißchen Leben ist schwerer zu verteidigen, noch viel schwerer ist, es in gesellschaftsverändernde Bahnen zu bewegen. Von Befreiungsversuchen jeglicher Art, auch den kleineren, die Finger zu lassen, das lag für große Teile der Massen zunächst einmal sehr nahe.

Als der Grischa-Befreier mit den Offiziersachselstücken vor der stempeltreuen Gesinnung Sachts zu scheitern droht, appelliert er – und das jetzt erst (!) – an den Menschen in Sacht und will auch gleich, wie Zweig diese Situation beschreibt, in die »innere Schicht des Mannes eindringen«. Aber da ist so kein Durchkommen und nicht nur, weil die Etappenkommandantur mit Sacht hier Posten aufgezogen hat.

Ist Sacht ein Unmensch? Beileibe nicht, in allergrößter seelischer Not springt er zurück von seinem militärischen Vorgesetzten-Versucher und auf den todgeweihten Grischa zu, beschwört diesen beim Leben seiner Frau und seines Kindes zu Hause in Deutschland: »›Gott verzeih's denen, die uns anständige Kerle in der Presse stampfen, bis wir vor Angst nichts mehr als Schweinerei zu tun wissen‹, und dann wandte er sich, stülpte den Helm auf, schritt zur Tür, stellte sich mit dem Rücken dagegen und hielt das Gewehr zum Anschlag bereit in beiden Händen, die Mündung schräg gesenkt, den Finger am Stecher«[88].

Hier schüttet der »kleine Mann« mit seiner für den 1. Weltkrieg zurechtgestutzten Vernunft sein Herz aus. Hier versucht einer, sich wegen seiner für den Völkermord verbogenen Alltagsvernunft zu rechtfertigen und ist dennoch von Grund auf empört. Sacht weiß, wer ihm diese Vernunft eingeschliffen, wer ihn in die wilhelminische Obrigkeitsmaschinerie eingepaßt hat.

Für Sacht und andere »anständige Kerle« war im Laufe des Krieges und unter dem Druck seiner Zwänge das Selbstverständliche – hier Rettung eines Unschuldigen vor dem Tode – schon zu einem unerfüllbaren Wunsch geraten. Das schien nicht mehr machbar.

Zu den »anständigen Kerlen« zählen bei Zweig auch jene deutschen Soldaten, die den russischen Kriegsgefangenen vor der Willkür eines Seelsorgers schützen wollen. Sie verstehen den Deserteur als einen von ihnen. Einer allerdings erklärt in der allgemeinen Beratung darüber, wie man Grischa wirklich helfen könne, seinen Glauben an die Gerechtigkeit des Staates. »Gericht muß sein, aber richtiges. Denn wem wollen wir dann noch glauben und vertrauen? Staat muß wie 'ne Waage sein...«. Da kann ein Artillerist nur höhnen: »Schönes Recht für unsereinen«. Und ein Minenwerfer lacht darüber so, »daß er sich hinsetzen muß«[89]. Einer will die Geschichte Grischas seinem Bruder bei Borsig in Berlin erzählen, ein anderer seinem Schwager in den oberschlesischen Gruben.

Die Stimmung der Soldaten gegen Ende des Kriegs war bis auf das äußerste gereizt. Zweig zeigt den Siedepunkt dieser Stimmung in einem Soldatenlied. Die Wut der Landser ist kalt und böse, ihre Ausgelassenheit täuscht. Sie sind kurz vor dem Losschlagen oder Durchdrehen. Was sie singen, kann sie in den Knast bringen: »Büntjes Sturmlied: Und krepierte Landser, die tun ihre Pflicht, pick, pack. Und morgen stehen wir im Tagesbericht, schnick, schnack. Und der Kriegsgewinnler wird madenfett. Und im Drahtverhau klappert das Landserskelett... Na, da stürm' wir mal, stürm' wir mal – Jufifallerassassassa«[90]. Die Wut, die sich hier Luft macht, ist nicht nur gegen den Krieg gerichtet, auch gegen die dahinter stehende Gesellschaft.

Auf den letzten Seiten des Romans und gegen Ende des Krieges gibt Zweig einen Ausblick auf erste Schritte in diese Richtung. Heizer und Lokführer lassen einen schon heimwärtsfahrenden Zug auf offener Strecke halten, damit Soldat Sacht, der vergeblich versuchte, auf den fahrenden Zug aufzuspringen, noch mitkann.

Ein revolutionärer Akt war das noch nicht, aber schon eine Handlung im Widerspruch zur obrigkeitlich verstümmelten Vernunft. Bevor der Zug dann »wie ein kreißender Lindwurm [...] westwärts in den aufhellenden Mittag«[91] zieht, befürchtet ein Mitreisender, dem der fahrplanwidrige Halt merkwürdig und bedrohlich vorkommt: »*Das Pack beginnt sich zu fühlen*«[92].

Wer war das, das »Pack«? Das waren die einfachen Leute, die versuchten, sich unten im Krieg zurechtzufinden, ohne dabei draufzugehen, und die noch an der Obrigkeit klebten; auch jene, die ohne eine genauere strategische Vorstellung nicht viel mehr konnten als revoltieren. Zweig deutete auf den unsicheren Boden der wilhelminischen Gesellschaft, auf seinen vom Krieg um und umgepflügten Zustand. Da unten war es nicht so leicht, Einsichten zu gewinnen und das Selbstvertrauen zu erhalten. Das »Pack« mußte vom Boden der durch den Weltkrieg geschaffenen Tatsachen ausgehen.

Wer gehörte nicht dazu, wer zählte sich nicht zum »Pack«? Das waren zunächst einmal alle diejenigen, die den Krieg gewollt und befürwortet hatten, also alle Sorten von Profiteuren des Weltkriegs. Dann gehören jene drei Offiziere nicht zum »Pack«, die sich ans Abteilfenster ihres Eisenbahncoupees drängen, »um den wahnsinnig komischen Muschko da, mit seiner Kiste und in Schweiß triefend, mit offenem Maul und offenen Augen zurückbleiben zu sehen. Aus dem nächsten Abteil winkt ihm einer neckisch zu«[93]. Demnach gehören nicht zum »Pack« alle zweiter und erster Klasse Reisenden und insbesondere jene, die mit militärischer Befehlsgewalt ausgestattet sind, denn sie könnten ganz vorschriftsmäßig tun, was der Lokführer dann doch noch gegen alle seine Vorschriften tut. Nicht zum »Pack« gehört aus Zweigs Sicht alles, was sich z. B. während der langen Kriegswinter in Polstern und Pelzmänteln bewegte.

Einen nimmt Zweig sich besonders aufs Korn. Es ist ein »*älterer, feister Reserveoberstleutnant, Gummireisender von Beruf und außerordentlich offizierlich gesonnen*«[94]. So einer konnte dem »Pack« schon gefährlich werden. »*Werde Meldung machen. Dem Kerl da auf der Lokomotive können paar Monate Schützengraben nischt schaden. Soll seine Fahrvorschrift im Koppe haben und sich den Teufel um das kümmern, was am Gleise vorgeht*«[95]. Nicht zum »Pack« gehörten demnach alle »offizierlich« Gesonnenen.

Das »Pack«, aus dem Blickwinkel der Herren, sieht so aus: »*[...] die gelernten Arbeiter, alles, was von Berufs wegen an Maschinen steht!*«[96] Das wäre das Industrie-Proletariat.

Ein mitreisender Oberarzt, knapp geduldet in diesem »offizierlich gesonnenen« Kreis, denkt es sich leise so: »*Die Leute haben den Finger am Ventil des Krieges. Sie wissen es noch nicht [...] Und wenn sie es erst wissen...*«[97]

Hier ist das »Pack« schon auf die werktätigen Massen erweitert.

Wie fühlt es sich selbst, dieses »Pack«? Was den Zugführer und seinen Heizer angeht, so glauben sie, sich jetzt gegen Ende der langen Kriegsnot auch mal was herausnehmen zu dürfen. Sie trauen sich etwas zu und verlangsamen die Geschwindigkeit des Zuges, so daß der Wachsoldat Sacht aufspringen kann. »*Wa', Mensch? Wird man sich wohl noch leisten dürfen...*«[98]. Und rechnen können sie auch. Sie haben aber ihre eigene Art, eine Kriegsrechnung aufzumachen. Was z. B. kostet es, wenn sie jetzt das Tempo des Zuges herunternehmen, um »noch'n Kamerad, der mitmöchte«[99] mitzunehmen? »*Das kostet den Staat siebzig Mark vergeudete Heizenergie und zwei Minuten Verspätung. Aber da er mit jeder Granate paar hundert Mark in die Luft pustet – rechne dir aus, Mensch!*«[100] Wer war

das also im einzelnen, das »Pack«? Der Zugführer sieht sich so: »*Nichts als deutscher Soldat, Familienvater, ganz unten...*«[101].
In Zweigs Augen ist das Pack positiv. Es ist bunt, vielfältig und muß arbeiten gehen. Dabei steht es in einem jeweils sehr konkreten Widerspruch zu »seinen« Herren Vorgesetzten in Krieg und Frieden. Das Pack waren jene Menschen, die vom Krieg anstatt Gewinn nur Leiden hatten, die bei Kriegsende leer ausgingen und sich zur Wehr zu setzen begannen. Wenn es »sich fühlte«, dann hatte es eine wehrhafte Vorstellung von sich, anders gesagt: dann entwickelte sich ein Bewußtsein vom notwendig gewordenen, eigenen Widerstand.

Krieg und Nachkrieg hatten die Lage der Massen so verändert, daß viele bald jede Gelegenheit wahrnahmen, das von oben angebotene traditionelle Kriegsheldenprogramm abzusetzen. Sie hielten Ausschau nach ihren eigenen Helden, die wie der russische Deserteur Grischa bei den Verlierern zu suchen und zu finden waren, denen der Sinn folglich nicht mehr nach militärischen Revanchen und der dafür zu erhaltenen Ehre stand.

Mit diesem Verständnis von den breiten, gegen den Krieg aufgebrachten Massen verbreitete Zweig in seinem »Der Streit um den Sergeanten Grischa« eine Haltung, die den Sympathisanten eines zweiten Krieges zuwider sein mußte.
Der schwarz-braune Anti-Pazifismus hatte das bald heraus. Zweig habe die »gemeinsten Beschimpfungen gegen unser Volk und seinen Krieg« einen Russen aussprechen lassen und habe »unsere mit dem Tode von zwei Millionen unserer besten Brüder rein erhaltene soldatische und völkische Ehre von einem asiatischen Schmutzfinken also besudeln lassen«[102]. So konnte man es schon 1929 lesen. Fünf Jahre später brachte es Hermann Pongs zu folgendem Urteil: der Grischa-Roman sei ein früher Versuch gewesen, »die deutsche Seele zu entwurzeln [...] Daß gerade diese Art Bücher den Geschmack der Masse getroffen habe und mit Vorliebe verfilmt worden sind, scheint für die Psychologie der Massen zu ergeben, daß sie gern der herabziehenden Tendenz folgt und Idee- und Heldenzerstörung aus bewußter Feindschaft bejaht«[103].
Hermann Pongs – erst kürzlich verstorben – hielt bis 1945 an seiner Auffassung von Krieg und Frieden fest[104]. Seine Kritik an Zweigs Pazifismus traf den gesamten Weimarer Pazifismus und darüber hinaus die, die er »die Massen« nannte.
Sein Ausgangspunkt sind u. a. die auch von Zweig beobachteten, kriegsfeindlich eingestellten Massen seit Ende des 1. Weltkriegs. Für Pongs sehen sie allerdings etwas anders aus: zwar sind sie auch abgelöst von der nationalistischen »Seele« Deutschlands und haben auch nichts mehr mit seinen »Ideen- und Helden«welten zu tun. Aber ganz im Gegensatz zu den historisch-konkreten Volksmassen sowie dem von Zweig ins Auge gefaßten Pack begriff der nationalsozialistische Germanistik-Professor Pongs die Massen nur als »Masse«, d. h. als blöden Block, immer nur irgendwo hinterhertrottend, einem »Geschmack« oder einer »Psychologie« etwa folgend. Für Pongs ist allenfalls die zahlenmäßige Breite beachtenswert; sie waren Quantität, eine bestimmte Qualität hatten sie nicht.

Neben der schwarzen, später zunehmend brauner werdenden Pazifismuskritik machte sich eine Kritik auch an Zweigs Roman bemerkbar, die lautstark und – betrachtet von 1933 aus – kurzsichtig dem Zweigschen Pazifismus Kriegsvorbereitung und Propaganda für den Krieg vorwarf. »Der adlige *Offizier* will seinen Kopf für die Rettung des russischen Muschkoten riskieren, aber der feldgraue *Prolet* weigert sich zu riskieren! In demselben Augenblick, wo das bisher demokratische Bürgertum sich dem Faschismus zuwendet, diesen gar nicht so übel findet… im selben Moment klatscht auch die ›demokratische‹ Fraktion der Bourgeoisie dem Courths-Mahler des Kurfürstendamm, Herrn A. Zweig, seinen Beifall für die Glorifizierung, die der Wackere über den im Grunde gar nicht so üblen preußischen Kommiß ausbreitet«[105]. Hier hatte K. A. Wittfogel in der »Roten Fahne« das Kind mit dem Bade ausgeschüttet und eine auch von Tucholsky monierte Schwäche im kleinen – die zu milde Sicht der mittleren Führungsschichten im deutschen Militär – für die Schwäche im großen und ganzen des Grischa-Romans gehalten.

Die Massenfeindlichkeit dieser Pazifismus-Kritik besteht darin, daß sie gänzlich absieht von den komplizierten Bedingungen, in denen antimilitaristischer Widerstand entstehen konnte.

Die Figur des Soldaten Sacht allein war ein wichtiger Fingerzeig für die Schwierigkeiten der Revolution im weimarischen Deutschland, eine analytische Beobachtung von den Möglichkeiten und Hemmnissen…

Aber Wittfogel stand mit seiner Pazifismuskritik in der »Roten Fahne« nicht allein; auch die »Linkskurve«, Organ des proletarisch-revolutionären Schriftstellerverbandes (BPRS), sowie u. a. die linksdemokratische und pazifistische »Weltbühne« zogen mit.

So griff Josef Lenz den »pazifistischen Massenbetrug« an; nach seiner Auffassung durften die »wirklichen Feinde des imperialistischen Mordsystems« nicht mit jenen zusammen gehen, die »bewußt oder unbewußt mit einer Propaganda des ›Friedens‹ die Vorbereitungen des Krieges zur Erhaltung des Kriegssystems unterstützen«[106]. Lenz zielte auf den Völkerbund als Bündnis der Großmächte, auf seine Schiedssprüche, Verträge und Abrüstungsvorhaben. Lenz kritisierte insbesondere die deutsche Sozialdemokratie, wenn er von »Massenbetrug« redete. Aber er unterschied nicht zwischen den Betrügern und den Betrogenen, vor allem unterließ er es, diesen »Massenbetrug« konkret nachvollziehbar vorzuführen. Lenz betrieb in der »Linkskurve« das Geschäft der Anprangerung der Sozialdemokratie, ohne gleichzeitig für Aufklärung zu sorgen. Er sprach von der Rolle des Staates und der Regierungsparteien, aber er fand keine Worte für das, was unter denen »ganz unten« vorging, dort also, wo man die Menschen als Pack beschimpfte. Dort aber war auch der politische Ort, von dem aus sich massenhafter Widerstand gegen erneute Kriegstreiberei hätte entwickeln können.

Aber so, »ganz unten«, setzte die linksorientierte Pazifismuskritik der Weimarer Republik nicht an. Dieses politische Versäumnis kam »objektiv« einer latent friedensfeindlichen Politik entgegen, wie sie von 1919 bis 1933 regierungsoffiziell betrieben wurde.

»Jetzt nach vier Jahren Hieb und Stich und Schuß können wir für die moralische Bilanz des Krieges schon ziemlich feste Posten aufstellen. Es ergibt ein schauerliches Minus«[107]. Das glaubte Alfred Polgar schon 1919 in seinen Skizzen zur allgemein-gesellschaftlichen Situation nach dem 1. Weltkrieg in Deutschland feststellen zu müssen. Rund zehn Jahre später kam Herbert Ihering zu folgendem Schluß: »Unmerkbar änderten sich die Vorzeichen, unsichtbar lagerten sich die Begriffe um. Es war nichts anderes als ein langsamer und vorsichtiger Klimawechsel. Mit allen verführerischen Übergängen kündigte sich nur eine andere Jahreszeit an«[108].

Erstaunlicherweise exemplifizierte Ihering diesen politischen Klimawechsel an Zweigs Roman »Der Streit um den Sergeanten Grischa« und dem gleichnamigen Bühnenstück. »Arnold Zweig glaubt noch immer, in ›Grischa‹ ein Buch gegen den Krieg, gegen die Militärbürokratie geschrieben zu haben, aber auf der Bühne nahm dasselbe Buch still und freundlich andere Züge an. Die Falten glätteten sich. Der Geist schlummerte ein. Das Gemüt erwachte. Die neue Illusion war da [...] Unter dem radikalen Pazifismus kommen die alten Farben wieder durch [...] Wer auszog, den ersten pazifistischen Kriegs*roman* in deutscher Sprache zu schreiben, endete beim ersten gefühlsschmetternden Kriegs*drama*. Der pazifistische Intellektuelle ist der erste Gefühlsmilitarist«[109]. Das Bühnenstück steht hier nicht zur Diskussion, wohl aber ein Roman, der es möglich machte.

Ihering hatte nicht ganz unrecht. Er sah die schleichende Reaktion, noch dazu gut getarnt, und glaubte diesen Prozeß gegen Ende der Weimarer Republik mit einem lauten Geschrei oder, um im Bild zu bleiben, mit einem wuchtigen Schlag auf der Stelle festnageln zu können. Aber zumeist gehen solche Kraftakte auf den eigenen Daumen. Zweig war nicht im entferntesten der »erste Gefühlsmilitarist«. Er war einer der ersten, die dem Militarismus auch gefühlsmäßig nachgegangen waren, ihn in der Vorstellungs- und Handlungswelt der einfachen Leute ausgeleuchtet hatten.

Abgesehen davon ist es ja nicht falsch, gefühlsmäßig und mit Illusionen gegen den Krieg und für den Frieden zu sein. Es ist nur in gefährlicher Weise unzureichend. Was mußte gedacht werden, woran mangelte es? Ihering selbst wußte keine Antwort auf diese Frage, er hatte sie nur halb erschrocken und gleich erzürnt gestellt, wie Alfred Kurella ihm entgegenhielt. Auch Kurella beobachtete die rückläufigen politischen Bewegungen in der Weimarer Öffentlichkeit, er bezeichnete die »schleichende Reaktion« als »ideologische Unklarheit einer ganzen Epoche«. »Und er [Ihering] tritt ein für eine Polemik, ›die weiß‹, daß sie nur dann siegen kann, wenn sie die Hintergründe, die Struktur und die Gesetzmäßigkeit einer politischen, sozialen, einer geistigen Bewegung erkennt und durchschaut. Aber mit diesen Worten spricht Ihering seinen eigenen Arbeiten das Todesurteil. Denn gerade das ist es, was man in seinen Aufsätzen vergeblich sucht«[110].

Brecht interessierte an Zweigs »Grischa«-Roman nur der von kritischer Literatur geforderte Einblick in das gesellschaftliche Getriebe, hier also der Einblick in das militärbürokratische Getriebe der Kriegsmaschine Deutschland. Was Zweig ihm in dieser Hinsicht zu bieten hatte, das genügte ihm nicht. Zu wenig Einblick und zuviel Gefühl, urteilte er. »Ich halte es nicht für der Mühe wert, die Gefühle und Stimmungen eines zum Tode Verurteilten kennenzulernen«[111]. Das war eine leichtsinnige Einstellung, die verkannte, daß es bei schwindendem Einblick in das gesamtgesellschaftliche Getriebe auch schon viel zu wenig Gefühle und Empfinden für Gerechtigkeit, viel zu wenig moralische und politische Gefestigtheit gegen die Reaktion geben könnte.

Muß man Zweigs »Streit um den Sergeanten Grischa« nicht mit einem anderen Blick lesen? Frieden und Gerechtigkeit waren gegen Ende der Weimarer Republik noch angeschlagener und in einem noch erbärmlicheren Zustand als zu Beginn. Der Frieden war in dieser Zeit bis auf ein Minimum verbraucht, oder »abgeschliffen«, wie sich Zweig selbst über das spätweimarische Kulturniveau äußerte. Seiner Auffassung nach war es den Parteien der Weimarer Koalition innerhalb von zwölf Jahren gelungen, »die unmittelbare Anschauung der moralischen Folgen des verlorenen Krieges von Deutschland wegzu-

halten«[112]. Im »Grischa«-Roman ist etwas von den »moralischen Folgen« sichtbar geworden.

Der »Streit um den Sergeanten Grischa« ging nicht gut aus. Grischa wurde ermordet.
Aber es ging nicht nur um Grischas Leben. Es war ein Streit zwischen dem alten, obrig-
keitsstaatlichen Deutschland und jenen Kräften, die eigentlich mit diesem Deutschland
glaubten fertig zu sein, ohne schon zu wissen, wie man es loswird. Zweigs Roman deutet
auf ein allgemeines politisches und moralisches Aufbegehren in Richtung einer demokratischen und entmilitarisierten Gesellschaft. Seine Hoffnung war das Pack, das sich zu fühlen und auch unter den extremen Lebensbedingungen des Krieges zu wehren beginnt.

DIE KURZE SICHT DES SCHÜTZENGRABENS

Ludwig Renns »Krieg« (1928) ist in Ton und Stil so geschrieben, daß damit beinahe
jedes beliebige Thema aus den Friedenszeiten hätte abgefaßt werden können, etwa das
Leben eines Fabrikarbeiters, eines Briefträgers oder Polizisten. In »Krieg« findet sich kein
Friedensappell, finden sich keine anklagenden Töne. Renn erzählt knapp, berichtet äußerst zurückgenommen, bis obenhin zugeknöpft und verschlossen. Da ist die bekannte,
kurzlebige Freude in den Tagen der ersten Mobilmachung August 1914. Renn bleibt fro-
stig unter den feucht-fröhlichen Soldaten, stößt aber mit »auf den ersten Russen« an. Es
kommen die ersten Märsche, das letzte Quartier vor der Schlacht, dann die Schlacht an
der Maas und die ersten Toten, denen gegenüber Renn den Berichterstatterton beibehält.
Er registriert nur ein zusätzliches, zunehmend an ihm zerrendes Gefühl zwischen Schuld,
Pflicht und Feigheit. Ein Rückzug führt vorbei an den Sterbenden und Toten. *»Einer kam
rechts vorgelaufen und fiel. Mir fuhr durch den Kopf, das müßte Ziesche sein – sollte ich
schießen? Es peitschte um die Ohren. Aufblitzen im Waldrand hier und da mit roten Flämm-
chen.*

*Dicht über meinen Kopf weg! Mein Kinn steckte in den Grashalmen. Die Schultern
drückte ich herunter. Links schoß ein französisches Maschinengewehr. ... Ich legte das Gewehr in die linke Hand und begann mich rückwärts zu schieben. Ein Schuß vor meinen rechten Arm in den Boden... Ich schob mich weiter. Meine Hosen streiften sich in die Höhe.
Vor uns war es still geworden. Nur rechts schoß es lebhaft, und links tackte das Maschinengewehr mit kurzen Unterbrechungen. ... Rechts lag, der vorhin hinfiel. Ich hob mich hinüber. Er regte sich nicht. Vielleicht war es auch Ziesche nicht.*

Ich kam dicht neben ihn. Es war Ernst. Er hatte den linken Arm halb unter dem Körper.

*Ich faßte ihn an der Schulter. Nichts regte sich an ihm. Ich griff in seine Taschen und
steckte seine Sachen ein. ... Ich kroch weiter. ›Hilfe!‹ flüsterte es links. Es war Schanze von
meiner Gruppe. ›Was hast du denn?‹ ›Meine beiden Beine!‹ ächzte er. Wie sollte ich dem
helfen? ›Kannst du gehen?‹ S-kramm! ram! ram! ram! irgendwo hinten. Er versuchte sich
aufzurichten. ›Ich kann nicht.‹ ›Ich will versuchen, dir von hinten Hilfe zu bringen.‹ Er weinte
leise. Wie sollte ich ihm nur Hilfe bringen? Wenn ihn hier die Morgendämmerung überfiel,
so dicht an den Franzosen? Ich versuchte ihn um den Leib zu fassen und irgendwie fortzuzie-
hen. ›Ra!‹ macht er. Es war ein ganz unterdrückter Schmerzlaut. Es ging auch nicht. Ich
stand auf. Ein Schuß dicht links. Ich ging weiter. Links lag wieder einer. ›Wer ist das?‹ Er*

antwortete nicht, bewegte aber seine Arme ein wenig. Er lag auf dem Rücken. Ich beugte
mich dicht über ihn. Hartmanns Augen, ganz schwarz. Ich faßte seine Hand, ob ich ihn zum
Bewußtsein brächte, und drückte sie heftig in schrecklicher Angst. Er merkte es nicht. Ich
ließ seine Hand los und stand auf. Mir fiel ein, daß ich ihm seine Sachen hätte abnehmen
sollen. Aber ich ging weiter«[113].

Renn lebt weiter, kämpft weiter. Je schlimmer es wird, desto fester beißt er die Zähne
zusammen. Entspannung mündet in Gleichmut. Allmählich aber, durch kleine hingewor-
fene Bemerkungen, auch durch vorübergehende Verluste innerer und äußerer Haltung
wird das Wesentliche hinter Renns Kriegserlebnis sichtbar: Es ist das in den Alltag des
Krieges hinein verlängerte Entsetzen, das mühsamst aufrechterhaltene innere Gleichgewicht und die Anstrengungen am Rande der Fassungslosigkeit. Die vielgerühmte Nüch-
ternheit des Rennschen Realismus, der bislang nur formal beschriebene trockene Stil
diente der Selbstverteidigung. Wer weinte, war schon verloren. Auch Renn wird verwundet und soll nach hinten geführt werden: *»Eilitz führte mich ganz unnötig vorsichtig am*
rechten Arm und half mir aus dem Graben.

Da fiel mir ein, daß meine Briefe, und was ich mir sonst aufgeschrieben hatte, noch im
Unterstand lagen. Ich hatte sie nicht mit vorgenommen für den Fall, daß man in Gefangen-
schaft geriete. Denn es standen Bemerkungen über Truppenbewegungen darin. ›Du, warte
mal hier; ich muß noch was holen!‹ Ich kletterte wieder in den Graben und tappte durch
die dunklen Gänge.

Im Unterstand brannte noch das Licht. Ich stieg über den Toten weg, steckte die Papiere
in die Rocktasche und tastete zurück.

Als ich Eilitz nicht an der Stelle traf, wo ich ihn verlassen hatte, rief ich leise: ›Eilitz! ––
–– Paul!‹ – Eine Angst befiel mich. Ich kletterte mühsam aus dem Graben. – Ich sah nie-
mand. Ich stolperte über Äste und umgebrochene Bäume. – Da! Er lag ausgestreckt im Ast-
gewirr. Der Mond schien ihm ins Gesicht. Er hatte etwas Blut über dem einen Auge. Mich
fröstelte, und ich ging weiter«[114].

Wie sollte man das anders schreiben? Was heißt denn hier »nüchtern«, »nur berich-
tend«, um die gängigsten Schlagworte zu Renns »Krieg« einmal vorab einer gründlicheren
Auseinandersetzung mit zeitgenössischer und wissenschaftlicher Rezeption zu benennen?
Es ging um nicht weniger als die alltägliche, von daher bald beiläufige Wahrnehmung von
sinnlos gebliebenem Sterben und Töten und Weiterleben bei klarem Verstand. In der Eingewöhnung an diese Kriegswirklichkeit passiert es dann, daß Renn entweder mal wie
geistesabwesend beschreibt oder auch mal, allerdings sehr, sehr selten, aufschreit.

»Da kommen einem die Menschen so schrecklich nah, schrecklich, denn man kann sie
nicht halten. Sie werden alle wieder fortgerissen«[115].

Mit dieser Sensibilität ging Ludwig Renn, geboren als Arnold Vieth von Golßenau,
durch den Krieg, sehr verletzlich unter Hartgesottenheit.

Als das Buch »Krieg« und sein Autor Ludwig Renn bekannt geworden waren, gab es
dadurch eine große Verwirrung, daß Renn sich als Kommunist bezeichnete. Die allgemeine Verwirrung um dieses Kriegsbuch war so groß, daß Renn sich gezwungen sah, etwas
zu den Voraussetzungen seines Buches und zu seiner persönlichen politischen Entwicklung nach dem 1. Weltkrieg zu erklären[116].

Renns Entscheidung für den Kommunismus war weniger politische als praktische Konsequenz. Er sah sich seit dem 1. Weltkrieg auf der Seite der ohnmächtig Unterdrückten, die gerade auch seiner militärischen Erfahrung bedurften. Ein sozialdemokratisches Engagement verbot sich schon aus Gründen der noskitischen Innenpolitik. Übrig blieben die Kommunisten, für die Renn sich in einem langwierigen und quälerischen Selbstfindungsprozeß entschieden hatte. Die innere Dramatik dieses Prozesses hat Renn sehr anschaulich in seinem Buch »Nachkrieg«[117] beschrieben.

Ab 1933 wurde Renn wie alle anderen Antifaschisten verfolgt. Wegen eines Artikels im militärtheoretischen Organ der KPD »Aufbruch« über die Soldatenwerbung unter Friedrich dem Großen wurde er schließlich verhaftet. Bevor ihm die Flucht in die Schweiz gelang, versuchten Goebbels und Rosenberg, ihn für ihre politischen Ziele zu gewinnen. Aber Ludwig Renn lehnte alle Anerbieten aus dieser Richtung ab und kämpfte wenig später als Kommandeur des Thälmann-Bataillons und Stabschef der XI. Internationalen Brigaden gegen den Franco-Faschismus.

Trotzdem, die Rennsche Haltung des Strammstehenwollens, wie sie sich durch seine beiden Anti-Kriegsbücher zieht, bleibt problematisch. Renn ist ehrlich genug, diesen Grundzug seines Wesens und Schreibens nicht zu verheimlichen. Er bekennt sich sogar in einer gerade pazifistische Kreise schockierenden Weise dazu. Er schneidet damit die Frage nach der politischen Emanzipation des scheinbar ewig strammstehenden preußisch-deutschen Soldaten an. Dazu ist gerade Renn durch seinen späteren antifaschistischen Lebensweg wie berufen. Renn führt leibhaftig vor, was man das Resultat deutscher Soldatenerziehung nennen kann. Es ist die Grundhaltung des »unpolitischen« Soldaten, der Keimzelle der Armee als Staat im Staat. Renn hilft mit, die starken gefühlsmäßigen Bindungen des deutschen Soldatenethos aufzudecken. Er demonstriert, wie schwierig es sein konnte, *nicht* gerne und mit dem ganzen Herzen Soldat zu sein.

»Auf dem Verbandstisch brannten die beiden Karbidlampen. Der Oberarzt kam und trat mir vors Licht.

›Nu, wie ist's Ihnen?‹ ›Gut, Herr Oberarzt!‹ ›Erzählen Sie doch etwas vom Sturm! War das nicht schrecklich?‹ ›Nein, es war herrlich, wie die vorstürmten, alle – die vorher im Tunnel klagten! Einer hat gesagt – ich hörte es im Vorübergehen – es wäre ihm gleich, ob er gefangen würde. Und er ist vorgerannt und hingestürzt. Wahrscheinlich ist er tot.‹ ›Aber das ist doch nicht herrlich!‹ ›Doch Herr Oberarzt, wie sie auf einmal alle Angst verloren hatten! Daß es sie gepackt hatte und sie angriffen, das war unvergleichlich schön!‹ Die Angst kam wieder, aber durchleuchtet von dem Gedanken an den herrlichen Angriff. Noch konnte sie nicht Herr werden«[118].

Mit dieser und ähnlichen Passagen in Renns »Krieg« war das Maß an politischer Verwirrung um das Buch voll, es brachte die politischen Fronten vollkommen durcheinander: von der Schönheit und Entrücktheit des Sturmangriffs in einem gegen den Krieg geschriebenen Buch zu handeln! Aber vielleicht wurde »Krieg« gerade deshalb ein großer, auch internationaler Bucherfolg[119].

Die Langemarck-Legende z. B. von der begeistert und kopfüber in den Tod stürmenden deutschen Jugend gehörte zum republikanischen Allgemeinwissen. Und Ludwig Renn hatte anscheinend von etwas Vergleichbarem geschwärmt, auch wenn er, wie es etwas weiter unten nach dieser Passage auf dem Verbandstisch heißt, gerade in der Ekstase eines Wundstarrkrampfs gelegen hatte. In jedem Fall hat Renn formulieren wollen, was es als massenhaft erlebtes Phänomen real gegeben haben muß, und zwar jenseits aller chauvinistischen Propaganda. So entstanden die Helden und ihre Taten, die dann in der Regel von rechts zur Aufrechterhaltung des Kriegszustandes und – in Friedenszeiten – zur Anstachelung neuer Kriegsvorhaben ausgeschlachtet wurden: die kurzatmige, kurzsichtige Überwindung der Angst erlaubte winzige Momente von Freiheit. Auch das war der 1. Weltkrieg für die, die ihn mitgemacht hatten und es besser wissen sollten: Freiheit ganz hart am Rande des Lebens.

Das fand Renn herrlich und schön, daß die Angst in einer Situation überwunden wurde – in unmittelbarer Todesnähe –, in der man ihr gemeinhin unterliegt. Hier macht sich Renns präzise Erinnerungsregistratur bezahlt: Gerade dieses Erlebnis vergaß er nicht, es war heikel, aber keineswegs belanglos oder gar chauvinistisch.

Wenn dieses Erlebnis im Erlebnishorizont der einfachen Soldaten lag, dann stellt sich gerade hier die Frage nach ihrer militaristischen Befangenheit. Die Überwindung der Soldatenangst kam ja nicht nur der Verlängerung des Krieges zugute, war nicht nur kriegsangepaßte Vernunft. In dieser Überwindung lag auch ein Stück Selbstfindung der Soldaten, ein in der Gefangenschaft des geregelten Völkermordes dem Krieg abgerungenes Selbstvertrauen. Wie aus der noch unbewältigten, nur zehn Jahre erst zurückliegenden Vergangenheit des 1. Weltkrieges verständlich, eröffnete unter anderem die »Weltbühne« durch Karl Hugo Sclutius das pazifistische Feuer der Kritik auf Renns »Krieg«. Sclutius stürzte sich auf jene Szene von der Schönheit des Sturmangriffs und suchte ähnliche, für den Pazifismus problematische Szenen heraus. Vor allem war da eine, in der Renn auf die im Krieg entstehenden gefühlsmäßigen Bindungen unter den Soldaten hinweisen wollte.

»Ich stand starr. Ich sollte von meiner Truppe fort? ›Es wird Ihnen schwer?‹, sagte Fabian. ›Würden Sie es denn vorziehen, hier vorne in der Gefahr zu bleiben, anstatt hinten in Sicherheit zu sein?‹ ›Jawohl, Herr Leutnant‹«.

Der überzeugte Pazifist reagiert bitterböse: »Braver Gefreiter! Wer fühlte nicht mit dir, wem schlüge nicht das Herz höher, wenn du in die Schlacht ziehst, wem sänke nicht der Mut, mußt du Druckpunkt nehmen«[120].

Aber es war ganz anders. Das Herz der Soldaten schlug ja nicht höher in diesem Sinne, sondern aus Angst; weil die Versetzung und Verladung einem drohte, der gerade etwas Heimat in der großen Anonymität der Uniformen und Befehle gefunden hatte. Dem einzelnen Soldaten bot die Gruppe, in der er heimisch werden konnte, einen begrenzten Schutz. Fast war es Geborgenheit.

Immer noch war da dieses äußerliche und innerliche Strammstehen Renns vor Vorgesetzten, dieser Augenaufschlag mit »Jawohl, Herr Oberarzt« und »Jawohl, Herr Leutnant«. Renn kommt davon auch nach dem Krieg nicht los, und immer hofft man, daß diesem braven Soldaten ein bißchen weniger Gefühl aus seiner Uniform und mehr aus seiner eigenen Haut kommen möge. Auf jeden Fall schafft es Renn, vermittelt über seine militärische Steifheit, Erfahrungsbereiche anzusprechen, die man bei den meisten einfachen, relativ unschuldigen und für den Massenmord im 1. Weltkrieg nur gedungenen oder übertölpelten Soldaten voraussetzen kann. *»[...] wenn nur der Krieg zu Ende ginge! Ich hatte auch noch nie über Politik nachgedacht. Ich hatte einen Ekel davor wie vor etwas Schmutzigem«*[121].

Das ist die kurze Sicht des Schützengrabens, die Sicht des »unpolitischen« Soldaten. Für ihn ist vieles nicht so schnell zu verstehen, z. B. die ungetrübte Freude über den militärischen Zusammenbruch Deutschlands. *»Erst spät kam Mehling aus Lüttich zurück und erzählte, daß die ganze Stadt beflaggt wäre. Franzosen, Engländer und Belgier waren schon dort. In den Cafés saßen sie. Die Marseillaise wurde gespielt und hurra geschrien. Mehling war noch voll Freude und Glanz davon. Aber ich war traurig. Das verfluchte Vaterland stand mir doch nah!«*[122]

Verflucht war es, weil es hauptverantwortlich für die Anzettelung des 1. Weltkriegs und für das Leid in seinem Gefolge war. Nahe mußte es all denen bleiben, die sich ihr wie selbstverständliches Dazugehörigkeitsgefühl bewahrt hatten. Diese Einstellung zum Vaterland war aber weder von rechts zu integrieren, noch implizierte sie ein Nachgeben dem in pazifistischen und linksorientierten Kreisen vorherrschenden Nihilismus in der nationalen Frage. Renn hält als Befürworter des Friedens inmitten des zusammenbrechenden Raubkriegsdeutschland an der deutschen Nation fest. Er tut dies auf einer sehr gefühlsmäßigen, weniger politischen Ebene. Auch das ist die kurze Sicht des Schützengrabens.

Ludwig Renns Buch »Nachkrieg« (1930) ist noch ganz von dieser Sicht geprägt. Es ist das Nachkriegserlebnis von einem, der sich bei der politischen Orientierung sehr schwer tut mit seiner beinahe altdeutsch-tumben Denkungsart. In »Nachkrieg« blickt der mittlerweile kommunistisch denkende Autor schon viel weiter als sein soeben aus dem Krieg entlassener Ich-Erzähler. Das hindert den Autor nicht, den Weg seines Helden mit großer Anteilnahme und liebevoller Gründlichkeit nachzuzeichnen.

Eine auch objektiv große Schwierigkeit bei der politischen Orientierung war die Wahl einer der Parteien in das Weimarer Parlament.

Die rechten, bürgerlichen Parteien kamen für den Erzähler schon nicht in Frage, weil sie sich während des Krieges, genau wie die SPD, entlarvt hatten. Es blieben die Linken, die Kommunisten. *»Ich war gewiß kein ernsthafter, ja überhaupt kein Kommunist, aber ich hatte doch mit vielen Stimmen für sie gerechnet. Aber fast niemand hatte sie gewählt. Da waren die schimpfenden Kerle also nichts weiter gewesen als polternde Sozialdemokraten? Ich war ganz benommen von dem Ergebnis und ging schwer verstimmt in die Stadt, wo die vorläufigen Wahlergebnisse von den Zeitungen angeschlagen wurden. Ich las da etliche Zahlen. Keiner Partei gönnte ich die Stimmen«*[123].

Bis vor die Tore der kommunistischen Bewegung führt Renns Weg auf der Suche nach einer politischen Perspektive für einen aus dem Weltkrieg entlassenen, »braven« Soldaten. Weiter kommt er mit seinem Versuch über die Anfänge der Weimarer Republik nicht. Er kann nur beschreiben, wie er – weiterhin auf dieser Ebene seiner politischen Erfahrung verbleibend – sich so durchschlägt.

In der Auseinandersetzung mit einem Vorgesetzten der Weimarer Sicherheitspolizei – Renn hatte hier Arbeit gefunden – bietet er noch einmal das Bild des Kommunisten aus Verzweiflung und Verlegenheit.

Renn war zwischen die innenpolitischen Fronten geraten. Seine Offizierskameraden und Vorgesetzten erwarteten ein tatkräftiges Eintreten für die Aufrechterhaltung der Offiziersprivilegien, die von großen Teilen der Bevölkerung ab 1918 in Frage gestellt wurden. Renn war Offizier und wollte dennoch diese Privilegien nicht.

Bald hat er die Geduld und den Ausweg aus dieser Situation verloren. Seinem Vorgesetzten brüllt er ins Gesicht: »*Ich bin Kommunist! Ich bin der Meinung, daß hier alles zerbrochen werden muß, weil hier alles faul ist!*«[124] Wenige Augenblicke später muß er, im Grunde selbst nur »polternder Sozialdemokrat«, eingestehen: »*Was hat es für einen Wert, einem Menschen zu sagen, daß man Kommunist sei, und man weiß selbst nicht, was das ist. Allerdings war es auch gut, daß ich ihm das gesagt habe. Jetzt wußte er, daß ich mit den Offizieren keine Gemeinschaft mehr haben wollte*«[125]. Der junge revolutionäre Sozialismus, Vorbote des Kommunismus in Deutschland – mehr kann das nicht gewesen sein –, lag vielen auf der Zunge und auf der Hand, er war aber nicht bis in die Köpfe gekommen und konnte das so schnell auch nicht. Er blieb Gefühlssache von vielen.

Während des Kapp-Putsches weigert Renn sich, auf die aufgebrachten Arbeiter schießen zu lassen. Er handelt spontan, ohne politische Begründung – wie während des Krieges – und handelt jetzt richtig, als er sich und seine Polizeimannschaft entwaffnen läßt.

»*Ein Bursche trat zu mir, ein kleiner, schwächlicher Kerl: ›Haben Sie noch Waffen?‹ Ich nahm meine Pistole aus der Tasche. Die war ja jetzt überflüssig. ›Aber nimm dich in acht, sie ist geladen!‹ Er hielt sie erschrocken in der Hand. ›So gefährlich ist das nicht!‹ Ich hatte ein Bedürfnis freundlich zu sein, weil mir sehr weh war wegen meiner Leute. ›Sieh her, nur wenn du das Ding da herumdrehst, kann die Pistole losgehen. Liefre sie im Volkshaus ab!‹ ›Jawohl!‹ sagte er, wie einer, dem sein Vater einen Befehl gegeben hat.*

Meine Leute standen in der Menschenmenge und sahen mich alle an, als wollten sie sagen: ›Wir konnten nicht anders.‹ Müller wollte sprechen. Aber ich unterbrach ihn. ›Weiß schon. – Ganze Abteilung – kehrt! Ohne Tritt – marsch!‹ ›Wir konnten nichts mehr machen!‹ flüsterte der Flügelmann. ›Plötzlich kam der Ruf: Waffen abnehmen! und da war nichts mehr zu machen!‹

Drüben ließ ich neben der Straße halten. Sie standen ordentlich in Reih und Glied und sahen zu Boden«[126].

Es war, als wären sie froh über den glimpflichen unblutigen Ausgang und müßten sich dennoch deswegen entschuldigen. Renn quittiert anschließend den Polizeidienst, muß sich von Demokraten unter den Offizieren zuletzt sagen lassen, daß das wiederum falsch war, weil man so etwas mit anderen vorher bespricht. Renn ist nun wirklich am Ende seiner kurzen »unpolitischen« Sicht des Schützengrabens.

Mit diesem Stand des politischen Lernens endet Renns »Nachkrieg«, und es gibt, außer seiner Erklärung zu den Voraussetzungen zu seinem Buch »Krieg«, keine weiterhelfenden Hinweise darauf, mit welchen grundsätzlichen Überlegungen er als Autor im wesentlichen pazifistischer Kriegsbücher Kommunist geworden ist.

Hier bleibt ein Bruch zwischen dem späteren Kommunisten Renn und dem Schriftsteller, der den einfachen Soldaten und Leuten in ihrem Denken und Handeln auf so ungewöhnliche Weise nahegekommen war, näher als andere. Denn das mühselige Lernen der Massen gelangte nicht in großen Sprüngen zur KPD; historisch wird die unsichtbare Schranke zwischen Teilen der Massen und Weimarer Kommunisten spürbar.

Von hier ausgehend setzte gleichzeitig der Nationalsozialismus an. Er verknüpfte die Erfahrung des »Frontkämpfers« mit der politischen Programmatik einer Wiederholung des Kriegs. Er versuchte, sich die politische Unbefangenheit der kurzen Sicht des Schützengrabens zunutze zu machen.

Renns Parteilichkeit für den einfachen Soldaten setzt unterhalb eines parteimäßigen, organisationsbedachten Denkens an. Sein Verhältnis zum Landser des 1. Weltkriegs ist frei von politischem Kalkül. Es ist ganz Hinneigung. In »Voraussetzungen zu meinem Buch ›Krieg‹« versucht Renn, dieses Verhältnis zu beschreiben: Als Fahnenjunker hatte er ersten Kontakt zu den einfachen Soldaten und war sofort von »einer taumelnden Freude, einer solchen Freude« erfaßt, »daß ich mit jedem darüber sprechen wollte und doch nicht konnte [...] Das große Erlebnis war der Landser! – Was wußte ich vom ›Volk‹?«[127] Während des Kriegs steigerte sich das Landser-Erlebnis zu einem noch unklaren, aber sehr starken Gefühl der Verbundenheit mit den Soldaten.

»Vor uns knatterte mit beängstigender Heftigkeit das Gewehrfeuer. Meine Leute konnten nicht mehr rennen, sie waren zu erschöpft und schlichen nur vorwärts. Was sollte ich tun? Entsetzlich schien es mir, wenn sie so hingemäht würden, weil sie nicht mehr konnten! Da geschah das Sonderbare: Ich war plötzlich ganz ruhig und hatte ein Gefühl, daß sie alle in meiner Hand sind. Sie gehen hinter mir her –, ich sehe sie gar nicht, aber sie müssen mir folgen, weil –, ja warum, wußte ich nicht. Aber ich fühlte mich wunderbar mit ihnen verbunden. Die Verluste waren dann furchtbar, aber das merkwürdige Verbundenheitsgefühl blieb«[128].

Eben das spürten seine Leser. Betrachtet man von hier aus noch einmal die Widersprüche zwischen dem pazifistisch orientierten Erzähler-Ich, dem Autor von »Krieg« und »Nachkrieg«, und dem späteren Kommunisten, so ließen sich diese Widersprüche als Verlust jenes »merkwürdigen Verbundenheitsgefühls« beschreiben. War doch gerade die tiefere Verbundenheit mit den Volksmassen und das Ausgehen von ihnen *nicht* wesentliches Bestandteil der weimarisch-kommunistischen Politik.

Es kann nicht Aufgabe dieser Untersuchung sein, auch die gegenwärtig laufende Feuilleton-Kritik an Autoren mit zu berücksichtigen, die im Umkreis dieser Untersuchung behandelt werden. Im Falle Reich-Ranickis scheint das aber in besonderer Weise geboten. Zum 90. Geburtstag Renns kam Reich-Ranicki gönnerhaft, jovial-schulterklopfend daher, um dann folgenden Tiefschlag zu landen: »Renn war immer gewohnt, Befehle zu empfangen und Befehle weiterzugeben. Während des 1. Weltkriegs hat er als disziplinierter Offizier bis zum letzten Tag seine Pflicht gehorsam erfüllt. In der Kommunistischen Partei hatte er gefunden, was er dringend benötigte: neue Vorgesetzte, deren Befehlen er folgen konnte. An die Stelle des einen Glaubens war ein anderer getreten. Kindlich und arglos huldigte der junge von Golßenau den nationalen Idealen, nicht anders blickte der reife zum Kommunismus auf. Doch dies dürfen und wollen wir nicht vergessen: Der brave Soldat hat mit seinem Buch ›Krieg‹ einen Beitrag zur Geschichte der deutschen Literatur der zwanziger Jahre geleistet«[129].

Nicht anders geriet Reich-Ranickis Nachruf auf Ludwig Renn; Ton und Tendenz ergeben folgendes Urteil: Der Schriftsteller Renn hat sich mit seinem schlichten Gemüt des ewigen Befehlsempfängers dennoch um die Literatur verdient gemacht.

Das ist ein hartes, unverständliches Urteil über einen, der in erster Linie dienen wollte. Das Befehlempfangen für sich hat doch noch keine Abfälligkeit verdient. Fragwürdig ist Reich-Ranickis Urteil nicht nur wegen der unterstellten Hundertfünfzigprozentigkeit in Ludwig Renns kommunistischer Parteilichkeit, er machte sich gar nicht die Mühe, hinter das »Strammstehen« zu sehen. So übersah er die innere Widersprüchlichkeit des »Befehlsempfängers« Ludwig Renn.

Renns »authentischer Dilletantismus«, wie Reich-Ranicki im Nachruf formulierte, ist oberflächlich besehen Ausdruck des »stammelnden« Zeugen des 1. Weltkriegs. Renn war aber nicht einfach nur Augenzeuge, nicht nur Zuschauer. Literarisch überzeugend und echt war er vor allem in seinem Bemühen um größtmögliche, das Mitleiden nicht ausschließende Nähe zu den »Landsern«. Er teilte ihre Kanonenfutterexistenz, und ihr widmete er seine schriftstellerische Energie. Er stellte sich in den Dienst der mühseligen Aufklärung des ungeheuren politischen Verrats an den Soldaten.

Dies allein erklärt aber noch nicht die Rennsche Überzeugungskraft. Er war als Aufklärer von einer merkwürdigen Umständlichkeit. Durch sie erst riß er seine Leser mit auf den Weg durch Krieg und Nachkrieg. Renn war langsam und begriffsstutzig genug im Lernen aus Tatsachen, seine Selbstfindung war voller Umwege und Irrtümer. Dies, die aufreibende Umständlichkeit seines Selbstfindungsprozesses und der parallel dazu einsetzende politische Orientierungsversuch, war eine geeignete Vorlage für ein massenhaftes Wiedererkennen.

Renn gelesen zu haben kann aber nicht nur Wiedererkennung der eigenen Lage als Erlebnismoment von Befreiung gewesen sein. »Krieg« und »Nachkrieg« führten gehäuftes Anschauungsmaterial für die innere Fesselung all derer mit sich, die als Soldaten der historischen Wirklichkeit der Kriegstreiberei am nächsten gekommen waren. Gerade sie müssen schwer an ihren preußisch-wilhelminisch bewährten und gezwungenermaßen verinnerlichten Maulkörben getragen haben. Sie lebten in der Räson von Armee und Staat wie in Zwingern.

VOM MITTLEREN ZUSTAND ZWISCHEN ANPASSUNG UND WIDERSTAND

Erich Maria Remarques »Im Westen nichts Neues« war allein der kurzen Zeit von Februar bis August 1929 in 640000 Exemplaren verkauft worden. Bevor Ullstein die geschäftlichen Möglichkeiten dieses Buches mit seiner ständig steigenden Auflage ausschöpfte, war es mehrfach abgelehnt worden. Es war nicht ganz geheuer mit diesem Buch[130].

Nach allem, was bis heute über den sensationellen, auch bis 1933 von keinem nationalistischen Buch über den 1. Weltkrieg in den Schatten gestellten Bucherfolg bekanntgeworden ist, handelt es sich der Hauptsache nach nicht um ein von oben manipuliertes geschäftliches Ereignis. Vieles deutet auf eine spontane, von unten aufkommende Lesereaktion.

»Im Westen nichts Neues« läßt sich auf das Gefühl der einfachen Leute ein und denkt aus ihrer Lage heraus. Der schnell zu Weltruhm gelangte junge Autor Remarque blieb im Vergleich zu seinem Erfolg fast eine Spur zu zurückhaltend. Er hatte mit seinem Buch »dieser oder jener guten Sache, der des Friedens zum Beispiel« dienen wollen. Zwischen die sprunghaft anwachsende Sympathie für »Im Westen nichts Neues« und die Schüchternheit seines Autors, diesen gleichsam politisch ins Abseits treibend, stellte sich eine merkwürdig polarisierte, meinungsmachende Kritik. Wie hältst du es mit dem »Vaterland«, brüllte es von rechts, wie hältst du es mit der Revolution, grollte es von links. Anläßlich des um Remarque entbrannten und bei Erscheinen seines Nachkriegsromans

»Der Weg zurück« (1931) immer noch anhaltenden Streites sprach Tucholsky von einer »falschen Ebene«, auf die fast »jeder deutsche Streit«[130] gerate.

Remarque schrieb kein Buch gegen das »Vaterland«, auch keines gegen die »Revolution«. Er legte eine Vernunft nahe, die sich zwischen Anpassung und Widerstand für das Überleben entscheiden lernte.

DIE VERNUNFT DER EINFACHEN LEUTE

Auf zweierlei ist die im 1. Weltkrieg entstandene, in seinem Alltag zurechtgeschliffene Vernunft der einfachen Leute ausgerichtet: zum einen auf die materielle Versorgung und zum anderen auf den kameradschaftlichen Zusammenhalt. Remarque beschreibt das so: *»Am vernünftigsten waren eigentlich die armen und einfachen Leute; sie hielten den Krieg gleich für ein Unglück, während die bessergestellten vor Freude nicht aus noch ein wußten, obschon gerade sie sich über die Folgen viel eher hätten klar werden können«*[131].

Den Folgen des Krieges immer näher als den Ursachen, orientiert diese Vernunft auf das Sich-Durchschlagen unter außergewöhnlichen Lebensbedingungen. Der Hauptseite nach steht diese Einstellung im Widerspruch zum Regime des völkermordenden preußisch-wilhelminischen Molochs. Mit dem Selbsterhaltungswillen der Massen provoziert der Krieg die Neu- und Wiedergewinnung von Fähigkeiten bei der Befriedigung der materiellen Interessen, insbesondere der körperlichen Bedürfnisse. *»Dem Soldaten ist sein Magen und seine Verdauung ein vertrauteres Gebiet als jedem anderen Menschen. Dreiviertel seines Wortschatzes sind ihm entnommen, und sowohl der Ausdruck höchster Freude als auch der tiefster Entrüstung findet hier seine kernige Untermalung«*[132].

Die Problematik der Vernunft der einfachen Leute sei hier schon angedeutet: Die Bereitschaft zu Widerspruch und Revolte kann in dem Maße abklingen, in dem die materiellen Bedürfnisse gestillt sind. Dennoch, es konnte ein Widerspruch bestehen bleiben, der schon in der bloßen, alltäglichen Beschaffung von Essen und Trinken lag.

In dieser Praxis bilden sich eigene Formen von Gemeinschaft und eigene Vorstellungen über sie. Was so entsteht und im weitesten Sinne als Kameradschaft beschrieben werden kann, das ist kein Freiraum, sondern kollektiver Erfahrungs- und Handlungsraum. *»Für uns haben diese ganzen Vorgänge den Charakter der Unschuld wiedererhalten«*[133]. *»So haben wir im Augenblick wieder die beiden Dinge, die der Soldat zum Glück braucht: gutes Essen und Ruhe«*[134]. *»Über unseren Köpfen schwebt dicker Qualm. Was wäre der Soldat ohne Tabak«*[135]. In den dem Krieg abgerungenen Handlungen ist auch etwas von Befreiung angelegt. Sie sind diktatorischen Verfügungen und fraglosen Kommandos im Kanonenfutterdasein oft abgetrotzt: Formen des Widerstands zwischen kleinsten Verrichtungen und größten romantischen Träumen.

Wenn überhaupt irgendwo während des Krieges der Gedanke der Revolution, nicht nur als theoretische Einsicht, sondern von unten, spontan, auch anarchisch aufkommt, dann im Gleichschritt mit der Entwicklung der Kameradschaft, die man bis in die Schnaps- und Käsezulagen vor den Sturmangriffen verfolgen muß, um ihre Dialektik herauszuspüren. Versorgung für den Massenmord kann man von der materiellen Reproduktion der Soldaten unterscheiden, nicht aber von ihr lostrennen.

Die Bedingungen der Beendigung, auch der revolutionären Beendigung des Krieges sind an den materiellen wie ideellen Zustand der Massen geknüpft, die diese Unternehmen ja beginnen und durchstehen müssen. Die eigentliche Problematik der Kameradschaft, als Teilvernunft der einfachen Leute, liegt in ihrer verfänglichen Offenheit, die nahezu keinen Schutz bietet vor Einschleichmanövern der politischen Reaktion. Der Charakter des 1. Weltkriegs als Raubkrieg und der kriegführende Staatsapparat verschaffen den reaktionären Einflüssen in den Massen immer wieder Eingang und das gegen ihren sich anbahnenden Zusammenschluß.

Gerade Remarques ausführliche Beschreibung der alltäglichen Verrichtungen des Krieges arbeitet hart am Rande einer umstürzlerischen Erkenntnis. Auch gegen sie, nicht nur gegen Deutschlands »Todfeinde«, richtet sich das Trommelfeuer der Materialschlachten. Was sich darunter noch an kriegsfeindlicher, vaterlandsloser Vernunft zu regen vermag, das gerät unweigerlich in das Schußfeld der chauvinistischen Propaganda, die in den Tagesbefehlen und Frontzeitungen verbreitet wurde[136]. Für den überlebenden Soldaten muß das Bild vom einzigen, äußeren Feind scharf umrissen bleiben. Hinter diesem Bild wurde dann über vier Jahre lang deutsche Annexionslust betrieben. Remarques Kameradschaftsgedanke liegt quer dazu.

Das Fronterlebnis ist die große Bewährung der Kameradschaft als Vernunft der einfachen Leute während des Krieges. »Es ist eine große Brüderschaft, die einen Schimmer von dem Kameradentum der Volkslieder, dem Solidaritätsgefühl von Sträflingen und dem verzweifelten Einanderbeistehen von zum Tode Verurteilten seltsam vereinigt zu einer Stufe des Lebens, das mitten in der Gefahr, aus der Anspannung der Verlassenheit des Todes sich abhebt und zu einem flüchtigen Mitnehmen der gewonnenen Stunden wird, auf gänzlich unpathetische Weise«[137]. Der Schlosser Tjaden z. B. löffelt kurz vor dem nächsten Sturmangriff, dem er dieses Mal noch lebend entrinnen wird, hastig eine Erbsensuppe in sich hinein. Seine Kameraden sind über die Nützlichkeit dieser Handlung geteilter Meinung. Denn ein voller Bauch kann für das Leben gefährlicher sein als ein leerer. Bei einem Bauchschuß hat man sich mit der Entscheidung, den Bauch noch einmal zur Stärkung und Ausdauer vollzuschlagen, vorab schon zum Tode verurteilt.

Mit dieser Not, Entscheidungen zu treffen, meistern die Soldaten die Lebensbedingungen im 1. Weltkrieg. Es war eine Lebensführung entlang der »Grenze des Todes« und auf einer »ungeheuer einfachen Linie«[138]. Wie dünn, aber scharf zugleich, die Trennungslinie zwischen der Ideologie des Massenmordes und der praktischen Vernunft der Soldaten gezogen ist, das zeigt Remarque in seiner Darstellung der Rolle des Erdbodens und der Erde, also an einem Alltagsbereich der Soldaten, der noch während des Krieges und danach erst recht mit Chauvinismus zugedeckt wurde.

Es gelingt Remarque nicht vollständig, das Wort und die Vorstellung »Erde« von vaterländischen, raubkriegsideologischen Überkrustungen freizuschaufeln. Aber ihr möglicher praktischer und vernünftiger Sinn wird doch sichtbar. »Aus der Erde, aus der Luft aber strömten uns Abwehrkräfte zu – am meisten von der Erde. Für niemand ist die Erde so viel wie für den Soldaten. Wenn er sich an sie preßt, lange, heftig, wenn er sich tief mit dem Gesicht und den Gliedern in sie hineinwühlt in der Todesangst des Feuers, dann ist sie sein einziger Freund, sein Bruder, seine Mutter, er stöhnt seine Furcht und seine Schreie in ihr Schweigen und ihre Geborgenheit ... Erde, mit deinen Bodenfalten und Löchern und Ver-

tiefungen, in die man sich hineinwerfen, hineinkauern kann! Erde, du gabst uns im Krampf des Grauens, im Aufspritzen der Vernichtung, im Todesbrüllen der Explosionen die ungeheure Widerwelle gewonnenen Lebens!«[139]

Die Erde muß denen oft letzter, relativ verläßlicher Schutz scheinen, die unabhängig von gerechter oder ungerechter Kriegsführung nur ans Überleben denken. In diesem Sinne vermeidet Remarques Verteidigung der möglichen Funktion der Erde ihre Ideologisierung im Dienste des Vaterlandes.

Ist diese Lebenseinstellung der Soldaten zur Selbsterhaltung primitiv in der Weise, daß nur die kurzfristige Befriedigung der unmittelbaren Lebensbedürfnisse zählt? Als Remarques Soldaten sich nach einem Feuerüberfall entlausen, über den »Läusekrieg« schimpfen und sich den Frieden ausmalen, kommen sie zur Auffassung, daß es so, wie es vor dem Krieg gewesen war, nicht wieder werden darf. Aber wie dann soll es werden? »*Wenn ich darüber nachdenke... so möchte ich, wenn ich das Wort Frieden höre, und es wäre wirklich so, irgend etwas Unausdenkbares tun, so steigt es mir zu Kopf. Etwas –, weißt du, was wert ist, daß man hier im Schlamassel gelegen hat. Ich kann mir bloß nichts vorstellen*«[140].

Was der Krieg wie von selbst auszuschließen scheint, das ist der gesellschaftliche Zustand der Vorkriegszeit. So darf es nicht wieder anfangen nach diesem Krieg. Der 1. Weltkrieg verlangt nach einer grundlegenden gesellschaftlichen Veränderung, nach einer diese Veränderung herbeiführenden Alternative.

Das »Unausdenkbare« ist nur eine Umschreibung der noch blinden politischen Gier nach diesen Alternativen. In sie eingebettet erscheint das Kameradschaftsdenken Remarques. Einerseits untermauert es die Fortführung des Krieges, andererseits fördert es die Möglichkeit des ganz anderen, des »Unausdenkbaren«. Es war ein Denken im Rahmen der Kriegsverdrossenheit, die einen wirklich radikalen, gegen den Krieg gerichteten Entschluß nur schwer zuließ.

»*Während sie noch schrieben und redeten, sahen wir Lazarette und Sterbende; – während sie den Dienst am Staate als das Größte bezeichneten, wußten wir bereits, daß die Todesangst stärker ist. Wir wurden darum keine Meuterer und Deserteure, keine Feiglinge – alle diese Ausdrücke waren ihnen ja so leicht zur Hand –, und wir liebten unsere Heimat genau so wie sie, und wir gingen bei jedem Angriff mutig vor; – aber wir unterschieden jetzt, wir hatten mit einem Male sehen gelernt. Und wir sahen, daß nichts von ihrer Welt übrigblieb!*«[141]

Aus dieser Sicht gehört der Krieg zum alten Eisen einer überholten Gesellschaftsform, mit der man nichts mehr zu tun haben wollte. Beide hatten kränkende Schikanen, demütigende Drangsalierungen und die Unterwerfung unter die eigene Vernichtung gebracht.

Die Kasernen und Schulen, die beiden wichtigsten Bastionen des kaiserlichen und auch noch des weimarisch-republikanischen Deutschlands, mußten möglichst schnell und ohne viel Federlesens aus der Welt verschwinden.

Remarques Pauker Kantorek und sein soldatenschindender Himmelstoß erklären sich in ihrer politischen Konzeption aus dieser Grundhaltung. Beide üben unvernünftige und den Soldaten hinderliche, ja gefährliche Funktionen der alten Gesellschaft aus. Es wäre zuviel verlangt, wollte man eine radikale Gesellschaftskritik in der Gestaltung des preußischen Paukers und Soldatenschinders fordern, wie das in der Regel in der linken, zeitgenössischen Kritik geschah, deren Denken so hoffnungslos minoritär war. Remarque beschränkte sich auf eine bescheidenere Kritik an beiden Gestalten. Und es scheint

Alle gegen Hinkel / Roman von Arnold Zweig

1. Buch: Die Flucht
1. Kapitel: Die Zange

Die Erde, ein kleiner Planet, trudelt emsig durch den kohlschwarzen, atemlos einigen Raum, der durchwirbelt wird ~~von~~ Hunderten von Wellen, ~~Bewegungen~~ eines Unbekannten, des Aethers, und die, wenn sie ~~Widerstand~~ ihnen Leben gibt, Licht ~~werden~~, Elektrizität, unbekannte Einflüsse, verderbliche oder segnende Wirkungen, die umgeben von ihrer schweren, wolligen Lufthülle, auf ihrer elliptischen Bahn die fernste Kurve hinter sich, die sie am weitesten von dem Lebensquell, der Sonne, ~~ab~~; unaufhaltsam kreisend arbeitet sich dem Mutterstern wieder zu. Da prellen die Strahlen der ~~Sonne~~ ~~agenden~~ in ihrem Bereich; die Atmosphäre gerät in Arungen, rasende ~~da~~ stürzen von den kalten ~~Polen~~ überall zu dem schon wärmeren Land ~~ildern~~, in denen es sich, gelockt von der Magie des wieder näheren ~~hten~~, zu regen beginnt, zu keimen. Die Welle des Lebens auf der ~~begleitung~~ langsam entsteigend, in ~~Landfluß~~ Jahr für Jahr, befremdende ~~Wirkung~~ ~~über leben~~ ~~Da steht ein Mann~~ am Fuße ~~tätiglich in~~ Höhe ~~Der Mensch, gekleitet in vie~~ ~~die Inschen der~~ blickt vor s ~~anderthalb Pfund, und zweieinhalb~~ ~~gespartes Brot, ja, das wird's tun.~~ ~~ab's Pritsche mit, der~~ ~~ich meinen Tabak gegen eine~~ ~~der Löhnung eine Mark drauflege,~~ ~~ter," denkt er, "anderthalb Pfund,~~ ~~das er an seine Frau zu~~

Im Felde · März 1917

Meines lieben Silvester

Die Volksversammlungen um den Remarque-Film.

Berlin, 16. Dezember.

Das Reichsbanner Schwarz-Rot-Gold veranstaltete gestern in vier verschiedenen Stadtteilen Berlins stark besuchte Protestversammlungen gegen das Verbot des Films "Im Westen nichts Neues". Die Säle waren zum Teil so überfüllt, daß Parallelversammlungen abgehalten werden mußten.

In allen Versammlungen wurde folgende Entschließung angenommen:

Die im Reichsbanner Schwarz-Rot-Gold zusammengeschlossenen republikanischen Frontsoldaten und die republikanische Jugend erheben einmütigen Protest gegen das Verbot des Remarque-Films.

Das Verbot ist eine Verbeugung der Behörden der deutschen Republik vor dem Pöbel der Straße. Mit Empörung stellen wir fest, daß die Urheber dieses Verbotes sich entgegen ihrer ursprünglichen Stellungnahme dem Zwang einer Minderheit gefügt haben, ohne dieser Nebenregierung auch nur den geringsten Widerstand entgegenzusetzen.

Das Verbot ist die schlimmste geistige Bevormundung und die gewaltsame Unterdrückung der Wahrheit über den Krieg.

Das deutsche Volk hat ein Anrecht darauf, den Krieg so zu sehen, wie er war.

Die Welt soll erfahren, daß das republikanische Deutschland zum Kampfe gegen neue Kriege entschlossen ist.

Wir fordern die sofortige Vorlegung der offiziellen ungekürzten Berichte, aus denen die angebliche deutschfeindliche Wirkung des Films im Ausland hervorgehen soll.

Heraus mit dem Remarque-Film!

Das Reichsbanner Schwarz-Rot-Gold stellt sich an die Spitze des Kampfes gegen den faschistischen Terror, für den Geist und für die Grundrechte der Weimarer Verfassung.

Dieser Kampf gegen nationalsozialistische Provokationen darf jedoch nicht durch Demonstrationsverbote gelähmt werden. Wir verwahren uns darum aufs entschiedenste dagegen, daß die staatstragende Organisation des Reichsbanners Schwarz-Rot-Gold mit dem Hakenkreuz-Pöbel auf eine Stufe gestellt wird.

Demonstrationsverbote dürfen sich nur gegen die Organisationen richten, die politische Auseinandersetzungen mit Dolch, Revolver und weißen Mäusen führen.

Für diesen Kampf erwartet das Reichsbanner tatkräftigste Unterstützung aller aufrechten Republikaner!

Im Kampfe für die politische Freiheit gibt es kein Zurückweichen vor dem Mob der Straße.

Deshalb heraus mit dem Remarque-Film!

Sachsen verteidigt das Verbot.

Dresden, 14. Dezember.

Im Sächsischen Landtag kam bei den Etatberatungen das Verbot des Remarque-Films zur Sprache.

Innenminister Richter betonte und eine Appellation hin, daß die sächsische Regierung auf ihrem Widerrufsantrag kein Werturteil abgegeben habe. Man habe gemeint, daß Sachsen durch die wirtschaftliche Depression ...

nommen worden wären, wenn der Film in Sachsen gezeigt worden wäre.

Der nationalsozialistische Abgeordnete Kunz war im Gegensatz dazu der Ansicht, daß seine Partei durch den Terror auf der Straße gesiegt habe; auch in Dresden würde man bei Aufführung des Films eine derartige Aktion eingeleitet haben.

*

Berlin, 16. Dezember.

Im Preußischen Landtag steht heute ebenfalls bei der allgemeinen Etatberatung das Verbot des Remarque-Films zur Debatte.

Heute in Basel!

Basel, 16. Dezember. — Die Schweizer Erstaufführung des Remarque-Films ist für den heutigen Abend in Basel angesetzt.

Remarque

...TIONAL FILM

Lew Ayres
Louis Wolheim
Slim Summerville
John Wray

...tone

...gedrehte Film ist, ebenso wie das Buch, in der ...Buch und Film einen neuen, erhabenen Sinn.

tatsächlich richtiger und lohnender, weniger nach der pointierten, gesellschaftskritischen Schärfe Remarques zu fahnden und mehr auf die Breite des bei ihm vollzogenen politischen Zusammenschlusses zu achten.

Der preußische Pauker und der Soldatenschinder werden Opfer einer noch einmal glimpflich verlaufenden Racheaktion. Sie werden verprügelt. Diese Schüler-Mentalität fügt sich in den breiten Erfahrungsstrom der deutschen Geschichte mit ihrer zwar an Revolutionen nicht sehr reichen, an Auflehnung und Rebellen doch auch nicht armen Tradition.

Der verfluchte Krieg bietet ganz nebenbei die viel zu lange erwartete Gelegenheit für ein Rachenehmen an den Unterdrückern. Rache ist in diesem Zusammenhang auch Ausdruck der in Fragen einer großen, gesamtgesellschaftlichen Umwälzung noch ratlosen einfachen Leute. Von hier ausgehend erklären sich Resignation und Trauer, wie sie im Titel »Im Westen nichts Neues« knapp als Unterton der Massenerfahrung Krieg gegenüber dem schnoddrig-menschenverachtenden Rapportstil des täglichen Heeresberichts über den Stellungskrieg anklingen. Das war nicht nur Trauer um die Millionen Toten und Verstümmelten. Es war auch die Trauer der noch einmal Davongekommenen, die in den letzten Jahren der Republik wenig Aussicht zu haben glauben, auch beim nächsten Mal noch davonzukommen.

ANGRIFFE RECHTS

Um den politischen Standort dieses Buchs und seiner Leser genauer auszumachen, ist es sinnvoll, von der profaschistischen Kritik auszugehen. Im Kampf an den Wurzeln des kommenden, zweiten Krieges war »Im Westen nichts Neues« eine ernstzunehmende Gefährdung der kriegstreiberischen Strategie in der politischen Gewinnung von Massen. Von dieser Warte aus mußte man mit ansehen, wie ein Pazifist und bürgerlicher Demokrat seine persönliche Kriegsfeindlichkeit verankern konnte. Später, als die faschistische Zensur »Im Westen nichts Neues« zur Verbrennung freigab, begründete sie das mit dem »literarischen Verrat am Soldaten des 1. Weltkriegs«. War es das? Hatte Remarque Tapferkeit, Disziplin, Verantwortungsgefühl, Hilfs- und Opferbereitschaft von Soldaten verhöhnt oder verspottet? Remarque hatte lediglich eine andere Auffassung von diesen Werten. Er hatte sie im Sinne der einfachen Soldaten dargestellt. Einmal der chauvinistischen, revanchistischen Überkleider entledigt, erhielten sie spontan einen durchaus brauchbaren, für den Schutz und die Regeneration der Überlebenskraft der Soldaten nützlichen Sinn.

In besonderer Weise auffallend war die zeitgenössische Reaktion auf Remarque unter anderem deshalb, weil man sich rechts der größeren Mühe unterzog, nicht nur einfach zu rezensieren oder zu polemisieren – man schrieb ganze Bücher gegen »Im Westen nichts Neues«, Anti-Remarques. Man nahm dieses Buch gegen den Krieg sehr ernst und glaubte im Zurückschlagen bestimmter Vorstellungen weiter ausholen zu müssen. Die Anti-Remarques in den letzten Jahren der Weimarer Republik gaben sich mal philosophisch, literarisch-fiktiv oder direkt gesellschaftskritisch.

Müller-Scheld z. B., Autor einer Broschüre »Im Westen nichts Neues – eine Täu-

schung« machte sich angesichts des sensationellen Bucherfolgs Sorgen um die »lebensfähige Demokratie« der Republik:

»Ich persönlich sehe in dem Buche von Remarque eine große Gefahr gerade für eine
lebensfähige Demokratie, da es außer vorzüglich skizzierten Gefechtsbildern und vielen
richtigen Aussprüchen und Empfindungen von Frontsoldaten wichtigen Lebenserschei-
nungen mit einem geradezu aufreizend dumpfen Trübsinn gegenübersteht, der hoffentlich
nicht das Hauptmerkmal unserer Volksgemeinschaft ist«[142].

Auch der Vorwurf des Vaterlandsverrats kam im Gewande der Demokratie: »Ich sehe
in vielen Teilen des Volkes, die ihrem ziellosen und schwankenden Charakter entsprechend ebensowenig unserer Demokratie in der Stunde der Not eine standhafte Stütze sein
werden, wie sie während des Krieges ihren im besten Glauben wie verzweifelt um die
Macht unseres Landes kämpfenden Volksgenossen eine zuverlässige Stütze waren«[143].
Nur mühsam hält sich in der republikanisch auftretenden Remarque-Kritik eine elitär-
rassistische Denkweise im Zaum. »Leute aus dem einfachen Volk« stellen die »unver-
schämtesten Forderungen[144]«, und diese Leute gehörten dann selbstverständlich zu den
»minderwertigen Bestandteilen unseres Volkes«[145], in denen nur »dumpfe Lebensimpo-
tenz«[146] herrscht.

Gänzlich ungeschminkt, schon offen nazistisch ging Franz Arthur Klietmann in seinem
Buch »Im Westen wohl was Neues« gegen Remarque vor, bemüht, Leser von »Im Westen
nichts Neues« mit dem Appell an ihr Frontschwein-Bewußtsein politisch zurückzugewin-
nen. Klietmann traute sich dies erst 1931, drei Jahre nach dem Erscheinen von »Im Westen
nichts Neues«, zu einem Zeitpunkt also, als er den Wind der NSDAP-Erfolge vom Herbst
1930 schon im Rücken hatte:

Selbstverständlich habe es während des Krieges immer reichliches und gleiches Essen
für Mannschaften und Offiziere gegeben[147]; Paul Bäumler und seine Kameraden waren
nichts als Drückeberger, Landstreicher, Bettler, Schandflecke und Abschaum[148]; schließlich: »Dieses Buch soll Anklage sein gegen einen Degenerierten, welcher versuchte, deutschen Heldengeist zu besudeln, nur, weil sein ausgemergeltes Mark und sein mutwillig ent-
nervter Leib, durch eigene Hand zerstört, nicht fassen konnte, was das große Ringen dem
deutschen Frontsoldaten gab«[149].

Klietmann faßte diese Anklage in Form eines Gegenromans. Sein Held ist eine Mischung aus Muskelprotz und Tränensack, der ständig zu rufen scheint: Na wartet, Tommy
und Franzmann!

Allen Angriffen von rechts ging es weniger um die Verteidigung des Frontsoldaten, als
darum, die von Remarque bestätigte und abermals erregte Emotionalität der Kriegsmüdigkeit und der antimilitaristischen Verdrossenheit wieder an die Ketten der militari-
stisch-chauvinistischen Tradition in Deutschland zu legen. Es galt, Remarques millionen-
große Leserschaft bei der Stange alter und neuer Kriegstreibereien zu halten. Remarque
hatte im Namen breiter Massen Nein auch zu einem zweiten Krieg gesagt.

Die große Zustimmung zu diesem Nein war zugleich eine Absage an alle nationalistischen Programme gegen Ende der Weimarer Republik. Dieses Nein wog auch viel schwerer als alle ästhetischen Einwände gegen »Im Westen nichts Neues«. »Literarische Erfolge«, so erinnerte Tucholsky in seiner Verteidigung Remarques gegen Salomon
Friedländer, der unter seinem Pseudonym Mynona einen Anti-Remarque mit dem Titel

»Hat Erich Maria Remarque wirklich gelebt?« veröffentlichte, »beweisen zunächst nicht viel für den Wert eines Werkes. Überschreiten sie aber ein gewisses Maß, so zeigen sie etwas an: nämlich nicht so sehr die Qualität eines Buches als den Geisteszustand einer Masse.«[150]

OHNMACHT AUCH LINKS

Diese Überlegung, daß Remarques Nein zum Krieg über den inneren Zustand seiner riesigen Leserschar und damit weiter Teile der Bevölkerung Ende der zwanziger und Anfang der dreißiger Jahre Auskunft gibt, wurde auch in der linken Remarque-Kritik nicht angestellt. Sclutius in der »Weltbühne« sah in der Hauptsache nur den Romantiker Remarque. Seine kriegsverneinende Grundhaltung stellte er viel zu gering in Rechnung[151]. Links von Remarque fehlte es an jener Einsicht, die noch in den sogenannten schönen Seiten des Krieges die verständlichen Wünsche und Hoffnungen hätte herauslesen müssen.

Viel zu schnell fand sich die griffige Urteilsformel vom »Giftstoff Remarquismus«. Remarquismus bedeutete für den Kritiker die Reduzierung aller Lebensbedürfnisse auf ein »viehisches Minimum«[152]. Alles, was Remarque über die Erfahrungen der Soldaten während des Krieges zusammengefaßt hatte, war demnach eine »gigantische Lüge, die uns anschaulich zeigt, wie das pazifistisch Angstvolle mit Hilfe von Kriegsgreueln unmittelbar in eine anfangs ›raffinierte‹, später in die gemeinste Form national-militaristischer Propaganda übergeht«[153].

Der Ausgang der linken Pazifismus-Kritik lag wiederum in dem Hinweis auf die ökonomischen und politischen Ursachen des 1. Weltkriegs. In der Regel wurde dabei der subjektive Faktor unterschätzt bis gänzlich vernachlässigt. Aus dieser Sicht war der Krieg eine gesetzmäßige und unvermeidliche Erscheinung des Kapitalismus, »vor allem seiner imperialistischen Phase«. Die Darstellung des Krieges als zufällige und gleichzeitig elementare Katastrophe wurde als ein »Maskieren [seiner] wirklichen Wurzeln« verstanden.

Wie zutreffend war diese Kritik und wie hilflos zugleich! Vieles spricht dafür, daß der 1. Weltkrieg keine Katastrophe war, noch mehr spricht doch aber dafür, daß er weitgehend und vor allem von den kriegsmüden Massen so verstanden worden war. Die linke Pazifismus-Kritik war nicht in der Lage, die Kluft zwischen dem Charakter des Krieges als gesetzmäßigem Ausdruck des Kapitalismus und seinem in der breiten Bevölkerung vorherrschenden Verständnis – seiner »Erscheinung« – zu überbrücken.

Statt von dem »Katastrophen«-Niveau auszugehen, es zumindest aber sehr hoch in Rechnung zu stellen, reagierte diese Kritik mit einem zu großen Vorsprung an theoretischer Einsicht. Solche Kritik kam nicht dicht genug an das vorherrschende Kriegsverständnis heran und konnte nichts bewegen. Angesichts der drohenden Kriegsgefahr, die in erster Linie durch den vormarschierenden Nationalsozialismus getragen wurde, verpaßte diese ungeduldige, übernervöse linke Pazifismus-Kritik ihre politische Chance: die breite Mobilisierung kriegsmüder bis entschieden antimilitaristischer Kräfte.

Mit »Im Westen nichts Neues« sympathisiert zu haben, das bedeutete kriegsfeindliche Widerstandsbereitschaft und war auch ein Hinweis auf eine tendenziell demokratische

Grundgestimmtheit gegen den regierungsoffiziell und schrittweise betriebenen Abbau der demokratischen Rechte. Wer mit Remarque konform ging, der hatte was gegen Hindenburg.

Zu den politischen Kräften, die dies verkannten, gehörte die Redaktion der »Roten Fahne«. Sie hatte 1929 nicht mehr als dreißig Zeilen Besprechung für ein Buch übrig, das Hunderttausende – darunter mit Sicherheit Arbeiter – beschäftigte. Der Rezensent der »Roten Fahne« bescheinigte dem Autor zwar, daß er hinreißend schreiben könne, aber dabei leider nicht auf den »Sturz dieser Gesellschaft«[154] orientiert habe. Ein Lichtblick in der kommunistischen Kritik findet sich in der »Internationalen Pressekorrespondenz«, die Remarques Buch zu den stärksten und erschütterndsten Kriegsbüchern zählt, das, ohne Anklage sein zu wollen, doch zur bitteren Anklage geworden sei[155]. Die »Linkskurve« hielt sich aus dem Kampf um Remarque heraus. Nichts war von ihr zu hören, keine Kritik, keine Debatte über die Frage, wie und wie anders als Remarque etwa man Bücher gegen den Krieg schreiben könne[156]. In diesem Zusammenhang ist es interessant, vom alten Ludwig Renn anläßlich des fünfzigjährigen Geburtstags des BPRS zu erfahren, daß man in der Redaktion der »Linkskurve« leider gar nicht über Kriegsliteratur, sondern nur über den Kampf in den Betrieben diskutiert hätte[157].

Der Anlaß für die »Linkskurve«, sich dann zwei Jahre nach Erscheinen von »Im Westen nichts Neues« doch noch zu äußern, war auch nicht das Buch, sondern der Autor.

Remarque hatte nämlich auf eine (Um)Frage, wie er sich im Fall eines Krieges gegen die Sowjetunion verhalten würde, geschwiegen. Arnold Zweig und Heinrich Mann hatten sich bei dieser Gelegenheit vor den Karren einer anti-sowjetischen Kampagne spannen lassen. Wenn Remarque nun schwieg, dann war er sicher noch unsicherer als diese beiden politisch gefestigten Demokraten. Kurt Kersten sah das anders: »Er schweigt, wie er eigentlich sogar in seinem Buche schweigt. Das Schweigen in seinem Buch hat auf mich viel tiefer gewirkt als die Schilderung der Schlächterei selbst [...]. Dabei ist heute schon ganz offensichtlich, daß diese Schweiger keinen Einfluß mehr haben, sie haben ihre Mission erfüllt.«[158] Die politische Mission der Schweiger bestand nach Kersten darin, den »Rückzug der Demokratie zu verschleiern, zu decken; dies Schweigen der einzelnen ist das Schweigen der in Liquidation befindlichen Firma.«

Die »Linkskurve« verkannte hier nicht nur die politische Ohnmacht eines einzelnen. Zwei Jahre vor der faschistischen Liquidation der Weimarer Republik war nicht allein Remarque politisch gelähmt; immer mehr Menschen zogen es vor, lieber zu schweigen. Was hätten sie auch rufen können, wo doch die kommunistischen Resolutionen und Aufrufe gegen den Faschismus auch nur lautstark waren. Gleich neben dem Schweigen der vielen einzelnen gingen ihre Rufe im Gebrüll der auf die faschistische Diktatur und den 2. Weltkrieg Zujagenden unter[159].

Goebbels Mäuse-Sieg über Remarque

„Ein Skandal so ein pazifistischer Kriegsfilm! Aber wir haben es den Leuten wieder mal gezeigt, was echtes Heldentum ist!"

»GEFÄHRDUNG DER ÖFFENTLICHEN ORDNUNG«

Der Weimarer Staat stand in dieser politischen Auseinandersetzung nicht über den Dingen. Er sorgte auch nicht für den seinem eigenen Anspruch gemäßen Ausgleich, er sorgte vielmehr für das Verbot der Milestoneschen Verfilmung von »Im Westen nichts Neues« und berief sich über die Filmoberprüfstelle u. a. auf die Gefährdung der öffentlichen Ordnung.

Mehr noch als die rechtsgerichtete und faschistische Kritik zeigt diese Verbotsbegründung den politischen Standort von Film, Buch und Autor, aber sie zeigt auch den weimarrepublikanischen Staat, zumindest einen Aspekt seines staatlichen Selbstverständnisses; denn dafür stehen ja die offiziellen Stellungnahmen von Reichswehrministerium und Reichsministerium des Innern:

»Der Film zeigt das Kriegserleben empfindsamer junger Menschen, deren anfängliche vaterländische Begeisterung im Ausbildungsdrill des Kasernenhofs ernüchtert ist und die nun ihrem Schicksal an der Westfront nicht mehr mit sieghaftem Idealismus, sondern nur noch mit ihrer leiblichen Natur, mit ihrem animalischen Lebensdrang gegenüberstehen. Es ist ein Kampf des Lebenstriebes gegen die Todesdrohung geworden mit naturhaften Nebenerscheinungen, die dabei selbstverständlich sind, bei dem die reinigende erlösende Sinngebung in einem höheren Zweck unbewußt geworden ist.«[160] Man kann das auch anders ausdrücken: Im Zuge des Überlebens kam den Soldaten jene »reinigende und erlösende Sinngebung in einem höheren Zweck« schlicht abhanden. Abgesehen davon, daß der Staat selbst diesen höheren Zweck nicht anzugeben weiß oder sich nicht traut, ihn anzugeben: Die Soldaten hatten gelernt, ihre eigenen Zwecke, ihr eigenes Leben höher zu stellen, als es ihnen erlaubt worden war.

»In den Einzelheiten seines Inhalts bringt er Darstellungen von Vorgängen, die zwar als unvermeidliche Begleiterscheinungen eines langen und entbehrungsreichen Krieges begreiflich erscheinen, die aber in ihrer Massierung und realistischen Schilderung um so peinlicher sind, als es fast ganz an Momenten fehlt, die die Menschen aus der Qual des Augenblicks zu einem höheren Erlebnis emporgehoben zeigen. Das allzu Menschliche tritt durch diese einseitige Darstellung für den Besucher in tief deprimierender Weise in den Vordergrund.«[161]

Das war nur ein Bruchteil der Wahrheit. An die Stelle des Verlustes von sogenannten höheren Erlebnissen trat das Glücksgefühl der durch die eigene Initiative und das kameradschaftliche Zusammenstehen gelungenen materiellen Versorgung.

Dieser Film »Im Westen nichts Neues« dürfte vor allem nicht in einem »luftleeren Raum« gesehen werden: »Das deutsche Volk ist in diesem Winter in einem Zustand so tiefer seelischer Not und innerer Zerrissenheit, daß alles abzulehnen ist, was geeignet ist, den inneren Zwiespalt noch zu vertiefen.«[162]

Der Weimarer Staat verachtete von seiner hohen Generalstabswarte aus nicht nur die »an Fressen und Saufen gebundenen Materialisten«, wie es weiter unten in der Verbotsbegründung heißt, er fürchtete sie auch. Mit denen war weder Staat zu machen noch einer der von ihm ins Auge gefaßten Kriege.

ZWEI NACHKRIEGSROMANE: REMARQUE UND RENN

Von der seit Ende des Krieges zu Schanden getriebenen, in der Weimarer Republik zer-riebenen Kameradschaft handelt Remarques »Der Weg zurück« (1931). Hier verfolgte Remarque den einzelnen Soldaten aus einer vormals durch Kameradschaft zusammenge-haltenen Gruppe auf den Wegen zurück in ihre Zersplitterung und Vereinzelung. Jetzt kommt die Frage nach dem »Unausdenkbaren« auf, nach der Alternative für die Zeit des Friedens.

»*Eine aufregende, ungewisse Spannung lagerte über dem Platz. Die Menge steht wie eine Mauer. Fast alles Soldaten. Viele mit ihren Frauen. Die schweigsamen, verschlossenen Ge-sichter haben denselben Ausdruck wie im Felde, wenn sie unter den Stahlhelmen hinweg nach dem Feinde spähten. Aber in den Blicken liegt plötzlich noch etwas anderes: die Ah-nung einer Zukunft, die unfaßbare Erwartung eines anderen Lebens* –*«*[163]

Diese noch wenig politische Angespanntheit hielt sich anfangs in den mächtigen De-monstrationen der allerersten Nachkriegszeit. »*Rechts von uns geht ein Artillerist. Vor uns ein Pionier. Gruppe fügt sich zu Gruppe. Nur wenige kennen sich. Trotzdem sind wir sofort miteinander vertraut. Soldaten brauchen nichts voneinander zu wissen. Sie sind Kameraden, das ist genug*[164]. Spartakus/KPD ist nicht mit dabei, und doch fliegt »*über den Kolonnen eine wilde, atemlose Hoffnung auf: als ginge es jetzt geradewegs in ein Dasein der Freiheit und Gerechtigkeit hinein*«[165].

Doch nicht dorthin geht es, sondern kehrt marsch nach Hause, und dazu hat ausgerech-net einer vom Arbeiter- und Soldatenrat aufgefordert. Das ist die zweite, politische und endgültige Demobilisierung der Soldatenmassen. Als Versäumnis der Novemberrevolu-tion wog sie schwerer als die erste, militärische. Es war die friedliche Zerschlagung des während des Krieges angestauten, noch unausgereiften Umsturzpotentials in den Solda-ten.

Remarques Darstellung der im Nachkriegsfrieden der Republik zersetzten Kamerad-schaft ist subjektiv immer noch von einem stark antimilitaristischen Elan bestimmt, objek-tiv und gemessen an den Anforderungen der ersten Jahre der Republik mündet sie in ein individualistisch-reformerisches Denken.

Der revolutionäre Explosionsstoff des »Unausdenkbaren« und des »ganz anderen« Le-bens war verpufft. »*Und so wie wir, denken eine ganze Masse Leute. Die allermeisten, das könnt ihr wohl glauben. Mir ist [...] so allerhand durch den Schädel gegangen, und ich finde, daß jeder auf seine Weise irgend etwas tun kann, selbst wenn er eine Kohlrübe als Kopf hat.*«[166]

Noch auf dieser Ebene eines zerschlagenen Zusammengehörigkeitsgefühls findet sich Selbstbewußtsein. Es ist schon illusionär und noch antimilitaristisch. Für 1931 ist das ein verheerender Zustand. Es ist die Hinnahme der politischen Demoralisierung der Massen im freundlich-kecken Mantel des »Jeder auf seine Weise«. Hier hilft Remarque tatsächlich der Vorstellung mit auf die Beine, als hätten die breiten Massen Ende der Weimarer Re-publik keinen gemeinsamen Feind mehr gehabt. Es ist, als hätte der Frieden ihn vollends unsichtbar zu machen verstanden.

Das durch die militärische Demobilisierung im Herbst 1918 nicht fortgesetzte Versorgungs- und Kameradschaftsdenken entließ die Soldaten aus ihrer zwar ständig bedrohten, aber doch realitätstüchtigen Überlebenspraxis in die Vereinzelung der bürgerlich-kapitalistischen Gesellschaft. Anfangs hatte man noch die Erwartung eines anderen Lebens, bald aber ist man auf die spießerhafte Genügsamkeit des »Jedermann so gut er kann, an seinem Platz« und möglichst »jeden Tag eine gute Tat« heruntergekommen[167].

Remarques Soldatengestalten rutschten aus ihrem Zustand zwischen Anpassung und Widerstand zurück in die Anpassung.

Die in »Der Weg zurück« skizzierte moralische und politische Entwicklung der in die Weimarer Republik entlassenen Soldaten steht der in Renns »Nachkrieg« beschriebenen deutlich entgegen. Gegen das Zurückfallen und Lahmwerden steht bei Renn eine Art politische Bockigkeit und Aufsässigkeit. Er hat über seine eigene Entwicklung hinaus eine politische Strömung vor Augen, die sich von »Frieden und Demokratie« auch der ab 1924 ruhiger werdenden Weimarer Republik nicht ablenken läßt. Er artikuliert das Selbstbewußtsein eines politisch noch unsicheren und unerfahrenen Widerstands.

Renns Gefühlskommunismus ist zunächst nicht mehr als die schroffe Abwendung von den noch ganz unter der Fuchtel des 1. Weltkriegs stehenden politischen Lösungen der Nachkriegsparteien. Ihm genügt aber auch die Mentalität der Selbstversorgung nicht. Als er sich als Polizeihauptmann weigert, in eine gegen die Ruhe und Ordnung der Weimarer Republik aufgebrachte Menschenmenge hineinschießen zu lassen, da ist er dem schon um etliches voraus.

Vor dem Hintergrund der Wirtschaftskrise und des aufmarschierenden Faschismus in Deutschland markieren die Nachkriegsromane von Remarque und Renn unterschiedlich politische, aber gleichermaßen durch den Weltkrieg geprägte Strömungen: die rückläufige von Kapitulation und Anpassung und die des noch orientierungslosen, aber unversöhnlichen Widerstands.

ZWEITES ZWISCHENERGEBNIS:
BIS HEUTE VERACHTET UND WEGGESPERRT –
ERFAHRUNGEN EINFACHER LEUTE IM KRIEG

Zweifellos war die pazifistische Bewegung eine notwendige und gerechte Bewegung, und – wie sich unter anderem auch über pazifistische Literatur nachvollziehen läßt – sie war ganz offensichtlich eine ausgesprochen breite Bewegung; so breit, daß es naheliegt, von einer Volksbewegung gegen den Krieg zu reden. Aber war diese Bewegung auch kräftig genug? Hatte der im 1. Weltkrieg geborene und bis vor die Tore des Faschismus führende Pazifismus das, was man politische Stoßkraft oder Durchschlagskraft nennt? Wie stand es um die Kraftzentren im Innern dieser Volksbewegung gegen den Krieg? Im Vergleich mit den beiden anderen Grundhaltungen in der Frage des Krieges, der chauvinistischen Bejahung und der revolutionären Verneinung bzw. Umwandlung des Kriegs, fällt die pazifistische Grundhaltung durch eine vielversprechende, lebensvolle Widersprüchlichkeit auf. Das pazifistische Nein zum Krieg ist breit und bunt. Es schließt den ungeduldigen Umsturz wie das Verharren in Melancholie mit ein, es beginnt maßlos empört und steigert sich geradezu himmelstürmend in eine Sehnsucht zwischen Menschheitsliebe und sozialistischer Revolution, wie Leonhard Franks »Der Mensch ist gut« es überliefert. Und es endet in einem traurigen Kopfschütteln derer, die mit Remarque nur noch überleben wollen. Es ist diese innere Entwicklungslinie des Pazifismus von 1914 bis 1933, die den einst wilden Friedensgedanken auf der Ebene der maßvoll pazifistischen Denkungsart Ende der zwanziger, Anfang der dreißiger Jahre ankommen ließ. Politisch stark im Sinne einer erfolgreichen Strategie des Friedens war der Weimarer Pazifismus nicht. Zu schnell war er noch während des Krieges burgfriedensmäßig umstellt, auf dem Boden der Weimarer Republik systematisch desillusioniert und durch den Faschismus schließlich abgewürgt. Den politischen Parteien der jungen Republik, die sich den Frieden alle auf ihre Fahnen geschrieben hatten, war das »Nie wieder« viel zu heftig und schrankenlos. Parteipolitisch ließ es sich schlecht einfangen, es war auch kein Wasser auf die Mühlen von SPD und KPD. Richtig, tödlich ernst genommen wurde der Weimarer Pazifismus nur von den Ja-Sagern zum Krieg, von den theoretischen und praktischen Befürwortern und Betreibern einer Wiederholung des Krieges. Sie fürchteten noch das leise Kopfschütteln gegen ihn.

Während die Reihen der unentwegten Kriegsfront relativ geschlossen und über große ebenfalls vorhandene innere Widersprüche hinweg handlungsbereit blieben, brachten die Pazifisten keine Aktionseinheit gegen den Krieg zustande. Sie alle sagten Nein zum Krieg, diejenigen, die nur über seine Folgen erschraken und gelähmt worden waren, wie diejenigen, die schon weiter zu den Ursachen des Krieges vorgestoßen waren. Aber sie handelten nicht gemeinsam. Schließlich wurden sie eine Minderheit, die zusehen mußte, wie der Friedensgedanke zu einem Aushängeschild von Parteien wurde.

Das alles darf nicht zu einer Geringschätzung oder gar Verwerfung des pazifistischen Gedankens führen. Die pazifistische Literatur hilft mit, daran zu erinnern, gegen was eigentlich Pazifismus sich aufrichten wollte. Dieser 1. Weltkrieg machte es seinen Gegnern ja nicht leicht. Sein moderner Charakter wirkte wie eine groß angelegte Überrumpelung. Menschenmassen als Kanonenfutter, ihre jahrelange Unterwerfung unter den Ausnahmezustand einer nur durch die militärische Befehlsgewalt aufrechterhaltenen Gesellschaftsordnung – das mußte doch erst mal begriffen werden, und zwar obendrein noch gegen die mächtigen Zensur- und Lügenapparate erst des Wilhelminismus und dann der Republik. Auch das läßt sich an der Entwicklung der pazifistischen Literatur ablesen: Sie brachte die große seit 1918 ausstehende Debatte über den Krieg in Gang, dies aber – wie sich 1933 schnell herausstellte – viel zu spät und immer noch gegen den Widerstand aller den neuen Krieg fordernden politischen Kräfte.

Um so bedeutender sind die alternativ zum Krieg stehenden Ansätze im Denken und Handeln *aller* Kriegsgegner. Um so unentbehrlicher sind die Motive und Regungen des kleinen und des großen Widerstandes, der Überläufer, Befehlsverweigerer und Deserteure *und* der revolutionären Kämpfer gegen Krieg und Imperialismus. In diesem Sinne enthält die Weltkriegsliteratur, insbesondere die großen, zwischen zwei Kriegen geschriebenen Romane von Arnold Zweig, Ludwig Renn und Erich Maria Remarque, ein erstes, unersetzbares Erfahrungsmaterial. Millionen erkannten sich darin wieder, es waren ihre Erfahrungen, die sie zum – wie entschieden auch immer ausgefallenen – Nein gegen den Krieg geführt hatten.

Bis heute hat es keine vergleichbare Zusammenballung von Erfahrung gegen den Krieg gegeben, auch – und das ist besonders verheerend – nach dem 2. Weltkrieg nicht. Die Begrenztheit dieser antimilitaristischen Erfahrungsfront in Deutschland wenige historische Augenblicke vor Hitlers »Machtübernahme« tut ihrer eigentlichen Bedeutung kaum Abbruch. Im Gegenteil, die innere objektive Schwäche des Pazifismus zeugt von den ungeheuren und nichtsdestoweniger vergeblichen Anstrengungen der ersten Opfer des Krieges: Auch die nicht zustande gekommene, langfristige Perspektive zur Überwindung des Raubkrieges ist ja ein sehr ernst zu nehmendes Resultat ihrer Anstrengungen. Es lohnt sich, diese Anstrengungen zu betrachten und zu ermessen, Arnold Zweigs Wachsoldat Sacht etwa, wie er dahinjagt und ins Stolpern gerät auf der Nahtlinie zwischen existentieller Not und Entmündigung. Der Krieg blieb den durch ihn Hindurchgejagten im Genick und ließ sich nicht so leicht abschütteln. Nie wieder Krieg, gut, aber da schrie doch schon der Zweifel und eine Ahnung der Vergeblichkeit mit.

Damit konnten die Parteien der Republik rechnen. Die Politik der Parteien an der Macht verstärkte dieses uneingestandene Vergeblichkeitsgefühl. Spätestens nach dem Kapp-Putsch im Frühjahr 1920 läßt der Widerstandsgeist der Antikriegsbewegung deutlich nach. Sieht man einmal ab von den offiziellen Verlautbarungen, den Sprechblasen der Friedenspolitiker, auch dem ehrlichen außerparlamentarischen Abseits, wo und wie wurde der Friedensgedanke noch festgehalten? Da waren die proletarischen, weniger kleinbürgerlichen Teile der Massen, die links von der SPD, wenn auch ihr gegenüber nicht nur feindselig, dachten. Auch die von der SPD durchgesetzte Ruhe und Ordnung konnte für den Frieden gehalten werden – nach dem Kriegschaos. Dies vollends mußte auf großes Unverständnis bei all denen stoßen, die mit der KPD – vormals Spartakus – auf dem Wege zum Sozialismus den Krieg abschaffen wollten. Aber zwischen diesen und jenen gab es keine säuberliche Trennungslinie. Ludwig Renns politische Orientierungsversuche auf halbem Wege zwischen SPD und KPD bezeugen es. Das Bild von Wählermassen hinter den einzelnen politischen Parteien täuscht. Es suggeriert die Vorstellung, als hätten diese Parteien den während des Krieges erfahrenen und gesteigerten Hunger nach politischer Veränderung gänzlich gestillt. Die Ginsters und Schlumps z. B. wandten sich von vornherein weg von irgendwelcher Politik, faßten kein Vertrauen zu den vorhandenen Parteien und gingen ihrer Wege. Die Renns blieben entgegen dem privat anmutenden politischen Weg von Arnold Vieth von Golßenau unterwegs, blieben mit Remarques Überlebensspezialisten und Versorgungsmaterialisten zusammen unterwegs. Denkbar ist auch folgendes Mischverhältnis einer weitverbreiteten Grundhaltung: Verdrossenheit in der Resignation, mürrisches Aushalten in ihr. So doch könnte die Vernunft der durch den 1. Weltkrieg hindurchgejagten einfachen Leute ausgesehen haben. Da waren eben keine großen Anti-Kriegs-Utopien mehr, die hatte ihnen die Republik auf ihre Weise abgenommen. Nun aber, am Ende einer Republik, die sich so bereitwillig dem erneuten Kriegstreiben übergab, die dem so gar nichts mehr entgegenzusetzen hatte, nun mußten sie immer noch auf der Hut bleiben vor dem Krieg, immer auf dem Sprung und lauernd mal, dann wieder abgeschlafft und sorglos, wie es auf die Dauer nicht ausbleiben kann: Menschen, in einer bereits einmal am eigenen Leibe erfahrenen Gefahr, spontan und anarchisch, die gerade jetzt nach vorne sehen müssen, auch dann, wenn sie nicht mehr vorwärts gehen. Und hatten sie nicht recht, den Kopf lieber einzuziehen und in Deckung zu bleiben vor dem Hintergrund der kaum unterbrochenen kriegerischen Kontinuität der deutschen Geschichte?

Angenommen, sie hätten nicht recht, wie die linke, insbesondere marxistisch orientierte

Pazifismuskritik argumentierte, wie hätte eine überzeugende Argumentation gegenüber dem Deckung suchenden Pazifismus aussehen müssen? Die »Linkskurve« stellte sich dieser Aufgabe so, daß sie gleich in ihrem ersten Heft Josef Lenz unter der Überschrift »Warum sind wir keine Pazifisten« zu Wort kommen ließ: »Das erste ist, daß man den Krieg nicht isoliert betrachten darf, nicht als Scheußlichkeit inmitten einer Welt, die sonst in Ordnung ist.«[168]

Am guten, aufklärenden Willen dieser Pazifismuskritik besteht kein Zweifel. Sie wollte Richtiges, wollte warnen vor einer Verkennung der Kriegsgefahr, die beizeiten in ihren gesellschaftlichen Ursachen bekämpft werden sollte. Dennoch war diese linke Pazifismus-Kritik verfehlt. Sie argumentierte dogmatisch und in offensichtlicher Unkenntnis des konkreten inneren Erfahrungs- und Erkenntnisstandes der pazifistisch Denkenden. Das Hauptargument, die Kritik der isolierten Betrachtung des Krieges in einer Welt, die »sonst noch in Ordnung« ist, traf nicht. Die »Welt« der Republik, die aus ihrer großen wirtschaftlichen und politischen Krise unmerklich in den Faschismus hinüberwuchs, war mehr als scheußlich: Sie schien ausweglos. Die Bürger der Republik waren immer noch Weltkriegsteilnehmer und wähnten sich wie verschlungen in den Krieg als Verhängnis.

Auch Karl Hugo Sclutius, Kritiker der Literatur der »Schrecken des Krieges« in der »Weltbühne«, weist jegliche Nähe zu dieser Literatur schroff von sich: »[…] nein, mit dem Schrecken und Grauen der Wahrheit werden die Menschen, die jungen vor allem für den Krieg erobert.«[169]

Johannes R. Becher[170], einer der führenden Schriftsteller der kommunistischen Bewegung der Weimarer Jahre und später, kam mit einem wirklich wichtigen und bedenkenswerten, von Lenin entliehenen Wort, dem »großen Geheimnis des Krieges«, auf die zweite Internationale Konferenz proletarischer und revolutionärer Schriftsteller in der UdSSR. Bechers Referat »Die Kriegsgefahr und die Aufgaben der revolutionären Schriftsteller« in Charkow 1930 brachte eine ganze Reihe von Erweiterungen des kommunistischen Verständnisses der Kriegsgefahr und ihrer Bekämpfung. Vor allem machte er Schluß damit, den Krieg auf die leichte Schulter des »Dreht die Gewehre um« zu nehmen. Nach seiner Auffassung gehörte der literarisch-publizistische Kampf gegen den Krieg zum schwierigsten und kompliziertesten überhaupt. Becher wollte einen Anfang machen und zitierte Lenin: »Man muß den Leuten ganz konkret immer wieder und wieder erklären, wie die Dinge während des letzten Krieges sich verhalten haben und warum es nicht anders sein konnte…« Aber wie konnte man das machen, wenn man den Leuten zuvor nicht aufmerksam zugehört hat? Auch Becher war auf halbem Wege stehengeblieben. Und so konnte es nicht ausbleiben, daß er in seiner Pazifismuskritik gerade die Spuren verwischte, die zum Kriegserlebnis der Massen, zu ihren Erfahrungen und dem Niveau ihrer Einsichten hätten führen können. Über die Literatur der »Schrecken des Krieges« urteilte Becher: »Sie rückt die Greuel, die Leiden, alle Stadien menschlicher Schwäche geschickt in den Vordergrund, die Symptomkritik ist bei ihr um einige Akzente stärker ausgebildet als bei den Nationalisten, sie setzt einige Fragezeichen, die sie hinter den Sinn des Weltgeschehens überhaupt setzt.«[171]

Becher glaubte Ausrufungszeichen setzen zu können, setzte sie aber hinter die falschen Ergebnisse und Lehren aus dieser Literatur und ihrer Erfahrung. Denn nicht erst die Literatur rückte in erster Linie die Greuel, Leiden etc. in den Vordergrund – sie waren Vordergrund, sehr existentiell durchlitten. Aber auch abgesehen davon, daß Becher hier die Literatur nur als raffiniert betriebene Manipulation einschätzt, ist es ja so gewesen, daß diese Literatur der »Schrecken des Krieges« nicht nur die Leiden, die Opfer und die Unterdrückung gestaltete. Becher sah vor lauter Leiden das Sichwehren nicht und plazierte deshalb glatten Weges diese Literatur und ihre Massenerfahrung vor die Tore der Nationalisten.

Natürlich irrte Becher hier nicht nur privat, er schwamm im Fahrwasser einer bestimmten Politik, als Mitglied des BPRS und der KPD. Der politische Vorwurf der KPD gegenüber dem Pazifismus läßt sich mit dem Begriff »Aufrüstung« und »Aufrüstungsliteratur« fassen. K. A. Wittfogel führte diese These in der »Roten Fahne« aus und kanzelte dabei z. B. Remarque als »Lieblingsdichter der imperialistischen Bourgeoisie und ihrer kleinbürgerlichen Mitläufer«[172] ab. Letztere waren die Sozialdemokraten. Wittfogel warf also nicht nur das gesammelte und veranschaulichte Erfahrungsmaterial, wie es sich in »Im Westen nichts Neues« darbot, den Herrschenden vor die Füße, er wollte das auch plausibel machen: Pazifistische Literatur ist reformistische Literatur, reformistische Literatur führt nicht zum Sozialismus, reformistische Literatur ist schlecht.

Im kleinen der Literaturkritik kann man im Fall der Wittfogelschen Remarque-Kritik die größeren Dimensionen einer politischen Perspektive verfolgen, die auf den Sturz der kapitalistischen Gesellschaft und die Errichtung einer »Diktatur des Proletariats« orientierte. So angewandt, mußte diese Perspektive aber zu einer Sperrklausel für alle anderen, nicht-sozialistischen Perspektiven werden[173].

In diesem Zusammenhang erwähnenswert ist die auf dem ersten Unionskongreß der Sowjetschriftsteller 1934 gehaltene Rede Radeks. Er referierte vor russischen sowie ausländischen revolutionären und antifaschistischen Dichtern und Schriftstellern über »Die moderne Weltliteratur und die Aufgaben der proletarischen Kunst« und liefert dabei den außenpolitischen Hintergrund der einseitigen, kommunistischen Kritik an der pazifistischen Literatur gleich mit: »Der Imperialismus hatte die Weltliteratur der Bourgeoisie in seiner Hand und zwang sie, den Interessen des imperialistischen Krieges zu dienen [...] In seinem ersten Buch ›Im Westen nichts Neues‹ entwirft Remarque das grauenvolle Bild der Vertilgung der Volksmassen im Kriege, ohne irgendwo einen Protest verlauten zu lassen[174].« Das ist die nachgereichte sowjetische Vorlage für eine kommunistische Pazifismus-Kritik in Deutschland. Sie machte taub für alle nicht gar so lauten Proteste, für den leiseren Widerspruch gegen den Krieg, wie er ja gerade bei Remarque zum Vorschein gekommen war.

Was dieses Fehlurteil interessant macht, das ist der Mund, aus dem es kam. Denn Radek sprach hier mit der Autorität des sowjetischen Staates, und nur um seine Verteidigung ging es ihm letztlich in einer historischen Situation, in der der Sowjetunion zusammen mit (und von) den imperialistischen Staaten Frankreich, England usw. tatsächlich Kriegsgefahr drohte. Doch die Art, in der Radek hier gegen die pazifistische Literatur eine Front der Verteidigung der Sowjetunion aufbauen wollte, kennzeichnet eine falsche und engherzige Politik gegen den Krieg. Radek lobte die revolutionäre und auf den Sozialismus orientierte – sprich: der Sowjetunion beistehende – Literatur und schmähte die pazifistische Literatur, denn aus ihr sprang angeblich nichts heraus zur Verteidigung der Sowjetunion.

Radeks Irrtum liegt auf der Hand: Er vergaß oder nahm nicht ernst, daß der Frieden in jedem Land zuerst für sich verteidigt werden muß. Es ist offensichtlich, daß Remarque mit seinem Buch gegen den Krieg großen Teilen der Massen im In- und Ausland den Abscheu vor dem Krieg wieder beigebracht hat. Der proletarisch-revolutionäre Schriftsteller Willi Bredel mußte Radek darauf hinweisen, daß das Bündnis von Kommunisten und Pazifisten wie Feuchtwanger, Zweig u. a. – Remarque nannte er nicht – von größtem politischen Wert im Kampf um den Frieden sei[175].

Die zeitgenössische Pazifismus-Kritik war, soweit sie links bis kommunistisch orientiert war, verfehlt und trug ihren Teil zur Schwächung des Friedenslagers bei. Was so einst politisch versäumt wurde, das scheint sich heute auf vielerlei Art zu wiederholen: Gerade die widersprüchliche massenhafte Kriegserfahrung, wie sie in der pazifistischen Weltkriegsliteratur festgehalten ist, wird verschwiegen. Es ist, als hätten wir sie nicht besonders nötig.

Eine Form des literaturgeschichtlichen Verschweigens ist in der von der SED bestimmten Literaturbetrachtung der DDR geläufig. Pazifismus wird hier immer noch so abgeurteilt, wie man es von der kommunistischen Pazifismus-Kritik der Weimarer Republik kennt. Das entscheidende, verbindende Glied ist das Traditionsverhältnis KPD–SED. Die politische Einordnung Ludwig Renns und seiner Kriegsromane z. B. veranschaulicht eine Betrachtungsweise, die den beschwerlichen, an politischen Irrtümern und Hemmungen sehr reichen Lernprozeß dieses Autors verleugnet. Nicht der Weg interessiert, nur das Ziel. Die von einem Autorenkollektiv unter Leitung von Hans Kaufmann und in Zusammenarbeit mit Dieter Schiller verfaßte »Geschichte der deutschen Literatur 1917 bis 1945« – das literaturgeschichtliche Standardwerk der DDR – zeigt sich vollkommen uninteressiert an dem, was Renns beide Kriegsbücher so wichtig macht. Elegant wird das spannungsreiche Verhältnis des Helden und Ich-Erzählers »Renn« vom Tisch der Literaturgeschichtsschreibung gewischt: »Nachkrieg schildert, wie der gegenüber der Revolution mißtrauische Renn sich dennoch für den Sozialismus zu interessieren beginnt.«[176] Man kann es auch anders ausdrücken, unmißverständlicher: Als der Autor von »Nachkrieg« 1930 sein zweites Kriegsbuch veröffentlichte, war er überzeugter Kommunist. Dennoch – oder vielleicht sogar deshalb – legte Ludwig Renn besonderen Wert auf die ausführliche, geradezu selbstquälerische Beschreibung seiner politischen Bewußtwerdung und der folgenden Orientierungsversuche. Gerade gegenüber der Revolution und dem Kommunismus hegte er – wie so viele mit ihm – größte Zweifel und er sah auch gar keinen Grund, dies zu verschweigen. »Nachkrieg« endet ratlos. Nicht so für Kaufmann/Schillers Literaturgeschichte. Die folgende Behauptung versteht sich sehr gut auf dem Hintergrund der historiographischen Einteilung »1917 bis 1945«: »Die Summe der Erlebnisse in der Kriegs- und Nachkriegszeit motivierte eine Lebensentscheidung, die aus einer langen Prüfung aller anderen Möglichkeiten hervorging.«[177] Das ist nicht nur eine andere, glattere Betonung, auch nicht nur eine Nuance, denn diese Lebensentscheidung ist schon gar nicht mehr Gegenstand seiner Kriegsromane. Die »Geschichte der deutschen Literatur« möchte folgenden Eindruck erwecken: Die Entscheidung mußte für den Kommunismus ausfallen, an ihm führt kein Weg vorbei. Oder noch unmißverständlicher: Am DDR-»Sozialismus« geht kein Weg vorbei. Ihr besonderes Gewicht erhält diese literaturgeschichtlich verdeckte Behauptung dadurch, daß gerade Renns Skepsis und Zweifel während der ersten Jahre der Republik massenhaft verbreitet waren. Eben das soll ausgelöscht werden. Als Alternative zum Faschismus in Deutschland bleibt so nur die KPD-SED. Ludwig Renn, ein Autor, der es ausgezeichnet verstanden hat, die Erfahrungen der einfachen, aus dem 1. Weltkrieg in die Republik heimkehrenden Soldaten aufzuzeichnen und der sie äußerst ernst nahm, soll nachträglich entmündigt und zum Hinweisschild auf KPD und die von hier ausgehende Einbahnstraße in die heutige DDR degradiert werden. Das ist eine der Formen verfehlter Pazifismus-Kritik.

Was mit Remarque in derselben Literaturgeschichte geschieht, ist schon nichts weniger als Hohn auf die in seinen Büchern gesammelten Massenerfahrungen.

»Das von Remarque entworfene Bild vom Krieg entsprach zwar der Erfahrung von Millionen einfacher Soldaten, blieb aber bei der spontanen Wiedergabe ihrer Erlebnis- und Gefühlssubstanz stehen.«[178] Dicht nebeneinander stehen hier die Feststellung der Erfahrung von Millionen und ihre Dequalifizierung.

»Ihren ohnmächtigen Haß vermögen sie nur gegen die ihnen greifbarsten Agenten der Macht zu wenden: gegen den Lehrer, gegen die Unteroffiziere, gegen die Stammtisch-Strategen in der Heimat. Das Ziel der Soldaten ist allenfalls noch, zu überleben.«[179] Und warum waren sie so ohnmächtig, wie kam es zu ihrem armseligen Widerstand? Diese Frage wird nicht mehr gestellt. Statt dessen wird – immer mehr oder weniger sublim – auf den durch die KPD vorgezeichneten Weg in die DDR gezeigt. »Aber es blieb ein sozial undifferenziertes Kollektivbewußtsein, das der faschistischen Demagogie gegenüber wehrlos war. Das melancholische Pathos des Romans ergab sich aus dem Bewußtsein, im Jahre 1928 nicht über eine abgeschlossene Vergangenheit sprechen zu können. Der Autor fühlte sich als Anwalt der ›verlorenen Generation‹, die [...] deshalb eine ›verlorene‹ ist, [...] weil sie zehn Jahre nach Kriegsende von realen Aussichten auf eine Besserung noch so weit entfernt war wie im Schützengraben. Das Fazit, das der Autor aus den Erfahrungen der restaurierten imperialistischen Gesellschaft zog, verlagerte er in den Krieg zurück. Die Helden Remarques wissen, daß nach dem Krieg ›die Auseinandersetzung auf Leben und Tod‹ beginnen wird [...] – doch die Frage ›gegen wen, gegen wen?‹ bleibt selbst aus der Sicht des Jahres 1928 unbeantwortet. Daraus erklärt sich, daß die Erzählergestalt [...] stirbt, ›als wäre er beinahe zufrieden damit, daß es so gekommen war‹.«[180] Das heißt: 1928 gab es doch die KPD und ihre Losung des revolutionären Auswegs in die deutsche »Diktatur des Proletariats«. Selbst schuld, verdammt und »verloren«, wer diese Chance noch nicht begriffen hatte (oder schon wieder in Zweifel zog.) Nur nebenbei: »Heran an die Massen!«, lautete die KPD-Losung Ende der zwanziger Jahre. So...?

Diese Hochkirchen-Arroganz produziert auch noch ein mieses Denunziatiönchen, wenn sie »Im Westen nichts Neues« in die Nähe der späteren »Lieber tot als rot«-Publizistik des Kalten Kriegs rückt...

Sehr viel ähnlicher als es ihr recht sein dürfte, verfährt auch die bundesrepublikanische Literaturgeschichtsschreibung, wie es sich zunächst noch am Beispiel der pazifistischen Literatur zeigen läßt. Auch hier wird die historische, in der Literatur aber noch lebendige Erfahrung kurzgehalten. Sie erscheint kahl geschlagen bis auf die – alternativ zur DDR-Wissenschaft vorgestellte – eigene freiheitlich-demokratische Grundordnung. Dem scheint eine Untersuchung zu widersprechen, die sich endlich umfassender mit der Literatur des 1. Weltkriegs auseinandersetzen zu wollen schien. Aber Michael Gollbachs Arbeit »Die Wiederkehr des Weltkrieges in der Literatur« enttäuscht schließlich doch. Zwar läßt

er sich gar nicht erst auf die in der bundesrepublikanischen Germanistik üblichen Einzel-
untersuchungen (entweder nur Remarque oder nur Ernst Jünger) ein, und er vermeidet
ebenfalls die simplen Vergleichsstudien (Remarque mit Jünger), aber seine Analyse meh-
rerer Frontromane der späten zwanziger Jahre mündet doch in einen erschreckenden
Schematismus. Er unterscheidet schließlich »kriegskritische« (Remarque neben Adam
Scharrer) von »kriegsbejahenden« (Jünger neben Hans Zöberlein) Romanen. Außer acht
ließ er die Entwicklungsstränge der einzelnen politischen Strömungen in der Kriegsliteratur über die sogenannte Heimatfront des Krieges.

Gollbachs Auseinandersetzung mit dem Pazifismus erinnert stark an das alte Raster der
linken Pazifismus-Kritik aus der Weimarer Republik. An diesem Punkt scheint die Betrachtung regelrecht festgefahren zu sein. Immer wieder läuft die Untersuchung auf den
abgedroschenen Vorwurf hinaus, daß Remarque die Ursachen des Krieges nicht gesehen hätte oder gar nicht sehen wollte. Bezeichnenderweise kommt gerade der Bereich
besonders schlecht weg, der eine Revision dieser zur besserwisserischen Grimasse erstarr-
ten Kritik einleiten könnte, nämlich das Denken und Fühlen der einfachen Leute.

»Idyllik und Sensibilität, Selbstmitleid und Unschuld: Remarques Mittel des Werbens
um Verständnis für die ›einfachen Leute‹.« Remarque als pazifistischer Kriegspropagan-
dist – das ist leicht herauszuhören. »Sowohl konkrete gesellschaftliche Zukunftsentwürfe
als auch die zumindest skizzierte Zukunft der Generation sind in Remarques Buch nicht
enthalten.« Wenn die Zukunft derzeit aber verpfuscht war? Hier haben wir es mit einem
treffenden Beispiel für ein scheinbar wissenschaftliches Herangehen an Literatur zu tun.
Literatur ist von der konkreten Geschichte gegen Ende der Weimarer Republik getrennt.
Die gerade in der Literatur besonders günstige Gelegenheit, von ihr ausgehend in die Geschichte hineinzuhören, wird ausgeschlagen. Statt dessen, statt historischer Wirklichkeit,
erscheint die fast schon denunziatorisch aufgespürte böse Absicht des Autors. »Aufschlußreich für Remarques emotionale Darstellungsabsicht sind die Reaktionen der Soldaten, der bedrohlichen und elenden Realität zu entfliehen oder sie besser auszuhalten.«
Dafür, daß sich die Geschichte des 1. Weltkriegs für Millionen eventuell nur so »aushalten« ließ, dafür hat dieses Verfahren kein Verständnis. Historisch spezifische und be-
gründbare Verhaltensweisen und Lebenseinstellungen werden gar nicht mehr hinterfragt.
Geschichte will gar nicht mehr verstanden werden, sie wird für dumm erklärt. »Die Wünsche und Sehnsüchte der Soldaten richten sich auf Objekte ihres gegenwärtigen Mangels.
Ähnlich irreal und sentimental ist Bäumers Verhältnis zu den Frauen, die auf Grund ihrer
geschlechtspezifischen gesellschaftlichen Rolle außerhalb des Krieges stehen.«[181] Gollbach redet über Remarques Darstellung der Frauen im 1. Weltkrieg, als lebten sie heute.
Damals verkauften sich Frauen aus Hunger für Brot, und gemeinhin hatte man den Soldaten die Scham vor diesem Tausch abgewöhnt. Gollbach thront über der konkreten Geschichte des 1. Weltkriegs, und noch nicht einmal seine Schuhe berühren den Dreck und das
unfreiwillige Elend der Menschen[182].

Es war doch, um es in Anlehnung an Tucholsky zu sagen, alles so ganz ganz anders.

In diesem Sinne durfte man auf ein Sammelwerk über die Literatur der Weimarer Republik gespannt sein: Die von Wolfgang Rothe herausgegebene »Deutsche Literatur in
der Weimarer Republik« unternimmt den Versuch, die Jahre 1918 bis 1932 als »Periode«
neu zu sichten. Herausgeber und Autoren gingen richtig davon aus, daß diese Zeit »als Gan-

zes genommen noch weitgehend [für] unerforscht gelten muß«. »Ganze literarische Subkontinente sind versunken, die verbreiteten Literaturgeschichten und die Schullesebücher nehmen von ihnen kaum Notiz.«[183] Der Herausgeber gab zu, nicht alle lohnenden Themen behandelt zu haben. Das scheint mehr als zutreffend zu sein, wenn man sich den winzigen Abschnitt über den »Kriegsroman« in Walter Schiffels Aufsatz »Formen historischen Erzählens in den zwanziger Jahren« ansieht. Wieviel Literatur der Weimarer Republik muß unentdeckt bleiben, wenn der 1. Weltkrieg als ihr historischer Vorläufer, als Schoß, aus dem die Weimarer Republik doch kroch, in das enge Korsett von »Formen historischen Erzählens« gezwängt ist? Einer der größten literarischen Subkontinente, wie die Herausgeber formulieren, war doch die Kriegsliteratur. Ohne das, was diese Literatur über den 1. Weltkrieg zu berichten hat, gibt es weiter keine »neue Sicht« auf die Kriegsliteratur noch auf die gesamte Literatur der Republik.

Geschichtsferne und Geschichtsfeindlichkeit sowie das Auslassen des unverzichtbaren Rückgriffs auf die historische Massenerfahrung sind allgemeinere Merkmale der Literaturgeschichtsschreibung in der BRD. In »Deutsche Literatur in der Weimarer Republik« kann das an einigen Beispielen gezeigt werden. »Typisch auch«, heißt es über den »Grischa«-Roman bei Walter Schiffels, »daß Zweig bei der romanstrukturierenden Problematik mit der Wahl des Juristenmords die Gerechtigkeits- und Moralvorstellungen dieser kriegführenden Gesellschaft gar nicht in Frage stellt, sondern nur die Abweichungen von bestehendem Recht moniert.«[184] Zu diesem Urteil muß man gelangen, wenn man die Geschichte nicht von unten auf studiert.

Zweig stellte ja nicht nur die Gerechtigkeits- und Moralvorstellungen »dieser kriegführenden Gesellschaft« in Frage. Er zeigte sie insgesamt als ins Rutschen geratenes System, als eine Gesellschaft, die auf eine schiefe Bahn geraten war. Der Wachsoldat Sacht *möchte* und *kann doch nicht* den unschuldigen Grischa vor dem Tod retten.

Remarques »Im Westen nichts Neues« wird gar nicht erst für sich abgehandelt. Dieses massenwirksamste Antikriegsbuch vor 1933 wird in dem folgenden Satz zusammen mit Renns »Krieg« – auch dieses Buch findet keine Würdigung – abgehandelt: »Die Einengung des Erzählhorizonts auf den Graben bei Remarques und Renns Romanen ist so gesehen eine Erweiterung der Perspektive: Sie ermöglicht es, den Krieg in seiner typischen und von der Mehrzahl der Kriegsteilnehmer erlebten Form zu erzählen, freilich wieder unter dem Verzicht auf alle fiktionsintegrierten Erklärungen.«[185]

Wieder einmal wird so getan, als wüßten wir heute alle konkret darüber Bescheid, was die Mehrzahl der Kriegsteilnehmer erlebt hat. Der vorwurfsvolle Hinweis auf den »Verzicht auf alle fiktionsintegrierten Erklärungen« soll mithelfen, die Fragen nach dem Kriegserlebnis gar nicht erst aufkommen zu lassen. Was denn und unter welchen Umständen und Voraussetzungen beide Autoren stellvertretend für eine Mehrzahl von Kriegsteilnehmern erlebt haben, welche Schlüsse sie daraus ziehen konnten – das alles fällt unter den Tisch einer literaturgeschichtlichen Beratungsweise, die an der historischen Erfahrung selbst gar nicht mehr interessiert ist.

Es war Ludwig Renn, der Schriftsteller des Verbundenheitsgefühls mit dem Landser des 1. Weltkriegs, der sich nach dem 2. Weltkrieg im Jahr der westdeutschen Wiederaufrüstung mit einem Appell gegen die fortgesetzte Tabuisierung des Kriegs an die demokratischen Schriftsteller der DDR wandte.

Er fragte nach der Abwesenheit demokratischer Literatur über den Krieg und erinnerte an die wenigen einsamen Beispiele großer literarischer Darstellungen von Krieg, an den Dreißigjährigen Krieg und Grimmelshausens »Simplicius Simplicissimus«, an die napoleonischen Kriege und Tolstois »Krieg und Frieden«, an den deutsch-französischen Krieg 1870 und Zolas »Zusammenbruch«. Er erinnerte weiter an die künstliche, zehnjährige Verspätung der großen Debatte über den 1. Weltkrieg, an die Romane von Zweig und Remarque. In Übereinstimmung mit der herrschenden Meinung in der Weimarer Republik hielten die Verleger gerade diese Literatur mit dem Argument zurück, daß man nichts mehr vom Krieg wissen wollte. Renns »Krieg« war schon 1924 abgeschlossen, Remarques »Im Westen nichts Neues« wurde vom S. Fischer Verlag und zunächst auch vom Ullstein Verlag abgelehnt.

Erst im Jahr 1928 konnte das von Büchern wie Ernst Jüngers »In Stahlgewittern« beherrschte chauvinistische Erinnerungsmonopol der Weimarer Öffentlichkeit gebrochen werden. 1933 war auf eine sehr nachhaltige Art die brutale Beendigung auch der Kriegsdebatte. Nach dem 2. Weltkrieg gab es für kurze Zeit Möglichkeiten, diese Debatte neu zu eröffnen. Bis heute hat sie im notwendig großen Stil nicht stattgefunden. Bis heute spricht man vom Krieg mit einer schaurigen Selbstverständlichkeit, und gerade die Germanistik erweckt den Eindruck, als ob auch sie den Krieg als *das* deutsche Kollektiverlebnis absichtlich in ihren abgelegenen, engen Räumen unter Verschluß hält. Was bei uns an Kriegserfahrung kurzgehalten wird, das muß drüben an der Leine der SED-Literaturgeschichte gehen.

Ludwig Renns Appell hat einen richtigen Ansatz. Seiner Meinung nach tragen bestimmte, jeweils staatsbeherrschende »räuberische Gruppen«[186] den Krieg unter die Völker. Sein Appell ist über die Literatur hinaus beherzigenswert. »Sie [die ›räuberischen Gruppen‹] sind es, die den Bazillus des Krieges in die moderne Gesellschaft tragen. Liegen hier nicht komplexe Zusammenhänge, die erkannt und gestaltet werden wollen? Ist es nicht eine Aufgabe für unsere Literatur, durch eine tiefschürfende, realistische Darstellung des Kriegs zu seiner Abschaffung beizutragen? Darf man den Krieg als eine Art Tabu behandeln und vor seiner Realität den Kopf in den Sand stecken?«[187]

VERSUCH, »DIE AN SAUFEN UND FRESSEN GEBUNDENEN MATERIALISTEN« ZU VERTEIDIGEN

Remarques Landwehrmann Stanislaus Katczinsky ist so einer, ein an Fressen und Saufen gebundener Materialist. Er verkörpert an erster Stelle, was Reichswehrministerium und Ministerium des Innern um die öffentliche Ordnung fürchten ließ. Was ist so furchterregend an diesem Prototypen eines kriegsmüden und mürrisch-maulfaulen Landwehrmannes? Katczinsky, kurz Kat genannt, hat vor allem zwei Eigenschaften, die unter Soldaten zu den höchsten Tugenden zählen. Kat ist ein genialer Versorger und ein guter Kamerad. Er organisiert alles, von der materiellen Versorgung bis zum seelischen Trost. Das Hauptmerkmal aber ist seine Kriegsverdrossenheit, seine Weigerung, in Kategorien und Strategien eines Krieges zu denken, den er schon lange nicht mehr will. Sein Sinn trachtet nach Niederem.

»Er findet alles; – wenn es kalt ist, kleine Öfen und Holz, Heu und Stroh, Tische und Stühle, – vor allem aber Fressen.«[188]
Von dieser Sorte Versorgungsmaterialisten gibt es in jeder Kompagnie mindestens einen. Sie sind der Motor soldatischer Eigeninitiative, die Seele des Ganzen, *»zähschlau, gerissen, vierzig Jahre alt, mit einem Gesicht aus Erde, mit blauen Augen, hängenden Schultern und einer wunderbaren Witterung für dicke Luft, gutes Essen und schöne Druckposten«*[189].

Der äußeren Erscheinung nach ist Kat ein Frontschwein, aber eines mit einer anderen Front als der des Vaterlandes. So einer wie der Stanislaus Katczinsky, der setzt das Fressen, die leiblichen Bedürfnisse, das Recht auf das eigene, kleine bißchen Leben ganz obenan. Mit dem »Dienst«, der »Ehre«, dem »Opfer« fürs »Vaterland« hat der nichts im Sinn, das scheint ihm unvernünftig. So einer hat sich eine Vernunft zurechtgezimmert, nach der er sich holte, was er braucht; hat er Hunger und schaffte das alte Vaterland kein Essen herbei, dann besorgte er sich's auch ohne das Vaterland; wenn es sein mußte, schob er es auch beiseite. Sein Bauch war ihm »Vaterland« genug. Die Weimarer Republik bzw. ihr Staat vermißt bei so einem die höhere Moral. Der ungezügelte, jegliche Besitzverhältnisse ignorierende Zugriff der Versorgungsmaterialisten ist ein Grund zur politischen Besorgnis. So einer konnte sich leicht am Weimarer Staat vergreifen.

Wer gar einen neuen Krieg plante, wie der Nationalsozialismus, der mußte das Unberechenbare, Unverläßliche fürchten. Was kann den hungernden Versorgungsmaterialisten ein Befehl sein? Und immer dieses Jiepern nach dem Essen – einen ordentlichen Hunger muß man als Soldat des 2. Weltkriegs nicht nur mal aushalten, da muß man drin ausharren, bis zur letzten Patrone. Aber Kat würde für ein großdeutsches Reich nicht hungern, das müßte man ihm erst beibringen und dann mit Gewalt. Der Versorgungsmaterialismus war unzugänglich für alles Höhere, nannte es sich Vaterland, Republik oder Drittes Reich. Aber diese Unzugänglichkeit wußte keinen eigenen Weg, fand kein eigenes Ziel und war damit politisch gefährdet.

Der Versorgungsmaterialismus, ein Kernstück der Vernunft der einfachen Leute, war in all seiner vitalen Unbekümmertheit auch anfällig für Rückschrittliches. Der volle, heile Bauch war nicht so unproblematisch wie er sich dünkte. Das zeigte schon die objektive Nähe der sich selbst versorgenden Landser zur Kriegsmoral der Offiziere, die mit einem Befehl oder einem winzigen Quittungspapier »requirierten«, was ihnen in die Finger kam. Auch der einfache Landser wird davor nicht immer gefeit gewesen sein. Ein Stück Brot wird gereicht haben, um ihn erst umzuwerfen und dann in eine Angriffsmaschine zu verwandeln. Sich einrichten im Krieg, ohne sich seinen Gesetzen freiwillig zu unterwerfen, überleben wollen, ohne für die Fortführung des Kriegs zu leben, einfach nur durchkommen und dafür den längeren Atem behalten, das waren die von den jeweiligen staatsbeherrschenden »räuberischen Gruppen« aufgezwungenen, lebenserhaltenden Einsichten der Unteren im dreckigen Alltag des Kriegs.

Der gebräuchlichste Leitspruch der Soldaten des 1. Weltkriegs zielte auf ihren Leib und Magen, er lautete »Gleiche Löhnung, gleiches Essen – wär der Krieg schon längst vergessen«. Gemeint war dieser Spruch als Ausdruck des soldatischen Murrens gegen Hungerrationen für die Mannschaftsgrade und fürstliche Essenszulagen für die Offiziere, denen, täglich mit dem Landserfraß bedient, die Lust am Kriegführen schnell vergehen würde.

Aber der Spruch über das »gleiche« Essen für alle hatte noch eine zweite Seite. Er ging implizit davon aus, daß, wenn Essenszulagen auch für die Mannschaftsgrade, womöglich täglich ein Offiziersmenü, ausgegeben würde, der Krieg ruhig fortdauern könnte. In diesem viel gebrauchten Spruch steckt also auch die Vorstellung, daß an die Stelle der eigenen Versorgungsinitiative – in Friedenszeiten der Kampf ums tägliche Brot – ruhig die Kriegsmaschine selbst treten könne.

In der Regel versorgten die Frontsoldaten als Heimaturlauber ihre Angehörigen zu Hause. An der Front wurde etwas weniger gehungert. Der Krieg als großer Versorger in einer ansonsten ausweglosen Notsituation, das war eine kleine, furchtbare Hoffnung für ein Leben unter den Bedingungen des Todes.

Nicht umsonst machte sich die Burgfriedenspolitik der Sozialdemokratie für ein ökonomisch mächtiges, siegreiches Deutschland stark. In diesem Sinne war sie ein Vorläufer der Volksgemeinschaft. Die Vorstellung einer Gesellschaft, in der die materielle Versorgung in Händen einer kleinen Minderheit liegt, in der das materielle Wohl immer schon geregelt ist, mußte verführerische Kraft im anhaltend verelendeten Deutschland entwickeln. Das war der neuralgische Punkt für eine rechte Politisierung des Versorgungsdenkens. Aber es ist ein Irrtum anzunehmen, daß diese Politisierung nicht organisch funktionierte oder gar aufgesetzt war. Die gesamte pazifistische Literatur von Unruh bis Remarque läßt immer wieder einen rätselhaften, unaufgeklärten Hunger nach Politik durchscheinen. Politik als verändernde Kraft hin zu etwas »ganz anderem«. Anfangs die schwärmerische Hoffnung auf einen anderen als den Vorkriegsfrieden und schließlich das verdrossene Versorgungs- und Überlebensdenken – hier zeigt sich ganz dünn der Krieg, wie er als roter Faden durch das graue Leben der Teilnehmer zieht.

Anfang 1933 ist es dann soweit: Der während der Republik ungestillt gebliebene Hunger nach einer die Menschen durchdringenden, verändernden Politik war nicht mehr zu bändigen. Der Augenzeuge Stephan Hermlin beschreibt ihn als besinnungslos-rachsüchtigen Wind in Liedern: »Jetzt aber sah ich die Fackelträger vorüberziehen. Von pathetischen Scheinwerfern für Sekunden aus dem frostigen Dunkel gerissen, SA, SS, Stahlhelm, und wieder SA, SS, Stahlhelm, unaufhörlich singend, Deutschland- und Horst-Wessel-Lied lösten einander ab, auch anderes, ein gewalttätiger, besinnungslos-rachsüchtiger Wind erhob sich aus dem Unsichtbaren, er drehte sich wie ein funkensprühender Rauch über den halbwahnsinnigen Massen in der Finsternis, diese Lieder hatten wir in den Schulen der Republik gelehrt bekommen.

> ...daß sich unsre alte Kraft erprobt
> wenn der Schlachtruf uns entgegen tobt –
> Haltet aus
> im Sturmgebraus...«[190]

Als dann am 10. Mai auf dem Berliner Opernplatz die Bücherverbrennung inszeniert wurde, trat der »7. Rufer« vor die Menge und verkündete zwischen von SA-Kapellen begleiteten vaterländischen Gesängen: »Gegen literarischen Verrat am Soldaten des Weltkrieges, für Erziehung des Volkes im Geiste der Wehrhaftigkeit!

Ich übergebe der Flamme die Schriften von Erich Maria Remarque.«[191]

AIZ

AM 10. MAI WERDEN IN DEUTSCHLAND ALLE MISSLIEBIGEN BÜCHER VERB...

DURCH LICHT ZUR NACHT

sprach Dr. Goebbels: Lasst uns aufs neue Brände entfachen, auf dass die Verblendeten nicht erwach...

Teil II
Finsternisse in den Köpfen

KRIEG AUS DER VOGELPERSPEKTIVE

Je länger ich über Kriegsbegeisterung und Faschismus nachdenke, desto mehr komme ich zur Einsicht in das Ungenügen der mir bekannten Versuche, die Ereignisse zu erklären, die schließlich zu 1933 führten.

Wie merwürdig beliebt sind doch die Erklärungsmuster vom Versailler Vertrag und der Weltwirtschaftskrise, wie modrig die Rückgriffe in die deutsche Geschichte mit ihren geistesgeschichtlichen Ableitungen vom autoritären deutschen Charakter. Wie weit führen denn die mittlerweile unübersehbaren theoretischen Ansätze über die Rolle der kapitalistischen Schwerindustrie[1] oder den hauptsächlich mittelständischen Zulauf? Immer noch bin ich ratlos angesichts hunderttausender hochgereckter Arme oder auch nur eines knüppelschwingenden SA-Mannes. Wiederholungen, in welcher Gestalt auch immer, scheinen schon lange nicht mehr ausgeschlossen[2].

Ich möchte näher ran an Kriegsbegeisterung und Faschismus und denke, man muß den davon ergriffenen Menschen nachgehen. Hilf- und sinnloser als dieses Vorhaben ist die beschwichtigende Vorstellung von Faschismus gleich Perversion der Menschen. Hitlers Gefolgschaft war doch nicht nur »umgedreht«. Wären sie das gewesen, hätten sie nur ein anderes Vorzeichen gehabt, dann wären sie gar nicht berührt und durchdrungen worden. Aber Kriegsbegeisterung und Faschismus waren nicht nur etwas Äußerliches.

Ich möchte mehr über die Innenansicht des Faschismus herausbekommen. Warum war ausgerechnet Manfred von Richthofen ein umjubelter Held des niedergehenden deutschen Kaiserreiches? Was fasziniert heute noch an einem Jagdflieger, der es mit 80 abgeschossenen, getöteten Menschen zum Schützenkönig in den Lüften des 1. Weltkriegs brachte? Die Richthofen-»Szene« ist noch heute weitläufig genug. Da sind die gedankenlos hingenommenen Straßennamen, die weitergepflegte Tradition seines Heldentums im Richthofengeschwader der Bundeswehr, ein im ersten Programm 1978 ausgestrahlter Fernsehfilm und schließlich die auch bei uns bekannte Popsängergruppe »The Red Barons« in Amerika.

Manfred von Richthofens »Der rote Kampfflieger« erscheint 1917 und entfaltet noch während der letzten Phasen des 1. Weltkriegs seine größte Anziehungskraft[3]. Dieser Krieg ist auf Erden schon ein jahrelang währendes Schockerlebnis für alle unmittelbar und praktisch Beteiligten. Auf Erden schlimmer noch als alle Befürchtungen und Warnungen, sieht er aus Hundertmeterhöhen natürlich anders aus. Durch den Verlust einer direkten Tuchfühlung mit den »Schrecken des Krieges« kommt eine besondere Sicht auf den Krieg als menschliche Tätigkeit. Die Schrecken unten sind weit vom Schuß und stiller, auch kälter. Wird es oben, über dem Dreck und dem Schlamassel des Stellungskriegs, außer Hörweite des Fluchens, Stöhnens und Sterbens mal gefährlich, wird es »brenzlig«, dann bleibt zumeist wenig Zeit zum Überdenken der eigenen Lage, dann ist es in der Regel schon aus mit dem eigenen Leben und geht schnell hinab in die Feuerbestattung. Manfred von Richthofen tötet in der Luft – auf Erden bringt er es nur an Tieren fertig –, und so bleiben auch seine Gedanken über das Töten von Menschen und ihr Sterben zwischen Himmel und Erde hängen. Richthofen selbst stirbt dann auch jäh, erwartet und unerwartet zugleich. Sein Leben und sein Buch sind gegen Ende des 1. Weltkriegs ein angenehmes, leicht greifbares Sinnangebot in der allgemeinen Praxis des Tötens von Menschen. Der kleine Schwenk ins Bedenkliche beim Töten macht die außerordentliche Anziehungskraft dieses Buches aus. *»In allen Zeitungen stand weiter nichts als dicke Romane über den Krieg.«*[4] Lügen oder Dickauftragen liegen ihm nicht.

So schreibt Richthofen eines der massenwirksamsten deutschen Kriegsbücher mit der gebremsten Aufrichtigkeit von Primaneraufsätzen, über denen ja auch die Lüge reichlich wacht. *»Im Krieg ist jeder waffenfähige Richthofen bei der Fahne.«*[5] Das ist noch ganz burschikoses Selbstverständnis, preußisch und aristokratisch-herkunftsnah. Offen und etwas schamlos ist der militärische Umgangston, die Floskeln von »kollosal« bis »Mordskerl«, dazu kommt schnoddrige Altklugheit: »Glück muß der Mensch haben.«[6]

Trotzdem, Richthofen ist insgesamt sehr delikat. Was er beobachtet und mitteilt, kommt sicherlich sehr von oben herab, unduldsam und eher ruppig als freundlich. Aber hier spricht kein Marodeur oder Bauchaufschlitzer des Krieges. Richthofen, mit seiner für Jagdflieger des 1. Weltkriegs hohen Abschußzahl ein Star der deutschen Kriegführung, ist eher still und bestechend bescheiden. Er legt Wert auf sein Äußeres, sein Handwerk betreibt er mit einem gewissen Ernst und will, wenigstens zu Anfang, »nicht übermäßig gerne Kadett« geworden sein. Das relativ lange Sieger-bleiben-wollen lernt er mühsam und – wie es in Richthofens Umgang sprachüblich war – von der Pike auf. Als Held des Weltkriegs will er menschlich bleiben, und das wird fast eine Devise für seine Leser und Bewunderer. Dieser junge Mann, der so trefflich locker über den Krieg schreiben kann, ist nicht nur blauäugig. Als er einen englischen Luftkampfgegner so lange mit seinem MG vor sich hertreibt, daß er runter und notlanden muß, schießt er ihn nicht gleich tot. Das nutzt der Engländer unfairerweise aus und schießt hinterrücks auf Richthofen. *»Ich gebe ihm Pardon –: Er nimmt es an und vergilt es mir nachher mit einem hinterlistigen Überfall.«*[7] Richthofen ist schwer beleidigt und von nun an wird sein Töten in der Luft kompromißloser. *»Seitdem habe ich keinen meiner Gegner wieder sprechen können, aus einem naheliegenden Grund.«*[8] Ihm ist das Kriegsspiel verdorben, deutet Richthofen feinsinnig an und treibt es weiter. Fortan spricht er mit der Stimme einer sanften, leicht reizbaren Bestie. Leider, leider kann er kein Pardon geben, und wenn dieser hilflose Grimm mal losgelassen ist, dann wird er fürchterlich. *»Es soll immer englisches Pilotenblut regnen.«*[9] Diese Blutrunst läßt Richthofen dennoch selten die Fassung verlieren.

Er wird fast nie richtig nachdenklich. Die Einwirkungen des Krieges läßt er kaum an sich heran, bestenfalls registriert er sie bei anderen. So betrachtet er kühl die relative Betroffenheit seines Vaters beim Anblick eines von ihm getöteten englischen MG-Schützen. *»Dieser Anblick war meinem Vater etwas Neues und stimmte ihn offenbar sehr ernst.«*[10]

Seine eigene Betroffenheit bleibt uneingestanden, embryonal und leicht überspielbar. *»Meinem in Ehren gefallenen Gegner setzte ich zum Andenken einen Stein auf sein schönes Grab. Als ich nach Hause kam, saß Boelcke[11] mit den anderen Kameraden bereits beim Frühstück und wunderte sich sehr, wo ich so lange geblieben war. Stolz meldete ich zum ersten Male: ›Einen Engländer abgeschossen.‹ Sofort jubelte alles, denn ich war nicht der*

einzige; außer Boelcke, der, wie üblich, seinen Frühstückssieg hatte, war jeder von uns An-
fängern zum ersten Male Sieger im Luftkampf geblieben.«[12]

Auch Töten als Tennis-Match gerät natürlich schon mal in den Luftzug eines Zweifels, wenn der Routinier seines Handwerks allmählich und nach monatelangem täglichen Vorlegen der »Strecke« – ein auf die feindlichen, abgeschossenen Flieger angewandter Begriff aus dem Waidwerk – etwas Distanz zwischen sich und seine unheimliche Fähigkeit legen möchte. Er kritisiert seinen nicht ganz so erfolgreichen Bruder Lothar als »Schießer«. So nennt man Jäger, die keine Heger sein wollen. Manfred von Richthofen wollte kein »Schießer« sein, als Starkiller des 1. Weltkrieges war er dafür zu kultiviert. Und es sprengt diese Art von gehobener Kultiviertheit nicht, wenn Richthofen mal aus der Rolle fällt, den Streß des täglichen Tötens und möglichen Getötetwerdens zu spüren beginnt und dringend Erholung braucht. Bei einem höchst ehrenvollen Besuchsantritt vor Hindenburg und dem Kaiser ist er dann doch leicht abwesend und sagt auch laut – schon nicht mehr in seinem Buch, sondern ganz privat – etwas Unanständiges. *»Es ist ein eigenartiges Gefühl, da hat man wieder einmal ein paar Menschen totgeschossen, die liegen da irgendwo verbrannt, und selbst setzt man sich, wie alltäglich, an den Tisch, und das Essen schmeckt einem ebensogut wie immer. Das sagte ich auch einmal zu Majestät, wie ich beim Kaiser zur Tafel befohlen war. Doch Majestät sagte nichts zu mir als: ›Meine Soldaten schießen keine Menschen tot, meine Soldaten vernichten den Gegner.‹*«[13]

In diesem Spalt, im Riß zwischen Menschen-totschießen und den-Gegner-vernichten, hat man seine eng bemessene Gewissensqual; andererseits ist sie groß genug, um das fortgesetzte Töten – auch beim Lesen – erträglich zu halten. Richthofen dokumentiert mit »Der rote Kampfflieger« das von ihm persönlich zu abstrahierende, massenhafte Lebensgefühl des Sichabfindens – nicht des Sichabwendens – mit massenmörderischem Tun: nicht ohne weiteres abenteuerlich, etwas fatal und betäubend.

Der Jubel für Richthofen damals und die Attraktivität seiner Gestalt erklären sich gerade aus der Nichtübereinstimmung von Richthofen-Identifikation und jeweils eigener Erfahrung. Es ist nicht die gleiche, es ist nur eine entfernt ähnliche Erfahrung mit dem Krieg. Jeder MG-Schütze wird es auf mehr als 80 Getötete gebracht haben. Aber Richthofens Himmelshöhe über die da unten, mitten im Dreck des gegenseitigen Abschlachtens, seine Vogelperspektive, ist angenehm und verführerisch. Sie bietet Versöhnung mit dem eigenen Tun, den sauberen Umgang mit dem Grauenvollen. Auch heute signalisiert der »rote Baron« über die Erinnerung an einen so bedenklichen Killer den vorsichtigen Umgang mit dem Wissen um Oradour, Lidice, My Lai und nun auch Karala.

Die Richthofen-Bewunderung damals wie heute erhofft sich den Freispruch: Seht doch, so kann es gehen, das Töten in dieser Ferne von uns selbst, bloß keine unnötigen Gedanken über Menschenvernichtung. Es ist nicht so leicht, das Grauen über unser Tun und Denken in Schach zu halten.

KRIEG ZWISCHEN PLAN UND PEITSCHE

In der Grundhaltung nicht weit entfernt von Manfred von Richthofen, schreibt Ernst Jünger seine frühe Kriegsliteratur. Gerade ihretwegen möchten manche seiner zahlreichen

Verehrer ihn heute in den Rang eines Klassikers der modernen deutschen Literatur erheben. Aber Jüngers Bewunderer sind noch stärker irritiert als Richthofens. Jünger, der schon 1923 gesagt haben soll, daß er die Demokratie wie die Pest hasse, fasziniert noch seine Gegner. Klaus Mann findet:»Er ist *der* feindliche Typ unter den Jungen, den zu befehden sich's lohnt. Sein Denken ist von starker Intensität und von einer gewissen mißleiteten Reinheit.«[14] Siegfried Kracauer stuft ihn unter »Heroismus aus Langeweile«[15] ein. Auch Walter Benjamin bleibt dunkel in seiner Kritik, er begreift Jünger als einen der »Habitués chthonischer Schreckensmächte«, wenn er auch unter dem Stichwort »Ästhetisierung des Kriegs« das Thema heraushört, das der Faschismus dann zu einer plebizitären Variante der »Ästhetisierung des politischen Lebens« erweiterte, zum Gestaltungselement jener überdimensionalen »opera bluff«, in der die Massen zwar zu ihrem Ausdruck kommen, aber nicht zu ihrem Recht[16].

Nach dem 2. Weltkrieg kann sich auch Wolfgang Harich der »ästhetischen Zauberkraft seiner grandiosen Kriegsvisionen«[17] nicht entziehen.

1978 nennt Alfred Andersch Jünger den »großen Konservativen«[18]. Jünger selbst bezeichnet sich heute als »Anarch«[19]. Was soll man darunter verstehen, gibt es das Wort überhaupt? Jedenfalls gab und gibt Ernst Jünger Rätsel auf und die hängen auf eine bestimmte Weise gerade mit seinem ersten Buch »In Stahlgewittern« (1920) zusammen.

Es hat keinen Zweck, Jünger zu verfemen: ohne vorläufige Kapitulation und Rückzug in die vertiefte, immer wiederholte Lektüre von »In Stahlgewittern«, ohne den allmählichen Abbau ängstlich-vordergründiger Ressentiments, anti-jüngerscher Aversionen und Abstraktionen kommt man über ein sehr oberflächliches Verstehen dieses neben »Im Westen nichts Neues« berühmtesten deutschen Buches über den 1. Weltkrieg nicht hinaus. Es ist sinnvoller (und auch ehrlicher), der Jüngerschen Mischung aus Beklemmung und Klarsicht erst einmal nachzugehen und ruhig eine Weile darin auszuhalten. Dann erst könnte das Klima um einen möglicherweise frühzeitig vergreisten jungen Mann spürbar werden, seine Pennäler-Weisheit und -Rotzigkeit unter kleinen menschlichen Regungen, die er wie Schildchen aus dem verwüsteten Riesenkramladen Weltkrieg heraushält. Jünger ist in seiner Reaktion auf den Schrecken des Krieges und den Tod noch abgebrühter als Richthofen; er vermittelt den Eindruck eines radikalisierten Kriegskrüppels und kam doch zumindest leiblich ziemlich gut davon.

Mit ihm ist es wie mit dem Faschismus: Beide kommen aus dem Krieg und leben nebeneinander, nur identisch sind sie nicht. Beide schillern für sich und sind nur schwer auf Begriffe zu bringen. Was Jünger anbetrifft: Um ihn verstehenzulernen, muß man ihn aufmerksam anhören.

Das ist deshalb so schwierig, weil es unerträglich ist und einige Überwindung kostet, das Hohe Lied vom Kriege aus dem Mund eines vom Krieg Entstellten anzuhören. Man kennt jene Bilder aus Ernst Friedrichs Kriegsmuseum, diese zertrümmerten und zerfleischten Gesichter, die vor lauter entsetzter Neugier nur mit Widerwillen anzusehen sind.

Jüngers Kriegserlebnis ist das Erlebnis eines jungen deutschen Offiziers. Aber ist es nur das, ist es nicht mehr, als die Herkunftsschranke eines Offiziers in Deutschland zuläßt? Man packt diesen ersten Kriegsroman Ernst Jüngers besser nicht mit Aufschriften wie »Bürgertum« und »Militarismus« versehen weg, wie es zu leicht von antimilitaristischer Seite geschieht.

Der schnelle Widerstand über Jüngers Frühwerk hinweg wie das Bauchkriechen darunter hin, beides hindert, die besondere Jüngersche Wahrnehmung, seine Beobachtungen und Selbstbeobachtungen samt deren Anziehungskraft zu erfassen. Jünger sieht nicht nur erschreckend genau hin, wenn es im Krieg vernichtet, zerbricht und zerquetscht, er registriert immer auch den Schrecken bei sich und anderen. Aber er sieht noch mehr, er nimmt noch die Eindämmung dieser Schrecken wahr. Die Tagebuchstruktur in »In Stahlgewittern« ist im wesentlichen erhaltengeblieben, sie bürgt für eine unmittelbare literarische Reaktion. So bietet sich die Gelegenheit, ein Stück Wirkungsgeschichte des 1. Weltkriegs auf Menschen durch die Jüngersche Optik kennenzulernen. Zwar macht der Krieg, tatsächlich ganz gegen seine Apologeten, die Menschen nicht alle gleich, wahr bleibt aber doch, daß alle Soldaten – nimmt man den Generalstab etwa aus – unter sehr ähnlichen akustischen, optischen und rein körperlichen Einwirkungen leben. Was Ernst Jünger als Frontoffizier und Draufgänger festhalten kann, das ist die Druckwelle des alltäglichen Frontgeschehens auf das menschliche Wahrnehmungsvermögen.

Gleich das erste Kapitel, aus dem in der Regel und mit absichtsvoller Vorliebe stets der erste Absatz als Beleg für Jüngers »magisches« Verhältnis zum Krieg entnommen wird, zeigt etwas ganz anderes. »*In einem Regen von Blumen waren wir hinausgezogen, in einer trunkenen Stimmung von Rosen und Blut, der Krieg mußte es uns ja bringen, das Große, Starke, Feierliche. Er schien uns männliche Tat, ein fröhliches Schützengefecht auf blumigen, blutbetauten Wiesen. Kein schönerer Tod ist auf der Welt.*«[20] Vielleicht ist dieser Kriegstaumel ein wenig zu bluttrunken, im wesentlichen aber ist er durchaus vergleichbar mit ähnlichen Beschreibungen vom Auszug der Soldaten am Anfang des 1. Weltkriegs. Aber schnell setzt das ganze andere, Jüngersche ein: nicht Ernüchterung und Sensibilisierung in Richtung Kriegswirklichkeit, auch nicht schwülstig-chauvinistisches Pathos, sondern die Parallele von Ernüchterung und laufender Desensibilisierung.

Als gleich am ersten Fronttag in Jüngers Nähe Geschosse einschlagen, ist seine Reaktion eine Form von Wundern und Nicht-Wissen-Wollen. »*Wieder ertönte ein eigenartiges, nie gehörtes Flattern und Rauschen über uns und ertrank in polterndem Krachen. Ich wunderte mich, daß die Leute um mich her sich mitten im Laufen wie unter einer furchtbaren Drohung zusammenduckten. Das Ganze erschien mir etwas lächerlich; etwa so, als ob man Menschen Dinge treiben sieht, die man nicht recht versteht.*«[21]

Für die Wirklichkeit mag Jünger das Mitangesehene nicht halten. »*Mit einem merkwürdig beklommenen Gefühl der Unwirklichkeit starrte ich auf eine blutüberströmte Gestalt mit lose am Körper herabhängendem und seltsam abgeknicktem Bein, die unaufhörlich ein heiseres ›Zu Hilfe!‹ hervorstieß, als ob ihr der jähe Tod noch an der Kehle säße.*«[22] Weiter heißt es in der Phase des Nachsinnens und Verarbeitens dieses Erlebnisses: »*Das war so rätselhaft, so unpersönlich. […] Das völlig außerhalb der Erfahrung liegende Ereignis machte einen so starken Eindruck, daß es Mühe kostete, die Zusammenhänge zu begreifen. Es war wie eine gespenstische Erscheinung am hellen Mittag.*«[23] Zweierlei fällt auf: die Wucht des wahrgenommenen Geschehens und seine Irrationalisierung. Die Wirklichkeit wird ihm Gespenst am Mittag. Von hier aus ließe sich die Anziehungskraft dieses Buches aber auch als das Mißverständliche vom »magischen Verhältnis zum Krieg« erklären: Jünger bietet die präzis wahrgenommene Kriegswirklichkeit bei abgeblockter, auf der Flucht befindlicher Wahrnehmung.

Angesichts eines blutbespritzten Steins gesteht er ein: »*Ich fühlte meine Augen wie durch einen Magneten an diesen Anblick geheftet, gleichzeitig ging irgendeine tiefe Veränderung in mir vor.*«[24] Art und Richtung dieser Veränderung nennt Jünger nicht mehr. Aber es gibt keinen Grund, an so einer tiefergehenden »Veränderung« angesichts von Blut und Leichen, noch dazu alltäglich gehäuft, zu zweifeln.

»*Im Gespräch mit meinen Kameraden merkte ich, daß dieser Zwischenfall manchem die Kriegsbegeisterung bereits sehr gedämpft hatte. Daß er auch auf mich stark gewirkt hatte, bewiesen zahlreiche Gehörtäuschungen, die mir das Rollen jedes vorüberfahrenden Waggons in das fatale Geräusch der Unglücksgranate verwandelten.*

Das sollte uns übrigens durch den ganzen Krieg begleiten, dieses Zusammenfahren bei jedem plötzlichen und unerwarteten Geräusch. Ob ein Zug vorüberrasselte, ein Buch zu Boden fiel, ein nächtlicher Schrei erscholl – immer stockte der Herzschlag für einen Augenblick unter dem Gefühl einer großen und unbekannten Gefahr. Es war ein Zeichen dafür, daß man vier Jahre lang unter dem Schlagschatten des Todes stand. So tief wirkte das Erlebnis in dem dunklen Land, das hinter dem Bewußtsein liegt, daß bei jeder Störung des Gewöhnlichen der Tod als mahnender Pförtner in die Tore sprang wie bei jenen Uhren, über deren Zifferblatt er zu jeder Stunde mit Sandglas und Hippe erscheint.«[25]

Hier scheiden sich Geister und Wege im Kriegserlebnis selbst. Die einen sind in ihrer Kriegsbegeisterung schon gedämpft und wenden sich – in welchen Ausmaßen auch immer – gegen den Krieg. Sie werden sich heraushalten wollen und haben genug von ihm. Aber auch die anderen, wie Jünger, sind keine Orphiker des Krieges. Sie sind schon seine Opfer, nicht seine Magier: innerlich zu Krüppeln Geschlagene mit zerrütteten und hastig immunisierten Nerven und Gliedern. Beides, Zerrüttung und Einbalsamierung des Kriegserlebnisses, beschreibt Jünger stets so, daß es nicht nur als ein privates Kriegserleben erscheint.

Hinzu kommen, Sinn und Verstand betäubend, die Wechselbäder der Eintönigkeit und des Plötzlichen, der Langeweile und der höchsten Anspannung zwischen Schlaflosigkeit und stundenweisem Wacheschieben in den engen, mal knietiefen, mal übermannshohen Gräben. Alles zusammen läuft auf die organisierte Irritation und auf eine in besonderer Weise reduzierte soldatische Wahrnehmung hinaus.

Jünger legt größten Wert auf das Polare der Soldatenstimmung, auf ihr Aufspringen aus hockender, schleppender Gleichgültigkeit in höchste Erregung, Euphorie und Raserei. Das ist aber nicht sein stilistisches Rezept. So muß es wirklich gewesen sein. »*Ich machte hier, und während des ganzen Krieges eigentlich nur in dieser Schlacht, die Beobachtung, daß es eine Art des Grauens gibt, die fremdartig ist wie ein unerforschtes Land. So spürte ich in diesen Augenblicken keine Furcht, sondern eine hohe und fast dämonische Leichtigkeit; auch überraschende Anwandlungen eines Gelächters, das nicht zu bezähmen war.*«[26] Hier darf man auf eine Überstrapazierung des soldatischen Verstandes tippen, wohl auch auf seine grenzüberschreitende Ausweitung in den Randbereich des Wahnsinns. »*Im Laufe des Nachmittags schwoll das Feuer zu solcher Stärke an, daß nur noch das Gefühl des ungeheuren Getöses verblieb, in dem jedes Einzelgeräusch verschluckt wurde. Von sieben Uhr an wurden der Platz und die umliegenden Häuser in Abständen von halben Minuten mit Fünfzehn-Zentimeter-Granaten beworfen. Es waren viele Blindgänger darunter, deren kurze, unangenehme Stöße das Haus bis in die Grundmauern erschütterten. Wir saßen während der ganzen Zeit in unserem Keller auf seidenbezogenen Sesseln rund um den Tisch,*

den Kopf in die Hände gestützt und zählten die Zeit zwischen den Einschlägen. Die Witz-
worte wurden immer seltener, und endlich verstummte auch der Verwegenste. Um acht Uhr
brach das Nebenhaus nach zwei Volltreffern zusammen; der Einsturz blies eine mächtige
Staubwolke hoch. Von neun bis zehn Uhr gewann das Feuer eine wahnsinnige Wucht. Die
Erde wankte, der Himmel schien ein brodelnder Riesenkessel.

Hunderte von schweren Batterien krachten um und in Combles, unzählige Granaten
kreuzten sich heulend und fauchend über uns. Alles war in dichtem Rauch gehüllt, der von
bunten Leuchtkugeln unheildrohend bestrahlt wurde. Bei heftigen Kopf- und Ohren-
schmerzen konnten wir uns noch durch abgerissene, gebrüllte Worte verständigen. Die Fä-
higkeit des logischen Denkens und das Gefühl der Schwerkraft schienen aufgehoben. Man
hatte das Empfinden des Unentrinnbaren und unbedingt Notwendigen wie einem Ausbruch
der Elemente gegenüber. Ein Unteroffizier des dritten Zuges wurde tobsüchtig.«[27] Ob so
relativ günstig wie Jünger, also auf Sesseln um einen Tisch in einem Keller, ob an eine
Häuserwand gepreßt oder auf freiem Feld überrascht und in einer Furche verkrochen, in
jedem Fall berichtet Jünger als Augenzeuge über eine Spitzenzeit des Frontalltags. Sätze
wie »Und immer dieser süßliche Geruch« von Menschen, deren »tonlose Stimmen vor
Freude zitterten«, weil die Ablösung gekommen war und sie nach hinten über »auffällige
Leichengruppen« den Weg aus dem Trommelfeuer, der Vernichtung hinausfinden muß-
ten, deuten auf Spuren, die der 1. Weltkrieg seinen Soldaten eingegraben hat. Nicht diese
Spuren sind zu widerlegen – sie sind freizulegen –, wohl aber die Richtung, in die Jünger
die ihnen folgende Aufmerksamkeit lenken will, wenn er etwa von dem Empfinden des
Unentrinnbaren und unbedingt Notwendigen wie einem »Ausbruch der Elemente gegen-
über« spricht. Die sorgfältige Trennung zwischen Frontalltagsspur und der Jüngerschen
Spurenlegung brächte nicht zuletzt das tiefere Ermessen der moralischen und politischen
Anstrengungen bei der Anbahnung eines Widerstandes gegen den Krieg. Es würde so
leichter, die historisch-konkrete Kriegserfahrung von der Herren- und Offiziserfahrung
Ernst Jüngers zu unterscheiden.

Verblüffend ist die Jüngersche Abgebrühtheit, seine unbeirrbare Haltung, neben der
von ihm wahrgenommenen Kriegswirklichkeit auch seinen menschen- und massenfeindlichen Blick in den Weimarer Nachkriegsfrieden hinüberzutragen.

Eben berichtet er, wie ihn schaudert in einem noch nicht aufgeräumten, am Vortag ge-
stürmten feindlichen Graben, den er als allererster Schlachtenbummler und Vernich-
tungsflaneur gleich »besehen« will, da erregt schon ein *»schönes, gestreiftes Hemd, das ne-*
ben einem auseinandergerissenen Offiziersgepäck lag«, seine Aufmerksamkeit. Es verführt
ihn dazu, sich *»rasch die Uniform vom Leibe zu streifen«* und sich *»von Kopf bis Fuß mit*
neuer Wäsche zu versehen. Ich freute mich über das angenehme Kitzeln des frischen Leinens
auf der Haut«[28]. Nicht dieses Plündern, ja Leichenfleddern ist es. Es ist dieses sich Pudel-
wohl-Fühlen im Kriegsalltag, die hervorgekehrte Stärke gegenüber dem Grauenvollen des
Krieges. Sicherlich ist das Gedankenlosigkeit, aber auch schon Unbedenklichkeit: Es ist
die außer Kraft gesetzte Differenz zwischen Leben und Tod als Mein und Dein, die sich
zu den Jüngerschen – aber nicht nur seinen! – Barbareien, zu seinen Massakrier- und
Mordgelüsten versteigen wird.

Jünger ist derzeit überhaupt kein starker, gestählter Mensch. Sieht man genauer hin,
dann ist er unbeherrscht, schwach und haltlos. *»Mit besonderer Stärke prägte sich meiner*

*Erinnerung das Bild der aufgerissenen und dampfenden Stellung ein, wie ich sie kurz nach
dem Angriff durchschritt. Die Tagesposten waren schon aufgezogen, aber die Gräben waren
noch nicht aufgeräumt. Hier und dort waren die Postenstände mit Gefallenen bedeckt, und
zwischen ihnen, gleichsam aus ihren Körpern hervorwachsend, stand die neue Ablösung am
Gewehr. Der Anblick dieser Gruppe rief eine seltsame Erstarrung hervor – als ob sich für
einen Augenblick der Unterschied von Tod und Leben zu verwischen schien.«*[29] Jünger hält
den Schrecken des Krieges in letzter Instanz nicht mehr stand. Er fängt an zu spinnen; man
kann es anders ausdrücken: Jünger flüchtet in den Herrenblick auf den Krieg.

Sichtbar wird ein Bild, in dem die Toten immer die anderen sind. Ganz selbstverständlich und ganz anders wie der unter Leichen wachestehende, einfache Soldat, gehören Tod
und Vernichtung nicht ins eigene Leben. Der Herrenblick ganz unverstellt zeigt sich in
der Kriegshandlung. Bezeichnend ist das Denken in kleinen Radien. Die Pose der intellektuellen Weit- und Umsicht läßt der Bodenkämpfer und Frontoffizier Jünger hinter sich.
Strategische Erwägungen würden ihn lahmlegen. Nun ist er nur noch kleinkarierter, be-
bender Zorn, oft gar nicht mehr auf den »Feind« ausgerichtet und nur mühsam von mili-
tärtaktischer Vernunft bezähmt, über Leichen schreitend und sich selbst genug. *»In einer
Mischung von Gefühlen, hervorgerufen durch Blutdurst, Wut und Trunkenheit, gingen wir
im Schritt schwerfällig, doch unaufhaltbar auf die feindlichen Linien los. Ich war weit vor
der Kompagnie, gefolgt von Binke und einem Einjährigen, namens Haake. Die rechte Hand
umklammerte den Pistolenschaft, die linke einen Reitstock aus Bambusrohr. Ich kochte vor
einem rasenden Grimm, der mich und uns alle auf eine unbegreifliche Weise befallen hatte.
Der übermächtige Wunsch zu töten beflügelte meine Schritte. Die Wut entpreßte mir bittere
Tränen.«*[30]

Das geht schon an und läßt sich hören: Mit einem Bambusstöckchen, anstatt mit Muni-
tionskästen, schweren MGs oder Säcken voll Handgranaten auf dem Rücken – da läßt es
sich trefflich weinen vor Wut und Mordlust, da hatte das Töten den leichten Schritt der
Herren im Krieg. Einen Engländer knallt man sich in dieser Stimmung wie einen Hasen
über den Haufen und fühlt Schlimmeres als »Arbeit«. Jünger entwickelt sogar ein Gefühl
für Belohnung danach, wenn er des Abends nach der Kognakflasche greift oder nur das
wohlige Gefühl von Feierabend im Krieg auskostet.

Wenn aber die »Arbeit« der Herren im Krieg so aussieht, was tun und denken die
Knechte bei der Verrichtung ihrer ja nicht unähnlichen Tätigkeit?

Muß man nicht gerade in dieser Frage noch einmal die Extremsituation des Krieges
überdenken? Menschen, Knechte und ein Teil der Herren, standen, waren sie einmal drin
im Krieg, mit dem Rücken an der Wand ihres je eigenen Sterbenmüssens. Jüngers »über-
mächtiger Wunsch zu töten« verstellt ein wenig den Blick auf die Kriegswirklichkeit, das
Zähnefletschen um des Überlebens willen kommt ihr da schon näher.

Töten-Wollen-Müssen ist also nicht nur Herrenhaltung. Gerade auch die einfachen
Soldaten wollen heraus aus dem feindlichen Granatenhagel. Sie müssen ihre Lebensangst
überwinden. Den Knechten, den einfachen Soldaten des Krieges kommt ja noch folgendes
zugute: Sie tun, was ihnen befohlen wird, und das brauchen sie nicht auf ihre eigene Kappe
zu nehmen. So lastet noch über dem allgemeinen, mörderischen Wahnsinn ihres Tuns die
erst erzwungene und dann hingenommene Nichtverantwortung. So stürmen sie los mit
dem Ziel zu töten und hocken sich gleichzeitig nieder im Glauben, aller humanen Ver-

pflichtungen enthoben zu sein. Um sie herum ist das Gefängnis Krieg und über ihnen die Offiziersgewalt.

Der Bursche Binke z. B. ist keine Jüngersche Erfindung und entspricht auch nicht dem Wunschdenken eines eingebildeten Offiziers. Dafür haben solche wie Jünger lange genug Menschen wie Landsknechte befehligen können und viele von ihnen zu prägen geschafft. Der Offiziersbursche Binke ist ein erwachsener Mann und für Jünger gönnerhaft der »ältere Kamerad«, der immer hinter ihm steht, auch hinter ihm stürmt. Binke ist ein Diener, dessen ganzes Trachten auf das leibliche Wohl seines Herrn gerichtet ist. Unterwerfung und »freiwilliges« Knechtsein Binkes begreift und rühmt Jünger herrennaiv als Gefolgschaft treuer »Lehnsleute«. Aber Binkes Lage fordert die Unterwürfigkeit auch als Schlauheit. Bursche sein, knechtselig sein bietet handfeste materielle Vorteile.

Noch lange nach dem Krieg bittet Binke seinen Kriegsherrn um ein Bild zur Erinnerung an Gemeinsames. Das zeigt nicht mehr, als daß Binke sich auch in idealer Not befindet. Wer sonst außer Jünger hätte ihm Sinngebung für vier Knechtsjahre ermöglichen können?

Der Kriegsfreiwillige von 1918 – übrigens Remarque unter ihnen – ist eine ebenso legendäre wie reale historische Erscheinung unter den Soldaten des 1. Weltkriegs. Jünger ist hingerissen von diesem Typ. »*Ich lernte hier einen neuen Schlag von Kämpfern kennen – den Kriegsfreiwilligen von 1918, allem Anschein nach von der preußischen Disziplin sehr wenig durchformt, aber mit guten kriegerischen Instinkten begabt. Diese jungen Draufgänger mit gewaltigen Haarschöpfen und Wickelgamaschen gerieten zwanzig Meter vorm Feinde in einen heftigen Streit, weil einer den anderen Schlappsack geschimpft hatte, fluchten dabei wie Landsknechte und rühmten sich mit großem Prahlen. ›Mensch, alle haben doch nicht so 'n Schiß wie du!‹ schrie zuletzt einer und rollte allein noch fünfzig Meter Graben auf.*«[31] Das ist nicht nur eine deutsche Erscheinung. Jünger berichtet von einem Engländer, der unentdeckt in einen deutschen Graben hineinspringt und eine ganze, nach vorne starrende Reihe von deutschen Soldaten von hinten erschlägt.

Die Kriegsfreiwilligen von 1918 sind keine deutschen Wundertiere. Kriegssozialisiert und zumindest in Deutschland auf ihre »Freiwilligen«praxis gut vorbereitet, sind sie erst in zweiter Linie verantwortlich. Nicht nur friedensmäßig, kriegsmäßig als Menschen heruntergekommen und heruntergebracht, töten sie mit und ohne »Schiß«, sie gehorchen, wie man es ihnen beigebracht hat. Furchtbarer als diese sind jene, die wie Jünger und andere, Höhere in Staat und Gesellschaft des Kaiserreiches und der jungen Republik, diesen Menschen»schlag« beisammen, bei der Stange ihrer politischen Ziele halten. In den Freikorps zum Beispiel sind solchermaßen Gemachte.

In Jünger, aber auch in Teilen der Massen, ist die unbeirrte Hoffnung auf ein Leben unter Kriegsumständen steckengeblieben, das Denken in »Kerls« und »Kasino«, das Handeln in der Skrupellosigkeit militärischer Requirierung, auch Schiebung und Korruption, schließlich die Annahme einer fortdauernd außerdienstlichen, außerordentlichen Reichweite von Befehlsgewalt überhaupt. Das ganze Erfahrungssyndrom der während des Kriegs hochgezogenen und großgezüchteten Rücksichtslosigkeit lebt in ihnen weiter.

Dem ist Jüngers gesamtes Frühwerk gewidmet. Ausbruch von Haß und Gewalt, fordert es Haltungen des Ergebens und übt Unterwerfung ein. Gerade der Krieg mit seinem individuellen und kollektiven Erschrecken, seinen bis in den Wahnsinn treibenden Erfahrungen ist geeignet, ein Beziehungsgeflecht unter Menschen zu produzieren, das dem zwischen Herren und Hunden vergleichbar ist, zwischen Dompteuren und Dressierten. Jünger weiß, was er schreibt, wenn er an der Ausbildungsvorschrift für die Infanterie nach dem Krieg kritisiert:»Die seelische Triebkraft ist [...] wenig hervorgehoben. Es ist aber überhaupt die Frage, wieweit in einer solchen Vorschrift, auch wenn sie sich bemüht, den Gang des Gefechts in alle Einzelheiten zu verfolgen, auf das innere Erlebnis des Mannes und auf die seelische Einwirkung durch die Führung eingegangen werden kann. Zum mindesten muß das sehr vorsichtig geschehen, denn diese Dinge lassen sich schwer sagen, sie sind Fragen des Taktes und des Blutes und bilden sich unmerklich im Körper des Heeres heraus. Sie sind von allergrößter Bedeutung, doch lassen sie sich schwer in Vorschriften einbeziehen. Es ist z. B. gefährlich, auch nur anzudeuten, daß der Soldat unter Umständen vom Gefühl der Angst überfallen werden kann.«[32]

Hier springt dann willig die Literatur ein. Es ist nützlich, die militärtheoretischen Schriften Ernst Jüngers hinzuzuziehen, wenn man seine Literatur in ihrer Absicht verstehen will. Jünger ist auch beim Schreiben noch ein guter Offizier und hervorragender Führer.»Wir sehen also, daß zwei Arten des Angriffs in der Tiefenzone zur Anwendung kommen müssen, der *planmäßige, überlegte,* der Schritt für Schritt vorgetragen wird, wo der organisierte Widerstand dazu zwingt, und der rücksichtslos *vorgepeitschte,* bei dem der Wille zum Siege und der eigene Plan auch die letzten Abwehrtrümmer des Gegners in den rückflutenden Strudel reißt. Beide Arten des Angriffs führen erst in der wechselseitigen Unterstützung zum Erfolg, jede ist nur an ihrem Platze richtig; die richtige und unmittelbare Anwendung ist eine Kunst und als solche letzten Endes nicht erlernbar, sondern unterworfen dem angeborenen Führerinstinkt.«[33]

SEHNSUCHT NACH EINEM NEUEN LEBENSGEFÜHL

So richtig aktuell wurde »Der Wanderer zwischen beiden Welten« (1917) von Walter Flex erst 15 Jahre nach seiner Erstveröffentlichung: Die 195 Tausend seiner Auflagen von 1917 bis 1920 waren gar nichts gegen die rund 500 Tausend der Auflagen von 1931 bis ins erste Jahr des 2. Weltkriegs[34]. Plüschows Kriegsklamotte »Die Abenteuer des Fliegers von Tsingtau« (1916) stagnierte dagegen 1927 mit 610 Tausend[35].

Flex' Buch kam in den Aufwind einer starken, durch die allgemeine Lage während der Weltwirtschaftskrise provozierten Illusionssucht – zusammen mit Wahrsagerei, Horoskop und Alkohol. Ernst Wurche, Flex' idealer Mensch und Held des 1. Weltkriegs, war nun ein moderner Heiliger, ein Guru. Flex' Kriegsbuch erschien in der letzten Phase des Kriegs.

Die wilhelminische Armee war verstrickt in die Militärtradition des 19. Jahrhunderts, und vor 1914 gab es für Reform wenig Chancen[36]. Friderizianismus und aristokratisch-elitärer Dünkel programmieren militärische Untüchtigkeit. Zudem ist in Erwartung sozialdemokratischer Aufstände das Heer weniger auf Beweglichkeit und geöffnete Formationen als auf die für den Bürgerkrieg erforderliche Stoßtaktik orientiert. Vor diesem Hintergrund und aus dem ausbleibenden Bewegungskrieg an der Westfront und zunehmendem Stillstand und Stagnation an der Ostfront erklärt sich das Hauptmotiv in Flex'

»Der Wanderer zwischen beiden Welten«: »*[...] einen echten und rechten Sturmangriff zu erleben [...] das muß schön sein.*«[37] Veränderung als Durchbruch, Erneuerung innen durch Veränderung nach außen, das ist eine aus der Zeit selbst stammende Glücks- und Zauberformel. Im Zuge der seit 1914 allgemein einsetzenden Überprüfung von Worten und Institutionen der erschütterten wilhelminischen Gesellschaft brechen eine ganze Reihe von Widersprüchen auf, die der selbstgerühmten Kriegstüchtigkeit gefährlichen, hauptsächlich ungewollten und unerwünschten Abbruch tun konnten. Unter anderem gerät die Gestalt des reitgerteschwingenden, monokeltragenden Offiziers ins Feuer der Kritik von unten, aber auch von weiter oben in der Kaiserreich-Gesellschaft.

Flex' Ernst Wurche, der neue Offizier und Führer – äußerlich jeder Zoll übrigens ein Antibild Hitlers – ist jung und frisch und knusprig, stark und groß und blond. Wurche gibt sich für einen Offizier recht natürlich. Auch auf den Sommerwiesen der Masuren ist er ganz jugendliche Kraft und Frohsinn. Seine Aufbruchs- und Zukunftsgewißheit ist die des Wandervogels, ursprünglich begründet in der Abwendung von alter, vermoderter Herrschaftlichkeit und in ihrer Naturbegeisterung durchaus nicht nur rückwärtsgewandt, eher ambivalent[38].

Jugend und Begeisterung ist Trumpf, mit dem Alter und Resignation, auch Skepsis, gestochen werden konnte.

»*Die Wandervogeljugend und das durch ihren Geist verjüngte Deutschtum und Menschentum lag ihm vielleicht zutiefst von allen Dingen am Herzen, und um diese Liebe kreisten die wärmsten Wellen seines Blutes.*«[39] »*Alte Worte sprangen immer wie junge Quellen an seinem Wege.*«[40] »*Hat nicht der tote Begriff Vaterland lebendige Schönheit und Taten gezeitigt.*«[41] Wurche ist eine Rezeptur zur Wiedererweckung. Das ist das Säuseln von oben daherkommender »Revolution«, hier lispelt der ehemals monokeltragende, verjüngte Kriegsgott. Walter Flex hat gerade mit dieser Gestalt Massen begeistert und ihre Wünsche erraten. Wurche ist einer, der sein Kriegshandwerk wie Richthofen »von der Pike auf« gelernt hat. Er scheut nicht Hunger, nicht Schmerzen und Entbehrungen, auch nicht die Gefahren, denen seine Leute sich aussetzen müssen.

Zweifellos hat es solche Männer auch unter den Offizieren gegeben. »*Er hatte sechs schwere Monate hindurch um die Seele des deutschen Volkes gedient, von der so viele reden, ohne sie zu kennen. Nur wer beherzt und bescheiden die ganze Not und Armseligkeit der vielen, ihre Freuden und Gefahren mitträgt, Hunger und Durst, Front und Schlaflosigkeit, Schmutz und Ungeziefer, Gefahr und Krankheit leidet, nur dem erschließt das Volk seine heimlichen Kammern, seine Rumpelkammern und Schatzkammern.*«[42]

Das ist hochmodern für das Jahr 1917/18 und brennend aktuell Anfang der dreißiger Jahre. Flex will Vertrauen von unten nach oben, ohne »Klassenkampf«. Während er noch das Wunschbild eines realitätstüchtigeren Wilhelminismus vor Augen hat, stellen anderthalb Jahrzehnte später vor allem die Nationalsozialisten dieses Führerbild in ihre Dienste. Auch sie tragen es nicht nur vor sich her, sie fordern wie schon Flex die tiefe Verbeugung.

»*Wenn der junge Führer mit seinen Leuten auf nächtliche Streife auszog, so arbeitete ein frischer, beherrschter Wille unermüdlich und unnachgiebig an den Menschen, die er führte. Wollten sie ihm, im Dunkel plötzlich vom Feuer russischer Gewehre überfallen, aus der Hand geraten, so zwang er sie wieder auf den Punkt zurück, den sie eigenmächtig verlassen hatten. Aber er selbst ging immer als erster voraus und kroch als letzter zurück.*«[43]

Eigenmächtiges, selbstbestimmtes Handeln von Massen muß mit eiserner Offiziersfaust im Nacken rechnen. Wurche ist in diesem Sinne modern und aufgeschlossen, er macht Schluß mit dem alten Zopf im Porträt des preußischen Offiziers. »*Leutnantsdienst tun heißt seinen Leuten* vorleben, *sagte er, das Vor-Sterben ist dann wohl einmal Teil davon.*«[44]

War den »Leuten« das Trügerische dieser Reform nicht klar? Stanken diese Allüren und Schnurren eines Offiziers nicht meilenweit gegen den Wind?

Das merkwürdige an diesem Kriegsbuch ist ja sein Strich gegen die NS-Kriegsliteratur. Es ist weitschweifig und hemmungslos in manchen Phantasien und läßt sie am langen Zügel. Sogar das homoerotische Element ist leicht und wie selbstverständlich angedeutet. Nicht männerbetont blutrünstig, eher weich und wehmütig, so muß dieses Buch verschlungen worden sein. Ein süßes Versprechen darauf, daß sich etwas ändert, und in der deutschen Kontinuität von Geschichte fällt es gar nicht so sehr auf, daß es abermals ein Versprechen von oben ist. Hitler konnte Träumer und Träume weniger gebrauchen, aber vielleicht doch solche, die andere, friedsamere, menschenfreundlichere Träume verhindern halfen. So war »Der Wanderer zwischen beiden Welten« ab 1933 eine stattgegebene Träumerei, machtgestempelt und von reaktionärem Charme.

ERSTES ZWISCHENERGEBNIS:
OHNE DIE ERFAHRUNGEN DES 1. WELTKRIEGS
IST DER FASCHISMUS NICHT DENKBAR

Das Erstaunliche dieser frühen kriegsbejahenden Kriegsliteratur ist ihre relativ große Resonanz bis heute, sieht man einmal ab vom »Wanderer zwischen beiden Welten«. Aber auch Walter Flex' Loblied auf den Sturmangriff, seine Heldenverehrung für einen, der darin umkommt, wurde ja in der Friedenszeit zwischen den Kriegen begeistert aufgenommen. Befremdlich ist das in dieser Resonanz zum Ausdruck kommende Ja zum Krieg, die Bereitschaft, ihn trotz seiner Opfer und Schrecken womöglich noch einmal mitzumachen.

Eben dies, das Befremden über die innere Bereitschaft für einen neuen Krieg – mit großer Wahrscheinlichkeit über die Leser und Lesegemeinden einzelner Autoren hinausgehend –, könnte der Ausgangspunkt für die Untersuchung dieser Literatur mit ihrer praefaschistischen Geschichte sein. Die wissenschaftliche Diskussion läuft jedoch meist ganz anders, versucht nur sehr zögernd, der Zustimmung zu Autoren wie Richthofen, Jünger und Flex als historischer Erfahrung nachzugehen. Oft findet eher die Vertreibung dieser Erfahrung statt.

Auf dem Aschaffenburger Streitgespräch über den Faschismus nannte Sebastian Haffner Hitler ein »unlösbares Rätsel«. Unter dem Stichwort Hitler und Hitlerforschung läßt sich Faschismus wohl verrätseln. »Die Zeit« fing diesen Rätseltip dankbar in der Überschrift »Wir – zwischen Jesus und Hitler«[45] auf. Diese Art einer hier nur angedeuteten Vergangenheitsbewältigung ignoriert – zumindest – die Erfahrung der Kriegsgeneration im Alltag des Faschismus.

Die Tendenz, die Gesamtheit der Bewegung für Hitler mit ihm und dem Faschismus gleichzusetzen, ist in der DDR noch offener. Christa Wolfs Versuch, an die Menschen unter dem Faschismus und in ihrem Alltag zu erinnern, die Schleusen von Massenerfahrun-

— — — schickt man die „Grünen" als Freunde dem Volk,　　　Um des „Inneren Friedens" willen — — —

gen einmal zu öffnen, bekam das in einer Kritik zu spüren: »Um ein Nazi zu sein, mußte man entweder dumm sein oder schlecht. Wo es an natürlicher Dummheit und Rohheit gebrach, praktizierte diese Gesellschaft an ihren Mitgliedern ein Werk der Verrohung und Verblödung, das sie blind machte und hochmütig zugleich. Das mindeste, was verlangt wurde, war, wenn schon nicht direkte Aggression, die tiefe Nichtachtung für alle, die nicht ›dazugehörten‹. So läuft die faschistische Manipulation, sie ist in allen faschistischen Ländern gleich.«[46] Das ist eine massenfeindliche Halbwahrheit, die Menschen für dumm und roh von Geburt an oder bodenlos manipulierbar hält; die Vorstellung von Lenkbarkeit tritt an die Stelle des Empfindens verschlungener, auch krummer Lebenswege (was natürlich mühsamer ist und wenig an politischer Selbstbestätigung zuläßt). Hitlers Massenbasis bestand genausowenig nur aus den Dummen und Schlechten, wie die Antifaschisten nur klug und gut waren. Alternativ zu den breiten, bequemen Straßen der herrschenden politischen Moral über »die« Massen und »den« Faschismus bietet es sich an, sich mit den gewiß nicht nur unter Hitler Verrohten und Verblödeten einzulassen. Moralischer Hochmut kann Faschismus und Krieg nicht zu Fall bringen.

Die Anziehungskraft in den Kriegsbüchern von Richthofen, Jünger und Flex orientiert auf den Krieg, auf seine Verbesserung, seine Wiederholung und sein heimlich ersehntes Lebensgefühl. Daß es der Krieg und nicht die Revolution ist, der als Idee die Massen ergreift, das hat seine Ursache auch in der kriegsbestimmten deutschen Geschichte. Nicht die revolutionäre Veränderung, die kriegerische Veränderung der Lage der Massen scheint das ganz andere zu bringen. Der Krieg ist das »ganz andere« von oben.

In dieser deutschen Kontinuität, die der Krieg ist, bahnt sich die politische Entwicklung auf das Jahr 1933 an. Weniger als Hitler ist es diese Kontinuität einer mißratenen Geschichte.

Genauso wichtig wie die Frage, ob Hitler ein Produkt der Großindustrie gewesen sei, ist die Frage nach den Hitler zulaufenden Massen. Hitlers (hauptsächlich mittelständische) Gefolgschaft ist nichts Festes, eher etwas Fließendes und Offenes. Die Zahlen der Wahlergebnisse sind keine verläßlichen Daten. Sie sind trügerisch, wie man leicht sehen kann. Die Märzwahlen 1933 zum Beispiel mit ihren »nur« 43,9 % sind schon Ausdruck des NS-Terrors einerseits, andererseits aber verharmlost diese Prozentzahl und der Schein ihrer ausreichenden Entfernung von der »Mehrheit« in Deutschland die wahren Ausmaße des Zustroms und der Bewegung. Nicht sichtbar werden die breiten Ränder der Massenbewegung zum Faschismus, ihre Ausläufer in die verschiedenen Zuläufe von stillem Entgegenkommen, Stillhalten und Zurückweichen. So gesehen sind jene 43,9 % ein Feigenblatt vor der deutschen *volontée générale* für Hitlers Versprechen, weniger für sein Programm.

Aber auch diese Überlegung macht das Bild nicht fester. Leicht zerfließt es wieder, man braucht nur an die Folge von Juli- und Novemberwahlen 1932 zu denken: Im Juli waren es 13 779 111 NSDAP-Wähler und im November waren es 11 737 000.

Der Trend des Wahlverlustes der NSDAP läßt sich auch in den Kommunalwahlen in Lübeck, Sachsen und Thüringen feststellen. Die Mai-Wahlen 1932 in Oldenburg bringen die erste deutsche NS-Landesregierung an die Macht, aber schon bei den Reichstagswahlen im Juli und November desselben Jahres wandern erhebliche Wählerteile ab zur DNVP. Die Massen für Hitler bleiben unstet. Noch am 1. Januar 1933 frohlockt der »Simplizissimus«, die Zeit des »Führers« sei um!

Massenzuwachs und Massenabgang bleiben weitgehend unlogisch und launisch. Es ist kaum ein Gesetz darauf zu machen. Das heißt nicht, einer Dämonisierung der »Massen für Hitler« das Wort reden. Dazu wissen die einzelnen Teile, die aktiven, die passiven, wie die sich auf eine der unzähligen Weisen enthaltenden zu genau, was sie wollen und wonach sie streben.

Die klassenmäßige Erfassung der Massen ist sehr schwer, vor allem verpaßt ein so angewandter Begriff die in Deutschland stärker als in anderen Ländern angelegte Geschichte zur Neutralisierung und Klassenlosmachung, die insbesondere nach dem 1. Weltkrieg noch in das Ausschwingen der Gegenbewegung von Deklassierung und Verbürgerlichung gerät. Es entstehen unzählige Mittel- und Zwischenschichten. Ein beispielhaftes und zugleich bis heute verwirrendes Ereignis in diesem Zusammenhang ist der machtvolle Berliner Verkehrsarbeiterstreik im Dezember 1932 in Berlin. Neben Einheiten der kommunistischen RGO standen Einheiten der SA bzw. der NSBO gemeinsam Streikposten. Hier drohten Teile der sozialrevolutionär-proletarischen Strömung aus der politischen Kontrolle von NSDAP, Großkapital und Generalität auszubrechen[47].

Der 1. Weltkrieg, der sich nicht als deutscher Blitzkrieg führen ließ, der sich hinzog als langandauernder, zermürbender Materialkrieg, half in entscheidender Weise mit, die sozialen Fundamente der wilhelminischen Gesellschaft auszuhöhlen. Während die einfachen Soldaten als Kanonenfutter vor die Hunde gingen, blähte sich das Offizierskorps auf. Im alltäglichen Frontgeschehen entwickelte sich nun folgendes: Einerseits wuchs die Bedeutung des bürgerlichen Reserveoffiziers, andererseits brach die Mauer zwischen Mannschaft und Offizieren nicht gerade ein, aber sie wurde doch recht bröckelig. Überlebenwollen im Schützengraben führte vorübergehend und tendenziell zu Erscheinungen des Klassenfriedens[48]. Hinzu kam die Erfahrung des Kriegs als Krieg der Maschinen, vor denen auch die Offiziere die Köpfe einzogen. Dies und nicht zuletzt die militärische Niederlage provozierten die Vorstellung von den eingeebneten Klassenschranken, auch und gerade dann, wenn sie mit der Weimarer Republik wieder spürbarer wurden. Im Land der gedemütigten Nurnochdeutschen seit 1914 konnte nun vor allem der Mittelstand von der Idee einer Volksgemeinschaft ergriffen werden, die sich später zur faschistischen auswuchs.

Die Mittelschichten, Selbständige und Unselbständige, Militärkreise, Bürokratie und Intellektuelle, sie alle waren durch die militärische Niederlage in existentielle Bedrängnis geraten. Ihnen drohte die Proletarisierung, ihr Einkommen war bereits im Schwinden begriffen und teilweise wirklich schon verschwunden. Der zweite Krieg war ihnen der schöne Traum von der gewaltsamen Veränderung ihrer Lage. Sie träumten von dieser Veränderung wie unter Entzugswirkungen ihrer materiellen Privilegien. Ihr politischer Konsens war fieberhaft und in diffuser Weise präfaschistisch. Als Massen waren sie ein explosives Gemisch unterhalb des deutschen Kartells von »Eisen und Roggen«.

Von der Republik versprachen sie sich nichts. Erst hatte der Krieg sie daran gewöhnt, sich um ihren Lebenserwerb nicht oder nur sehr nachlässig zu kümmern. Die militärische Niederlage drängte sie auf die Straßen und an die Seite des ungeliebten oder gefürchteten Proletariats. Dann zerschlug die Inflation ihre Bemühungen um Reorganisation ihres Lebenserwerbs. Das war nicht leicht zu begreifen, fast unheimlich, wie das, wofür man zu arbeiten glaubte, worauf man baute und woran man hing, so in den Händen zerrann; ein

Schock gleich nach dem Kriegserlebnis. Sündenböcke mußten her; wenn der Feind nun vorne nicht mehr auszumachen war, was blieb einem als das Gefühl des Dolches im Rükken. Rechts sammelte sich ein mit Altem vermischtes neues Aufbegehren gegen die Republik. Hitlers Kriegsversprechen war antirepublikanisch. Es leuchtete wie ein Notausgang in der Weimarer Republik.

Soweit vorerst zur Frage: Als der Krieg aus war, wie und warum stießen so viele zur neuen rechten Sammelbewegung? Richthofens Vogelperspektive auf den Krieg, Jüngers Erinnerung an den gleichzeitig geplanten und vorgepeitschten Sturmangriff und schließlich die Sehnsucht Flex' nach einem neuen Lebensgefühl geben tiefere Einsichten in das Innenleben dieser Bewegung. Diese Autoren, aber auch die Autoren der späteren kriegsbejahenden Literatur gegen Ende der Republik, waren keinesfalls nur Propagandisten. Sie sind kompliziert und können Auskünfte über den immer stärker nach rechts tendierenden mittelständischen Gefühlshaushalt hergeben.

Wie macht man sich mit der kriegsbegeisterten Literatur vertraut? Politische Berührungsangst schadet nur. Im Gegenteil, man kann sich ruhig eine Weile von ihr treiben lassen. Anders kommt man ihr nicht nahe genug. Leider ging die Wissenschaft gerade in dieser Frage des Herangehens andere Wege. Die im folgenden geführte Auseinandersetzung kann und soll nur exemplarisch und vorläufig sein. So hat die Kritik an Karl Prümms Untersuchung zum »Soldatischen Nationalismus« nur symptomatischen Charakter[49].

Sicher ist es, wie schon gesagt, nicht nützlich, Jünger als Militaristen, Nationalisten usw. abzutun. Das bringt nichts für die Frage der Anziehungskraft seiner Werke. Die von der sicheren Position des Heute an dieser Literatur geübte Schelte trifft sie nicht wirklich: »Die strategische Situation der Frontabschnitte, in der Jünger sich befindet, wird dem Leser vorenthalten.«[50] Es geht aber gar nicht um Vorenthaltung, es geht um Einstimmung auf das Wohlgefallen an der Kurzsichtigkeit des Grabenkämpfers. Kopflos, ohne Übersicht, ohne politische und ökonomische Verantwortung für sich und andere braucht er – in verdreht attraktiver Weise – nur in die stacheldrahtdurchzogene Landschaft vor ihm und vorerst nur durch den Schlitz der Schießscharte hindurchzustarren. Es geht also um das schwarze Glück der Enthobenheit aller Strategie.

»Jeder Hinweis auf den Kriegsausbruch, auf die politischen Ursachen und Konstellationen fehlt, auf jede Begründung des eigenen kämpferischen Einsatzes wird verzichtet, der Krieg wird als höhere, unumstößliche Realität angenommen.«[51] Mit dieser Kritik trägt Prümm – abgesehen von ihrem Standardgebrauch gegenüber pazifistischer Literatur, abgesehen also von ihrer geringen Spezifik – deshalb Eulen nach Athen, weil er nur sagt, was Jünger auch von sich sagen würde: Jünger ist kein Materialist, kein Demokrat, kein Sozialist und ist überhaupt kein Weltverbesserer. Was und wem nützt so eine Literaturbetrachtung? Nützlicher ist die Frage nach den Aspekten von Massenerfahrung im Krieg als »höhere unumstößliche Realität«.

Ein zweiter an die Literatur herangetragener Verfahrenszug ist die Suche nach dem Schwarzen Peter. In der Regel ist das für antimilitaristisch eingestellte Betrachtungen die »Bourgeoisie«, das Bürgertum.

Die Massen aber sollten sich für dieses Verschonen aus falscher Freundschaft bedanken. Es hilft ihnen nicht wirklich. »Auch das Bürgertum wich wie Jünger permanent einer kritischen Reflexion auf die realen Ursachen des Krieges hin aus und identifizierte sich daher bereitwillig mit der entlastenden Strategie der ›Stahlgewitter‹, das Naturhafte selbst zum Auslöser und Träger des katastrophalen Geschehens sowie die Beteiligten zu machtlosen Objekten zu erklären.«[52] Hier hat der Autor scheinbar nur einen Draht nach oben, zur herrschenden Klasse, was er nach unten zu den Massen kabelt und von dort empfängt, kann vergessen werden.

Die Katastrophensicht gewinnt doch erst in dem Moment politische Bedeutung, in dem sie erfolgreich nach unten durchgesetzt wird, in dem Binke, der Knecht des Herrn Jünger, den Hundeblick aufwärts nicht los wird. Fühlen Menschen sich als Knechte, dann darf Wissenschaft dies als historische Tatsache nicht aus der Geschichte vertreiben. Anders tritt an die Stelle eines historischen Bildes Irrationalismus in Gestalt unzähliger »wissenschaftlicher« Fäden und Koordinatensysteme: Die konkrete, von Menschen gemachte Geschichte wird so zu einem Spinnennetz, in dem die Geschichtserfahrung verklebt und ausgesaugt wird.

Noch einmal Prümm, der Jünger zitiert: »*Der Zusammenprall muß kurz und mörderisch werden. Man zittert unter zwei gewaltigen Sensationen: der gesteigerten Anstrengung des Jägers und der Angst des Wildes. Man ist eine Welt für sich, vollgesogen von der dunklen, entsetzlichen Stimmung, die über dem wüsten Gelände lastet.*« Das ist in einem die Spur einer Massenerfahrung und die Jüngersche Manier, sie zu verwischen. Was wird daraus bei Prümm? »Die Faktoren, die die Bewußtseinssteigerung ausmachen, verweisen auf den radikalen Ich-Bezug. Gerade die betonte Isolation, die Geschlossenheit einer ›Welt für sich‹, die Unabhängigkeit von allen anderen Reaktionen, die ausschließliche Konzentration des Geschehens auf das sich in Aktion befindende Subjekt lösen diese Wirkung aus.«[53] Sätze für die Couch des Psychoanalytikers; sie sehen gänzlich ab von den Menschen des 1. Weltkriegs, die als Menschen – und doch tierähnlich, nicht alle, aber doch sehr viele zu diesem Zeitpunkt – im Konflikt von Leben und Töten immer beides wollten und mußten: Überlebenwollen und Tötenmüssen oder Überlebenmüssen und Tötenwollen.

Diese Betrachtung von Literatur ist auf eine modische Weise pazifistisch: Sie reinigt die Literatur mit akademischer Sorgfalt von dem, was Kernpunkt der Massenerfahrung gewesen ist. Sie verschweigt Geschichte, die unerkannt bleibt in Formeln wie »radikaler Ich-Bezug«. Was statt Analyse geleistet wird, ist die wissenschaftliche Sterilisation von Literatur und Geschichte. Untersuchungen dieser Art geben ein gutes Beispiel für Umgang mit Literatur als Spitzfingrigkeit.

Neben Wegen, die nicht nahe genug an diese Literatur heranführen, gibt es Wege, die sich in ihr verlieren zu wollen scheinen. Ein Beispiel für diese zweite Art stellt Karl Heinz Bohrers »Ästhetik des Schreckens« dar[54]. Hier werden Jüngers Kriegstagebücher als surrealistisch eingestuft. Sie sollen den Versuch einer »Terminologie des Grauens« darstellen. »Angesichts der unmenschlichen Greuel in den verschiedenen politischen Systemen des zwanzigsten Jahrhunderts darf die ›Ikone‹ des Schreckens, zu der einige der Jüngerschen Terror-Bilder zweifellos geraten sind, noch immer mehr Erkenntnis über den sittlich-geistigen Zustand der Epoche beanspruchen als dies etwa dem radikal entgegengesetzten literarischen Verfahren, dem ›sozialistischen Realismus‹ oder auch nur optimistisch aufgeklärten, realistischen Schreiben zuzubilligen war und ist.«[55]

Während die verfehlte linke Pazifismus-Kritik in der Weimarer Republik und heute immer noch in der DDR den »Schrecken des Krieges« jegliche erkenntnisstiftende und Widerstand auslösende Kraft abspricht, ist hier die Rede von einem Mehr an Erkenntnis gerade durch sie. Das ist verblüffend und auch bei längerem Hinsehen (weiterhin) fraglich. Vor allem ist der wertende Vergleich mit dem, was unter »sozialistisch« und »realistisch« verstanden wird, so nicht zu halten. Nicht nur der proletarisch-revolutionäre Autor Adam Scharrer verfügte über eine darstellende Kraft in der Beschreibung des Kriegsschreckens, auch Remarque beschrieb die »Greuel« des Krieges durchaus drastisch. Was aber für die gesamte Literatur des 1. Weltkriegs nicht zutrifft, das trifft womöglich doch eine später sich entwickelnde, tatsächlich politisch und moralisch zensierte Literatur, die sich unter der staatlichen Autorität der DDR nach dem 2. Weltkrieg zu etablieren begann. Auf keinen Fall aber stellt Jünger, der ja gerade die »Schrecken des Krieges« in die Schere von Angriffsplanung und Offizierspeitsche zwängte und seine Wahrnehmung dieser Art beschnitt, das realistische non plus ultra dar.

Sehr viel wahrscheinlicher ist gleichzeitig Bohrers Annahme, daß Jüngers Schreckensbilder – zusammen mit denen anderer Autoren wie Scharrer und Remarque, sicher auch denen von Bruno Vogel (!) – viel über den »Zustand der Epoche« verraten. Warum aber macht diese Betrachtung aus Bildern der Kriegswirklichkeit »Ikonen«? Warum schwärmt Bohrer geradezu von der »jähen Einbildungskraft«[56]?

In meiner Kritik der Jüngerschen Wahrnehmung hatte ich zwischen der »Frontalltagsspur und der Jüngerschen Spurenlegung« unterschieden. Bohrer verläßt sich ganz auf die Jüngerschen Terrorbilder, unter und neben ihren Schrecken vermutet er nichts mehr. Tatsächlich legen die Jüngerschen Bilder des Grauens diese Vermutung sehr nahe. Sie aber zu »unideologischen Textzentren« zu erklären, ist gerade wegen des ideologischen, von schwarzer Romantik getrübten Herren- und Offiziersblickes Ernst Jüngers sehr problematisch.

Wenn auch Gerda Liebchens These von der außerliterarischen, eher militärpädagogischen Funktion und Wirkung des frühen Ernst Jünger nur eingeschränkte Relevanz für sich beanspruchen kann, so verdeutlicht sie doch die Fragwürdigkeit der These von »unideologischen Textzentren«[57]. Es hat ganz den Anschein, als ob die »Ästhetik des Schreckens« in schroffer Abwendung von vulgär-materialistischen Zensuren über dieses Jahrhundert der Kriege einen Vorschlag zum angenehm-gruseligen Verweilen darin machen möchte. Es ist ein fragwürdiger, wenn nicht gefährlicher Vorschlag, der von verschiedenen Seiten scharf kritisiert worden ist. Andererseits stimmt gerade diese Schärfe sehr nachdenklich.

So läßt es sich der in Ostberlin lebende Literaturwissenschaftler Hermann Kähler nicht nehmen, die von Bohrer (der auch Kulturkorrespondent und Kritiker der »Frankfurter Allgemeinen Zeitung« ist) gerühmte Jüngersche Grauenskultur als Bundeswehr-Kult(ur) zu denunzieren. Kähler will aber natürlich nicht nur den westdeutschen Revanchismus treffen, sondern auch die Tradition des deutschen Militarismus, in der Jüngers Kriegstagebücher von einem »Priester des modernen Landsknechtswesen« geschrieben sind.

»Das substantielle Wirklichkeitsmaterial, das Jünger zu bieten hat, ist zweifellos in diesen Schriften am körnigsten. Außerdem sind diese Kriegsbücher, wenn auch schon von einem präfaschistisch-irrationalistischen Blutmythos durchtränkt, von Anfang an für reaktionäre

Funktionsbedürfnisse am praktikabelsten gewesen, da sie eben noch nicht so abstrakt-ideologisiert waren wie etwa ›Die totale Mobilmachung‹ oder ›Der Arbeiter‹. Das Vordergründige, Unreflektierte, Aktivistisch-Unmittelbare, das in diesen Kriegsbüchern steckt, war für den potentiellen Leserkreis Jüngers in der Reichswehr oder im Stahlhelm seit jeher geeigneter. Zuviel Nachdenken war nicht die Art dieser Leute!«[58]

Deutlicher geht es kaum. Ausgangspunkt dieser Betrachtung ist die Eingrenzung des Vordergründigen bis Unmittelbaren in Jüngers frühen Schriften auf den Erfahrungsbereich dieses einen Autors; das Kriegsgrauen als eines *der Kollektiv*erlebnisse wird schlicht ignoriert.

Folglich »funktioniert« Literatur nur von oben, von oben auf die Menschen unten, denen ein ähnliches Kriegserlebnis abgesprochen wird: Reichswehrleute, Stahlhelmer mit ihren weit ausschwingenden Wellen der politischen Sympathie sind schlicht individuell dumm.

Diese Art des Herangehens an die kriegsbejahende Literatur sorgt auf ihre Weise für Gegenaufklärung. So bleiben die Neigungen zum Militarismus in Deutschland – auch in der DDR – gebrandmarkt als moralischer Makel und werden nicht geahndet als politische Folge; so bleibt alles wie es ist. Die Erfahrungen des Krieges bleiben wie selbstverständlich unter den Trümmern der Geschichte vergraben.

Schließlich, bald können wir von einer Jünger-Renaissance reden, wurde eine Kritik an Ernst Jünger und seinem heutigen Interpreten Karl Heinz Bohrer geübt, die mit spürbarer Empörung die Jüngersche Vorstellung angreift, derzufolge hinter allem, auch hinter den Greueln des Krieges, der Mensch stehen soll. Diese Kritik nahm sich die »heroische Weltanschauung« aufs Korn. Hinter allem stehe nicht »der Mensch«, sondern »das Kapitalverhältnis«. Die Literaturwissenschaftler und Kritiker Kittsteiner und Lethen argumentierten so: »Jünger irrt. Hinter allem steckt nicht ›der Mensch‹, sondern das Kapitalverhältnis. Daß es ab und an der Menschen bedarf, um den Geschossen, wenn schon keinen Sinn, so doch wenigstens eine Richtung zu geben, ändert nichts an dieser Einsicht. Die Menschen im Bauch der Flugzeuge und Panzer dürfen eine Zeitlang ihren Destruktionstrieben freien Lauf lassen. Das Wann und Wo bestimmen nicht sie. Sie sind daher auch keine heroische Alternative zur bürgerlichen Welt, keine eigenständige geschichtliche Gestalt, die sich in ihren Taten geschichtlichen Ausdruck verschafft. Die ›heroische Weltanschauung‹ ist der untaugliche Versuch, die Entsubjektivierung der Geschichte rückgängig zu machen, daher der ›faulige Schimmer‹, den bereits Benjamin am Selbstbewußtsein der Frontkämpfer-Generation wahrnahm.«[59]

Gut, Jünger irrte, wenn auch nicht so, wie hier behauptet. Auch der Hinweis auf »das Kapitalverhältnis« ist richtig. Falsch wird er in der mechanistisch-deterministischen Vorstellung davon. Auch Benjamin erklärte diesen »fauligen Schimmer« nicht als Attitüde eines Marionetten-Bewußtseins, sondern als verirrten, sehr ernstzunehmenden Ausdruck der Klassenwidersprüche der wilhelminischen Gesellschaft: »Und gewiß, diese Mannschaft badete in den Dämpfen, die dem Rachen des Fenriswolfes entstiegen. Aber sie konnten den Vergleich mit den Gasen der Gelbkreuzgranaten nicht aufnehmen. Vor dem Hintergrund des Kommißdienstes in Militär-, der ausgepowerten Familien in Mietskasernen, bekam dieser urgermanische Schicksalszauber einen fauligen Schimmer.«[60] Hier werden zwar die durch Kapitalverhältnisse kontrollierten Menschen sichtbar, aber gerade ihre Irrtümer, ihr schreckliches Selbstbewußtsein erhält den Glanz eines winzigen Widerspruchs. Der Krieg erscheint darin als größere Freiheit vor dem »Kasernen«-Elend.

Das Merkwürdige dieser Betrachtung von Kriegsliteratur, die so abstrakt ein »Kapitalverhältnis« über sie stülpen möchte, ist, daß »der Mensch« – sieht man einmal von Jüngers Bestrebungen gegen die »Entsubjektivierung« ab – so starr und wie an Kanthaken des Kapitals darin eingebaut zu sein scheint.

Das kann so nicht stimmen. Die Menschen in den Kapitalverhältnissen während des 1. Weltkriegs, die in ihrem Selbstverständnis bewußten Frontkämpfer, sind auf der Flucht vor einer Geschichte und einem sozialen Zustand, die zu diesem Krieg geführt haben. Es ist klar, daß sie diese ihre Geschichte mit dem Hauptmerkmal der sozialen Verelendung während des Krieges nicht so schnell haben abwerfen können. Sie trugen schwer an ihr und wollten doch fortkommen von ihr. Da blieb nicht viel, um sich genau anzusehen, wo man zuschlug, um die eigene Lage zu verbessern.

Ernst Jünger hatte das miterlebt (ohne selbst in Widersprüche zu Krieg und Kapital zu geraten). Mit »In Stahlgewittern« leistete er den Geschlagenen einen Bärendienst und den Schlägern einen Dienst am Kapital.

KRENEK WILL FÜHLEN

Jetzt wird es Zeit, vor einem allzu innigen Verhältnis mit dem politisch Reaktionären zu warnen. Die Vorstellung von Faschismus als dem armen politischen Bruder im Geiste[61] trübt den Blick. Neue, lebensgefährliche Formen des Faschismus bleiben unerkannt bei zu intimem Umgang mit dem alten Faschismus.

Dennoch wäre es falsch, sich vor der weiteren Verfolgung der Gedankengänge des alten Faschismus zu drücken. Man muß ihm schon deshalb weiter nachsteigen, weil es eine lebenswichtige Unterscheidung zu treffen gilt. Es geht darum, die Finsternisse in den Herzen und Köpfen von ihrer politisch reaktionären Ausklügelung und Indienststellung zu trennen.

Der fanatische Glaube an Hitlers »Revolution« und an sein »Drittes Reich« war nicht nur aufgesetzte Lüge, war auch tief verwurzelt in der rechten Sammelbewegung und später der Gefolgschaft des Nationalsozialismus. Erklärungsmuster zwischen Dummheit und Verbrechen helfen nicht weiter. Sie streifen nur die Spitze eines großangelegten Irrtums in großen Teilen der Bevölkerung, die sich moralisch und gefühlsmäßig gegen den aufkommenden Faschismus nicht wehren konnten oder mehr oder weniger mitmachten. Das politisch Rückschrittliche, die Anfälligkeit für Barbareien in den mittelständischen Massen muß wesentlich mit einer Gefühlsstärke rechts in Verbindung gestanden haben. Ihre Finsternis und Unaufgeklärtheit bedarf der Freilegung, andernfalls bleibt es der politischen Reaktion und den modernen Faschismen zur ständigen Verfügung.

Arnolt Bronnens entsetzlicher Freikorpsroman »O. S.« (1929) fordert nicht zuletzt wegen des komplizierten Lebenswegs dieses Autors dazu auf, die real vorhanden gewesenen Finsternisse in Menschen, die der Krieg und seine Organisatoren entlassen hatte, zu unterscheiden von deren politischer Ausschlachtung.

Arnolt Bronnen wurde mit seinem 1913 begonnenen und 1920 beendeten Theaterstück

»Vatermord« (1922) schlagartig berühmt[62]. Mit Brecht befreundet, kein Linksradikaler, kein Rechtsradikaler, bezeichnete er sich Ende der zwanziger Jahre als »Nationalbolsche- wist«. Später arbeitete er unter Goebbels im Reichsrundfunk, machte aber keine Karriere, sondern erhielt 1937 wegen Wehrkraftzersetzung Berufsverbot[63]. Gegen Ende des 2. Weltkriegs schloß er sich einer österreichischen Widerstandsgruppe an, ließ sich später in der DDR nieder und starb dort 1959. Er hatte tief und lange geirrt und das endlich auch eingesehen[64].

Die »Geschichte der Literatur der deutschen demokratischen Republik« (1976) hat für Arnolt Bronnen nicht ein Wort gefunden. Es scheint so, als wäre das komplizierte und po- litisch verfängliche Literaturerbe dieses spätzündenden, spätentwickelten Antifaschisten nicht ganz geheuer.

Bronnens Nachkriegsbuch »O. S.« hat einen reaktionären Autor, der die politische Re- aktion in den Massen wachsen zu hören glaubte und den das faszinierte.

»O. S.« – O. S. war Kürzel für eine rechtsradikale Geheim- und Terrororganisation so- wie Anspielung auf Oberschlesien – wurde zu einem Zeitpunkt veröffentlicht, zu dem die politische Polarisierung zwar eine neue Stufe erreicht hatte, aber noch nicht voll ausgereift war. Im Berliner Wedding verteidigten sich Arbeiter vier Tage lang gegen ein ganzes Poli- zeibataillon, aber die Bomben der Holsteiner Bauern- und Landvolkbewegung z. B. waren noch der radikalisierte Wust unentwickelter Politik und Weltanschauung. Diese Bewe- gung war nicht nur von NSDAP-Mitgliedern organisiert.

Arnolt Bronnen hatte mit seinem Roman vom Theater Abschied genommen und wollte sich neue schriftstellerische Möglichkeiten erschließen. Der Roman »O. S.« wurde kein Bucherfolg, aber er provozierte ein ungewöhnlich heftiges, spontanes Echo von allen poli- tischen Seiten. Bronnen hatte sehr empfindliche Nervenstränge des Selbstverständnisses der Weimarer Republik bloßgelegt. Er wollte offenbar mal sehen, wie weit man schon ge- hen konnte, welche moralischen und politischen Grenzen schon überschritten werden durften und welche erst noch eingerissen werden mußten.

Die Wucht, mit der Bronnens Herausforderung eingeschlagen sein muß, läßt sich heute noch an den ersten Worten in Tucholskys Rezension ablesen: »Da laßt mich mal ran. Die- ses Buch will besprochen sein.« Aber nicht nur Tucholsky krempelte sich die Ärmel auf. Die einen hätten am liebsten zugeschlagen und die anderen Bronnen umarmt. »Dieses Buch«, schrieb Tucholsky, »ist eine im Tiefsten gesinnungslose Pfuscherei, und man darf sagen, daß es für alles Grenzen nach unten gibt. Der da hat sie überschritten, mit seinem angelaufenen Monokel.«[65]

Ein »raffiniertes Kolportagegemisch sensationslüsterner Abenteuerschilderung mit einschlägiger Erotik« nannte es die »Vossische Zeitung«[66]. »Das Make-up ist zauber- haft«, schrieb Rudolf Olden im »Berliner Tageblatt«[67]. »Wo Bronnen die Stadt Beuthen hinstellt, wo er den Annabergsturm komponiert, da hat seine Darstellung eine gliedernde Kraft, eine sprachliche Stärke, die über alles hinausgeht, was er bisher geschrieben hat«, urteilte Herbert Ihering im »Berliner Bösencourier«[68]. »Bronnens Versuch zur Schaffung eines politischen Romans scheiterte, weil der Verfasser keinen oder nur zu wenig Einblick in die tatsächlichen, bewegenden Kräfte der gesellschaftlichen und geschichtlichen Ent- wicklung hatte. Er scheiterte als Werk. Als Versuch ist ihm Bedeutung keineswegs abzusprechen«, urteilte F. C. Weiskopf[69]. Die demokratische Literaturkritik war verunsichert bis ablehnend, »O. S.« blieb ihr ein Skandalum.

Rechts von dieser Kritik gab es auch Unsicherheit, vorsichtige Zustimmung, aber auch frenetischen Beifall. »Hier erfahren wir Nationalisten Unterstützung von einer Seite, auf die wir schon lange gewartet haben«, schrieb Ernst Jünger.[70] Paul Fechter war der Auffassung, Bronnen sei ein »mutiger Mann«[71], und Franz Schauwecker, selbst Autor chauvinistischer Kriegsromane, erklärte: »Mehr als ein Roman, zugleich Bekenntnis und Politik.«[72] Die nationalsozialistische Bewegung war merkwürdig uneins in ihrer Kritik. Alfred Rosenberg schrieb einen langen Artikel, um schließlich zu sagen: »Arnolt Bronnen, trotz O. S. ein Schädling.«[73] Joseph Goebbels dagegen schrieb voller Sympathie für Bronnen im »Angriff«: »Bronnens O. S. ist so, als wäre das Buch von uns allen geschrieben.«[74] Richtig begeistert waren die von Gregor Strasser und dem späteren Kommunisten Bodo Uhse herausgegebenen »Nationalsozialistischen Briefe«[75].

Bronnen hatte nicht nur die Grenzen nach unten überschritten, wie Tucholsky geschrieben hatte. Er hatte sich ins Bodenlose der aufkommenden politischen Reakion fallen lassen. »O. S.« ist auf eine unkonventionelle Weise zutiefst amoralisch. Bronnens Anliegen als Autor dieses Romans war, wie er später angab, die Bewußtseinswandlung eines jungen »marxistischen Arbeiters« hin zum Nationalismus.

Er hatte sich in Arbeiterkreisen umgesehen, er will mit Berliner Autoschlossern, Monteuren und Elektrikern – wie sein Held Krenek einer ist – gesprochen haben und traf den »nationalisierten Proleten«. Auf den ersten Blick ist »O. S.«[76] ein moralisches und politisches Brechmittel, es ist voll bestialischen Behagens und darin etwa Killingers Putschbuch an die Seite zu stellen. Das ganze ist in einer Sprache geschrieben, die in ihrer Primitivität zwischen Gassenhauer und Frontjargon liegt. Aber Bronnen hatte ja weit Gefährlicheres als nationalistische Groschenliteratur geschrieben.

Alle realen, objektiven Zusammenhänge sind umgangssprachlich und subjektiv orientiert. Aber die Subjekte selbst, die Menschen erscheinen nur als Fackeln von Ideologien, halb oder schon ganz ausgebrannt.

Über drei Männer auf dem Weg nach Oberschlesien heißt es: »*Eine unterirdische, ihnen selbst nicht erfaßbare Organisation hatte diese drei unbekannten Leute zusammengeführt, Rupp und Heintz Studenten, von Holz Kaufmann; sie hatten sich nie gesehen, nie voneinander gehört, in Köln schnupperten sie an ihren Windjacken.*«[77] Zu mehr kommt es nicht noch ganz zu Beginn des O. S.-Abenteuers. Aber mehr soll es auch gar nicht sein, das ist schon genug. Man hat etwas miteinander zu tun, gibt sich einander zu erkennen und hat den Verstand ausgeschaltet, die Windjacken aber anbehalten. So läßt sich Weltanschauliches wie Gerüche tauschen und die Animalisierung von Zwischenmenschlichkeit als politische Errungenschaft feiern. Bald gesellen sich zu den Windjacken – ehemals Kluft der Jugendbewegung, später auch »Uniform« des Roten Frontkämpferbunds, jetzt Kluft nationalistischer Studentenbünde – aristokratische Mäntel und proletarische Blaukittel.

Untereinander verständigt sich Bronnens Clique von Oberschlesien-Kämpfern familiär-intim mit Augenzwinkern. Das suggeriert kollektive Lebensfülle. Nach außen gibt es nur zwei Umgangsformen, eine ist taktisch gerissen, die andere ist kurz angebunden, immer bereit, »kurzen Prozeß« zu befehlen oder auch gleich zu machen.

Der Anführer von Heydebreck tritt auf wie einer, der weiß, wieviel vom Auftreten abhängen kann. Er schindet Eindruck und schüchtert Fremde und Untergebene ein. *»Von Heydebreck zwinkerte den dreien zu, während der Mann tatsächlich seinen Heizer rief und mit ihm an der Kupplung hantierte. Die Bahnbeamten standen untätig da und ließen es darauf ankommen. Von Heydebreck rief plötzlich mit scharfer Stimme den Mann zu sich. Der Mann, erstaunt, folgte. Sie werden fahren, erklärte ihm von Heydebreck. Der Führer lächelte verlegen und erklärte, daß nicht. Warum? Putschisten. Woher er wisse, daß? Weil ihm nicht gesagt werde, was in dem zweiten Gepäckwaggon. Warum werde ihm das nicht gesagt, fragte streng von Heydebreck. Der Zugbegleiter rief den Transportführer, welcher sagte, es sei kein Schlüssel da; Waggon, besonders eiliges Gut, sei geschlossen bis Breslau zu transportieren.«*[78] Von Heydebreck ist Führer-Ideal; wie er muß man mit allem Personal wie mit »Mannschaft und Gemeinen« umspringen. Man darf nicht mit sich spaßen lassen. *»Der Lokführer nickte und meinte, er wisse schon, was er tue. Putschisten fahre er nicht. ›Wir können dem Mann ja zeigen, was wir im Gepäckwaggon haben‹, lächelte von Heydebreck, ›dann wird er schon fahren.‹ Der Lokführer protestierte: ›Das ist noch nicht gesagt.‹ Von Heydebreck lächelte: ›Sie werden schon fahren‹, und pfiff. Der Gepäckwaggon öffnete sich von innen langsam, und Kanonenmündungen starrten schweigend heraus. Sie sahen es von Heydebreck an, er war bereit, sich selbst, sie alle, den ganzen Bahnhof, ganz Dresden in Trümmer zu schießen, wenn sie nicht augenblicklich weiterführen. Der Waggon schloß sich wieder. Der Zug fuhr.«*[79]

Bronnen führt attraktive Kanonenmächtigkeit vor, an die die einfachen Leute, die ewig Untergebenen sich gefälligst und in ihrem eigenen Interesse zu gewöhnen haben: sonst knallt's. Krenek, ehemaliger Kommunist und einfacher Arbeiter, zeigt, wie das geschehen kann, auch wie es geschehen soll.

»Wenn Sie sich diesen Krenek so vorstellen, wie er wirklich war, BEWAG-Monteur, 1,81, 70 kg, 19 J., 4 Papiermark die Stunde wert, segelnd im blauen Überzug und wohnhaft im Norden, so werden Sie über das Folgende nur wenig erstaunt sein. Es war Punkt elf Uhr, 29. April 1921, Linden Ecke Charlotten in Berlin, wo er am Schaltkasten der Bogenlampen pfeifend und träumerisch die rötlichen Lichtreihen unter der noch steifen Sonne ausprobierte, als ein eiliges Taxi Kurven schneidend über seinen linken Fuß hinglitt. Krenek sprang in hohem Bogen brüllend auf das Trittbrett dieses IA 8444, der den Viadukten zuknirschte, und riß den Fahrer am Ärmel. ›Kannst du keinen Fuß von einer Bordschwelle unterscheiden‹, schrie Krenek im Lärm der über ihnen donnernden Züge.«[80]

Krenek war damit auf das Trittbrett eines Putschisten gesprungen, hatte sich im Sprung einen neuen Chef geangelt und war so nicht nur Wunschbild der Herrschenden gegen Ende der Weimarer Republik.

Früher konnte man noch mit Krenek Pferde stehlen gehen, später und in den Jahren vor 1933 konnte man mit ihm Handgranaten nach Oberschlesien fahren. Aber Krenek führt auch proletarische Staatsstreichmentalität vor, und das macht diese Figur mit ihrer Nähe zum SA-Arbeiter so aufschlußreich. Er hegt noch Klassenhaß.

Seinem neuen Chef gegenüber bleibt Krenek mißtrauisch und ablehnend. Es ist der Beuthener Staatsanwalt und Arbeiterfresser Dr. Hoffmann. *»Handgranaten«*, sagte Krenek, *»ich kenne das. Solche Leute wie Sie kenne ich. Solche Leute wie Sie haben auch meinen Bruder totgeschossen. In Berlin wären Sie mir durchgeschlüpft. Jetzt ist der Momang.«*[81]

Aber Krenek weiß nichts Besseres mit seinem putschistischen Chef zu tun, als ihn an die französische Besatzungsmacht zu verpfeifen, die aber bleibt desinteressiert an dieser innerdeutschen Angelegenheit. Krenek sagt irgendwann einmal, daß der neue Nationalismus über die Leiche des alten muß. Er wollte aber auch über die Leiche des Proletariats. Als man Krenek die »Rote Fahne« zerknüllt, geschieht das mit folgender Begründung und Aufforderung: *»Mensch, geh doch auch da mit, du hast uns ja alle zusammengebracht. Magst nicht auch nach Beuthen, wo du her bist? Blödsinn mit Roter Fahne und so. Was gedruckt steht, ist alles erlogen. Nimm den Wagen, Mensch, und wir fahren mit den Herren.«*[82] Krenek geht mit, bleibt aber immer wach und »immer höhnisch« gegen den neuen Chef. Kreneks Hohn ist eine sehr verletzliche Gefühlslage von Überlegenheit und ein Hinweis auf verkorksten, nur vordergründig besänftigten Klassenhaß.

Krenek weiß, daß die Arbeiter schließlich alles bezahlen müssen. Aber er kommt mit diesem Wissen nicht weiter: stets mit gesenktem Kopf, bereit loszurasen, wenn es dagegenknallt, bleiben seine Augen verhangen und trübe. Er wird den Kopf nicht hochkriegen.

Mit der Liste von Deckadressen polnischer Insurgenten scheint sich aber doch eine Gelegenheit für Krenek zu ergeben, es ist die Gelegenheit, als Kleiner große Politik zu machen. *»Er las die Zeilen langsam und neugierig durch, fühlte die große Einheit der heimatlichen Namen, erkannte das Wort Aktion wieder und wußte: hier wird Schießerei. Berlin ist weit, bald ist es unerreichbar, seine Stellung ist futsch, er kann nach Beuthen zu Herrn Thusek gehen und dort, wo er gelernt hat, ein zweites Mal anfangen. Ein dicker Haß stieg in ihm auf und machte ihn unruhig. Er wollte, da alle Stützen seiner neunzehn Jahre zerbrochen waren, zunächst einmal zu Muttern. [...] Mit diesem Zettel, dachte er, habe ich, ein zufälliger Krenek, noch einmal die Gelegenheit, reine Luft zu schaffen. Sonderbar, daß ihn dies anging. Er fand, nachdenklich losstolpernd, nur einen Grund, der ihm Phrase schien; es sei seine Heimat.«*[83]

Mit der großen Politik zurück ins kleine Zuhause: Es lohnt sich, dieser regressiven, aber nach vorne gehenden Hoffnung nachzugehen. Mutter und Heimat, nicht mehr die Revolution bringen den jungen, 1918 sechzehn Jahre alten Arbeiter Krenek auf Trab.

»›Ich bin eigentlich Kommunist‹, fügte er, wie zur Entschuldigung, hinzu, ›und ich möchte keinen Finger rühren für die fetten Direktoren, die hier Deutschland sind. Aber was Pole ist und gegen sie angeht, ist genau dieselbe Klasse; nur daß ihre Arbeiter dümmer sind und sich noch vorschicken lassen. Außerdem haben sie mich fast totgeprügelt. Darum möchte ich ihnen eins auswischen, indem ich dem Bürgermeister diesen Zettel gebe.«[84] Hier ist die Große Politik schon sehr glaubhaft in kleinlichem Rachenehmen versandet. Kreneks Kopf bleibt unten, und so merkt er nicht, wie er selbst von seinen Herren »vorgeschickt« wird. Ein verblendeter Deutscher dachte an die dummen polnischen Proleten.

Hier gibt Bronnens apologetische Sicht auf seinen Helden ein Stück Massengeschichte frei: Aus Krenek sprach das ewig geprügelte, geduckte proletarische Bewußtsein. Krenek denkt politisch, aber im Käfig politischer Zurückgeworfenheit. Man hatte ihn ja nicht nur geprügelt, er war politisch eingeseift worden, mußte sich betrogen vorkommen und fühlte seine Nase immer noch in den Dreck gedrückt.

»In der Tat, das merkte er, während er unruhig die krankhaft dampfende Stadt umkreiste, ging ein Trieb in ihm mitten durch die Parteiprogramme und zerriß sie.« Das Folgende richtet Krenek an die KPD bzw. ihren Beuthener KP-Sekretär. *»Er erwiderte stoßweise dem*

Sekretär eine Menge Sachen, die jener leider nicht hören konnte. Es wurde Mittag, die Sire-
nen heulten. Er stand auf verwesten, Ziegen nährenden Hügeln von Orzegow und fühlte das
Land. Er kam, losgelöst von der kollektiven Maschinerie der mühsam gezähmten Arbeiter-
heere, um sich einzufügen in die Blutlinien des himmelstrebenden Bodens. Er lief von den
Umwegen ein in die Direktheit. Vor sich sah er, zum ersten Male, die Idee.« [85] Das ist die
beglückende Flucht aus der modernen Industriegesellschaft in Außergeschichtliches. Die
KPD ist ein Umweg, und die Erleichterung angesichts von Abkürzungen ist groß. Jetzt
erst kann Krenek den Weg von Blut und Boden für begehbar halten und von ihm aus abheben in »Direktheit« und Höhe, den Dschungel der bürgerlich-parlamentarischen Gesellschaft und die komplizierten Klassenwidersprüche der Weimarer Republik tief unter sich
lassend.

Das Merkwürdige in Kreneks Drängen in außergesellschaftliche Bereiche ist seine Meinung, er bewege sich im Zentrum von Nachkriegsdeutschland. Auch das ist nicht nur
Bronnens Marotte oder der Wunsch der Oberen: Mit jenem »neuen Patriotismus« konnte
man ja tatsächlich den Kopf hoch oben in den Wolken haben und doch mit den Händen
darunter Furchtbares anrichten. Das war nicht nur Angebot der Herrschenden oben, das
muß auch notgedrungene und gewachsene Bereitschaft und Nachfrage unten gewesen
sein. Wie anders ließe sich der inbrünstige, unbesonnene Glaube von Massen an
»Deutschland« erklären? *»In der Tiefe aber vibrierte, wie in ungeheuren Dampfkesseln,*
die zum Platzen gespannte, von der Oberfläche verbannte Energie der Nation: lauernd auf
den Ruf der verborgenen Männer, die des Reiches Schicksal in sich fühlten.« [86]
Hier ist beides ganz dicht beieinander: die reale Not und nationale Demütigung auch
der Massen und die darauf aufgebaute reaktionäre nationalistische Politik gegen den Versailler Vertrag. Krenek sieht in seiner nationalisierten Wut nur noch braun. Im zwielichti-
gen, schillernden Sinne hatte Bronnen sein Ohr an der Entwicklung des aufkommenden
Faschismus, als er »O. S.« schrieb. Er hatte 1929 das Rumoren des sozialen und politischen Aufbegehrens aufgefangen, mit dem der Faschismus später Schindluder treiben
konnte.

Der Kommunist Scholz gibt Krenek nicht verloren, will ihn zurückgewinnen: *»›Was*
aber hast du bloß gewollt in Rotfront!‹ Krenek dachte nach: ›Kann ich nicht sagen.‹ ›Was
man nicht sagen kann, ist Quatsch‹, erklärte Scholz. ›Die olle Religion kannst de auch nicht
sagen. Nationalismus kannst de auch nicht sagen. Bolschewismus, das kannst de sagen. Das
ist auch das einzige, was kein Quatsch ist.‹ Krenek lehnte das ab: ›Kann nichts dabei finden,
was zu sagen. Geht von Ihrem Maul in meine Ohren. Könnte genauso gut nicht gesagt wer-
den; früher wußte det einer, jetzt wissens zwei. Was mir interessiert, muß mehr sein, als was
ist zwischen Ihnen und mir. Es muß direkt in die Höhe gehen. Es muß direkt sein.‹« [87]
Krenek will durchdrungen sein, Krenek will fühlen. Klassenkampf und Kommunismus
versprechen das Indirekte, Komplizierte und Mühselig-Umständliche, da ist viel zuviel
Widerstehendes, alles Gefühlsschranken. Anders ist es mit »Deutschland«, das ist so herrlich abstrakt und doch getreten und geschlagen, daß man – mit ihm leidend und sich in
diesem Leiden begreifend – es leichter zu sich ins Verhältnis setzen kann. Das neue
»Deutschland« verspricht eine einzige gefühlsmäßige Wohltat zu werden. Der Weg dahin
ist relativ bequem und nicht so lang, man würde sein Auskommen finden. Hieß es nicht
unter den großen Lettern des »Völkischen Beobachters«: Freiheit und Brot?

»Deutschland« ist endlich von einer gewissen ergreifenden Substanz, es kann auch für Arbeiter zu einer Sache des Gefühls werden, etwa so, wie vormals »Gott« ihnen eine Gefühlssache gewesen sein konnte. Sauber und lauter wartet »Deutschland« auf seine irdische Niederkunft, für die Krenek und andere bereit sind, ihr Leben zu geben, nachdem sie anderen das Leben genommen haben, versteht sich.

Ein Oberschlesienkämpfer macht daraus eine Art strategisches Konzept: »*Die Entwicklung habe gezeigt, zeige, daß man, je mehr man erkenne, wie kompliziert die einfachsten Dinge gelagert seien, um so mehr seinen Geist von allen Komplizierungen frei halten müsse. Je mehr die Beherrschung der Welt ein technisches Problem werde, um so mehr müsse man das Technische auf das Technische beschränken. Der Geist braucht nichts als Klarheit und Reinheit. Wie man in der Politik zwar wissen müsse, daß das Leben der Nationen von tausend Fäden durchzogen sei, und wie man imstande sein müsse, die Millionen Strömungen zu errechnen, welche zwischen den Völkern aktiv und reaktiv hin und wider fließen; wie man aber Politik nicht machen könne aus diesem Wissen und aus der Beherrschung der Technik heraus; wie man zumindest eine deutsche Politik so nicht machen könne: sondern Deutsche Politik könne nur sein das klare und reine Streben nach einem Ziel, das der Geist zeige; Deutsche Politik könne nur einfach, gradheraus, direkt sein, wie der Geist, dessen Entfaltung und dessen Willen sie diene; so könnten sie hier nicht stehen und ihre Nase in den Wind halten, um zu riechen, was Polen, was Deutsche, was Franzosen planten. Es sei gut zu wissen, dem Geiste gemäß zu handeln, dessen Atem sie ostwärts gegen die Städte wehte.*«[88]

Das ist als Strategie die Barbarei, als Neigung zur Vereinfachung die Vernichtung von Widersprüchlichem, und gleichwohl windungsreich genug, um zu betäuben.

Die Trance des Freikorps-Führers Bergerhoff hat politisch-praktische Dimensionen. »*Bergerhoff hockte allein, träumend, im Schein fortfressenden Feuers. Verstreut im Walde lagen, mit der fremden Aura der toten Körper, Deutsche Soldaten. Vor ihm, hart am Teich, noch im letzten Sprung nach dem Wasser schlagend, lag, ein kompakter Leib, die Gefangenengruppe. Sie waren bewundernswert getroffen, präzis, wie Ochsen im Schlachthaus. Er betrachtete sie gefühllos, ohne Bedauern, ohne Bedacht auf die Gerechtigkeit, die er nicht anerkannte; es war mehr eine Erwägung, ob dies vereinbar mit den Spielregeln war. Aber konnte diese Frage entschieden werden, hier und von ihm?*«[89] Hier haben wir den Schritt von Richthofens Töten mit Bedacht zum bedenkenlosen Töten. Die polnischen Gefangenen sind in deutscher Bedrängnis und »Notwehr« erschossen worden. Bergerhoff demonstriert schon das Zwielicht eines verkümmernden und verdämmernden Verstandes, wie man ihn später in jener ebenso besinnungslosen wie klarsichtigen KZ-Mentalität wiederfindet – das exakte Schwadronieren von NS-Parolen, todernst.

Bronnen hat schon 1929 die Sicht freigegeben auf unterschiedliche Tote, die in Mystik verhüllten Deutschen und das polnische »Schlachtvieh«. Er ist sensibel für die gereizte Dösigkeit von Schlächtern, die dann später aufwachen und sagen können, sie hätten von nichts gewußt. Bronnen ortet Gesinnung zwischen Schlachthaus und Befehlsnotstand. Das ist es ja, was in den Jahren des Kriegs und Nachkriegs verlangt worden war, und niemand wird ernstlich behaupten, es sei nicht von den herrschenden Klassen in Deutschland herbeigeführt worden: die Überrumpelung und das Gebanntbleiben der Kreneks in andauernder Lebensbedrohung. Nun darf Krenek sich als Kraftmensch fühlen. Im Augenblick der Gefahr ist er nicht nur nützlich! Jetzt erst richtet er sich ganz auf, das Gewicht

»Deutschlands« auf seinen Arbeiterschultern. Und die Geschichte zeigt spätestens ab 1933, wozu dieses Atlas-Gefühl befähigen konnte.

Seit der militärischen Niederlage Ende 1918 und dem Revolutionsversuch im November desselben Jahres ist Kreneks soldatische Haltung schon relativ nachlässig geworden. Der äußere und innere Feind darf aber keinen Moment aus den Augen verloren werden. Eben dies, die permanente Konzentration auf den »Feind«, ist nicht durchzuhalten. Allein die Lebensbedrohung macht wieder wach für eine gefährliche, auf das äußerste gereizte Aufmerksamkeit in einem durch den Krieg, den Nachkrieg und die Weltwirtschaftskrise halb schon eingeschläferten unveränderten Leben.

Bronnens »O. S.« ist eine bestimmte Weiterentwicklung jenes Lebensgefühls, nach der Walter Flex seinen Helden Wurche sich sehnen ließ. Diese Sehnsucht ist mittlerweile ausgedünnt und wie ausgehungert. Wie die angebliche Schönheit des Sturmangriffs die Öde des Stellungskrieges leugnen will und soll, so wird das nationalistische Gefühl für »Deutschland« über sein soziales Elend gestülpt.

Von hier aus erst werden Spuren eines verdeckten, ohnmächtigen Widerspruchs sichtbar, den die NSDAP dann so geschickt zu organisieren verstand. Sie riß nun den Kreneks die Köpfe und Arme in einem Selbstverständnis hoch, das Richthofens uneingestandenen Zweifel etwa an der moralischen Vertretbarkeit seines Starkiller-Daseins gar nicht erst aufkommen ließ. Die wilhelminische Menschenverachtung hatte nun gar keinen rechtfertigenden Schleier mehr nötig: »Meine Soldaten schießen keine Menschen tot, sie vernichten den Gegner« (Wilhelm II.) – das ist jetzt schon umständlich und altmodisch.

HENKERS KNECHTE

Das Erstaunliche, im historischen und politischen Vorfeld des Faschismus zu beobachten, ist doch, daß Moral und Weltanschauung des 1. Weltkriegs keine grundlegend alternative, friedensbestimmte Ablösung fanden.

Ein fester Bestandteil der in der Republik überwinternden Kriegstradition ist der politische Mord. Er ist die Verlängerung des jahrelang befohlenen, scheinbar legalisierten Mordes in die Republik. Ab 1919 wird das Töten von »Feinden«, jetzt waren es die »Novemberrevolutionäre«, Spartakisten und »Bolschewisten« aus politischen, sprich »vaterländischen« Beweggründen geradezu gesellschaftsfähig. Politiker fordern es, Zeitungen drucken es und viele, viele denken es[90]. Die Anfänge der Republik sind untrennbar mit dem Mord an den Führern und unzähligen Mitgliedern des Spartakusbundes und anderer revolutionärer Vereinigungen in Berlin, München und anderswo verbunden[91]. Und als kriegssozialisierter Antidemokratismus, als halbfeudaler Hochmut begleitete Mord- und Henkergesinnung die Republik.

Ernst von Salomon, Autor des (autobiographischen) Romans »Die Geächteten« (1930) und wegen Mittäterschaft an der Ermordung des deutschen Außenministers Rathenau zu einer Gefängnisstrafe verurteilt, macht in seinem Buch mit dem Innenleben der sogenannten politischen Mörder vertraut: wie sie der 1. Weltkrieg entließ, Deklassierte, mehr oder weniger freiwillige Knechte im Dienst von Henkern größeren Kalibers.

Bis 1933 brachte dieses Buch es nur zu einer Auflage von 20 Tausend und erst im Jahr des beginnenden 2. Weltkriegs war es auf 104 Tausend geklettert[92]. Das kann nicht verwundern, denn es enthielt die schwerfällige Weiterentwicklung einer vergleichsweise noch unterentwickelten Henkersgesinnung bzw. ihre rechtsgerichtete Erweiterung. Richtig bekannt wurde dieses Buch erst viel später, nämlich Anfang der 60er Jahre und durch höhere Auflagen auch in Frankreich.

Über den politischen Mord notiert der deutsch-demokratische Kulturmäzen Harry Graf Kessler – drei Monate vor der Ermordung Walter Rathenaus und nach den Morden an Erzberger, Liebknecht, Luxemburg, den Münchener Revolutionären und Hunderten unbekannter Menschen: »Vielleicht könnte man amoralisch formulieren: Morden darf nur, wer zeugen kann; wer so überzeugt von der Einzigartigkeit einer Frau oder einer Idee ist, daß er nur in ihr eine Zukunft sieht. Morden und Zeugen *Komplementäre:* nur der darf zeugen, der auch für seine sinnliche oder geistige Überzeugung morden kann. [...] Aber die Mittelmäßigkeit der modernen Welt stammt zweifellos daher, daß wir nicht mehr weder die Sicherheit zum Zeugen noch die zum Morden haben! Alles wird daher mit einer Art von Schimmel, mit dem Moder von allerlei Kompromissen und Zwischenstufen überwuchert. [...] Vielleicht ist die Hemmungslosigkeit mehr als die Stärke des revolutionären Willens das Charakteristische der meisten revolutionären Epochen und Taten. Wir stehen in einer Epoche wie die des Hellenismus oder der römischen Bürgerkriege, wo der politische Mord *nichts mehr bedeutet.* Damit der politische Mord signalartig wirkte, politische Leuchtkraft habe, muß er vor einem ethischen, streng moralischen Hintergrunde sich abheben. In einer amoralischen Epoche ist er politisch ebenso bedeutungslos wie irgendeine natürliche Todesform.«[93]

Diese seltsamen Gedanken eines gebildeten Mannes sind eigentlich ein Freibrief für den politischen Mord, und zwar mit ähnlichen Rechtfertigungen, wie sie die Rathenau-Mörder für sich beanspruchten. An Walter Rathenau – dem sich Harry Graf Kessler menschlich und politisch sehr verbunden fühlte – haßten sie eben jenen »Moder von allerlei Kompromissen und Zwischenstufen« der Weimarer Republik.

Die Weltanschauungen von Demokraten und Antidemokraten waren heillos durcheinander. Gerade in den seit der Novemberrevolution in Bewegung geratenen Massen gab es aber ein feines Empfinden dafür, daß mit Rathenau auch ein Stück Demokratie, also ihre Errungenschaft beseitigt werden sollte. Rathenaus Ermordung schlug einer Bombe gleich durch alle Klassen und Schichten hindurch; die Empörung – wenn auch stark von den bürgerlichen Parteien mobilisiert, aber auch von USPD und KPD – war allgemein, tief und voller Rachegefühle.

Salomon betrachtete die Auswirkungen des militärischen Zusammenbruchs nicht nur durch die Brille eines Angehörigen der oberen Klassen. Sohn eines Polizeipräsidenten und Zögling der Lichterfelder Kadettenanstalt, meldet er sich mit 17 Jahren freiwillig an die Ostgrenzen und erfährt soziale Deklassierung rasch am eigenen Leibe, ohne aber seinen Klassendünkel abzustreifen. So beobachtet er den Nachkrieg in Deutschland: Was er sieht, ist Ausdruck der durcheinandergewürfelten und neu zusammengesetzten Klassen samt deren Weltanschauungen, ihres heftigen Widerstreits untereinander sowie ihres Verschmelzens zu neuen weltanschaulichen Legierungen[94].

Auch von Hitler ist die Rede. Salomon läßt den Rathenau-Mörder Kern folgende letzte

Worte vor seinem Attentat sagen: »*Wenn Hitler seine Stunde begreift, ist er der Mann, für den ich ihn halte. Ein Jahr später ist ein Jahrzehnt zu früh*«.[95]

Abgesehen davon, daß der NSDAP diese offenen Grüße aus den Reihen der Terroristen im Jahr 1930 gar nicht so willkommen gewesen sein mögen, war sie doch entschlossen, den legalen Weg über Wahlen und Massengewinnung zu gehen, abgesehen auch von der Grobschlächtigkeit, mit der Salomon hier politische Übereinstimmung zwischen sogenannten Nationalrevolutionären und Nationalsozialisten demonstrieren will – so ist es doch kein Bärendienst, den die Rathenau-Mörder durch Wort und Tat der NSDAP erwiesen haben. Was sie an brutaler Mordpolitik spektakulär vormachen, das senkt sich allmählich immer tiefer in den Alltag der letzten Jahre der Weimarer Republik und wird zu seinem festen Bestandteil nach 1933.

Wie Bronnen vom revolutionären Proletariat ist Salomon von den Massenbewegungen der Nachkriegsjahre fasziniert. Salomons Empfindungen angesichts der revolutionären Aufmärsche um die Jahreswende 1918/19 schwanken zwischen Verachtung, Bewunderung und Angst.

»*Eine riesige Fahne wurde einem langen Zuge vorangetragen, und die Fahne war rot. Naß und trüb hing sie an langer Stange und schwebte wie ein blutiger Fleck über schnell zusammengeströmter Menge. Ich blieb stehen und sah.*

Der Fahne nach wälzten sich müde Haufen, regellos durcheinanderstapfend. Weiber marschierten an der Spitze. Sie schoben sich mit breiten Röcken voran, die graue Haut der Gesichter hing in Falten über spitzen Knochen. Der Hunger schien sie ausgehöhlt zu haben. Sie sangen aus ihren dunklen, zerfransten Umschlagtüchern heraus mit schleppender Stimme ein Lied, dessen Rhythmus nicht zu der zögernden Schwere ihres Ganges paßte. Die Männer, alte und junge, Soldaten und Arbeiter und viele Kleinbürger dazwischen, schritten mit stumpfen, zermürbten Gesichtern, in denen ein Schimmer dumpfer Entschlossenheit stand, und nichts weiter als das, fielen immer in Gleichschritt und bemühten sich dann, wie ertappt, die Füße enger oder weiter zu setzen. Viele trugen ihr Blechkännchen mit sich, und hinter der nassen, vom Regen mit dunklen Flecken getünchten roten Fahne beulten sich Regenschirme über dem Zug. So zogen sie, die Streiter der Revolution. Aus diesem schwärzlichen Gewusel da sollte also die glühende Flamme springen, sollte der Traum von Blut und Barrikaden sich verwirklichen? Unmöglich, vor denen zu kapitulieren. Hohn über ihren Anspruch, der keinen Stolz kennt, keine Siegessicherheit, keine bändigenden Wellen. Gelächter über ihre Drohung, denn diese da marschierten aus Hunger, aus Müdigkeit, aus Neid, und unter diesen Zeichen hat noch niemand gesiegt. Trotz über die Gefahr, denn sie trug ein gestaltloses Antlitz, das Gesicht der Masse, die sich breiig heranwälzte, bereit, alles in ihren seimigen Strudel aufzunehmen, was sich nicht widersetzt.«[96]

Dieses Bild der revolutionären Massen ist negativ und doch auch glaubhafter Augenzeugenbericht. Was Salomon nicht versteht, das ist die konkrete Lage der Massen, die sicherlich ihre Revolution mit größerem, präziserem Elan hätten machen wollen. Die Novemberrevolution ist ja doch auch die durch den Krieg behinderte Verteidigung ihrer materiellen Interessen und dann erst politischer Angriff auf die herrschende Klasse.

Aber auch dieser Angriff wird bei Salomon spürbar, wenn er die Gefahr, die von den Massen für die herrschende Klasse ausgehen könnte, in einer rassistischen Disqualifizierung abtun und zurückschlagen will. Aus zusammengekniffenen Augen sieht er bald nur noch Ratten, »*trippelnd und grau mit kleinen, rotgeränderten Augen*«. Richtige Angst überfällt ihn, als er die Avantgarde dieser Massen erblickt. Das sind ja »unsere blauen Jungs«, das proletarische Vorzeigebild des Wilhelminismus. »*Die hatten die Revolution gemacht, diese jungen Kerls mit den entschlossenen Gesichtern, die rüden Burschen, die die Mädels untergehakt hatten und sangen und lachten und johlten und dahinzogen, breit und selbstbewußt mit nackten Hälsen und flatternden Schlipsen. Ein Auto brauste heran, Matrosen standen auf den Trittbrettern, hockten auf dem Kühler, und das rote Tuch flatterte, bauschte sich wie ein Fanal. Und einige waren dabei, die blickten frech, die schrien heiser, die hatten gedrehte Locken in der Stirn, denen kreischten die Weiber zu.*«[97]

Salomon ist sichtlich berührt von diesen Matrosen und hin- und hergerissen zwischen Bewunderung und Neid, auch wenn er sich nicht mehr vorstellen kann, daß sie, einst die Musterjungs der Nation, Teil der »müden Massen« sind. Die Gewalt, die von ihnen ausgehen kann, bekommt er gleich zu spüren. Sie reißen ihn, der provozierend mit Achselklappen und Seitengewehr am Straßenrand steht, nieder; ein Offizier in Lackstiefeln und mit Monokel und Reitpeitsche verhindert, daß sie ihn erschlagen. Salomons Haltung zu den Massen bleibt weiterhin von einer Art uneingestandener Faszination und nervöser Verachtung zugleich. Zu ihnen überlaufen, das verbieten ihm Herkunft und Erziehung.

Emotional aber ist er stark verunsichert und dies wird noch stärker, als er eine unbestimmte, politische Schlappheit in seinen eigenen Kreisen feststellen muß. Salomon lernt alles Bürgerliche hassen, es ist ihm Synonym für das Mittelmäßige, Laue und Unentschiedene. Er vermißt die Umsturzleidenschaft im Bürgertum. Der in seiner antisozialdemokratischen Wut sich begnügende Oberlehrer, der Kunstmaler mit dem sehnlichst erhofften Kriegsverdienstkreuz, der Zahlmeister außer Dienst und der um seinen Besitz bangende Textilfabrikant – sie alle hängen dem jungen Salomon zum Halse heraus, weil sie nicht wirklich ernsthaft aufbegehren wollen.

Salomons Haß auf das Bürgertum ist 1930 kein rechtes Sektierertum. In den zwölf Jahren nach dem Krieg hatte sich nicht nur nichts Neues aus dieser Klasse ergeben, das Alte ist immer noch da und vielleicht bei wiedergewonnenem Wohlstand noch mittelmäßiger geworden. Salomon muß weiter nach unten sehen, links aber läßt ihn kalt.

Bei seinen Erkundungsgängen 1918/19 in die von der Revolution aufgewühlte Stadt bleibt er vor den Bekanntmachungen des Arbeiter- und Soldatenrates stehen und »*las und las und verstand kein Wort und wußte nur, daß dies feindlich war und dies ja alles gar nicht stimme…*«.[98] Beim Bürgertum ist nach wie vor viel zu viel »maßvolle, weise Überlegung«.[99]

Salomon beginnt auf eigene Faust zu suchen und zu handeln. Er sammelt und hortet verbotenerweise Waffen, weiß aber noch gar nicht richtig, gegen wen er sie richten will. Dafür ergreift ihn bald ein abgründiges Glücksgefühl. »*Wenngleich ich nicht wußte, was ich mit diesem Depot beginnen sollte, so vermittelte mir das Bewußtsein des Besitzes jener Dinge doch das erregende Glücksgefühl der Beherrschung tödlicher Mittel, und sicherlich war es die Gefahr ihres Besitzes, die mich in ständiger Selbstachtung erhielt und den Augenblicken meiner demütigenden Untätigkeit die Rechtfertigung verlieh.*«[100] Das ist gewiß nicht nur pubertäres Pennälerglück; es ist bitter nötiger Ersatz für fehlenden politischen Handlungsraum und fehlende Phantasie.

Mit diesem Eingeständnis ist er jenen Teilen der Bevölkerung nahe, die sich ab November 1918 in revolutionsfeindlichen Organisationen wie der Sicherheitspolizei oder dem Selbstschutz gesammelt haben. Mit einem oder mehreren Gewehren im Schrank läßt sich zweierlei besser verwinden, die militärische Niederlage und der revolutionäre Ansturm der Massen. Es ist die noch praxislos konterrevolutionäre Haltung. So ausgerüstet und innerlich gewappnet ist man Reserve der Gegenrevolution – ohne genau zu wissen, was die Revolution selbst wohl sein könnte – und wartet auf ein höheres Signal.

Den Roten bleibt Salomon bis zum Mord an Walter Rathenau auf eine zwieschlächtige Weise verbunden. *»Freilich rasten noch die Autos durch die Stadt, voll besetzt mit roten Bewaffneten, und ich musterte sie genau und sah kräftige, entschlossene Gestalten, gepackt vom Rausch der schnellen Fahrt, und überlegte mir, ob ihnen auch der Rausch eines tollen Widerstandes gegen den Einmarsch der Franzosen zuzutrauen sei. Und ich las die Plakate, die roten Plakate mit den Bekanntmachungen des Arbeiter- und Soldatenrates, und witterte hinter der hallenden Wucht ihres Ausdrucks doch eine gefährliche, bezaubernde Energie, hinter den prahlerischen Verkündigungen doch einen heißen Willen.«*[101]

Auch wenn er schon ahnt und bald erlebt, daß dieser revolutionäre Schwung verebbt, so kann er ihn doch nicht vergessen; Salomon hängt an ihm wie an einem schönen Traum, über dessen Widerspenstigkeit er eher verzweifelt als erbost ist. *»Levée en masse – wer bot uns das Wort? Das war es ja, ja, das war es! Wir mußten alle aufstehen gegen den Feind. Wir mußten der Revolution einen Sinn geben, wir mußten das Land aufkochen lassen, die Fahnen, die gültig waren und seien es die roten, nach vorn tragen – das mußten wir. Sollten wir nicht die Revolution lieben lernen? Hatte nicht Kerenski weitergekämpft und hatte nicht Lenin der ganzen Welt den Krieg erklärt? Wir würden alle Waffen tragen, und wir würden sie tragen mit der Leidenschaft des Sieges, die uns mehr verheißt, als unseren Bestand zu wahren, die uns eine Mission wert sein ließ, die der Verzweiflung ihren fahlen Schimmer nahm und aus Busch und Hecke, aus jedem Fenster, jedem Torweg unsern Haß und unsern Glauben spritzte. Wer sollte widerstehen unserm Aufstand? Der Mann, der uns das Wort bot, stand nicht im Ruche krauser Phantasterei – wir sollten's wagen!«*[102]

Blind für die materielle Lage der Massen, blind auch für die Klassenbedingtheit ihrer politischen Ziele, lenkt Salomon die Aufmerksamkeit auf eine andere noch vorhandene, politisch-ideelle Kraft: *»Die Front würde es bringen.«*[103]

Es wäre töricht, die Erwartungen an die Front nicht in die revolutionäre Gesamterwartung der Massen einzuordnen. Zu schnell war und ist man bereit, mit der »Front« nur Chauvinistisches und Militaristisches zu verbinden. Abgesehen davon, daß in den revolutionären Räten ja nicht nur Arbeiter, sondern auch »Soldaten« saßen und handeln wollten, steckte in der Fronterfahrung selbst ein gewaltiges, wenn auch unentwickeltes Potential des Umsturzes. In den Frontsoldaten steckte ja schon lange nicht mehr, oder nicht mehr nur, der Gedanke des ewig unbesiegten deutschen Soldaten. Gerade die Soldaten hatten ja die Besiegbarkeit am eigenen Leibe erfahren. Und viel drängte deshalb in ihnen nach gesellschaftlicher Veränderung, weil sie vollkommen zu Recht nicht sich, sondern der herrschenden Klasse die Schuld am deutschen Zusammenbruch gaben – ohne allerdings schon die Herrschenden als Klasse über sich ausmachen zu können. Ursprünglich waren die Hoffnungen und Erwartungen an die »Front« auch wertvolle und einer möglichen sozialen Befreiung der Massen nützliche Gedanken. Die Hoffnungen, die am Ende des 1. Weltkriegs den heimkehrenden Soldaten entgegengebracht wurden, mußten in den er-

sten Tagen des Waffenstillstandes dann aber durch eine Erfahrung hindurch, deren nie-
derschmetternde, tiefere Enttäuschung und Entmutigung nicht unterschätzt werden darf.

Salomon hat den inneren Zusammenbruch der »Front« im Anblick der heimkehrenden
Soldatenmassen beobachtet. »*Da kamen sie, ja, da kamen sie. Da waren sie auf einmal, graue
Gestalten, eine Reihe von Gewehren über runden, stumpfen Helmen. ›Warum ist denn keine
Musik?‹ flüsterte einer, heiser atemlos. ›Warum hat denn der Bürgermeister keine Musik?‹
Unwilliges Gezisch. Und Totenstille. Dann rief einer ›Hurra…‹ Von ganz hinten. Und wieder
war Stille.*

*Ganz schnell gingen die Soldaten, dicht aneinandergedrängt. Wie Schemen tauchten die
vordersten vier Mann auf. Sie hatten steinerne, starre Gesichter. Der Leutnant, der neben
der ersten Gruppe ging, trug blanke, glitzernde Achselstücke auf einem lehmgrauen, zer-
schlissenen Rock. Sie kamen heran. Die Augen lagen tief, im Schatten des Helmrandes, ge-
bettet in dunkle, graue, scharfkantige Höhlen. Nicht rechts, nicht links blickten die Augen.
Immer geradeaus, als seien sie gebannt von einem schrecklichen Ziel, als spähten sie aus
Lehmloch und Graben über zerrissene Erde. Vor ihnen blieb freier Raum. Sie sprachen kein
Wort. Kein Mund öffnete sich in den hageren Gesichtern. Nur einmal, als ein Herr vorsprang
und, bittend fast, den Soldaten ein Kistchen hinhielt, fuhr der Leutnant mit unmutiger Hand
beiseite und sagte: ›So lassen Sie das doch, hinter uns kommt noch eine ganze Division.‹*«[104]*

Im Augenblick der »Niederlage« festgehalten ist hier die nationale Identifikation von
Teilen der Bevölkerung mit »ihren« Soldaten des 1. Weltkriegs. Gerade weil das eher ihre
rückschrittlichen Teile betrifft, ist diese Erfahrung der Heimkehr der geschlagenen Soldaten um so verheerender. Ganze Bereiche von Nationalstolz sacken hier unter den Augen
der Novemberrevolution in für sie unerreichbare Tiefen weg.

*»O Gott, wie sahen sie aus, wie sahen diese Männer aus! Was war das, was da heranmar-
schierte? Diese ausgemergelten, unbewegten Gesichter unter dem Stahlhelm, diese knochigen Glieder, diese zerfetzten, staubigen Uniformen! Schritt um Schritt marschierten sie, und
um sie herum war gleichsam unendliche Leere. Ja, es war, als zögen sie einen Bannkreis
um sich, einen magischen Zirkel, in dem gefährliche Gewalten, dem Auge der Ausgeschlossenen unsichtbar, geheimes Wesen trieben. Trugen sie noch, zu einem Knäuel quirlender Vi-
sionen geballt, die Wirre tosender Schlachten im Hirn, wie sie den Dreck und den Staub der
zerschluchteten Felder noch in den Uniformen trugen?«*[105]

Jetzt zeichnet sich zweierlei ab: die Richtung, die die Ersatzidentifikation nehmen wird,
ihr mystisches Gepräge, und der materielle Kern dessen, was hier auch sichtbar wird, nämlich die seit 1914 aufgebrochene, durch die Kriegszensur begünstigte Kluft zwischen Heimat und Front. Der Krieg hat materiell und ideell eine Widerspruchsstruktur herausbilden
helfen, die neue, zusätzliche Feindseligkeit und Spaltung in die Bevölkerung trägt. *»Und
wie ich diese tödlich entschlossenen Gesichter sah, diese harten, wie aus Holz zurechtge-
hackten Gesichter, diese Augen, die fremd an der Menge vorbeisahen, fremd, unverbunden,
feindlich – ja, feindlich, da wußte ich, da überfiel es mich, da erstarrte ich –– das war ja
alles ganz anders, das war ja alles ganz, ganz anders, das war ja gar nicht so, wie wir es dachten, wir alle, die wir hier standen, wie ich es dachte, jetzt und die ganzen Jahre hindurch,
das mußte ja alles ganz anders gewesen sein. Was wußten wir denn? Was wußten wir denn
von diesen da? Von der Front? Von unseren Soldaten? Nichts, nichts, nichts wußten wir.
[…] Daß diese da, die Männer, die da marschierten, das Gewehr geschultert und streng ab-*

*geschlossen von allem, was nicht ihresgleichen war, daß diese da nicht zu uns gehören woll-
ten, das war es, das Entscheidende.*«[106]

Noch diesseits aller nationalistischen und chauvinistischen Frontgeisterei wird hier ein
von unten aus der nationalen Demütigung aufbegehrendes Moment sichtbar. Trotz Krieg
und nach dem Krieg kommt es zu Sympathien für das Frontsoldatentum. Die neue Einheit
und der alte Widerspruch zwischen Front und Heimat sind beide auf eine elementare
Weise emotional und wachsen auf der Erfahrung der militärischen Niederlage Deutschlands. Die Front hochhalten, auf sie nichts kommen lassen wollen, das ist mit einem gehö-
rigen Potential Feindseligkeit gegen alles friedensmäßig Zivile versetzt, da laufen auch
Anti-Bürgerlichkeit und Antikapitalismus noch mit. Der unverstandene Schützengraben
des 1. Weltkriegs entwickelt sich zu einer tendenziell umstürzlerischen, meinungsbilden-
den Kraft in Teilen der Massen und organisiert dennoch fortlaufende, reaktionäre
Vernunft in ihnen. Von da aus nimmt die Konterrevolution in Deutschland Anlauf und
holt Atem.

Mit viel emotionalem Gespür für die Getroffenheit der Massen kniet sich Salomon geradezu in sie hinein, verfolgt und propagiert ihre einer reaktionären Vernunft preisgege-
bene Erfahrung. *»Kompagnie auf Kompagnie zog vorüber, erbarmungswürdig kleine
Grüppchen, einen gefährlichen Hauch mit sich führend, eine Witterung von Blut, Stahl,
Sprengstoff und jähem Zugriff. Ob sie die Revolution haßten?*«[107] Für Salomon und nicht
nur für ihn ist das eine entscheidende Frage. Er hat ja die »bezaubernden Energien« der
Revolution kennengelernt und erlebt nun den »gefährlichen Hauch« ihrer Henker. Auch
ist die Antwort nicht von vornherein klar. Denn die Substanz der Kriegserfahrung der Soldaten ist nicht von vornherein revolutionsfeindlich, sie ist ambivalent und nimmt nur allmählich Richtung gegen die Revolution. Salomon spürt das und frischt den »gefährlichen
Hauch« der Gegenrevolution auch noch nationalistisch auf. *»Die Front war deren Heimat,
war das Vaterland, die Nation. Und niemals sprachen sie davon. Niemals glaubten sie an
das Wort, sie glaubten an sich. Der Krieg zwang sie, der Krieg beherrschte sie, der Krieg
wird sie niemals entlassen, niemals werden sie heimkehren können, niemals werden sie ganz
zu uns gehören, sie werden immer die Front im Blute tragen, den nahen Tod, die Bereitschaft,
das Grauen, den Rausch, das Eisen. Was nun geschah, dieser Einmarsch, dies Hineinfügen
in die friedliche, in die gefügte, in die bürgerliche Welt, das war eine Verpflanzung, eine Verfälschung, das konnte niemals gelingen. Der Krieg ist zu Ende. Die Krieger marschieren immer noch.*«[108] Das ist eine Umschreibung der Deklassierten und politisch zunächst des-
orientierten Massen, bald marschieren sie gegen die Revolution und haben sie doch
vielleicht gar nicht verstanden. Was an Konterrevolution von nun an geschieht, zehrt davon, daß die an ihr beteiligten Massen nicht von Beginn an, nicht von Grund auf konterrevolutionär sind.

Salomon hat sich auch als Freikorpsler und Nationalist nie gänzlich von der Sympathie
zu den breiten, auch revolutionären Massen freimachen können. Sie sind eine große Irritation. *»In ganzer Breite ist die Straße schwarz. Die Straße selber schiebt sich vor. Es ist, als
wollten die Häuser sich neigen, es rollt das wirre Band, bedächtig, riesig, unangreifbar, unaufhaltsam: Massen, Massen, Massen.*

*Knallig prunken die roten Flecken überm Haufen, weiße Schilder schweben, eine gelle
Stimme schreit: Es lebe die Revolution! Die Masse brüllt: Hoch! Es orgelt tief aus tausend*

Brüsten, schmeißt den Dunst beiseite, Fenster klirren. Hoch und Hoch! Der Boden dröhnt, es rollt und wälzt sich weiter. Volk! Es bricht sich Bahn die Ahnung dessen, was das heißt: das ist das Volk! Nein, Massen sind es, Tausende, nur Massen – und Mensch an Mensch und Leib an Leib und Kopf an Kopf – die Wucht der Schritte läßt den Rhythmus spüren, und wieder kommen Fahnen, sie holpern mühsam vorwärts und zwischen den Bewaffneten, den Matrosen, den blinkenden Gewehren schweben die Schilder: ›Nieder mit den Arbeiterverrätern, nieder Ebert, nieder Scheidemann‹, ›Hoch Liebknecht‹, ›Hunger‹, ›Friede‹, ›Freiheit‹, ›Brot‹!

Der Strom reißt nicht ab. Welche ungeheure Faust erraffte diese Menschen und stopfte gnadenlos den Brodel in den engen Schlauch der Straße? Ja, wenn sie wollten! Wer kann sich hier dagegenstemmen? Es lärmt, sie schreien, der Haß spritzt aus den dunklen Mündern. Bewaffnete marschieren, wirr kreuzen sich die Gewehre, Wagen rattern, vollgestopft, bedrängt von Männern, es lugen die MGS mit rundem Auge, indes die Reihen schimmernder Patronen zum Schuß bereit aus ihren Bäuchen quellen.«[109] Das ist keine Hymne an die Massen aus der Feder eines rechten, nationalistischen Autors. Die Massen: hier sind sie gulli-nahe, der schwarze Mob, wie wir ihn aus Ortega y Gassets »Aufstand der Massen« kennen[110].

Salomon beschreibt den Aufruhr der Massen zu einem Zeitpunkt, als die Novemberrevolution noch nicht versandet ist. Es ist der 6. Januar 1919, wie er als sorgfältiger, aber listiger Chronist festhält: jener Tag – am Vortag gründete sich die »deutsche Arbeiterpartei«, ab 1920 nannte sie sich NSDAP –, an dem in Berlin 500000 Menschen streikbereit durch die Straßen marschieren. Die Reichsdruckerei, das Proviantamt, die Eisenbahndirektion und das Haupttelegrafenamt sind von bewaffneten Arbeitern und Soldaten besetzt, Rosa Luxemburg und Karl Liebknecht noch nicht ermordet. Über ein Verhandlungsangebot der USPD-Führer läßt Salomon nur knapp einen Noske-Soldaten sagen: »*Saudumm sind die, die verpassen egal jeden richtigen Moment.*«[111] Dieser Noskite hätte sich auf die Einschätzung der »Roten Fahne« berufen können, die ein Jahr später schrieb: »Was an jenem Montag in Berlin sich zeigte, war vielleicht die größte proletarische Massentat, die die Geschichte je gesehen hat. Wir glauben nicht, daß in Rußland Massendemonstrationen dieses Umfangs stattgefunden haben. Vom Roland bis zur Viktoria standen die Proletarier Kopf an Kopf. Bis weit hinein in den Tiergarten standen sie. Sie hatten ihre Waffen mitgebracht [...] Sie waren bereit, alles zu tun, alles zu geben, das Leben selbst, eine Armee von 200000 Mann, wie kein Ludendorff sie gesehen. Und dann geschah das Unerhörte«–während die Massen die Gewehre und Geschütze fertig machten, berieten die Führer. Sie berieten den ganzen Tag und die kommende Nacht und schickten die Massen dann nach Hause. Das eigentlich Unerhörte aber bestand darin, daß die Massen sich das hatten gefallen lassen. Die »Rote Fahne« kam zu folgendem Schluß: »Nein! Diese Massen waren nicht reif, die Gewalt zu übernehmen, sonst hätten sie aus eigenem Entschluß Männer an ihre Spitze gestellt und die erste revolutionäre Tat wäre gewesen, die Führer im Polizeipräsidium aufhören zu machen, zu beraten.«[112]

Sei dem gewesen wie es wolle, Salomon zitiert die »Rote Fahne« genüßlich. Er ist genau und gehässig, er vergißt vor allem die Schwächen nicht. Einen Respekt vor den Massen behält er jedoch und spürt ihren revolutionären Elan noch in Situationen auf, in denen sie, oberflächlich betrachtet, wehrlos scheinen, als sie sich z. B. von den Straßen vor den

Noske-Soldaten in ihre Mietskasernen zurückziehen müssen. Was Salomon jetzt erlebt, das ist letztlich Unbesiegbarkeit: »›*Aufmachen!*‹ *sagte Kleinschroth. Und im selben Augenblick war das Haus lebendig. Es war in den ersten Sekunden lebendig, wie etwa ein Bienenstock, in den eine Hand hineinfuhr. Da war ein bedrohliches Summen, das klein begann, dann plötzlich sich zu schrillem, gefährlichem, bis zur Hysterie gesteigertem Vibrieren schraubte, zu einer bösartigen Bereitschaft in höchstem Diskant. [...] Der Treppenflur war so dunkel, daß ich über einen Eimer stolperte. Hoffmann riß eine Tür auf, sprang in das Zimmer, und ich hörte ihn sagen: ›Mach keine Dummheiten, Mensch, gib die Knarre her!‹ Da drinnen saß ein Mann, eben aus dem Bette gefahren, und hatte ein Gewehr in der Hand. Das drehte er einen Augenblick unschlüssig und sah uns an. Er saß auf dem Rande eines wackeligen Bettgestells, das Stroh unter buntgewürfeltem Überzug ragte zerzaust, Strohhalme hingen ihm noch im Haar. Die Stube war klein, ein winziges Fenster mit halbblinden Scheiben ließ kaum einiges Licht herein, ein Herd war noch in der Stube, an dem feuchte Wäsche hing, und in der Ecke stand eine noch junge Frau, in einem langen zerknitterten, an den Säumen schmutzigen Hemd; sie stand wie gepreßt an der Wand und sagte nichts. Über dem Bett aber hing ein gerahmtes Bild, wie es die Reservisten nach Hause nahmen, in Buntdruck ein Soldat, der Kopf eine aufgeklebte Photographie. Der Mann gab zögernd das Gewehr herüber, dann sprang er plötzlich auf, ergriff das Bild und schmiß es uns vor die Füße, daß der Rahmen sprang und das Glas splitterte. Dann hob er beinahe bedächtig den nackten Fuß, als wolle er noch einmal das Bild mit der Ferse zermalmen, hielt aber inne und sagte nur: ›Nun aber hinaus!‹*«[113]

Wie genau hat er hier hingesehen. Wie scharf hat Salomon, voller Angst auch vor den Massen, beobachtet: Sie sind unberechenbar und gefährlich, nie gänzlich wehrlos. Denn was anderes besagt jener nackte, erhobene, halbhoch innegehaltene Fuß eines waffenlosen Mannes, der einen Moment lang unschlüssig ist, ob er – in jedem Fall sich selbst verletzend – lieber dem »Noskiten« in den Bauch oder in die scharfen Glasscherben seiner Kriegserinnerung treten soll? »*Tür stand neben Tür. Wenn uns eine geöffnet wurde, dann fuhren auch die anderen auf, und plötzlich stand der Gang dicht voll Menschen. Männer, Frauen und viele Kinder, Kinder in allen Größen, halbnackt die meisten und unsäglich schmutzig und mit Gliedern, so dünn, daß man meinen könnte, sie müßten zerbrechen, packte man sie an, Kinder mit unheimlich großen Köpfen und wirren, stachligen blonden Haaren, – sie standen an den Schwellen ihrer kargen, düsteren Stuben, und viele Augenpaare starrten uns an. Wenn die anderen hineingingen, dann stand ich alleine vor der Tür, stand allein ihnen gegenüber, und der Haß prallte mir entgegen wie eine Wolke, entgegen prasselte mir das Gezischel höhnischer Rufe, Weiber strichen an mir vorbei und lachten und spuckten dann auf den Boden, und die Männer, mit offenen Hemden, daß man die krausen Haare ihrer Brust sah, riefen einander zu: ›Totschlagen müßte man die Bande!‹ und ›Nehmt dem Affen doch die Knarre ab!‹ Aber sie taten mir nichts, sie hoben nur die Fäuste und schüttelten sie mir vor den Augen und rühmten sich, mit einem Finger mich wie eine Wanze zu zerquetschen.*«[114] Salomon ist vernarrt in die Massen, er ist hier voller heimlicher Bewunderung und weiß gleichzeitig nicht wohin vor Angst. Was er festhält, ist einzigartig in der gesamten Nachkriegsliteratur. Selten hat einer so die Massen beschrieben. Waffenlos, erscheinen sie doch kühn und drohend, elend, aber gefährlich.

Niemand in diesem Häuserblock des Berliner Nordens provoziert, niemand leistet

ernstlich Widerstand, und doch ziehen die Noskes unverrichteter Dinge wieder ab, ja, Salomon treibt die Aussage seines Massen-Porträts geradezu auf die Spitze, wenn er beschreibt, wie sie sich noch von den Allerschwächsten besiegen lassen müssen. »*In ein Zimmer kamen wir hinein, da saß ein alter Mann am Tisch und eine alte Frau stand am Fenster.
Und der alte Mann erhob sich langsam und trat mit zitternden Knien auf uns zu. Dicht vor
uns stand er und hob langsam die Hand und röchelte: ›Hinaus!‹ und noch einmal: ›Hinaus!‹
und kroch mit Augen, in denen rote Äderchen schwollen, immer näher und hob den Arm
mit einer schwärzlichen, zerfurchten Greisenhand und öffnete wie mit letzter Anstrengung
den faltigen Mund und keuchte heiser: ›Hinaus!‹ Der Unteroffizier wollte den Mann beruhi-
gen, da taumelte der plötzlich und schwankte und drehte sich und fiel mit dem Oberkörper
auf den Tisch. Die Frau aber nahm den Unteroffizier am Arm, wie man ein unfolgsames
Kind am Arme nimmt, und führte ihn schweigend hinaus.*«[115]*

Salomon ist aufrichtig genug, um das Bedrohliche seiner Sympathie für die Massen, also
seiner politischen »Sünde« anzusprechen. Er geht bis dicht heran an das Umkippen und
Kapitulieren vor ihnen. »*Wenn wir in ein Zimmer traten, dann drückte der trostlose, abge-
standene Ruch vieler zusammengepferchter Menschen, die nie allein waren, der Brodel
stickiger Enge, tödlichsten Selbstverzehrs auf unsere Schultern und zwang uns zu erbitterter
Schärfe, an die wir selbst nicht zu glauben vermochten. Wir schienen uns gegen diesen Druck
nicht anders wehren zu können, als indem wir bei aller inneren Benommenheit so fest wie
möglich auftraten und mit barscher Sicherheit so lässig wie möglich handelten. Wenn uns
aus kreischenden, verzerrten Mündern Haß entgegenspie, dann fühlten wir abgründige Sekunden das Nahen einer schrecklichen Entscheidung.*«[116]*

Selbst Teil der Massen, stehen Noskes Soldaten zwischen dem Befehl ihrer Vorgesetzten und dem Sich-Fallenlassen in die »eigene Wärme«, wie es wenig weiter heißt. So schmal
ist die Grenzziehung zwischen Opfern und Henkern.

Wie erst mußte sich das 1930 lesen, zu einem Zeitpunkt also, zu dem sich mit Massenar-
beitslosigkeit und Geldentwertung die Nachkriegszeit für die Massen zu wiederholen
schien? Es bedurfte nicht viel, um die angestauten, politisch verirrten Energien der Massen
noch einmal in die Vernichtung zu jagen. Es bedurfte neben dem materiellen Elend nur
weniger Funken, und abermals waren sie auf den Wegen einer reaktionären Vernunft, sehr
beharrlich, beinahe unansprechbar und unbeirrbar.

Was Salomon auffängt, das sind nicht nur Träume so vor sich hin. Er hält das massenhafte Wechelbad von Angst und Glück der Gefühle, ihrer Stürme und Windstillen fest.
Vor 1933 ist es noch weitgehend passives Potential der Gegenrevolution in Teilen der
Massen. »*Da waren viele unter ihnen, die gingen mit skeptisch verzogenen Mundwinkeln
von dannen, an nichts verzweifelnd und doch an nichts auch ihren Glauben setzend als an
sich selbst. Sie gingen einen seltsamen Weg, diese Entlassenen der Front, die Heimkehrer
des großen Krieges, sie gingen in Beruf, Amt und Sorge, sehr einsam, außerordentlich ernüchtert, sie kamen zu gegebener Stunde wieder und pochten mit sonderbarem Anspruch
an die Tore der bereits vergebenen Welt.*«[117]*

Es dreht sich also nicht nur um die versprengten Freikorpsler, es waren ihrer viel
mehr, die unter der eingreifenden ideologischen Kraft von aufgedonnerten Nationalismen
lebten, deren eigentliche Wirkung darin bestand, unverarbeitete, nicht begriffene und vor
allem unverziehene Erfahrung mitzuführen. Kommt hier eine zündende Aufforderung zur

Tat hinzu, dann kann das bis zu subjektiver Motivation und Mobilisierung durchschlagen, Lähmung und Passivität hinwegfegen und den unaufgeräumten Verstand beibehalten.

Aber Salomon hält nicht nur den in der Luft liegenden Krieg fest. Er protokolliert gleichzeitig einen Gesellschaftszustand, in dessen Kritik er mit linkem Beifall hätte rechnen können. Was Salomon von rechts sieht, das erinnert an der Oberfläche nur zu gut an Bilder etwa von Dix und Grosz: »*Im Reiche braute sich etwas zusammen. Da war ein Heer, das entlassen werden mußte, den Artikeln des Friedensvertrages gemäß, da war ein anderes, heimliches Heer, das sich zu bilden begann. Kommissionen waren im Lande, die herumschnüffelten, von dienernden Herren im Gehrock umgeben. Da waren Hunger und Streik und ein Grollen in den Straßen, da fuhren in lackierten Autos Schieber mit dicken Aktentaschen und quellendem Kinn, da suchten Flüchtlinge aus allen geraubten Gebieten kärgliche Unterkunft, und Ausländer kauften ganze Stadtviertel auf. Unter der hauchdünnen Oberfläche, von arbeitsamen Bürgern jeglichen Formates emsig und ängstlich in mühevoller und geschäftiger Betriebsamkeit gebildet, wirbelte ein Hexentanz von Arbeitslosigkeit und Börsengeschäften, von Hungerkrawallen und Festbällen, von Massendemonstrationen und Regierungskonferenzen, – und da war nichts, was sich dem Taumel entziehen konnte, und viel, was in ihm unterging. Über dem Lande raschelte Papier. Aufrufe und Ultimaten, Verordnungen und Verbote, Proklamationen und Proteste fielen wie Schneeflocken über das Land, Energien vortäuschend, wo keine Energien mehr waren, Hoffnungen weckend, auf die Verzweiflung folgte. Über die abzuliefernden Kohlenzüge tröstete amerikanischer Speck, über die Brotkarten Aktphotographien. Es redeten viele vom Wiederaufbau, aber das Material war schundig und der Boden schwankte, und es redeten viele vom Zusammenreißen, aber das Gerüst hielt bröckelnd stand.*«[118] Natürlich sind in dieser Blitzlichtaufnahme auch die Legenden der deutschen Nationalisten unübersehbar. Dennoch bleibt ein politischer Widerspruch, der subjektiv auf Umsturz orientieren muß.

»*Also wenn dies so war, wenn dies so ist, und wir erahnen, daß noch etwas auf uns wartet, daß wir zu anderem berufen sind, als diesen Dreh mitzumachen, was dann? Wenn die Revolution nicht stattgefunden hat, was dann? Dann müssen wir eben die Revolution machen.*«[119]

Der Gedanke der nachzuholenden, jetzt aber von rechts einzufädelnden Revolution macht Schwierigkeiten im Lager der Konterrevolution.

»*Ich meine, alles, was wir bis jetzt taten, war schon ein Stück Revolution. Im Ansatz. Nicht im Wollen vielleicht, aber darauf kommt's ja nicht an. In der Wirkung, nicht im Bewußtsein. Ich meine so: alle Revolutionen der Weltgeschichte begannen mit dem Aufstand des Geistes ... den meine ich, wenn ich sage, wir müssen die Revolution nachholen. Damit müssen wir jetzt beginnen.*«[120]

Das ist nicht nur die Umkehrung der Geschichte des Kapp-Putsches. Zwischen dem Sich-Zieren im Umgang mit dem Revolutionsgedanken und seiner wortmächtigen Besetzung von rechts liegt ein Gedanke, den auch Hitler 1920 aussprach. Es ist der Gedanke der »Nationalisierung der Massen« als Gegenkonzept zu ihrer »Sozialisierung«[121]. Es ist ein erstes Abrücken von Theorie und Praxis der Staatsstreichmentalität und das Inrechnungstellen der Massen in einem hochindustrialisierten Land wie Deutschland.

Das ist ein neuer Weg zu den Massen. Putschismus ist zu massenfeindlich, erfolgreicher scheint die friedliche oder halbwegs friedliche Durchdringung von Massen im »Aufstand des Geistes«.

Hinzu kommt der »Bolschewismus«. Der spukt auch rechts in den Köpfen herum und ist ein heimlich beneidetes Vorbild für Revolutionierung der Massen in Deutschland. *»Nicht ganz dreitausend im ganzen Riesenreich, habe ich mir sagen lassen, und ein guter Teil von denen hockte noch im Ausland, in der Schweiz und weiß der Kuckuck noch. Aber das waren Leute, die unermüdlich an der Arbeit waren. Theoretiker der Revolution zuerst und dann Praktiker. Da stand Zug um Zug fest, Wort um Wort, Idee um Idee. Und die Leute beherrschten die revolutionäre Strategie.«* [122]

Lachen links ist unangebracht, hat doch der Nationalsozialismus tatsächlich und sehr heftig Gebräuche, Auftreten und Manieren wenigstens der revolutionären Arbeiterbewegung abgeguckt und imitiert. Mehr noch: Gerade innerhalb der deutschen Verhältnisse und aus deutscher Geschichte heraus hat die russische Revolution ihre politische Attraktivität erhalten. Sie verkörpert etwas, wonach man sich in Deutschland sehnt: Da ist die Einigkeit, die Macht und Größe, wie sie von unten nach oben steigt, machbare, verändernde Kollektivität, Kampf- und Opferbereitschaft. Es ist die Vorstellung eines heißen, großgemeinschaftlichen Lebens. Salomon hat eine Sehnsucht aus mißratener deutscher Geschichte registriert, den Bundschuh neben dem Totenkopf, das Störtebeckerlied aus Mörderkehle.

Worin bestand denn die »nationale Katastrophe« 1918? Es war doch nicht nur der Untergang und die Niederlage des Wilhelminismus. In den Strudel seines Sturzes mußten ganze Wertgefüge hinein. Gleichzeitig war nichts tiefgreifend und die Massen durchdringend Neues da, keine Alternative. Der »Sozialismus« hatte sich den Massen angeboten, war aber vorzeitig einerseits in die oberen Etagen von SPD und Gewerkschaft entführt und andererseits in den Ortsgruppen und Sparvereinen etc. umgekommen, er hatte sich verflüchtigt und war niedergegangen.

Der Leninismus, oder das, was aus Rußland nach Deutschland herüber und bis in die Massen hinein kam – nicht nur in die Köpfe der wenigen –, das war im wesentlichen Lenin persönlich, eine große Führergestalt, an die sich in Deutschland ein weiterer Grad der Verwirrung und Vermengung zwischen revolutionären und konterrevolutionären Bestrebungen band.

Gegen Ende der Republik sammelten sich immer mehr Menschen, hauptsächlich – aber nicht nur – aus den Mittelschichten, die die Zeit nicht mehr verstanden und sich zuletzt durch die Weltwirtschaftskrise betrogen fühlten. In ihnen raste eine kopflose Angst. Sie, die Angst der Unterdrückten und Geknechteten, war noch vor der Angst der Henkersknechte, als welche sich manche dieser Menschen verdingten.

ÜBER ALTEM LEID ZU NEUEM KRIEG

»Armee hinter Stacheldraht« (1929) handelt von der Lage der Kriegsgefangenen im 1. Weltkrieg. Erich Edwin Dwingers sibirisches Tagebuch enthält Aufzeichnungen über die deutsche Kriegsgefangenschaft im Rußland der Jahre 1915 bis 1918. Dwinger berichtet Tatsachen, wie sie auch u. a. in Veröffentlichungen und im Archiv von Elsa Brandstrœm belegt sind[123].

Frieren, Hungern, Siechen, Sterben; begleitet von den Quälereien der Lagerleitungen und Lazarettverwaltungen, war Kriegsgefangenschaft weder Leben noch Sterben. Man bewegte sich, manche jahrelang, dazwischen. Ähnlich wie die Materialschlachten, der Gaseinsatz und später die Tanks, gehörte das Leben der Gefangenen, ihr Dahinvegetieren, zu jenen Massenerfahrungen, die 1914 unvorstellbar waren.

Gemessen an der konkreten Lage und dem Leiden erscheint die chauvinistische Einrahmung Dwingers zunächst als unerheblich. Das liegt auch daran, daß kaum ein anderer Autor so ausführlich über die Kriegsgefangenschaft berichtet hat wie Dwinger.

Aber Dwingers Buch ist nur scheinbar ein Weichmacher unter den Kriegsbüchern. Leidenssellig, provoziert das gleich sehr auflagenstarke Buch[124] die Massen in ihrer konkreten, historischen Leidgeprüftheit, läßt sie heulen, aber auch die Zähne fletschen. Dwingers Summe ist der Schrecken des Krieges als Gewöhnung an Leidenshäufung, das abgebrühte déjà vu des 1. Weltkriegs.

Die Erfahrungen russischer Kriegsgefangenschaft transportieren – unter den Bedingungen der deutschen Nachkriegsgeschichte unbegriffen gebliebene – Muster eines nationalistischen Hasses: Gefangenschaft ist erniedrigende Wehrlosigkeit, eine deutsche Schande; das Versailler Friedensdiktat[125] ist nicht Folge der kriegstreiberischen Politik Deutschlands, Schuld ist der »Bolschewismus«. Alle Formen von seelischer und körperlicher Not gehören zum Einerlei des Kriegsgefangenenalltags. Für Menschlichkeit gibt es nur geringe Chancen und auch die Kameradschaft, heilige Kuh des Chauvinismus, zerfällt unter diesen Lebensumständen. »*Gestern starben in unserer Baracke so viel, wie noch vor vierzehn Tagen im ganzen Lager. Es geht rapid bergab mit uns. Man öffnet kaum die Türen mehr, um die Toten herauszuwerfen. Einmal mußte Pod schon ein Kommando führen, um die Tore wieder freizumachen. Man konnte wegen der Leichenstapel nicht mehr aus noch ein.*«[126]

Dwinger beschreibt, wie sich aus den weltanschaulichen Trümmern und dem Schutt zusammenbrechender Werte neue Werte herausbilden. Mit ihnen kommen auch die Inhaber dieser neuen Werte. »*Unsere Kameradschaft lockert sich. [...] Es bröckelt überall, und wenn sie schon bei unserer Gruppe auseinanderfällt, die noch das Feld, die Front zusammenschweißte, wie kann sie in anderen Gruppen halten, die sich erst in den Lagern zusammenfanden, von irgendeinem Schicksalswind ineinandergeweht.*«[127] Hier klingt noch leichtes Bedauern und schlechtes Gewissen an. Schnell ist es übertönt von einem Plädoyer für Zusammengehörigkeit nach außen, gegen den Feind. »*Nein, es gibt fast keine Kameradschaft mehr bei uns, dafür aber haben wir das Zusammengehörigkeitsgefühl von Sträflingen bekommen! Wir mögen im Innern auch noch so zerrissen sein, nach außen hin, dem Feind, dem Russen gegenüber, schließt sich alles zu einer starren, breschenlosen Mauer.*«[128]

Kameradschaft als kollektive, nach innen stabilisierende Lebenseinstellung erscheint abgelöst durch krude chauvinistische Selbstverteidigung.

Dwinger beschreibt bildungsromanähnlich das Scheitern oder Erstarken einzelner Typen, Kameraden seiner Gruppe, in der nur die seelisch und körperlich Tüchtigen im Sinne einer neuen, aus dem 1. Weltkrieg hervorgehenden Führer- und Eliteschicht überstehen. Es ist eine Art Materialprüfung an Menschen, was Dwinger dem Leser vorführt. Übrig bleiben wahre Ungeheuer von Menschen, die anfangen, durch eigene und anderer Leiden zu waten, die Schmerzen und Entbehrungen ertragen lernen. So entsteht eine nur nach außen gerichtete, aggressive – später expansiv ausgenutzte – Leidenserfahrung in Massen.

Die Gestalt Schnarrenbergs steht für ein Gerichthalten über den alten, viel zu wenig elastischen, preußischen Offizierstyp, auf den man aber noch nicht verzichten kann. Er ist eine Säule der alten Ordnung, bis die neue sich profiliert hat. *»Es ist eine Periode der Umstellung für ihn.«*[129]

Ebenfalls zum alten Eisen zu werfen und unbrauchbar ist der gemeine Soldat und Elektriker Brünn. Auf ihn kann man schon vor der Zeit der neuen Ordnung verzichten. Brünn ist ohne jeden preußischen Halt, hemmungs- und disziplinlos, Pazifist und Onanist. Schlimmer konnte Dwinger sich den Untermenschen nicht vorstellen.

Komplizierter ist der Fall des plumpen Bauern Podbielsky, Pod abgekürzt. Er ist die (in dieser Literatur) unverzichtbare Sorte »Mensch aus dem Volk«; er braucht nur etwas zu fressen, um bei guter, den Herren willfähriger Laune zu bleiben, und man braucht nur in seine treuen Bernhardineraugen zu blicken, um das gutmütig-deutsche Herz darin gespiegelt zu finden. Pod ist der treudeutsche Hund. Die Prüfung »Leiden für eine Idee«, d. h. für ein neues Deutschland, besteht er deshalb nicht, weil er in erster Linie nur rohe, körperliche Kraft ist.

Dieser Bauer ist immerhin so stark, daß die Gruppe sich den »kleinen Blank« leisten kann, das Mädchen unter den Gefangenen. Dwingers Wink in Richtung der Leser Anfang der dreißiger Jahre soll signalisieren: Seht, so etwas schleppen wir auch mit durch! In dieser Soße aus Lüge und konkreter Leidenserfahrung schwimmt – ganz oben auf – die scheinbar massenfreundliche Vorstellung vom Fallen der Unterschiede, Ränge, Tressen und Knöpfe zwischen den Menschen. *»Was macht Pod jetzt wohl? denke ich. Und Schnarrenberg? Und Brünn? Waren es nicht im Grunde fremde Menschen für mich – bis zu dem Augenblick, in dem uns die Kugeln nebeneinander hinstreckten? Ja, sie haben uns die Tressen und Knöpfe von den Kragen gerissen, mit einem Schlag alle Grenzen verwischt, alle Schluchten zwischen uns aufgefüllt! Ganz gleich haben sie uns gemacht, ganz gleich...«*[130] Das ist listig-illusionär, beschwört eine aus deutschem Leid geborene Gleichheit und richtet diese gleichzeitig gegen die Kraft, die das verursacht haben soll, gegen den Feind.

Für Dwinger selbst ist die Illusion nur Durchgangsstadium für neu legitimierte Ungleichheit: Entgegen der Konvention lebt er, obwohl Offizier, zunächst in einer Mannschaftsbaracke. Als ihm solches Sich-Gemeinmachen (bzw. die Lebensbedingungen der einfachen Soldaten) doch zu beschwerlich wird, findet er einen Dreh, der nicht nur die Konvention wiederherstellt, sondern auch dem Gesetz der »natürlichen Auslese der Besten« gehorcht und ihm von einigen gutherzig-naiven Schafsköpfen in der Mannschaft sogar noch als eine Art biologischer Gerechtigkeit abgekauft wird: *»Unser Rangältester ist ein grauer Infanteriehauptmann, Mittelberg mit Namen, kurz angebunden, sehr bestimmt.*

Als ich ihm unsere Lage klarlegte, antwortete er mit dem strikten Wunsch, uns beide baldmöglichst bei sich zu sehen. ›Es müssen nicht mehr zugrund gehen, als unvermeidlich ist!‹ sagte er. ›Das wir der Mannschaft das Leben nicht erleichtern können, ist uns schmerzlich genug. Es liegt nicht an uns, sondern an internationalen Abmachungen, die auf Gegenseitigkeit beruhen.«[131] Der Bauer Pod äußert sich herrenwunschgemäß, seine Reaktion weist auch auf durchgehaltene deutsche Gefühlstradition, den Krieg überdauerndes Untertanenbewußtsein: »*›Aber du brauchst dich doch deswegen nicht zu entschuldigen!‹ fällt er ein. ›Das ist doch klar [...] Die Menschen sind einmal nicht gleich, werden es niemals sein. Im übrigen leide ich mit meinem guten Körper und meinen starken Nerven weniger unter diesem Leben als zum Beispiel du! Und warum du gerade mehr leiden sollst —‹.*«[132]

Im gleichen Maße, wie Dwinger immer wieder auf das Leiden pocht, bietet er ideologische Instanzen an wie »Gott«, »Vorsehung« und »Blut«. »Gott« ist wie ein Teppich, unter den der Kehraus der ungelösten Widersprüche gefegt werden kann. Und wehe dem Pfarrer, der die Bibel nicht ruhen läßt. »*An hundert Menschen knien jedesmal, zerlumpt und blutleer, vor dem heiligen Symbol. Der junge Pfarrer läßt mit feinem Takt die Bibel ruhen, gibt uns mit eigenen Worten, was wir brauchen, Lebendiges und Starkes aus der Zeit und für die Zeit. Der rote Wein brennt unsere Zungen bis ins Herz. Wir sind gekräftigt wie von einem wahren Mahl!*«[133] Leichteren Umgang hat Dwinger mit der materiell ungebundenen »Vorsehung«. Sie ist ja nicht nur ein Taschenspielertrick der Herrschenden, sie ist immer auch Zukunftsersatz und Versuch von Niedergehaltenen, sich aus ihrer scheinbar zukunftslosen Geschichte zu stehlen: »*Gibt es Ahnungen? Aber dann ist ja alles längst vorbestimmt? Dann war mir dieses Erleben ja schon seit meiner Kindheit sicher? Und dann ist es mir ja heute schon bestimmt, ob ich heimkehre oder hier ende? Soll man darüber ruhig werden oder rasend...*«[134]

Ähnlich ist es mit dem »Blut«. Das ist seit dem 1. Weltkrieg ein wirklich ganz besonderer Saft geworden. Es war zunächst die anschauliche und bis 1914 in diesen vergeudeten Mengen ungewohnte, aber historische konkrete Erfahrung der Massen. Tatsächlich bis aufs Blut geschunden, lag es nahe, zuletzt nur noch in ihrem Körper und dem Blut darin so etwas wie letzte Bastion und Garant von Leben zu sehen. Blut als Lebensinstanz ist so gesehen ein Rückzugsgefecht und nicht nur Irrationalismus etc. »*Jedenfalls führt mein Blut einen gewaltigen Kampf gegen eine fremde, tödliche Macht, schleudert jeden Augenblick Millionen Leukozyten gegen jene zerstörenden Kräfte, die meine Wunde von Tag zu Tag vergrößern, ihre Ränder im Umkreis einer doppelten Handfläche bereits in eine weiße und tote Masse verwandelt haben.*«[135] Das verführerische Moment von Blut als Lebensinstanz, das wohltuend Gefällige liegt in der Möglichkeit des ahistorischen Wegtauchens aus einer unübersichtlich gewordenen Zeit in die Dämmerungen des Organischen.

Dwingers »Armee hinter Stacheldraht« gibt Auskunft über das Einschwenken von Massen in die Bahnen reaktionären Denkens: von oben gepredigt, von unten erfahren und gewachsen. Er hat Teilstücke von Massenerfahrung beschrieben, in der die Vergangenheit des 1. Weltkriegs unbewältigt und unbegriffen blieb und auch deshalb bereit für wiederholten, neu aufgeputschten Krieg.

GELOBT SEI, WAS HART MACHT

»Die Gruppe Bosemüller« (1930) nimmt den Faden bzw. das schon relativ fest ge-
knüpfte Netz aus Schrecken und Leiden im Erlebnis des 1. Weltkriegs an einem wichtigen
Punkt wieder auf. Werner Beumelburg geht es nicht mehr nur um Restabilisierung, er will
nicht nur Haltung und Fasson über altem Leiden. Beumelburg geht darüber hinaus in die
Aktivierung dieses Leidens und ist gerade damit kein massenferner Fanatiker oder Sektie-
rer. Er ist sensibel genug, um auch im Leiden den Widerspruch zu sehen.

Die Helden der Gruppe Bosemüller sind auf ein Umfeld durchaus trauriger, ja elende-
ster Lebens- und Kampfbedingungen gestellt. Ihr Heldentum an der Westfront ist ein
Auftrumpfen im Schützengrabendreck und ihre Attraktivität liegt in einem stoischen
Gleichmut, den sie schließlich in Verrichtung ihrer alltäglichen, sinnlosen Schwerstarbeit
gewinnen. Dieser Gleichmut ist mühsam errungen.

Beumelburg schreibt über Vorgänge, Ereignisse und Entscheidungen in jenen Teilen
der Massen, für die der Frieden gestorben war. Sie waren immer schon im Krieg oder immer noch und fühlen sich nicht entlassen.

Als der siebzehnjährige Kriegsfreiwillige Siewers nach dem Warum seiner Kriegsfrei-
willigkeit gefragt wird und warum ausgerechnet vor Verdun, da bleibt er die Antwort
schuldig. Sein Leutnant versucht für ihn zu antworten, aber auch er schafft keine Sinngebung. »›Warum...‹, sagt der Leutnant, aber dann bricht er sofort ab. Warum sind Sie ins
Feld gekommen? Warum gerade vor Verdun? Wissen Sie nicht, daß man das nicht wieder
los wird? Wissen Sie nicht, daß hier alles zur Farce wird, Jugend, Frohsinn, Idealismus,
Glaube? Wissen Sie denn nicht, daß wir morgen früh das Fort stürmen werden? Haben Sie
schon einmal eine Leiche gesehen? Wissen Sie denn, daß das Beste, was einem hier passieren
kann, noch der Tod ist? Haben Sie so wenig Spaß am Leben, Sie? Haben Sie denn keine
Mutter?‹ Es liegt viel in diesem Warum, aber es wird alles unterdrückt. Der Kleine merkt
nichts davon. Vielleicht nur der Gefreite Wammsch hat etwas gemerkt.«[136]

Das ist die vom Krieg umgepflügte Ebene eines Denkens, dessen Ausweg allein im Aus-
schließen aller Alternativen zum Krieg erscheint. Beumelburg versperrt und verrammelt
alle Wege, die nicht zurück in den Krieg führen.

Der Feldwebel Wammsch steigt von der Überlebenstechnik des Drückebergers auf die
Rolle der Soldatenmutter um, der Leutnant und Draufgänger Bosemüller entpuppt sich
als tränengerührter Vater. In diesen armseligen Ausmaßen nimmt die Kriegsbildung ihren
Lauf. »›Das Vaterland... es war eine Selbstverständlichkeit, das Schlußergebnis aus Familie, Erziehung, Weltanschauung.‹ Oder er könnte sagen: ›Es war der Drang nach Männlich-
keit in ihrer rauhesten Form, das Verlangen nach Tat, eine Mischung aus Romantik, Heldentum und Egoismus.‹«[137] Das alte »Vaterland« ist lange herunter von seinem Sockel.
Die ideellen Früchte des Krieges, sein geistiger Brotkorb, müssen viel tiefer gehängt werden, versehen auch mit kleinen Päckchen von Zugeständnissen, wie dem »Egoismus«. In
diesem Brotkorb ist wenig platte Räubermoral, noch weniger Expansionismus – was hätte
der »kleine Mann« damit auch groß anfangen können –, der Autor vermeidet die vordergründige Apologie und Propaganda des Krieges weitgehend.

Selbst Verdun wird klein und schäbig, verliert allen Glanz von Helden und Opfern. Verdun ist schlicht sinnlos. »*Wammsch ist traurig an diesem Abend. [...] Das Gespräch mit dem Leutnant geht ihm im Kopf herum. Aber er kommt nicht weiter damit. Der Sinn... ja, was ist das? Da habe ich gesagt, es muß doch einen Sinn haben... aber was ist das? Was sollte es sein? Es hat natürlich einen Sinn, wenn ich den Bosemüller und den Stracke und den Esser und den Siewers aus der Klemme hole. Es hat auch noch Sinn, wenn ich dem Hauptmann sage, er soll Bosemüller statt meiner auf Urlaub fahren lassen, denn Bosemüller hat gerade einen Sohn bekommen. Aber was für einen Sinn hat das Ganze?«* [138]

Die offizielle Sinngebung während des 1. Weltkriegs und danach funktioniert kaum mehr, das konkrete Kriegserlebnis hat sie verbraucht und kraftlos gemacht. Wammsch versucht jetzt den Kraftakt einer Sinngebung des Sinnlosen, und ihm steht nicht mehr zur Verfügung als der zerschlagene, zurückgetriebene aber stets vitale Glaube der Massen daran, daß es auch für sie und für alles einen Sinn geben muß. Es muß ein Sinn da sein, koste es, was es wolle! Scheint momentan keiner da zu sein, dann steht der innere Zusammenbruch an und – für die Betreiber und Befürworter des Krieges – mehr noch: das Ausbrechen aus dem Krieg. Beumelburg glaubt, die Massen als seine Pappenheimer zu kennen und greift tief an die Wurzeln der historischen Chance einer neuen reaktionären Mobilisierung.

Statt an ihre Standhaftigkeit appelliert er an ihre Zerbrechlichkeit und drischt nun erst richtig los. Er drückt sie noch einmal tief in die eigenen, großen, aber uneingestandenen seelischen Abgründe, läßt sie ihre Nichtigkeit und gänzlich schwarz sehen. Die kleinen Sinnfälligkeiten sind dabei nur noch Reflexe unter einem dickgewordenen Soldatenfell, an dem die staatlicherseits aufgegebenen Parolen vom deutschen Sieg und deutscher Selbstlosigkeit abprallen müssen.

Diese Soldaten bewegt zunächst die Angst und die kollektiv zu organisierende Selbsterhaltung, zunächst.

Wenn das die Ausgangssituation der Gruppe Bosemüller ist, dann steht ihnen der Großangriff auf ihre körperliche und seelische Verfassung und neue Ausrichtung ja noch bevor. Der militärische Auftrag, ein französisches Fort mit Hilfe von Flammenwerfern zu stürmen, kommt ihnen da gerade recht. Und sie spüren, daß mit diesem Auftrag sich gegen sie selbst etwas noch Ungeahntes zusammenbraut. In der Folge hakt Beumelburg sehr geschickt alle Stadien des inneren Erbebens und Zurückschauderns bis zur Wende der Restabilisierung ab. Das naßforsche Flachsen über Angsthasen und Nichtstrammsteher ist verdächtig flau. Es folgt ein Zustand der Gruppe zwischen Lästermäuligkeit und Frontbeflissenheit, und Beumelburg geht nach innen. »*Siewers spürt ein lähmendes Gefühl in seinem Kopf«; »Casdorpfs Augen sind gläsern«* [139].

Casdorpf erschießt sich lieber gleich selbst, das ist einer der später Ungenannten, die auf diese Art dem äußeren und dem inneren Gemetzel ausweichen wollen. Beumelburg arrangiert sorgfältig aus den Soldaten Herausgehörtes.

Soldaten ziehen dabei die Unfähigkeit der militärischen Führung durch den Kakao. Aber die – und mit ihr Beumelburg – weiß, daß man jetzt am schlauesten mitflachst. Auch das trägt zur Ertüchtigung des gemeinen Soldaten bei. Von einem Major, der vor die Truppe tritt, lassen sich die »Jungens«, die »Kerls«, das Schlachtvieh des 1. Weltkriegs, noch einmal auffangen.

»*›Meine Herren‹ sagt er mit näselnder Stimme, stellt den linken Fuß vor und stemmt eine*

Hand in die Hüfte. ›Sobald wir das Fort Souville gestürmt haben, lasse ich die Hornisten blasen. Dies wird das Signal sein, daß sich alle Herren in großer Uniform, Orden angelegt, im Bankettsaal des Forts zu versammeln haben, wo ich Ihnen im Namen der Obersten Heeresleitung einfaches Frühstück servieren lassen werde. Die Musikkapelle spielt unterdessen im Park des Forts den Choral ›Nun danket alle Gott‹. Nach der letzten Strophe werde ich die Herren auffordern, sich von ihren Sesseln zu erheben, die Sektgläser in die Hand zu nehmen und mit mir einzustimmen in den Ruf: Unsere unvergleichliche Armee hurra! hurra! hurra! An diese schlichte Feier schließt sich abends ein Fackelzug durch die Vorgärten des Forts. Die Musikkapelle schreitet voran und spielt den Brautmarsch aus Lohengrin. Zwei Flugzeuge werden unterdessen, mit bunten Schleifen geschmückt, über dem Fort kreisen. Sie tragen die Inschrift: Die dankbare Heimat ihren tapferen Söhnen. Ich möchte die Herren jetzt schon darauf hinweisen, daß bei dieser Gelegenheit einige Böllerschüsse abgefeuert werden, Sie brauchen sich darüber nicht zu beunruhigen...‹ Brüllendes Gelächter.«[140]
Hier lacht das Kuli-Bewußtsein. Sie lachen, die auch Anfang der dreißiger Jahre denken, daß die wirklichen Helden jene sind, die die Drecksarbeit machen, ungesehen und unbelobigt.

Aber Beumelburg kann sich nicht nur des brüllenden Gelächters der ehemaligen Weltkriegsteilnehmer sicher sein. Er weiß, daß dieses Gelächter inmitten von Tod und Vernichtung möglich gewesen ist, daß es notwendig ist als eine Form des Sich-Abfindens und -Anfreundens. Denn der Leichengeruch gleich auf dem Vormarsch erstickt es ja gleich wieder. Die Ruhe unter den Soldaten ist nur oberflächlich. Um sie bei der Stange zu halten, empfiehlt Beumelburg, die Angst umschlagen zu lassen in sekundengenau gezündete Aggression nach vorne, gegen die Franzosen in diesem Fall. »*›Für jedes Gewehr sechshundert Schuß in den Kästen, Herr Major. Oben auf dem Fort bekommen wir noch mehr aus dem Depot.‹*«[141] So werden Schwächeanwandlungen, »*die jeder Soldat kurz vor dem Angriff hat*«[142], überwunden und auch das allzulange Nachdenken über diese Schwäche. Es sind Augenblicke, in denen man sich »ungeheuer in der Gewalt haben muß« und in denen die Verständigung unter den Soldaten fließender wird. »*›Ich habe heute gar keine Angst. Hast du auch keine?‹ ›Angst habe ich nicht, aber es ist mir doch ein wenig sonderbar, ich kann es nicht sagen.‹ ›Das ist wohl immer so vor einem Angriff.‹*«[143] Jetzt sind die Soldaten in einem allgemein sehr labilen Zustand, was nach vorne gehen soll, wählt diese Richtung nicht garantiert. Als dann die Artillerie in die eigenen Gräben schießt, wird das zum genauen Ausdruck der komplizierten Grundsituation von Soldaten des 1. Weltkriegs kurz vor dem Sturm und – Jahre danach, in denen dieses Erlebnis nicht bewältigt wurde. »*Sind es noch zwei... oder ist es noch eine... oder ist es vielleicht schon die letzte... jetzt muß doch in jeder Sekunde... wie gräßlich lang ist diese letzte Minute... Sperrfeuerzeichen? Wo? Im Chapitrewald? Es ist nur grauer Dunst. Darüber sieht man die gelben Leuchttrauben sich zerteilen... Wwwwummm... wwwummm... rrrranggg... eine Riesensäule... aber das kam doch gar nicht von dort vorn... woher kommt denn das nur... das macht uns alle kaputt... da schreit einer, nein, zwei sind es... wwumm... rrang... rreng... wo ist Stracke... da steht er ja schon wieder... ›Unsere Artillerie schießt zu kurz!‹ schreit der Leutnant und ballt vor rasender Wut die Fäuste. Er schreit wie ein Tier, die Adern an der Stirn schwellen ihm. Er schreit, als ob sie ihn hinten in den Batteriestellungen hören sollten... aber es hat doch keinen Zweck.*«[144] Wenn die Soldaten jetzt aus den Gräben stürzen, dann kämpfen sie nicht mehr für Deutschland. Damit haben sie nichts mehr im Sinn, mit dem kaiserlichen Deutschland, dem untüchtigen Deutschland, das seine Kanonen auf die eigenen Leute richtet.

Jetzt werden die Gitter vor einem hochgestimmten, euphorisch raubtierhaften Elan hochgezogen. *»›Handgranate!‹ schreit der Dicke. Aber Schwartzkopf hat schon geworfen. ›Bravo! Jetzt hinterher! Jungens, es ist ein Staat mit euch...!‹ Dort liegen drei oder vier tote Franzosen. Daneben hockt ein Schwerverwundeter. Sein Gesicht ist finster. ›Nachher helfen wir dir, mein Sohn...‹ ruft der Major.«*[145]

Immer noch nicht, auch in diesem Kampfgetümmel nicht, findet sich die Jüngersche Kälte und Mordwut. Hier wird etwas von einer neuen Politik gegenüber den Massen, mindestens aber ein anderes Verhältnis zu ihnen spürbar. Beumelburg hat sie gut im Auge, wenn er sie noch einmal in »den Angriff« führt. Bestialitäten wie in den Freikorpsromanen von Bronnen und Salomon läßt er, so weit es tunlichst geht, heraus, wie das, was er beschreibt, überhaupt stark nach innen gerichtet ist. Hier türmt er die Schrecken des Krieges auf.

Lernziel ist nicht die Annahme des Leidens und Hinnahme der Schrecken. Lernziel ist die Niederschlagung, die eigene, aktive Niederschlagung von Auflehnung dagegen. Das Aufrühren und schließlich Niederschlagen von Protest und Widerstand in den todbestimmten Soldaten beginnt mit ihrem hartnäckigen, sturen Verlangen nach richtigen, friedensmäßigen Holzsärgen für die Gefallenen. Das ist schwer zu beschaffender Luxus an der Westfront. Aber die Soldaten beginnen jetzt der Front Zeremonien abzutrotzen.

Das ordentliche, friedensmäßige Sterben soll zum Lebensersatz führen. Auch die Grabstellen dürfen nicht irgendwo angelegt werden, nein, sie müssen ganz in der Nähe des Standortes der noch Lebenden sein. »*›Wir dachten, hier im Wald, gleich neben dem Lager, Herr Hauptmann.‹ Der Hauptmann nickt langsam. ›Das ist ein schöner Gedanke, Bosemüller, suchen Sie sich einen Platz aus.‹*«[146] Durch das Sentimentalische dieser Szenen schimmern die Handschuhe hindurch, mit denen die Frontsoldaten jetzt angepackt werden. Ihre Empfindungen regen sich nämlich auf eine kipplige, gefährliche Weise. »*Die Stelle, die sie sich ausgesucht haben, ist etwa vierzig Meter in den Wald hinein. Mitten im Laubwald steht dort eine Gruppe von Tannen. Sie bildet einen Halbkreis. Sie haben das Strauchwerk ausgehauen. Nun sieht es beinahe wie eine Gruft aus. Das quadratische Grab ist einsachtzig tief. Die Gruppe Bosemüller hat die ganze Nacht hindurch bei Kerzenlicht gearbeitet.*«[147] Es ist der abgezirkelte Aufwand für den Tod, der für das Sterbenmüssen betriebene Pomp.

Als der Kriegsfreiwillige Siewers an das Grab tritt und keine Erde auf dem Spaten hat, wird ihm sanft der Übergang zum zeremoniellen Kollektivgefühl ermöglicht. »*Siewers erschrickt, nimmt den Spaten und füllt ihn mit Erde. Dann tritt er an den Rand der Grube. Alle schauen ihn an. Er sieht über die Gruppe hinweg. Er sieht in die Tannen. Sein Blick trifft den Pfarrer. Der Pfarrer nickt ihm still zu.*«[148]

Aber Beumelburg weiß noch mehr über den beschwerlichen Weg des aktiven Herangehens und Heranführens an die Sterbebereitschaft und Todesergebenheit. Zeremonien allein helfen da nicht, sie allein halten das Leben nicht in Schach. Es bedarf gerade in Erwartung der eigenen Vernichtung, in der Einübung des Krepierens einer gründlichen, gedanklichen Um- und Abarbeitung des Kriegserlebnisses.

Gelobt sei, was hart macht. Das Leben aber, die Heimat und der Urlaub von der Front machen weich. So schildert Beumelburg, wie einer Urlaub und Leben ausschlagen kann, in der Absicht, sich für die Kameraden der Front zur Verfügung zu erhalten. Das ist viel schlimmer als Propaganda: das war so! Noch lieber als jene verblendet Edelmütigen und unschuldig Tapferen sind dem Chauvinismus und später dem Faschismus natürlich jene Menschen, bei denen der Widerstand nicht erst niedergekämpft werden muß, bei denen die Geschichte ihrer Erfahrung das schon leidlich besorgt hat. Aber Beumelburg scheint der Ansicht gewesen zu sein, daß dieser Art Menschen viel zu wenig vorhanden sind. Immer noch löckten zu viele gegen den Stachel der Kriegs- und Todesbereitschaft, aber auch ihr Weg durfte nicht dran vorbeigehen.

Beumelburg benutzt den Feldwebel Wammsch als Führer des jungen Soldaten Siewers in die Todesbereitschaft, mütterlich eingefuchst auf die Regungen seiner Soldaten. Beide stehen vor dem Grab gefallener Kameraden. Beumelburg hat alles geschickt arrangiert: der Wald als Kirche, das Feldgrab als Gruft und der kleine Soldat und Mensch vor seiner letzten Versuchung zu Widerspruch und Auflehnung. Es ist der in den Wohnstuben eingerahmte Kitsch als Erinnerung an den Weltkrieg. Wird Siewers auf Urlaub gehen, nachdem sein bester Freund schon unter der Erde ist, wird er sich von der Front abwenden? »*Siewers ist zurückgefahren und starrt Wammsch mit schreckensgroßen Augen an. ›Wammsch…‹ würgt er hervor – er möchte schreien, aber hier kann man doch nicht schreien! – ›du willst mich fortschicken… du verachtest mich… ihr wollt mich los sein… erst schickt ihr mich auf Urlaub, und dann werde ich versetzt‹ […] ›Aber ich gehe nicht fort… ich habe etwas wiedergutzumachen…‹*«[149] Das ist eben nicht nur billiger, lügnerischer Kitsch. Das ist ein innerer Zusammenbruch, die zurückfallende Auflehnung. Etwas wieder gutmachen wollen, nicht verachtet werden wollen. Ist das unverständlich?

Warum dieser Tränenreichtum, der um Schuld und Gewissen angehäuft ist?

»*›Ich will nicht nach Hause… ich lasse mich vor dem Hauptmann auf die Knie fallen… er wird mich schon anhören… ich will nicht nach Hause, ich will nicht zu meiner Mutter. […] ich will wieder in die Souville-Schlucht und nach Fleury…‹ Jetzt endlich ist er erschöpft. Er schluchzt noch und sein ganzer Körper bebt. Aber er wehrt sich nicht mehr. Er läßt sich ruhig von Wammsch in die Arme nehmen, er läßt sich streicheln von Wammschs harten Händen und es ist in diesem Gefühl etwas wundersam Auflösendes.*«[150]

Vorhang, es ist vollbracht! Beumelburg hat mehr als Theatralisches nachgezeichnet. Auch die soziologische Bemerkung, daß Wammsch hier Mutterfunktionen innerhalb der Frontfamilie Bosemüller übernimmt, trifft das Geschehen um diesen Urlaubs-»Streit« nicht[151]. Denn Wammsch und der nun endlich nach äußeren und inneren Stürmen erledigte, wehrlose Siewers werfen ein Licht auf Fortsetzungsmöglichkeiten des 1. Weltkriegs.

So kann die Befürwortung des Krieges in der Weimarer Republik anwachsen, relativ unerkannt von seinen Gegnern. Beumelburg, aufmerksam und gründlich, fügt eine unerträgliche Szene an die andere und organisiert die große Wehrlosmachung. Noch sind da ja die Kameraden von Siewers.

Sie gehen jetzt aufeinander los, es gibt Krach und Rauferei unter den Kameraden. Beumelburg läßt es rauchen und brummen im Karton der Gruppe Bosemüller, und zwar so lange, bis er ganz dicht ist nach außen. So verschlossen, daß sich drinnen jetzt die Kühnheit wieder beleben kann. Einer stiehlt am hellichten Tage einen Geranientopf für das Kameradengrab, sogar vom Fenster der Ortskommandantur. Der Diebstahl zieht kleine Kreise, doch der zur Rede gestellte »Dieb« bleibt bei der Rechtmäßigkeit seines Handelns. »*›Die*

Geranien stehen auf Krakowkas und Essers Grab...‹, sagt Stracke ruhig, ›und wer sie herunterholt, dem schlage ich die Knochen entzwei.‹ So, denkt Stracke, jetzt ist es heraus. Offener Widerstand, Beschimpfung eines Vorgesetzten im Dienst, Kriegsgericht... macht nichts, die Hauptsache, es ist heraus. Wenn man zwei Jahre lang geschwiegen hat, dann muß es schon etwas besonderes sein, wenn man das Maul auftut.«[152] Was wäre aus dem Maul der zum Tode Verurteilten, weil an die Front Kommandierten, denn unverzeihlich? Großmäuler und »Rebellen« unter ihnen sind Gold wert und das auch noch in den Jahren der Weltwirtschaftskrise, wo gerade der blindwütige Protest den Ausweg unsichtbar machen hilft. Die kleine Revolte ist den Unterdrückern gerade recht. In ihr ist Tyrannenhaß eingesargt. Es ist der bis zur Unkenntlichkeit verstümmelte Widerspruch.

Als die Leser sich schließlich zurücklehnen dürfen, sich mit den Hungerlöhnen der Weltwirtschaftskrise, mit der Arbeitslosigkeit und der schleppenden Apathie abfinden und anfreunden müssen, da bietet Beumelburg auch noch ein Rezept, eine Formel für dieses Leben an.

»Siewers blieb allein. Es ist eine warme Sommernacht. Glühwürmchen segeln duch die Zweige. Siewers setzt sich neben das Grab auf einen Baumstumpf. Es ist sonderbar, denkt er, wie ruhig ich jetzt bin. Es ist mir, als könnte ich jetzt in meinem ganzen Leben keine Angst mehr haben. Auch nicht vor dem Tode. Es ist ja alles so einfach und klar. Zwiebelmeier, dem es den Kopf weggerissen hat, Fröse, dem es die Schulter und die halbe Lunge weggerissen hat, Casdorp, der Hand an sich legte, Krakowka mit den zwei Kugeln in der Brust, das Gummibällchen mit dem erbsengroßen Splitter hinter dem rechten Ohr und Esser mit der Maschinengewehrkugel im Unterleib. Ja, auch Esser... man darf sich vor nichts fürchten. Man muß den Dingen auf den Grund gehen, dann sieht man sofort, daß alles ganz einfach ist. Man fürchtet sich nur vor dem Unbekannten.«[153]

Man muß im Krieg bleiben und das auch gut finden. Es ist weniger der sogenannte häßliche Deutsche, der so denken lernte, eher schon der fügsam-brave und unscheinbare mit seinen Ängsten. Sie regeln die private Existenz und den politischen Prozeß der Unterwerfung vor 1933[154].

DAS DEUTSCHE WUNDER

»Der deutsche Infanterist warf alle Kalkulationen über den Haufen. Denn wo die Gigantik der Schlacht nicht mehr von der Führung gemeistert werden konnte, wo das Feuer allen Zusammenhang zerriß, da standen statt Bataillonen und Kompagnien auf einmal Reihen von Persönlichkeiten, jede der eigene Feldherr und Soldat zugleich, und handelte und meisterte das neue Wesen der Schlachten. Das ist das unerreichte Wunder deutscher Soldaten.«[155]

Das ist nicht nur deutsch-chauvinistischer Schwulst. Dieses Wunder hat es tatsächlich gegeben und es warf wirklich Kalkulationen über den Haufen. Nichtsdestoweniger war es ein häßliches Wunder, ein Monstrum von Soldat, eine fürchterliche Ausgeburt deutscher Geschichte und ihres verhinderten historischen Fortschritts, ihrer fehlgeleiteten Energien und verdrehten Leidenschaften. Das deutsche Soldatenwunder, die überraschende Ausdauer und Zähigkeit, die schier unendliche Opferbereitschaft sowie die Hingabe und

Durchdrungenheit von der unbedingten Notwendigkeit des eigenen – falschen – Tuns, das alles war verkehrt gelaufene Geschichte. Später, jetzt schon im 2. Weltkrieg, nannte Brecht[156] es das »rätsel des deutschen durchhaltens«.

Hans Zöberleins »Der Glaube an Deutschland« (1931) protokolliert Zustände einer verkehrten Welt. Es ist ein von Hitler hoch gelobtes[157], 900 Seiten starkes Buch über den 1. Weltkrieg, eine Schwarte, ein übler, von einem Arbeiter geschriebener Kriegsschinken mit dem gewöhnlichen Repertoire des Chauvinismus, voller akustischer und visueller Vernichtungsorgien. Zöberlein schreibt über den Krieg eine endlos aneinandergereihte, sich wiederholende, sich überschlagende Fortsetzung von Ereignissen, Bildern und Geschichtchen. Zöberlein betreibt die Ermüdung, Lähmung und Ausschaltung der Sinne mit Chauvinistischem und Antikapitalistischem. »Der Glaube an Deutschland« wäre also stinklangweilig und für das Studium der Geschichte und Literatur 1914/33 verzichtbar, wenn da nicht immer wieder etwas aus diesem Wust von Erlebnissen herausragen würde, über hunderte von Seiten verstreut, das einem die Augen öffnen kann über das, was hinter dem gräßlichen Bild des »deutschen Infanteristen« sichtbar wird.

Auffällig ist vor allem die hartnäckige, leidenschaftlich gestellte Frage nach dem Sinn des Krieges. Zöberleins Soldaten stellen diese Frage nach dem »Sinn« – nicht nach den Ursachen – des Krieges mit einer Dringlichkeit, als hinge von ihrer Beantwortung ihr Leben ab. Dabei bleiben sie ganz hart gesotten und nüchtern, finden den Heldentod zum Kotzen und haben überhaupt »mehr Angst als Vaterlandsliebe«. Es reicht ihnen aber nicht, auf diese Weise über den Krieg Bescheid zu wissen. *»Der Krieg ist was Arges für die kleinen Leute, g'rad zahlen und schuften und bluten.«*[158] Wenn ihnen das klar ist, wonach suchen sie dann? Da ist noch etwas, was sie zutiefst verunsichert in all ihrer Kriegsbeschränktheit. *»Da liegen einige Tote meines Regiments. Vielleicht sind sie von der Kompanie, die ich vergangene Nacht – – – vielleicht von gestern schon. Scheu gehe ich daran vorbei. Bis wir hier wegkommen von diesem zerhackten Feld, werden sie wie die Marksteine an den Wegen liegen, die das Regiment nach so vielen anderen vor ihm gehen mußte. [...] Und wieder fragt da in mir – und so fragt es in allen –, was hat es denn für einen Sinn – dieses Sterbenmüssen vor Verdun, das der Heimat und dem Volk nichts nützen kann? [...] Der größte Teil der jungen Jahrgänge, ›Deutschlands letzte Hoffnung‹, hatten sie dazu gesagt, lag hier vergeudet und verblutet. Ich glaube fast, daß hier vor Verdun auch unsere letzten Hoffnungen begraben und zertrümmert liegen. Es hat keinen Sinn, so sehr ich auch grüble. Vielleicht sehe ich es später ein. Aber warum denn erst später? Wir müssen ja heute hier laufen ums Leben, wir möchten heute schon wissen, warum, welchen Sinn es haben soll. Sonst zerbricht hier der Glaube an die Gerechtigkeit unserer Sache, sonst zerbricht auch das Vertrauen zu denen, die uns in diese Schlachten schickten. Wehe ihnen, wenn sie diese Toten hier einmal fragen: ›Verantwortet euch, warum das geschah.‹«*[159] Das ist tatsächlich der politische Offenbarungseid des deutschen Nationalismus im 1. Weltkrieg.

Mit billigen Vertröstungen ist da nichts zu machen, kein neuer Sinn und Glaube an Deutschland zu stiften. Dennoch geht es um nichts anderes, als das massenhafte Abwenden vom nationalistischen Deutschland zu verhindern. Zöberlein fragt nach dem Sinn des Krieges, aber stets eisern unter der Voraussetzung, daß es richtig ist, für Deutschland zu kämpfen und zu sterben. Er fragt nach dem Sinn von scheinbar Unveränderbarem, Unvermeidlichem. Je »radikaler« die Frage gestellt wurde, desto scheinheiliger und vergeblicher. Die offizielle Sinngebung des Krieges muß großen Teilen der Massen sinnlos gewesen sein. Annexion z. B. bleibt ihnen ein Fremdwort. »*Es ist viel die Rede vom Frieden mit Annexionen und Frieden ohne Annexionen. Wir verstehen das nicht. Erst auf langen Umwegen erforsche ich, daß Annexion das Nehmen eines bisher fremden Stück Landes ist. Endlich hatten wir auch durch eifriges Studieren der ›Kölnischen Zeitung‹, die jeden Tag beim Sturmbataillon verteilt wurde, herausgebracht, daß ein Verband der Alldeutschen dieses Geschrei von den Annexionen aufgerührt hatte. Er hatte Kriegsziele aufgestellt, nach deren Erreichung Frieden geschlossen werden könnte. Das Erzbecken von Briey regte den Eifer aller quatschenden Garnisionskrieger an, die Spalten aller Blätter troffen von den Ergüssen der Schleimköche. Offen gestanden, wir einfachen ›Hanseln‹ hier draußen wußten nicht, ob wir Briey haben mußten oder nicht. Uns widerte das tobende Feilschen um den Vorteil einer Seite gegen die andere zum Erbrechen an.*«[160] Und kämpfen letztes Endes doch weiter, objektiv im Interesse und zu Diensten der Alldeutschen, subjektiv für ihre eigenen Ziele; ein spontanes, friedensfernes Selbstverständnis, das die Alldeutschen durchschaut und mit ihnen nichts mehr gemein haben will: Kanonenfutterbewußtsein, in die Vernunft des Krieges eingezäunt und deshalb noch unruhig und sinnhungrig.

Ohne Antworten aus den alten Führungsinstanzen, alleingelassen mit ihren Fragen, basteln sie sich ihre Lebenseinstellung zurecht. Verdrossenheit gegen die alte Herrschaft kann sich so in ihnen nähren und durchfressen.

»*Er begann zu keuchen. Dann tastete er nach mir mit kalten, nassen Fingern, hob ein wenig den Kopf und stieß hervor: ›Sei ehrlich, Kamerad! Sag – ist's ein Schwindel?‹ – – ›Wa… was sagst? – ein Schwindel? N – na – na‹, stotterte ich, denn das hatte mich wie ein Hammer ans Hirn getroffen. So hatte mich noch keiner gefragt, und so hatte mich noch nie Grauen und Entsetzen geschüttelt. Der möchte von mir wissen, wofür er sterben muß… Ach, das möchten wir alle gerne – in dieser Zeit.*

Ich stützte ihm den Kopf hoch und fühlte warm, wie plötzlich das Gewissen aus mir heraus zu sprechen begann: ›Nein, es ist kein Schwindel, Kamerad. Wir tun's für die Unsern daheim, für deine Frau, deine Kinder. Denn die drüben wollen uns die Gurgel zudrücken. – Und daß unser Land nicht zerschossen werden kann, so wie Flandern –, daß es noch eine Gerechtigkeit gibt auf der Welt, nicht lauter Schwindel und Betrug. Hörst du's?‹ Er nickte leicht, und ich fuhr fort: ›Schwindler gibt's genug, jawohl! Oben mehr wie unten. Wir zwei gehören nicht dazu, sonst wären wir nicht da vorne, wo es einen treffen kann, daß man sterben muß. Aber laß uns erst einmal wieder heimkommen, dann wird aufgeräumt mit dem Geschmeiß, da kannst du dich drauf verlassen!‹«[161] Das immerhin scheint klar. Sterben für die da »oben« kommt nicht in Frage, und haarscharf vor der Erkenntnis, daß das Sterben im 1. Weltkrieg ein großangelegter Schwindel ist, strickt man sich seinen ärmlichen Sinn selbst. Bevor man es mit denen »oben« hält, ist man auch bereit, sich lieber zwischen die Stühle als an deren Tisch zu setzen. »*›Ich habe mich oft schon gefragt, ob dieser Staat überhaupt wert ist, wegen ihm das Leben zu riskieren. Einfach das Kanonenfutter abgeben, damit die Gesellschaft daheim in den weichen Betten jetzt schon das Fell des Bären unter sich verteilt, um das wir da draußen an den Fronten raufen? Diese Herren sind der Staat, ihnen gehört dieses Vaterland – und uns – ein Dreck. Da sollen doch sie herausgehen und es verteidigen, jeder muß sich doch selbst um seine Sachen sorgen… von jetzt ab wird der Bremsschuh eingehängt. Nichts mehr freiwillig für die Profitmacher. Wenn es mir nicht wegen der*

Kameradschaft zu tun gewesen wäre, hätte ich mich nicht mehr gemeldet zum Sturmbataillon.«[162]

Das »Sturmbataillon« Anfang der 30er Jahre, das war die SA. Da sammelte sich der kriegsgeborene Haß auf die Großkopfeten der ungeliebten Republik. Der deutsche Infanterist, das sogenannte Frontschwein, ist ausgesprochen staatsverdrossen. Er wühlt weiter im Krieg mit einer ziellosen Mordwut im Bauch. Statt der alten Ordnung bevorzugt er das Chaos als die Auflösung dieser alten Ordnung. Hat die Führung und die Befehlsgewalt der Offiziere das Kriegsgeschehen nicht mehr in der Hand, dann stellt der Landser sich hin, packt an, spannt sich vor und setzt sich ein. *»Kein Aas findet sich mehr zurecht; der eine sagt links, der andere rechts; die Offiziere sind weg, wir sind eben neu vorgekommen in diese Falle. Man findet schon niemand. Wir sahen, daß die Front hier sicher eine Lücke hatte, durch die die Preußen ahnungslos auf den Franzmann gerannt waren; eine Panik war natürlicherweise dadurch ausgebrochen.*«[163] Hier kann er zeigen, aus welchem Holz er geschnitzt ist: Er wird in jedem Falle seinen Mann stehen. Das ist die Sternstunde des »deutschen Wunders«, und doch mehr als Bauchpinselei des kleinen Mannes. Es ist die Chance, nicht zu versagen, sich ohne Führung zu bewähren, das Ungewohnte und Neue zu meistern. *»Das feurige Erleben im Hochdruck der Seelenangst hat uns da vorne innerlich umgeschmolzen, ein neuer, noch nicht bekannter Begriff des Krieges will sich in uns prägen. Überholt war mit einem Male das bisher Gebräuchliche, auch die Technik des Kampfes war neu, in vielen Arten dem Geübten geradezu widersprechend. Nur die Hinterbliebenen, der Apparat, waren noch die gleichen wie vordem, die Feldwebel, die Kanzleien, die Stäbe, die Etappe. Das begann sich knirschend zu reiben. Das fuhr vernichtend in die guten Ansätze eines neuen Willens und war ein stümpernder Mißbrauch der Kraft, die vorne im Grauen so schon erschüttert und zerflattert war [...] Vorerst hieß es wieder: Stiefel putzen!*«[164] Hier hat sich eine neue Front nach innen, nach hinten gebildet. Die »Front« fühlt sich unterfordert und zu Größerem berufen.

Zöberleins Hinweis auf eine neu entstandene »Energie« in den Soldaten, die berüchtigte Energie des deutschen Infanteristen, sollte nachgegangen werden. Im Kampf um das Überleben haben Soldaten tatsächlich bisher ungewohnte, ungenutzte Energien entwickeln müssen. Aus dieser Energie speist sich ihre Sinngebung des Krieges. *»Seit Fleury habe ich eine andere Meinung vom Sinn dieses Krieges, keine schlechtere, nein, eine größere. Es wird jetzt schon deutlicher, daß dort vom Feuer die Anschauung des Krieges, wie sie von der Kaserne aus gelten mag, verbrannt ist. Auf diesen Krieg haben sie uns daheim nicht vorbereiten können, weil er ein ganz neues, hartes, furchtbares Gesicht hat. Wer hätte einmal gedacht, daß in so einem Morast, wie er jetzt an der Somme ist, sich überhaupt noch Menschen gegeneinander stellen können? Oder, daß in der ausgebrannten Hölle von Verdun noch Regimenter einander die Zähne zeigen könnten? Es kostet ein noch nicht recht erfaßbares Maß an Willen und Mut, da nicht feige zu werden, wenn auch keiner ein Wort zum anderen davon gesagt hat. Da habe ich gemerkt, wie stark ein Mann sein kann, was für unheimliche Kräfte in einem lebendig werden können. Das ist ein Sinn dieses Krieges, uns das erkennen zu lassen, wie unheimlich stark ein Mann sein kann, was für unheimliche Kräfte in einem lebendig werden können. So einer von der Front wiegt doch Dutzende von daheim auf an Lebensenergie.*«[165] Natürlich »vergißt« Zöberlein allerhand, wenn er diese neue Energie schildert, die Offiziere z. B., die Todesstrafe bei »Feigheit vor dem Feind«, kurz, die ganze Last des militarisierten Soldatenlebens ohne Selbstbestimmung und Demokratie. Dennoch, Zöberlein beschreibt das Entstehen eines neuen Bewußtseins. Ist es umgedrehtes, pervertiertes Klassenbewußtsein? Es ist eingesperrtes, rasendes Bewußtsein, gewissermaßen in der Mangel.

Dieses neue Bewußtsein hatte viele Quellen. Eine ist das Ausharren in permanenter Gefahr. *»An der Gefahr erst wird man groß; am gewöhnlichen Leben kommt man um.«*[166] Das ist dann eine verlockende Perspektive, wenn der Frieden und das gewöhnliche Leben weit sind, wenn an beides gar nicht zu denken ist. Die Spitze der kriegsbefangenen Vernunft ist der Wunsch nach »Großem«. Je kleiner der deutsche Infanterist tatsächlich ist, je wertloser sein Leben, desto verfänglicher ist das Schielen nach Größe und Erhabenheit. Die endlos Besiegten wollen endlich Sieger sein.

»Ein Haufen verwirrter Leute in den Trichtern steht auf, wie sie uns sehen. ›Raus zum Gegenstoß! Drauf!‹ brüllt der Hans und wirft sich mit seinen Leuten vor ins grauwerdende Dunkel. Alles springt auf und stürzt drauflos. [...] Der Tag beginnt zu grauen. Wir stehen lachend und jubelnd aus den Trichtern auf.«[167] Alles Lüge, nicht alles Lüge: oder die Notwendigkeit von Lügen und Selbsttäuschung. Dieser Wunsch nach Erhebung, nach dem Gefühl, auf die Seite der Sieger zu stehen zu kommen, ist subjektiv sehr naheliegend. Dieser Wunsch lag den Verachteten und Verworfenen auf den Lippen. Das »deutsche Wunder« war eine historisch-konkrete Erscheinung. Es war Ausdruck ihrer Zurückgeworfenheit, des fortgesetzten Unrechts an ihnen und des Elends ihrer Geschichte: Es war die mißbrauchte, vor den Karren des Krieges gespannte, in ihm freigesetzte und gleich wieder gefangengenommene Energie der Massen, aus ihrem Elend herauszukommen. Das »deutsche Wunder« war die Kraft einer steckengebliebenen Gegenbewegung in den Massen, ihr Treten und Trampeln auf der Stelle: den Krieg in den Köpfen und den Traum einer großen Veränderung ihrer Lage im Herzen.

Ist Hans Zöberleins Buch »Der Glaube an Deutschland« ein kriegsbegeistertes Buch? Ist es das nur? Verhilft es einer Kriegsbegeisterung zum Ausdruck, wie man sie seit 1914 kennengelernt hat?[168]

Ich glaube nicht. Nicht nur. Der chauvinistische Taumel des Aufbruchs in den Krieg hat nur noch wenig mit dem schon »unmenschlichen« Durchhaltevermögen gegen Ende des Kriegs zu tun. Dieser Vernichtungswille, diese Feindbilder etc. – es reicht nicht, das Arsenal chauvinistischer Kriegsliteratur immer wieder wie das Werkzeug einer mittelalterlichen Folterkammer vorzuführen.

Auch auf dem »deutschen Wunder«, betrachtet man es von unten, lasten die Tonnengewichte deutscher Herrschaftskontinuität[169]: es ist das Schindluder unter einer fortdauernd und behäbig kriegstreibenden herrschenden Klasse, des deutschen »Bündnisses der Eliten«[170] über ihnen. Der unheimlich zähe Kampfgeist, zuletzt in deutschen Armeen während des 2. Weltkriegs, der besonders die deutschen Antifaschisten irritieren und verzweifeln lassen mußte, lebte und tötete auch schon im Soldaten des 1. Weltkriegs. Bertolt Brecht brachte das auf eine denkbar einfache Formel: »die Deutschen kämpfen noch, weil die herrschende Klasse noch herrscht.«[171]

ZWEITES ZWISCHENERGEBNIS:
ZUR UNTERSCHEIDUNG DER FINSTERNISSE IN DEN KÖPFEN
VON DEN FINSTERNISSEN IN DEN GESELLSCHAFTLICHEN ZUSTÄNDEN

Über Zöberleins »Der Glaube an Deutschland« findet sich in Alexander von Bormanns Beitrag zur deutschen Literatur in der Weimarer Republik folgende Aussage: »Überhaupt wird man diskursive Passagen [...] in der völkischen Literatur wenig finden [...]. Hauptfunktion dieser Literatur ist ja, schon bereitliegende Urteile, Werte und Haltungen aufzurufen und zu übermitteln. Es handelt sich weitgehend um Literatur für ein ›in-group‹-Publikum, das sich im Grundsätzlichen schon verständigt weiß. Das erläutert die oftmals anspielend-abstrakte Darstellung, die auf Vorverständnis rechnet, z. B. bei den offen antidemokratischen Parolen, die Zöberleins Buch durchziehen, am Schluß in den Ruf nach dem Führer und in die aggressive Verurteilung der Weimarer Republik münden (›Saustall‹ ist noch eine der freundlicheren Vokabeln). Wie vorher die Kriegsgegner, so werden nun die politischen Gegner diffamiert, es ist alles ›Geschmeiß‹. Der volkstümlich unbeholfene Roman schließt mit dem Bekenntnis zum Fahneneid, noch fühlt sich Zöberlein nicht entlassen:
   Der Krieg ist aus.
Der Kampf um Deutschland geht weiter!
Freiwillige vor die Front!
– Denn – wir müssen ja das Licht in die dunkle Welt tragen...«[172].
   Das ist nicht falsch, aber es ist auf eine so leichtgewichtige und zu elegante Weise richtig. Es ist ein schönes Beispiel für das maliziöse Zitieren der faschistischen Reaktion. Scheinbar braucht man die Bestie nur vorzuführen, um sie auch schon verstanden und gezähmt zu haben.
   Dabei ist es bis hin zu Zöberleins Kriegsbuch ganz anders. In der völkischen und pronazistischen Literatur wimmelt es geradezu von immanent diskursiven Passagen, vor ihren laut und falsch gedröhnten Antworten liegen unübersehbare, riesige Komplexe von Fragen, Zweifeln, Enttäuschungen und Hoffnungen, sämtlich verdreht allerdings. Die Romane von Bronnen, Salomon, Beumelburg, Dwinger und Zöberlein: Nicht die Antworten dieser Literatur, nicht der weltanschauliche Wust, der in ihnen mitgeschleppt werden mußte und sollte, machten sie attraktiv für die Leser, eher die in ihnen aufgeworfenen Fragen und verhinderten Antworten.
   Und auch das stimmt nur auf eine sehr banale Weise: Hauptfunktion dieser Literatur sei es gewesen, schon bereitliegende Urteile und Werthaltungen »aufzurufen und zu übermitteln«. Nicht die Literatur lieferte in erster Linie ein Abrufsystem der politisch rückschrittlichen Antworten, sondern die wirklichen Zustände in der wilhelminischen (und weimarer) Gesellschaft.
   Was nützt eine Literaturbetrachtung, die den Unteren die Politik der Oberen um die Ohren schlägt? Diese Literatur ist keine geschlossene Vorstellung für ein wissendes »ingroup-Publikum«, weder von heute noch von damals.
   Was nützt uns die Bezeichnung »antidemokratische Parolen« für eine geschichtsprägende und gegen den historischen Fortschritt gerichtete politische Gewalt? Vor ihrem

Eingreifen in die deutsche Geschichte ist das nicht mehr als ein pflichtschuldigst, demo-kratie- und linkseifrig abgelegtes Gelübde. Und es ist wehrlos. Nützlicher ist die Unter-scheidung zwischen den weiter unten hingenommenen und den weiter oben in der klassen-mäßig organisierten Gesellschaftshierarchie vorab geschaffenen Zuständen. Nicht daß die herrschenden, politisch verantwortlichen Kräfte allein für das Denken und Handeln der Beherrschten verantwortlich sind. Das müssen letztere selbst verantworten. Aber für die von oben eingerichteten Zustände sind die Unteren nicht in erster Linie verantwortlich. Der deutsche Infanterist, das sogenannte deutsche Wunder, lebte in einer Gesellschaft, in der ein Befehl ein von oben befohlenes Gesetz war.

Wird weiter so über die Geschichte der deutschen Literatur seit dem 1. Weltkrieg ge-schrieben, mit dieser philologischen Gemütskälte und aus der heute gut gepolsterten und wohlsituierten Entfernung zur Geschichte, dann bleiben ganze Felder unserer Vergangen-heit der politischen Reaktion überlassen. Dann wird mit der Arroganz im Ab- und Wegse-hen von in Fleisch und Blut gelebter Geschichte das billige Wissen über die Toten und Opfer von Geschichte einhergehen. Ergebnis dieser Wissenschaft bleibt die fortgesetzte, fortgeschriebene Verstümmelung von Geschichte, immer noch den wenigen Herrschen-den zu Diensten, fern und feindlich den Massen.

Einen Eindruck von den Ausmaßen, von Tiefe und Breite dessen, was wirklich mit den Menschen seit dem 1. Weltkrieg geschehen ist, geben die Bilder »Zwischen zwei Kriegen« von Otto Dix. Er hielt den Einbruch und das Gewöhnlichwerden des Barbarischen fest. Nicht, als sei das plötzlich vom Himmel gefallen. Historisch gesehen war es schon lange da. Aber der 1. Weltkrieg veröffentlichte es. Das Bild »So sah ich als Soldat aus« (Tu-sche/Feder 1924) zeigt Otto Dix als Landser- und Freikorpstype: finster und unbeirrbar brutal in Gesicht und Haltung. Das hatte der Krieg aus ihm gemacht, aus ihm, dem radika-len Kriegsgegner. Was erst muß er aus denen gemacht haben, die nichts gegen den Krieg einzuwenden wußten, aber auch töteten und starben?

Dix war durch den Krieg gegangen wie die vielen, und der Krieg war durch Dix und die vielen durchgegangen und hatte sie geformt. Heraus kamen Vernichtete und Verwü-stete, auch die nicht ausgenommen, die äußerlich halb oder ganz »gesund« davongekom-men schienen. Wenn Ernst Jünger einmal von seinem »ungeheuren Vernichtungswillen« sprach, dann war da etwas dran. Es war allerdings weniger individuell und elitär. Die Ver-nichtung war allgemeiner, die Verwüstung geschah umfassender. Man wird um den Marx-schen Gedanken von der in den Krisen des Kapitals organisierten Vernichtung von Pro-duktivkräften und die Zurückversetzung von Gesellschaften in den Zustand der Barbarei nicht herumkommen: »In den Handelskrisen wird ein großer Teil nicht nur der erzeugten Produkte, sondern sogar [1848 eingefügt] der bereits geschaffenen Produktivkräfte regel-mäßig vernichtet. In den Krisen bricht eine gesellschaftliche Epidemie aus, welche allen früheren Epochen als ein Widersinn erschienen wäre – die Epidemie der Überproduktion. Die Gesellschaft findet sich plötzlich in einen Zustand momentaner Barbarei zurückver-setzt; eine Hungersnot, ein allgemeiner Vernichtungskrieg [1848: Verwüstungskrieg] scheinen ihr alle Lebensmittel abgeschnitten zu haben.«[173]

Wen aber, wenn nicht die breiten Massen, wen denn sonst als die Schutzlosigkeit der Unterdrückten träfe Vernichtung in diesem »allgemeinen« Sinn schwerer und nachhalti-ger? Der 1. Weltkrieg prägte Teile von ihnen auf eine momentan und vorläufig unentrinnbare, Denken und Fühlen reduzierende und drastisch einschränkende bis irritierende Weise. Sie wurden reich an reaktionärer, kriegserfahrener Vernunft.

Tucholsky hatte das in seinem lebenslangen Kampf gegen den deutschen Militarismus sehr früh schon, nach den ersten Monaten Weimarer Republik erkannt. Der deutsche Militarismus war keine Sache des deutschen Offizierskorps allein. »Aber ich muß es einmal sagen: Dieser Kampf scheint aussichtslos [...] Wir kämpfen hier gegen das innerste Mark des Volkes, und das geht nicht [...] Pathos tut's nicht und Spott nicht und Tadel nicht und sachliche Kritik nicht. Sie wollen nicht hören.«[174] Gut, die Offiziere vielleicht, die wollten nicht hören, Aber die breiten Massen: *konnten* die denn überhaupt hören, geschunden wie sie waren, besiegt wieder einmal und wie sie sich endlich einmal *nicht* erkennen und verstehen wollten? Um das zu sehen, bedurfte es neben dem Haß auf die Schinder der Massen der Zuneigung und Liebe für die geschundenen Massen. Die völkische Literatur, die profaschistische Kriegs- und Nachkriegsliteratur zeigt den kleingemachten, kleingebliebenen deutschen Mann (Frauen gab es wenige in dieser Literatur) auf dem Weg in seine große, katastrophale Geschichte. Sie zeigt den reaktionär gewendeten Idealismus. Die auch und gerade in Deutschland ständig drohende Gefahr, von der Karl Marx nach der Schlacht von Solferino einen Begriff gehabt hat, war historische Wirklichkeit geworden: die Reaktion »exekutierte« das Programm der Revolution und machte kurzen Prozeß mit ihr. Von Salomons »Revolution im Geiste« wurden Massen ergriffen und die Idee *dieser* »Revolution« wurde zu einer bestialischen Gewalt.

Insofern ist Tucholskys Behauptung, Militarismus gehöre zum innersten Mark des Volkes, von einer besonderen Schwergewichtigkeit und bis heute beängstigenden Aktualität. Allerdings legt die chauvinistische bis faschistische Kriegsliteratur 1914 bis 1933 bzw. die in dieser Untersuchung ausgewählte Reihe von literarischen Dokumenten eine Erweiterung und Differenzierung der Einsicht Tucholskys nahe.

Als in diesem Zusammenhang innerstes Mark des Volkes wäre also nicht nur Militarismus ins Auge zu fassen, sondern die in und mit Militarismus arbeitende kapitalistische Klassengesellschaft. Militarismus, und unter den historischen Umständen von 1914 bis 1918 der Krieg, wären dann eine Form der Vergesellschaftung von Kapitalismus, die vor dem Volk nicht Halt macht. Es hat wenig Sinn, Militarismus als Finsternis in den Köpfen und Herzen der Menschen zu leugnen. Wohl aber scheint es sinnvoll, diese Finsternisse von ihrer gesellschaftlichen Urheberschaft zu trennen.

Ein Beispiel dafür, wie lohnend es sein kann, den Faschismus und seine Vorläufer möglichst selbst und möglichst gründlich zu befragen, lieferte Klaus Theweleit mit seinen bezeichnenderweise über Nacht bekanntgewordenen »Männerphantasien«. »Es scheint, daß über den Faschismus die Faschisten bisher zu wenig befragt worden sind, und die, die ihn angeblich durchschaut haben (aber nicht besiegen konnten), zu viel.«[175] Mehr noch, Theweleit bringt Erhebliches von dem in die universitäre Faschismus-Diskussion ein, was gerade die antifaschistisch orientierten, materialistischen Ansätze zu wenig berücksichtigten oder ganz liegen ließen[176]. Neben die »Primate« von Politik und Industrie führte Theweleit einen dritten, sehr wesentlichen Aspekt ein, nämlich die Wünsche als »Lebenskraft der in den historischen Prozessen agierenden Menschen«. Theweleit folgte Alfred Sohn-Rethel bei der Unterscheidung zwischen den Schichten und Klassen, »die der Nazipartei zu ihrem Aufschwung und ihren Wahlerfolgen auf dem Weg zur Macht verhalfen« und

denen, die ihr später »in der Macht als Stütze« dienten[177]. »Männerphantasien« soll sich
– eigenem Anspruch gemäß – auf die Kräfte konzentrieren, »die die Politik der NSDAP
trugen und unterstützten, solange sie vor allem als die Partei der Formationen erschien,
die die Straßen von den kommunistischen Massen ›säuberte‹; als die Partei der Rebellion
sowohl gegen den bürgerlichen Hochmut wie gegen die bürgerliche Langeweile; als die
Partei, in der man als Arbeitsloser ›arbeiten‹ konnte als ganzer deutscher Mann. Hier kam
ein anderes Primat ins Spiel.«[178]
    Wilhelm Reich hatte als erster nach den Voraussetzungen des Sieges des Faschismus
in der psychischen Struktur bestimmter Massen gefragt. Anders als Reich, dem es vor allem um die Interessen dieser Massen ging, richtete Theweleit seine Aufmerksamkeit auf
die »Attraktion des Faschismus selbst«.
    Gerade weil er aber keine der üblichen wissenschaftlichen Umgehungsversuche um den
Faschismus macht und sich konkret mit dem faschistischen Material auseinandersetzt, ist
es schade, daß er seine wichtigen Beobachtungen mit einem neuen methodischen Totali-
tätsanspruch vorstellt.
    Bei der Auswahl des Untersuchungsmaterials fällt der auf die Freikorpsliteratur einge-
engte Blickwinkel auf. Theweleits Ausgangspunkt ist die militärische Elite, das Offizierskorps. Er verallgemeinert aber seine Ergebnisse weit über diese Schicht hinaus und versucht diesem Einwand wie folgt zu begegnen: »Wenn ich verallgemeinere, dann auf eine
feststellbare Zuneigung vieler Deutscher im Faschismus [...] Viele Deutsche, ungeachtet
ihrer Verschiedenheiten, haben sich zusammengestellt in der Überzeugung, zuerst einmal
Deutsche zu sein, *Männer* (und erst in zweiter Linie einen Eigennamen zu tragen), und
eben als ›Deutsche‹/›Männer‹ einen Anspruch zu haben auf Zugang zur ›Macht‹, zur
Selbstverwirklichung *gegen* andere Lebende.«[179] Eben dies war doch aber nur nationali-
stisches Selbstverständnis, vaterländische Illusion. Hier scheint Theweleit den faschistischen Versprechen mehr zu trauen als der alltäglichen, konkreten Abwicklung von Macht-
fragen. »Es ist vor allem die relativ einheitliche psychische Besetzung des Ortes der Macht
[...] die als geschichtliche Ereignisse hinter uns liegen und dazu zwingen, in ihnen etwas
Allgemeines zu sehen (selbst wenn man lieber die Unterschiedlichkeiten wahrnehmen
möchte). Es kommt mir dabei nicht darauf an, einen möglichst hohen Grad an Übereinstimmung der ›Mitläufer‹ mit dem ›Kern‹ zu behaupten; nur ist es von der Art der beschriebenen Massenformationen her unwahrscheinlich, daß sich *jemand* in sie füge, der nicht
die Paßform des Teilchens der Makromaschine, das Bedürfnis nach dem äußeren Block-
Ich mitbringt.«[180] Wenn es aber um massenhaften Zulauf von Menschen zum Faschismus
geht, sind dann nicht gerade die objektiven Voraussetzungen jener »Paßform« von entscheidender Bedeutung? Sind Mitläufer nicht auch immer zum Mitlaufen Gezwungene,
und ist der Kern nicht auch immer Instanz von Zwang und Gewalt?
    »Akzeptiert man, daß es sich beim Faschismus nicht einfach um ein Verführen oder
Verkennen handelt, sondern um eine bestimmte Art und Weise der Realitätsproduktion
[...], dann kann man auch eine gewisse Repräsentativität der Analysen des ›Kerns‹ für den
Zustand der ›Anhänger‹ annehmen, der über die bloße Evidenz, daß sie ›gefolgt‹ sind, hinausgeht, dessen Grad ich aber offen lassen muß. Es gibt hier keinen Beweis – aber eine
Wahrscheinlichkeit von erheblicher Plausibilität.«[181] Dieser Überlegung ist soweit zuzu-
stimmen, als Faschismus nur als »Verführen und Verkennen« auf eine gefährliche Weise

unterschätzt wäre. Hinzu kommt aktive Bereitschaft, Wünschen und Wollen eigener praktischer Teilnahme. Aber diese Überlegung betont einseitig die Einheit zwischen »Kern«
und »Anhängern« bzw. »Mitläufern«, sie vernachlässigt den Widerspruch zwischen beiden Standorten: den Widerspruch zwischen Herr und Knechten.

Neben der Geringschätzung der gesellschaftlichen Gewaltverhältnisse macht sich in
»Männerphantasien« vor allem eine gewisse Unterschätzung historischer Prozesse bemerkbar.

Theweleit konstruiert eine Art historisches Vakuum, in das der »Typ Mann«, den er
vor Augen hat, 1914 hineintaucht, um 1933 daraus wieder emporzukommen. Diese Kon-
struktion und ihre sozialpsychologischen Fundamente sind tendenziell nicht nur ahisto-
risch, sie neigen zu eben jenen irrationalistischen Erklärungsmustern von Geschichte, wie
sie der nationalsozialistische Mythos selbst produzierte. Nicht bestritten wird die Rolle eines bestimmten »Typ Mann« für den Aufschwung des Faschismus in Deutschland. Aber
erstens hat es ihn in dieser behaupteten klassenneutralen Gestalt so nie gegeben, und
zweitens waren z. B. der Offizier Jünger und der Maurer und einfache Soldat Zöberlein
einem langwierigen, jeweils zu unterscheidenden, negativen historischen Wandlungspro-
zeß unterworfen. Wilhelminische Menschenverachtung konnte erst am Ende eines durch
Krieg, Nachkrieg und Weltwirtschaftskrise bestimmten sozialen und psychologischen
Härtungsverfahrens zu faschistischer Menschenverachtung führen. Erst die Weltwirtschaftskrise nach dem chauvinistischen Aufschwung 1914 und der nationalistisch begriffe-
nen Demütigung, Deklassierung und akuten Bedrohung 1918/20 brachte das Faß reaktio-
när-romantischer Hoffnungen zum Überlaufen. Die Einbahnstraße vom wilhelminischen
Frieden zur faschistischen Katastrophe ist ein böser Irrtum.

»So belegt gerade Salomon als die zentrale Figur unter den Freikorpsautoren sehr genau, daß *nicht* der Krieg die psychische Struktur, deren Notwendigkeiten und Ansprüche
er unermüdlich beschreibt, erzeugt hat, sondern daß eine *Erziehung* zum Krieg, wie er sie
in der Kadettenanstalt erhalten hatte, vollauf genügte, den hier untersuchten Männertyp
zu produzieren«, schreibt Theweleit[182]. Hier macht sich die schmale Basis des Untersu-
chungsmaterials der »Männerphantasien« bemerkbar. Ein Blick auf den Lebensweg des
Kadettenschülers Fritz von Unruh könnte das belegen. Salomon war eine zentrale Figur
unter den Freikorpsautoren, aber nicht als abgebrochener Kadettenzögling, sondern als
ein gefühlsstarker und in seiner Begeisterungsfähigkeit äußerst widersprüchlicher Mensch,
den nicht nur der Krieg, sondern auch die Revolution »erzog«.

Die Kriegserfahrung ist Teil der größeren Nachkriegserfahrung, wie sie sich in der allgemeinen, in der gesamten Kriegsliteratur von rechts bis links beklagten Verwüstung und
Zerstörung der menschlichen Beziehungen niederschlug[183]. Zum Beispiel zeigt die Praxis
in Soldatenbordellen und Offizierskasinos, wie der Krieg das unter wilhelminisch-frie-
densmäßigen Bedingungen unvorstellbare »Fließenlassen« der »Ströme des Wunsches«
organisiert, von dem Theweleit im Hinblick auf eine Pervertierung des Mann/Frau-Ver-
hältnisses spricht.

Ungeachtet dieser Einwände gegen den einseitig sozial-psychologischen Ansatz in Theweleits »Männerphantasien« trifft diese Untersuchung einen zentralen, geradezu drama-
tisch aktuellen Punkt: »Das Faschismusproblem erscheint [...] als eines der ›normalen‹
Organisation unserer Lebensverhältnisse und als keineswegs gelöst. Fragestellungen wie

die, welche Formen der bürgerlich-kapitalistischen Gesellschaft als präfaschistisch, noch
nicht faschistisch, fast schon faschistisch gelten sollen, können dann als einigermaßen
drittrangig zurückgestellt werden.«[184]

In diesem Sinn soll auch diese Untersuchung die für wesentlich erachtete Unterscheidung zwischen dem erbringen, was man in Anlehnung an Joseph Conrads »Herz der Finsternis« (1911) als die durch geschichtliche Gewaltverhältnisse geschaffenen Finsternisse in den Herzen und Köpfen bestimmter Menschen bezeichnen könnte, und dem, was man ihre politische und propagandistische Ausklügelung nennen könnte. Das Hauptaugenmerk galt hierbei den Finsternissen, weniger dem Hakenkreuz darüber.

»Von euch werden die meisten wissen, was es heißt, wenn hundert Leichen beisammen liegen, wenn fünfhundert daliegen oder wenn tausend daliegen. Dies durchgehalten zu haben und dabei – abgesehen von menschlicher Schwäche – anständig geblieben zu sein, das hat uns hart gemacht. Dies ist ein niemals zu schreibendes Ruhmesblatt in unserer Geschichte…« Das war Himmlers Ausspruch, 1943 an SS-Gruppenführer im »Dienst« in den KZs gerichtet, an den Christa Wolfs »Kindheitsmuster« (1976) erinnerte. Die historische Kontinuität dieser Erfahrungskombination von »Härte und Anstand« unter ausdrücklicher, fast schon funktionaler Integration von »menschlicher Schwäche« setzte 1914 ein und ist in ihrer Faschismusanfälligkeit heute noch aktuell.

VERNUNFT AB ZUM GEBET

Es gibt keine Mauern zwischen dem bürgerlich-parlamentarischen Heute und dem faschistischen Gestern, wohl aber einen Vorhang. Die Welt dahinter ist fürchterlich und äußert sich bis heute nicht nur an Biertischen, auch in ernst gemeinten Leserbriefen sowie in mehr oder weniger reiflich überlegten Worten und Haltungen von Politikern. Jedenfalls ist es keine Randwelt.

»Es muß doch mal ein Schlußstrich gezogen werden.«[185] Unter was? Und was kommt dann? Die Unbelehrbarkeit hinter diesen und anderen Äußerungen ist weniger störrisch als systematisch. Ein kleiner Vorgang anläßlich des 40. Jahrestages der »Reichskristallnacht« in der Stadt Hameln mag das veranschaulichen helfen. In Hameln ist Hitler immer noch Ehrenbürger. Einen Annulierungsantrag der SPD-Fraktion lehnte der Verwaltungsausschuß der Stadt mit der Begründung ab, nur wegen unwürdigen Verhaltens und nur mit Genehmigung der obersten Verwaltungsbehörde könne eine Ehrenbürgerwürde wieder entzogen werden. Als Verwaltungsverfahren sei es überdies anfechtbar. Es ginge ohnehin nur durch Zustellung einer entsprechenden Verfügung, da aber der Adressat verstorben sei, könne diese nicht mehr erfolgen. Für den Rat der Stadt Hameln und für ihre SPD-Fraktion war dieser Fall damit erledigt[186].

»Ein Volk, das diese wirtschaftlichen Leistungen vollbracht hat, hat ein Recht darauf, von Auschwitz nichts mehr hören zu wollen.« Diese Auffassung wartet seit dem 13. September 1969 auf Widerruf. Franz Josef Strauß scheint hierzu nicht bereit zu sein[187].

Natürlich geht es gar nicht nur um Strauß, auch nicht nur um neonazistische Umtriebe (was nicht dasselbe ist). Es geht um einen schwer faßbaren historischen Prozeß, der mit dem unbeholfenen Reden von »Renazifizierung« recht gut verdeckt wird. Ich meine das

Zusammenwirken von allmählicher psychischer Verarmung auf der Grundlage einer materiell relativ gesicherten kapitalistischen Gesellschaft mit einem Denken, das sich in seinem Kern noch nicht von Lebensvorstellungen des Faschismus gelöst hat. Einer der Grundzüge dieses Denkens ist die unheimlich zähe Ordnungsliebe und ihr Hang zu dem, was auch Auschwitz funktionstechnisch möglich machte: »nämlich das gehorsame Einhalten von Zuständigkeitsdenken; das ordnungsgemäße und exakte Ableisten von Dienstaufgaben innerhalb eines vorgegebenen Bereichs, ohne die Frage nach Ursprung, Ziel oder Sinn der Aufgabe; die manipulierte Schaffung einer Existenzangst, die dieses Nichtfragen begünstigt, ja, geradezu erfordert, steht doch der Arbeitsplatz auf dem Spiel, wenn man seine Kompetenzen überschreitet. Solche Verhaltensmuster begegnen einem auf Schritt und Tritt im täglichen Leben; die Kassiererin hat die Preise nicht gemacht; der Beamte hat seine Vorschriften, der Frauenarzt ist nicht für die Psyche da; der Schulrektor ist an den Lehrplan gebunden [...] Ich denke an die Seifenmacher, die Rohmaterial aus Treblinka geliefert bekamen. Sie fragten nicht... [...] So ist es leichter für alle. Ich denke, die Wächterinnen in Auschwitz werden sich nicht über die mögliche Quelle des Verbrennungsgeruchs unterhalten haben, obwohl die Geruchsbelästigung eine tägliche Arbeitsbedingung war.«[188]

Die Figuren Arnold Zweigs und Werner Beumelburgs, der Wachsoldat Sacht und der junge, schließlich schießwütige Siewers, das ist nicht alles eins. Auf die Nähe und den möglichen Übergang zwischen beiden Gestalten unter bestimmten historischen Voraussetzungen hinzuweisen, soll nicht mehr besagen, als daß ein »Sacht« zu dem fähig ist, was ein »Siewers« schon drauf hat und tut.

Die Vernunft der einfachen Leute kann ihnen genommen werden. Mit dem Rücken an den Wänden der Angst können sie, müssen sie die Vernunft abnehmen wie den Helm beim vaterländischen Gottesdienst, immer noch.

Teil III
Anfänge revolutionärer Vernunft

STOLPERSCHRITT

»In die Massen kommt Bewegung.« Der dies schrieb, wußte wovon er berichtete und wie lange es dauert, bis Bewegung in die Massen kommt; wußte auch, was vor dieser Bewegung an Stillstand, Hinnahme und Fesselung in den Massen war. Er schrieb über das Zustandekommen von Bewegung in den Massen, über den Stolperschritt vor Hindernissen...

Theodor Plivier, Autor von »Des Kaisers Kulis« (1930), Roman von der deutschen Kriegsflotte, war ein Mann der breiten Massen und blieb das im Kern auch später, als er durch sein Buch berühmt wurde und sich nur äußerlich von ihnen entfernte. Anfangs schlug er sich als Maurer (genauer: Stukkateurlehrling), Seemann, Goldwäscher in Südamerika, Vagabund, Fischer und Viehtreiber, als Barmixer und Koch durch. Als parteiloser, linker Schriftsteller blieb er den einfachen Leuten in ihren Erfahrungen, Hoffnungen und Irrtümern treu. Diese Treue war ein kleiner Erfolg für die Massen und ein großer Gewinn für die Literatur.

Nach dem Krieg nahm Plivier sein Leben als werktätiger »Vagabund« wieder auf, er war jetzt seiner Tätigkeit nach vielleicht etwas besser gestellt, zugleich aber auch massennäher, denn er lebte als Wanderprediger und »Volksredner, Publizist, Verleger linksradikaler Schriften«[1] für den Frieden.

Das Exzentrische im Leben Pliviers war nicht nur Ausdruck einer privaten Einstellung und Haltung, es stimmte weitgehend mit jenen relativ großen Teilen der im Nachkrieg noch unbefriedigten, umstürzlerisch denkenden und handelnden Massen überein. Diese Teile der Bevölkerung waren einerseits nach der Niederlage der Novemberrevolution und der ihr nachfolgenden revolutionären Ereignisse abgeschlagen, andererseits aber immer noch sehr beweglich auf Veränderung der bestehenden Verhältnisse bedacht. Links von der Mehrheitssozialdemokratie stehend blieben sie unversöhnt in Bewegung.

Was diese Massen einte, das war die Verweigerung gegenüber der alten sozialdemokratisch gelenkten Arbeiterbewegung, aber auch eine gewisse politische Reserve gegenüber der revolutionären, kommunistisch geführten.

Plivier war ihnen als linker Intellektueller hier sehr nahe. Wie er dachten viele: Arbeiter, auch Intellektuelle rechts und links zwischen den beiden großen Arbeiterbewegungen, störrisch und aus ungezügelter Freiheitsvorstellung den vorhandenen organisatorischen Strukturen mißtrauend; für diese Teile der Massen hatte man in der sozialdemokratischen Gewerkschaftsführung den treffenden Ausdruck »der wilde Westen der Arbeiterbewegung«.

Plivier hat wenig von einem richtigen Bohèmien-Schriftsteller. Als einzelner war er in einer auf den ersten Blick unsteten und irrlichternden Art erfolgreich, wie u. a. die Wirkung der von ihm verfaßten Flugschriften zeigte.

Das Geld, das z. B. durch das Flugblatt »Hunger« (1921) in Deutschland zusammenkam, konnte er der IAH zur Linderung der materiellen Not in der Sowjetunion übergeben.

Pliviers Liebe und Hilfsbereitschaft zu unterdrückten und leidenden Menschen war ernst und praktisch. Sein Einsatz für die politischen Gefangenen in Deutschland war durchdacht und konkret. Der Aufruf »Raus die Gefangenen« erschien (vor der Hindenburg-Amnestie) Ende 1924. Die publizistische Wirkung war durchschlagend und die Weimarer Instanzen für Ruhe und Ordnung reagierten prompt. Plivier wurde verhaftet und sein Aufruf beschlagnahmt. Er ließ aber nicht locker, verfaßte ein weiteres Flugblatt, Leitartikel und Dokumentarisches mit genauen Zahlen über Verhaftungen und Verurteilungen[2].

Etwas von Pliviers politischer Zähigkeit und Ausdauer findet sich als Grundzug in seinem ersten Roman »Des Kaisers Kulis«. Seine Geduld in der Verfolgung und Nachzeichnung der verschlungenen Pfade der unterdrückten, aber auch kämpfenden Matrosen der kaiserlichen Marine ist groß.

»Kulis« gab es nicht nur in den Hafenstädten der Wasserkante[3]. Ein Teil für sich war die sogenannte unsichere, zur See fahrende Bevölkerung (zu der Plivier gehörte). Mit Kriegsbeginn kamen die rekrutierten Industrie-, hauptsächlich Metallabeiter dazu. So bildete sich ein hochbrisantes politisches Widerspruchspotential heraus, das zusätzlich durch die unmittelbare und auf den einzelnen Schiffen unausweichliche Konfrontation mit den Offizieren verschärft wurde[4].

Vor 1914 konnte man noch ohne große Formalitäten, ohne Paßzwang auf einem Schiff anheuern und in die weite Welt fahren, arbeitender-, schuftenderweise. Woher einer war, das interessierte die Behörden nur dann, wenn man mit ihnen in unliebsame Berührung kam. Wer aber nach August 1914 ohne Kennkarte in einem deutschen Hafen aufgegriffen wurde, der wurde gewöhnlich in einer der systematisch organisierten Razzien zwangsrekrutiert; »shanghaien«[5] nannten die Kulis diese Art Freiheitsberaubung.

Plivier kam dabei auf einen sogenannten Himmelfahrtsdampfer, einen der berüchtigten und legendenumwobenen deutschen Hilfskreuzer mit dem Namen »Wolf«[6]. Hilfskreuzer waren uralte Pötte, Handelsschiffattrappen, in Wirklichkeit getarnte Kaper- und Piratenschiffe der kaiserlichen Marine, deren Aufgabe darin bestand, die Häfen der feindlichen Staaten zu verminen, so viele feindliche Handelsschiffe wie möglich aufzubringen, auszuplündern und zu versenken. Waren diese Kriegsschiffe als solche aber einmal entdeckt, dann waren sie verloren in ihrer militärischen Untauglichkeit mit dünnen Bordwänden, wackligen Aufbauten und kleinkalibrigen Geschützen. Die Mannschaften trugen aus Tarnungsgründen keine Uniformen und hatten meist bis hinauf zum Kapitän eines gemeinsam: sie hatten sich bei den Staats- und Marinebehörden mißliebig gemacht, hatten ein loses Maulwerk und lockere Fäuste. Plivier war mit von dieser halb Kuli-, halb Piraten-Partie, und was er erlebte, das schrieb er auf bis zur Zeit der Matrosenrevolte und Novemberrevolution.

Als die Matrosen in Kiel und dann in anderen Häfen losschlugen und rote Fahnen hißten, befand Plivier sich gerade als revolutionärer Vertrauensmann auf einem Minensuchboot auf See. Zurück in Wilhelmshaven, arbeitete er sofort als Redakteur an den Wilhelmshavener »Republik-Nachrichten des Arbeiter- und Matrosenrates« mit. Das dauerte nicht lange. Über Lenins Aufruf »An alle« kam es schon zum politischen Krach in der Redaktion. Am 20. November 1918 macht sich Plivier mit Urlaubsschein aus dem Staub der Hafenstädte und begann sein ziviles Leben als Volksredner.

Plivier war Teil der revolutionären Matrosenbewegung. Seine Parteilichkeit war eigen. Sie blieb an die eigene Lebenserfahrung gebunden und sorgte so für einen relativ unverstellten Blick. Hinzu kam, daß sein Leben auf kleinen Vorpostenbooten, auf Minensuchbooten und Kaperschiffen eher am Rande des 1. Weltkriegs und seiner politischen Bewegung verlaufen war. Aber vielleicht war es gerade diese Stellung an der Peripherie, die seinen Blick so scharf machte für die kleineren Widerstandsregungen.

Plivier ist gründlich. In der einzigen großen Seeschlacht des 1. Weltkriegs, vor dem Skagerak, interessiert ihn das nackte Kuli-Leben, wie es draufging zwischen Feuer und Wasser: »*Eine Staffel von wahnsinnigen, gigantischen Fackeln brennt die Nacht hoch. Und in diesem Scheiterhaufen aus Öl, Schießpulver und Stahl sind Menschen: 200 Mann! 300 Mann! 700 Mann! [...] Auf deutscher Seite werden während des Nachtmarsches die ›Frauenlob‹ und das Linienschiff ›Pommern‹ torpediert. ›Frauenlob‹ sinkt. ›Pommern‹ bricht auseinander. ›Pommern‹! 800 Mann! Die letzten Opfer! 1181 Verwundete. 9526 Tote.*«[7]

Die meisten waren Kulis. Viele waren sofort verschwunden, viele sehr bald unauffindbar. Einige sahen eine Zeitlang noch alles mit an, noch irgendwo an Deck oder schon im Wasser. Sie sahen ihre eigene Vernichtung in der der anderen: »*Vierzig auf der ›Lützow‹, eingeschlossen im vorderen Torpedoraum, von der übrigen Besatzung getrennt. Die Panzertür klemmt! Sie haben Luft zum Atmen. Das elektrische Licht brennt. Die ›vierzig‹ hängen an dem Sprachschlauch, an der letzten Nabelschnur mit der Welt: ›2000 Tonnen Wasser! Die Pumpen arbeiten noch. Wir laufen kleine Fahrt!‹ Sechzig Gezeichnete auf der ›Wiesbaden‹, vierzig auf der ›Lützow‹, hunderte hingestreut über die verlassenen wüsten Flächen des Skagerak. Achtzig oder zwölfhundert Mann in einer Flammensäule: das ist eins, ein einmaliges Aufzucken und Auslöschen. 300 oder 400 Gesichter an ein untergehendes Schiff geklebt: da ist die fremdartige Perspektive in die Wolken hochrennender Decks, die Siedehitze der Katastrophe, der gemeinsame Wahnsinn.*«[8]

Plivier ist unerbittlich im Nacherleben und Nachtrauern, er bleibt bei den sterbenden und gestorbenen Kulis, solange es irgend möglich ist, läßt sie noch einmal zu Wort kommen wie den Matrosen Kleesattel: »*Das Gesicht mit der Schmarre − − zwei Arme, die rudern − − Hände, die sich festklammern − − Holz, ein Stück Holz! Der Mund speit Wasser. Die Nasenlöcher sind weit offen: ›Bin kein Mauerstein! Kein Aristokrat! Nein, Herr Kapitän! Ich nicht! Holz schwimmt!‹ [...]*

›Da fahren sie und schießen, fahren und werden beschossen − die armen Kerle! Eine Panzersprenggranate − hast du gesehen? Wie beim Photographen! Blitzlichtaufnahme! Bloß daß alles rot ist und dir gleich die Spucke wegbleibt! Fabelhaft − du hörst nichts, weißt nichts! Da sind dicke Wände. Aber du liegst mit dem Arsch im Bach. Und ist gar nicht so schlimm. Hier kann man schnaufen. Es stinkt nicht mehr. SMS Kleesattel! Hurra!‹«[9]

Niemals vergißt Plivier »*das elende Versaufen der Massen*«[10], aber auch die nicht, die nicht untergingen und nicht vergessen konnten und wollten.

»Des Kaisers Kulis« ist ein Roman über die, die nicht untergehen wollten angesichts derer, die doch untergingen. Ein Roman über die Revolte. Die aber ist noch im Würgegriff des Krieges. Denn die aus dem Krieg zurück über die Revolte und Revolution in den Nachkrieg kommen, sind hart angeschlagen und haben nicht mehr viel Luft.

Was ist vorher geschehen, daß die Matrosen ihren Widerstand im Krieg entwickeln können und sich mit dem Untergehen nicht abfinden? Plivier geht hier weit zurück und zeigt etwas scheinbar Banales, tatsächlich gar nicht so Selbstverständliches: Je länger und beschwerlicher der Weg der Unterdrückung, desto unvermeidbarer der Widerstand. So verfolgt er den Matrosenwiderstand bis zu seinen kleinsten, unbekannt gebliebenen Wurzeln. Freilich wird die nur schlecht verhohlene, schwer mitgeschleppte Trauer und dumpfe Niedergeschlagenheit auf dieser Ebene von Widerstand ebenfalls sichtbar. Ohne Vorbilder – die hielt man vor ihnen geheim –, ohne politische Erfahrung und Weitblick machen sie sich dennoch an die schwere Arbeit ihrer Befreiung.

Es sind zunächst zwei äußere Merkmale, mit denen Plivier die Matrosen kennzeichnet: das Graufarbene und Körperschwere ihrer Erscheinung, feldgraue Uniform, graue Gesichter, von weitem sieht man nur einen »grauen Klumpen«[11]. Für einen Tageslohn von 50 Pfennig schuftend, bleiben ihre Bewegungen auch nach Feierabend und bei ihren einfachen, schnell befriedigten Bedürfnissen langsam und schwerfällig. »*Auf der Diele bewegen sich die Paare, schwere, dampfende Leiber. Ein ungeschlachter Kerl, mit einem Gesicht wie ein Seehund, hat die Bauchtänzerin im Arm.*«[12]

Dennoch ist Pliviers Darstellung der Matrosen nicht zu verwechseln mit den massenfeindlichen Darstellungen der »Masse grau in grau«. Er beobachtet ganz konkret die Lebensumstände der kriegsgrau werdenden Kulis. Auch ihr Innenleben ist karg und nicht mehr als das, was sie als unterdrückte Menschen fühlen, denken und lernen dürfen. Das »Warum« des über sie verhängten Lebensdiktats, so und nicht anders leben zu müssen, wird nur sehr langsam und im gedrosselten Lerntempo der breiten Massen klar. Die Punkte und Flächen von Erkenntnis der eigenen Lage sind weit verstreut und selten nur miteinander verbunden. Immer gegenwärtig ist nur der Staat, seine Ordnungsmacht und insbesondere die Polizei. Da ist die Polizeigewalt des Kapitäns unterwegs an Bord, die Polizei beim Landgang und in den Kneipen. Widerspruchsgeister sollen gar nicht erst hochkommen.

So hatte die Bereitschaft für Widerstand schon vor und während des Weltkriegs einen schweren Stand und kriecht und stolpert doch langsam zur Revolte hoch. Immer wieder ist von verqueren Gefühlen die Rede, unheilschwanger und drohend gehen Gerüchte um von »*Unheimlichem, das sich zusammenbraut*«[13]. Mit dem – wie unbeabsichtigten – Ausspucken der Kulis vor der Arroganz und dem Hochmut der Offiziere wird die Revolte schon konkreter.

Vor jeder Entscheidung gilt es Hemm- und Hindernisse zu überwinden, die wenig politisch erhellende Kraft freisetzen. Der spontane Antimilitarismus der Matrosen ist noch schwer zu unterscheiden von Kneipen-Sentimentalität.

»›*Jaurès ermordet!*‹ ›*Wirt, eine Stubenlage!*‹ *Der Hafenmeister mit dem gebrochenen Nasenbein ruft es, mit dröhnender Stimme, quer durch den Raum. Mit vollen Gläsern in den Händen erheben sie sich, die Segelschiffsmatrosen, Schweden und Finnen von einem russischen Dampfer, die Hafenarbeiter, Franzosen und Frauen... Stühle werden gerückt. Tische aneinandergestellt. Jan bestellt eine Lage, hinterher einer von den Schweden, dann der Irländer:* ›*Skool Swenska.*‹ ›*Good luck Irland!*‹ ›*Wir halten zusammen!*‹ – – *Die groben Gesichter sind gelöst, wie ein Mann fühlen sie sich.*«[14]

Dieser angetrunkene Antimilitarismus führt die Massen wenigstens für den Augenblick zusammen und zu sich selbst. Sie überspringen dann das von oben befohlene Ich-Verbot, die Sperrzone vor dem Wir. »*Die Anwendung von* ›*Ich*‹ *in den Redeformen ist ver-*

boten. Matrose Bülow, Matrose Geulen, Matrose ›Sowieso‹ antwortet, bittet, gehorcht. Spricht von sich in der dritten Person, wird endlich eine namenlose Nummer des Menschenreservoirs der Hochseeflotte. ›…dreihundert, Herr Sergeant! Ein Linienschiff hat tausend, ein moderner Panzerkreuzer tausendvierhundert Mann Besatzung!«[15]

Irgendwo zwischen antimilitaristischem Trinkspruch und freudlosem Alltag hält sich aber auch noch Kriegsbegeisterung auf, als Taumel in die Identität einer verführerischen Einheit. Keine Parteien mehr, nur noch Deutsche, unsere Marine, »Hurra« – das ist gerade für die ganz unten, für die Kerle im Dreck besonders verlockend. Das will erst erfahren sein. Jeder Begeisterungssturm ist eine wohltuende Verkürzung des Alltags und Elends, ein Hochgefühl darüber hin. *»Die patriotischen Lieder wurden von allen mitgesungen.«*[16] Jawohl, auch von denen, die ihrer materiellen Lage nach den deutschen Kriegszielen und Verteidigungswerten nicht sehr nahe stehen, auch der Matrose Kleesattel – später Revolutionär und noch später ertrunken – singt mit, aber er kann *»den Gedanken nicht unterdrücken, daß er eigentlich nur einen Sack, vollgepackt mit Seestiefeln, Ölzeug und Arbeitskleidern, zu verteidigen hat. Aber so ist er, zum Teufel! Die Stadt brennt vor Begeisterung. Und er kommt nicht aus dem engen Dreh seiner persönlichen Interessen heraus. ›Es geht um die Zukunft unseres Volkes!‹ – ›Um den deutschen Gedanken geht es!‹ – Und unsere Stellung auf dem Weltmarkt müssen wir festigen!«*[17].

Viel ist es also nicht, was von einem einfachen Mann gegen die Kriegsbegeisterung gesetzt werden kann, erst Scham, daß man innerlich vielleicht doch nicht so mitgerissen ist, dann ein bißchen persönliches Interesse als unverstandenes Klasseninteresse und vielleicht noch eine kritische Reserve, wenn die Kriegsbegeisterung zu offen in die Weltmarktfrage steuert.

Als der Krieg dann richtig los geht, als es ernst wird, da muß er dann noch einen ganz anderen Sog entwickeln, daß selbst viele von denen heftig dafür sind, die eigentlich dagegen sein müßten. Plivier beschreibt das so: *»›Eine verfluchte Sache!‹ sagt Heinz. ›Ich bin nie für den Krieg und den Militärkram gewesen. Aber wenn man mal mitten drin ist, macht man mit! Hast du die Jungens gesehen, wie sie die Granaten geschleppt haben? Und die Stoker, die sind alle überm roten Strich! So wie heute ist der alte Kahn nie gelaufen!‹ ›Wenn's bloß bald losginge!‹ antwortete Kleesattel‹.«*[18]

Aber noch während die Matrosen von ihren Interessen los und in den Krieg hinein gerissen sind, entwickeln sie bereits wieder eigenen Halt, Widerspruch und Widerstand. Über eine Vielfalt von Regungen gegen die Anpassung breitet sich das Vorfeld der Revolte aus.

Die organisatorischen Strukturen des deutschen Militärwesens und seine besondere Ausformung in Gestalt des »System Tirpitz« behindern diesen Prozeß, treiben ihn aber auch voran. Es ist auf den Ansturm der unangepaßten und noch nicht zurechtgeschliffenen Matrosen nicht gut genug vorbereitet. Bald hat dieses System Risse, bilden sich Nischen und Lücken unter dem allzu plötzlichen Druck der Massen. Dieser Druck verringert sich nach einer Weile der Eingewöhnung. Jetzt greift der Schliff, gleichzeitig aber entsteht etwas Neues, etwas, das diesen Druck auf das System langfristig wieder aufbaut und zurückgibt. Stiefelappell: *»Die Kompanie ist wieder angetreten. ›Verfluchte Schweinerei!‹ Die Jagd beginnt von neuem. Aber es gibt keine Hautabschürfungen und Verletzungen mehr auf der Treppe. Die Rekruten haben sich eingelebt in das System, behalten auch* *im Verbande eine gewisse Selbständigkeit und entwickeln, wenn es nötig ist, eine gemeinsame Langsamkeit.«*[19] Plivier hat genau hingesehen. Noch in der Anpassung ist Widerstand. Aus dem ursprünglichen Tempo, mit dem die Massen in den Krieg gegangen waren, entwickeln sich die ersten gemeinsamen Schritte aus ihm heraus. Diese Beobachtung ist deshalb von Bedeutung, weil hier kollektiver Widerstand noch ganz am Anfang und auf einer sehr niedrigen Stufe festgehalten ist. Der Akzent liegt noch nicht auf Widerstand und Kollektiv, es heißt »gemeinsame Langsamkeit«.

Aber schon auf dieser untersten Stufe von Gemeinsamkeit und Renitenz ist beides für die Herrschenden auffindbar, sie orten es mit Hilfe eines sensiblen und raffiniert kombinierten Frühwarn- und Angriffssystems, und sie trachten danach, die Keime des Widerstands zu ersticken, bevor dieser sich richtig äußern und organisieren kann.

Erster Angriff: Die Kriegswinter sind für die an Deck der Schiffe arbeitenden Kulis besonders hart. Hosentaschen und ihre halblegale, bislang geduldete oder auch einfach übersehene Benutzung sind da »eine ganz besondere Sache«[20]. Aus der Sicht der Offiziere und Kommandanten werden die Hände in den Hosentaschen der Matrosen nun aber zu einer Form der Unbotmäßigkeit und sie bestrafen streng mit Arrest, wegen »unmilitärischer Haltung«. Für die Matrosen selbst ist es trotzdem angenehm und praktisch, auch ein Stück Selbstbewußtsein, dem militärischen Reglement gestohlen.

Zweiter Angriff: An Land in den Hafenstädten ist der Bürgersteig nicht für alle da. Nahen sich militärische Vorgesetzte, haben die Kulis den Bürgersteig unter Grußzwang zu verlassen. *»Auf der Straße muß man alle Schritte auf den Damm hinunter, um vorbeigehende Vorgesetzte zu grüßen.«*[21] Einübung von Demutshaltung.

Dritter Angriff: Zu den noch verbliebenen Flucht- und Stützpunkten der Kulis zählen anfangs die Hafentoiletten und Werftklosetts. Sie funktionieren als Lokale für ungestörte und freimütige Versammlungen der Kulis. *»Die Klosetts sind die Klubhäuser der Mannschaften. In ihnen ist man noch ungestörter und unbeobachteter als abends in den Kneipen. Hier wird Kritik geübt an den Zuständen in der Marine, an Unternehmungen der Flotte, Parolen werden ausgegeben und Depeschen losgelassen. Rasch hingekritzelte Sinnsprüche zieren die Bretterwände. Zum Beispiel:*

›Gleiche Löhnung, gleiches Fressen,
und der Krieg wär längst vergessen!‹
oder
›Wir kennen keine Parteien mehr,
nur noch Marmelade!‹
oder:
›Wir kämpfen nicht für Vaterland
und nicht für deutsche Ehre!
Wir sterben für den Unverstand
und für die Millionäre!‹«[22]

Als die Unmutsäußerungen lauter werden, »passive Resistenz« sich ausbreitet und erste Sabotageakte bekannt werden, da führt die Marineführung einen gut gezielten Schlag gegen den aufkommenden Matrosenwiderstand. *»Das vor dem Schiff liegende Werftpissoir ist den ganzen Tag über in Betrieb. Mit der anschließenden Latrine ist Platz für fünfzig Mann. Aber die Zeiten, in denen man hier gemütlich sitzen konnte, sind vorbei. Man hat* *die ›Brillen‹ umgebaut und sie in einem ansteigenden Winkel von 45 Grad aufmontiert. Niemand sitzt länger als er muß. Die Beine tun weh und bei der geringsten Bewegung stößt einem der harte Rand hinten ins Kreuz.«*[23] Ein Ersatz-»Klub« ist so schnell nicht zu organisieren.

Aufsässigkeit und Auflehnung werden früh und systematisch zu ersticken versucht. Trotzdem entsteht »massenhafte Insubordination« und die Marineführung eskaliert ihre Unterdrückungsmaßnahmen. *»Die an Land liegenden Mannschaften entwickeln sich zu einem immer dringender werdenden Problem. Und die Admiräle finden eine Lösung. Kompanien werden zusammengestellt, die weißen Bootsanzüge feldgrau gefärbt. Ein paar Tage Heimaturlaub, dann werden sie verladen und nach Flandern geschickt. Die Lösung des Problems heißt Flandern.«*[24] Als auch das nicht reicht, der Widerstand immer entschlossener wird gegen Ende des Krieges und die Offiziere ihre vieldeutigen Sprüche von »letztem Gang« und dem »Todesritt der deutschen Flotte« loslassen, da wissen die Matrosen, daß ihr Widerstand am Rande seiner massenhaften Vernichtung steht.

Aber vor der Entscheidung zum Losbrechen ist noch viel Resignation zu überwinden. Der auch im 2. Weltkrieg noch gesungene Schlager läßt etwas davon erkennen:

> »Denn dieser Feldzug,
> Das ist kein Schnellzug!
> Wisch dir die Augen aus –
> Mit Sandpapier!«[25]

Der Tränen ist kein Ende; will man sie wegwischen, schafft man neue. Dagegen müssen sich Hoffnung und Optimismus durchsetzen. Irgendwann reicht es den Kulis, sie sagen nur »Maski«. Das heißt: Strich unter die Rechnung, Schluß jetzt.

Oft ist es ein Heimaturlaub, der bei einzelnen das Faß zum Überlaufen bringt. *»Der Schinder! Der Meister! Die Meister, Steiger, Landsturmmänner, die in den Betrieben, an den Öfen, in den Gruben hinter den Arbeitern stehen und aus Furcht vor der Front unerbittliche Antreiber sind!«*[26] An den militärischen Fronten ist Unterdrückung schwerer auszumachen. Die Gefahr, das Aufeinanderangewiesensein und das ähnliche Sterben der Schinder und Geschundenen schafft Tendenzen der Einebnung von Klassenunterschieden. Immer wieder sieht es zumindest so aus, als mache der Tod die Menschen gleich. *»An treibende Schiffstrümmer geklebte Gesichter sehen wie ein Idyll aus. Ein zersiebter Kapitänleutnant wimmert nicht anders als ein Kuli. Unterschiede haben aufgehört. Goldene Ärmelstreifen oder Mützenbänder, Steckrüben oder fünf Gänge, alles ist eins!«*[27] Diese Erfahrung steht noch gegen den spontanen Widerstandsgeist in den Matrosen, auch gibt es immer wieder Offiziere, die keine Schinder sind oder sein wollen, die also »in Ordnung« und »famose Kerle« sind.

Letztlich wird die Problematik der Schützengrabenmentalität bis Kriegsende nicht gelöst. Der dann doch losbrechende Aufstand der Matrosen 1917 fegt sie nur für Augenblicke beiseite. Anfangs ist ihre Meuterei noch fatalistisch und destruktiv, wie der Matrose Bülow mit seinem Widerstandsakt demonstriert: *»›Wenn Bülow nich will, denn will he nich!‹ Dabei packt er sein Bordmesser und stößt sich die Klinge durch die Hand. Die linke Hand an die Tischplatte festgenagelt, steht er gebückt und starrt den Wachtmeister an.«*[28]

Das große, gemeinsame Sich-Erheben der Matrosen hat einen banalen Anlaß. Die Kulis dürfen nicht an Land, ins Kino. Sie sollen statt dessen auf den Drill- und Schleifstein. Ihre

Reaktion darauf ist noch nicht entschieden genug, sie wollen eher mal gegen den Stachel des Systems Tirpitz löcken, einmal über den Zapfen hauen. Erst die ungeschickt drakonische Bestrafung provoziert ihren ernsthaften Widerstand.

Erste Kriterien für gemeinsames Handeln entwickeln sie, als die Offiziere schon mit den Brownings sichtbar in den Hosentaschen herumlaufen, sehr spät also: »*Wir teilen alle denselben Hunger*« und »*dasselbe Offizierspack!*«[29] Genaueres, Weitertragenderes außer der alles überschattenden Sehnsucht nach Beendigung des Krieges ist nicht in der Aktion. Immer noch ist da so viel selbst angelegte Zügelung, so viel Widerstandsmäßigung, begründet in einer leichtsinnigen Gutgläubigkeit gegenüber den Militärbehörden und einer bedenklichen Vorsicht hinsichtlich des Erfolgs ihres Tuns. »*Aber wir halten die Kriegsbereitschaft ein und kehren nach drei Stunden geschlossen zurück. Es geht um mehr, und es lohnt nicht, wegen dieser Geschichte als Meuterer vor Gericht zu kommen.*«[30] Aber das ist bereits Meuterei, und jedes Zögern jetzt verringert die Chancen des Erfolgs. Die Militärbehörden lassen nicht mit sich spaßen, die haben nichts übrig für Meutereien, auch nicht, wenn sie einem Jungenstreich ähnlich sind.

Kaum sind die Matrosen von ihrem selbstgenehmigten Landgang zurück, setzen die Verhaftungen ein. Spitzel mischen sich unter und aus ist es mit der Revolte. Die politischen Lehren werden schon unter Todeskandidaten gezogen. »›*Für die haben wir gehungert! Für die haben wir die Kessel geheizt!*‹ – ›*Wir hätten vom* ›*Prinzregent*‹ *nicht runtergehen dürfen, lebendig nicht! Die Offiziere über Bord, Dampf auf in allen Kesseln und los in die Nordsee! Das wäre ein Signal gewesen!*‹«[31]

Ein kurzer Blick auf die revolutionären Ereignisse in Rußland verstärkt den von Plivier festgehaltenen Eindruck der Matrosenrevolte. In Deutschland gab es vor und während der Novemberrevolution keinen Panzerkreuzer »Potemkin«. Als die Matrosen hier endlich in Bewegung gekommen, aus ihrem schleppenden Schritt in den Stolperschritt der Revolte gefallen waren, da war das noch zu wenig entschiedener Widerstand und schon zu später obendrein.

»*In die Massen kommt Bewegung.*«[32] Die revolutionäre Matrosenbewegung gegen Ende des 1. Weltkriegs wurde relativ schnell gestoppt[33]. Die kaiserliche Marine, das »System Tirpitz«, stellte die brutalste, engste militärische Zwangsgemeinschaft zwischen Unterdrückten und Vertretern der herrschenden Klassen des wilhelminischen Deutschland dar und blieb – dank purer Gewalt – doch Sieger.

THEODOR PLIVIER

DES KAISERS KULIS

9526 Tote vor dem Skagerrak, 5475 auf der Doggerbank, vor den Falklandinseln, vor Coronel und Helgoland / Wir heizen die Kessel, trimmen Kohlen, putzen Messing, scheuern Decks, schlafen gepfercht in Kasematten: Des Kaisers Kulis: 50 Pfennige Tagelohn. Wir schuften. Wir hungern. Unsre Offiziere feiern: Eroberung!! Großdeutschland von Lettland bis an den Kanal!! Hurra!! Vier Jahre lang. Wir rebellieren. Und des Kaisers Flagge sinkt.

ALLE WUT VERGEBENS

Der Prolet Turek trug nicht so schwer an seinem Untertanenbewußtsein im deutschen Kaiserreich. Wenn es sein mußte, dann log er wie ein Offizier und wenn der Hunger es forderte, dann tat er einen schnellen, beherzten Griff. »Ein Prolet erzählt« (1930) ist ein Buch über die proletarische Kunst zu leben und bei guter Laune zu bleiben, während des Kriegs und auch danach noch.

In Bewegung bleiben, kein Tempo verlieren, ist hier Lebenseinstellung. 1914 ist Turek ganze 16 Jahre alt und hat nur eines im Sinn, nämlich dem »großen gigantischen Sauger« Krieg zu entkommen. »*Bewegung tut not; was sich nicht bewegt (in einer solchen Zeit), ist erschossen.*«[34]

Auf der Flucht nach vorne vergißt Turek aber nie die weniger Schnellen, Zurückgebliebenen. Als vereinzelter Avantgardist der herbeigesehnten Revolution bewahrt er sich Verständnis für die Schwerfälligen, schwerer mit ihrer proletarischen Existenz Beladenen. Immer sind die Zurückgebliebenen auch die Zurückgehaltenen.

Als Deserteur erlebt Turek eine Odyssee durch die Gefängnisse und Arbeitslager Deutschlands, des Militärzuchthauses, wie Karl Liebknecht es nannte. »*Auf dem Hof, der mit einer verzweifelt hohen Mauer umgeben war, verteilte der Wärter aus Holzkisten das Brot. Wer sich auf das Kriegsbrot von 1917 und 1918 entsinnen kann, wird sich denken können, welchen Kitt man uns als Brot gab. Abbeißen vom Brot war streng untersagt, erst um neun Uhr durfte es verzehrt werden. Jeden Abend, halbtot geschuftet, auf total verwanzter, steinharter Holzwollpritsche stundenlang vor dem Einschlafen mit dem brennendsten Hungergefühl im Leibe kämpfend, waren wir angesichts des sicheren Hungertodes dem Wahnsinn nahe. Nur niederträchtige Schurken, vertierte Sadisten, auserlesenste Schufte können einem verhungerten Menschen ein Stück Brot in die Hände geben und ihm verbieten, davon zu essen.*«[35] Turek zeigt Rückgratbrechung durch politische Gefangenschaft, zeigt Mechanismen der systematischen und bewußten, auch psychischen Zerstörung von Kriegsgegnern. Es ist, als legte er die wilhelminischen Wurzeln für die KZ-Mentalität ab 1933 frei, von oben aufgebaut und unten erzwungen. »*Wie weit der furchtbare, lang andauernde Hunger die Menschen herunterbringt, wie er den Geist zermürbt und auch den geringsten Widerstand gegen die Peiniger unmöglich macht, will ich an folgendem Beispiel zeigen: Eines Morgens beliebte es einem inspizierenden Oberfolterer, eine Viertelstunde nach Brotausgabe nachzuforschen, wer trotz des strengen Verbots schon von seiner Brotration abgebissen hatte. Von etwa dreihundert Mann hatten vielleicht hundert abgebissen und zehn bis zwanzig die Tagesration bereits ganz verzehrt. Diesen schlug er mit der Faust ins Gesicht, den anderen nahm der den Rest des Brotes weg und zertrampelte es mit den Füßen im Dreck. [...] Vollständig apathisch sahen die Kameraden diesem Schurken zu [...] Und trotzdem, die Ordnung dieser Zeit besagte: ›Ein solcher Mann muß ausgezeichnet werden‹, deshalb besaß er etliche Orden, auf die er nicht wenig stolz war. Hundert Menschen mit entsetzlich hohlen Augen, als liege nur noch Haut auf dem Totenschädel, so gespenstig mager, so durchsichtig scharf zeichnet sich das Skelett ab, schlägt so ein feister ›Ohnesorgen‹ das Stückchen Brot aus der Hand.*«[36] Turek ist spürbar fassungslos darüber, daß auch er selbst sich der Massenpeinigung unterwirft, unterwerfen muß.

Er fürchtet die Ohnmacht in den Massen und wähnt sich in seiner eigenen, verwegenen Ratlosigkeit gerettet. Umsturz, Revolution ist seine Rettung und die der »Kameraden«. Turek glaubt an die Revolution wie an die Unausweichlichkeit selbst. Um sich herum aber ist nur Unruhe. »*Nun saßen wir 42 Mann fest in unserer fest verriegelten und verrammelten Zelle. Aber noch fester verriegelt und verrammelt als Fenster und Türen waren die Schädel meiner Kameraden, die nicht meinen Worten von der Revolution glauben wollten. Auch in ihnen gärte es gewaltig. Jeder sah doch einen Hoffnungsstrahl, aus diesem Elend herauszukommen. Nur an die Revolution glaubte niemand.*«[37]

So bleibt die Revolution eine wilde, vage Hoffnung einzelner. Trotzdem bleibt Turek bei denen, die weniger weit und kühn in ihre Zukunft vorgreifen. Zu gut kennt er die Ausmaße und das Gewicht der Verhinderung von Freiheit, das hat er alles am eigenen Leibe erfahren, und so vergißt er auch nicht die in den verrammelten Köpfen der vielen eingeschlossenen Pläne.

»*Ich habe diese Seiten über die ersten Tage an der Front geschrieben, um nicht ganz zu versäumen, Eindrücke wiederzugeben, die immerhin einen gewissen Antrieb bedeuteten zu den Erlebnissen, die ich nachfolgend schildern will. So manches arme Menschenkind mag in gefährlichen Momenten die kühnsten Pläne ausgeknobelt haben, um aus diesem Schlamassel herauszukommen, und hat sie dann doch niemals ausgeführt.*«[38]

Als die Revolution dann tatsächlich da ist, nicht vom Himmel gefallen, aber doch von viel zu wenigen vorausbedacht, da entpuppt sie sich als Karussell aus langangestauter Wut und aus leidenschaftlicher Vergnügungslust. Die Massen stürmen los, aber sie stürmen planlos und bleiben strategisch ohnmächtig. »*Aller Haß, aller Hunger, vieltausend Stunden Unterdrückung, Wut und Verachtung, Erniedrigung, alle Schmähungen, das glühendste Sehnen nach Rache, meine Angst vor dem Hungertod, alles erduldete Unrecht machte sich nun Luft, explodierte. ›Wo sind die Schurken, ich bin jetzt riesenstark. Kommt her, ihr Gesindel, ich will euch dutzendweise das Genick brechen. Kommt doch her, ihr Banditen, versucht es noch einmal, meine Hände zu fesseln, ich beiße euch die Gurgel durch.‹ Arm in Arm mit anderen Kameraden und Spandauer Mädchen, die große Küchenmesser in den Händen hielten, marschierten wir zum Rathaus. Dort erwischte unser Trupp einen Offizier. Im Nu fielen die Mädchen über ihn her. Ich nahm einem alten Landstürmer, der untätig dastand, das Seitengewehr weg und schwang mich auf ein vorbeisausendes Lastauto.*«[39] Das ist die Novemberrevolution auch: ein beißwütiges Losrasen in eine breite, aber hin und her schwankende Volksbewegung, ein machtvoller Strom im Zickzack. »*›Nach Berlin!‹ Dort sollte es noch königstreue Truppen geben, die bereits Frauen und Kinder niedergeschossen hatten. ›Wir werden euch Schleimscheißern schon zeigen, was wir aus euch machen!‹ Wir rasten durch die Straßen Berlins, überall stießen wir auf Gleichgesinnte. Ich verließ das Lastauto und sprang auf ein Panzerauto. Alle Wut vergebens, nirgends fanden sich Königstreue. Berlin war also in der Hand der Revolutionäre.*«[40] Das ist ein großer Irrtum. Noske hat seine Truppen ja schon versammelt und strategisch günstig zur Niederschlagung der Revolution postiert. Schwerer als diese Leichtgläubigkeit wiegt das Stocken und das Stehenbleiben der »Gleichgesinnten« in ihrem Tatendurst auf einer Ebene der Revolution, die Rache bleibt; ein Sich-endlich-Luftmachen als kurzatmige Energie.

Bald läuft die Revolution auseinander. Schon das erste Los- und Zuschlagen hat zu vielen lang ersehnte Genugtuung verschafft, und nun locken die Feste, die ebenso gerechten wie billigen Vergnüglichkeiten und Ausgelassenheiten nach langer Entbehrung. »*Das Vergnügen riß nicht ab. Es war die wildeste Zeit. Ein Volk, das Jahre hindurch dem Vergnügen entsagt hatte, machte nun aus ganz Deutschland einen großen Lunapark. Jeden Tag konnte man sich bis zum Morgen an mehreren Stellen amüsieren. Zu wilden Melodien wurde getanzt [...] Auch uns, die wir aus der Jugendbewegung ein anderes Milieu gewöhnt waren, riß es mit in den Taumel. Ich las in den Zeitungen: ›Spartakuskämpfe in Berlin‹. Spartakus!? Was und wer ist Spartakus?*«[41]

Natürlich: Die Revolution hat ein Recht auf Feste. Auch der junge Spartakist Turek fällt aus revolutionärem Kampf in festlichen Taumel und wieder zurück. Mit dem Katzenjammer der Novemberrevolution kommt der Kehraus und auch der ist noch berechtigt, nur daß er der Konterrevolution kostbare Zeit schenkt, um sich zu formieren und zum Gegenschlag auszuholen. Unterdessen nehmen sich die Massen, was Bauch und Herz begehren. Tureks Beschreibung der Plünderung eines Proviantlagers zeigt die kopflose Befriedigung der materiellen Bedürfnisse. »*Es scheint, als ob jeder einzelne in dem Augenblick, wo er die Halle mit den begehrenswerten Dingen betritt, einen Klaps kriegt. Eine Kiste ergreifen, mit ihr an einem Stapel Kisten vorübersausen die erste Kiste mit den Nudeln fallen lassen und eine andere mit Fleischbüchsen ergreifen – da, was ist denn das? Was hat denn der? Was? Zigaretten?! Weg mit den Fleischbüchsen, mit Zigaretten beladen, soviel Hände packen können, Pakete mit 1000 Stück, daß kaum noch der Kerl zu sehen ist. Donnerwetter – Schnaps!! 25-Liter-Ballons! Weg mit den Zigaretten, die vom rechten Arm gehalten werden. Einen Ballon Schnaps drangehängt. Über Scherben zertrümmerter Flaschen, mit jedem Schritt hunderte von Zigaretten zertretend, stolpernd, fallend, immer neuen Räubern nachdrängend. Schreien der Verwundeten, die, alles fallen lassend, sich die Schußstellen haltend, hinaustürmen oder wie ein halbzertretener Regenwurm sich am Boden wälzen oder, noch komischer, mit der Grimasse eines verprügelten Affen humpelnd den Ausgang suchen – das ist die Szene einer Plünderung! [...] Vor dem Sturm war es Hunger, jetzt ist es Habgier. Eigentlich ein widerliches Bild und doch menschlich verständlich.*«[42]

Dieser Sturm aus Hunger und seine Verwandlung in Habgier findet bereits unter den Kugeln der neuen Unterdrücker statt. Aber das werden sie erst später richtig begreifen. Und unter anderen einer, der das verhindern will, Karl Liebknecht, der bleibt den breiten Massen Hekuba. »*Uns ging ein Licht auf. Mitten in der Revolution, wenige Monate nach dem Sturz der Monarchie, konnte das passieren? Kaum ein Proletarier nahm davon besondere Notiz. Karl Liebknecht? Ach so! Das ist doch der Spartakist, na, nu hat ihn die wütende Menge totgeschlagen, so, so.*«[43]

Zuletzt irren nur noch Revolutionäre, Unentwegte wie Turek umher, auf der Suche nach ihrer Revolution. »*›Spartakus kämpft in Berlin!‹ Freund Hoffmann und ich fuhren wieder hin. Das hole doch der Deibel! Wir fanden wieder keinen Anschluß. Aber schneller als andere merkten wir an den Kämpfen, daß Spartakus eine wichtige Funktion in der Revolution zu spielen hatte. Wir fühlten selbst in dem kleinen Nest Stendal, daß die Revolution am Versacken war.*«[44]

Bevor die Revolution in der Provinz ganz verschwindet, ist sie noch fernes Licht für wenige in den Dunkelheiten der nun von ihr nicht umgewälzten, nur angerührten gesellschaftlichen Verhältnisse. Turek jagt ihr weiter nach. »*Obgleich ich die Lichter des Bahnhofs am Horizont leuchten sehe, komme ich ewig nicht hin. Ich hetze so über die Schwellen,*

oben: Theodor Plivier
(rechts) mit E. E. Piscator
und dem revolutionären
Kieler Matrosen
Hans Beckers, 1930
unten: Fotomontage der
Mitgliederzeitschrift der
„freiheitlichen Bücher-
freunde", 1932

oben: Ludwig Turek
unten: Adam Scharrer

dann laufe ich ein Stück auf den Schienen, es geht nicht schnell genug. Unten am Bahndamm ist ein Fußsteig, nun geht's besser. Im Dauerlauf flitze ich vorwärts. Unerträglich! Während die Revolution in ganz Deutschland in hellen Flammen zum Himmel schlägt, hier auf dem öden Bahnkörper allein untätig spazierengehen! Die Zunge klebt im Halse fest. Mein Atem geht wie eine Maschine. Es ist unmöglich, ich kann nicht langsam gehen. Ich muß an der Grenze zwischen Umfallen und Aufrechthalten weiterhetzen bis zum Bahnhof.«[45]

Während sie den Himmel über Deutschland kurz aufhellt, ein nationales Wetterleuchten, hängt den Streitern dieser Revolution die Zunge aus dem Hals.

Später, als es schon lange vorbei ist mit der Revolution, hat Turek keine richtige Erklärung für das, was geschehen war. *»Sie alle fühlen das Unerträgliche ihres Proletendaseins, aber es ist unabwendbar, solange sie sich nicht neben dem Schimpfen und Fluchen eine wirksamere Art Kritik zulegen, eine revolutionäre Weltanschauung, mit dem festen Willen zur Tat! In der höchsten Not und Bedrängnis, wenn ihn der Senf packt und kein Ausweg mehr zu finden ist, haut der Prolet ›in den Sack‹. Das nützt nichts.«*[46]

Das ist nicht falsch, zeigt aber nur auf einen wunden Punkt. Turek selbst weiß keinen Ausweg. Zumindest ist sein Rat, den er am Ende von »Ein Prolet erzählt« geben will, kein massenhaft nachvollziehbarer. *» Wie ich sonst jetzt lebe? Ich bin seit zwei Jahren verheiratet, und es gibt genügend Alltagssorgen, die das Datum des Poststempels tragen... Wir sind in vielen Organisationen gemeinschaftlich organisiert, so in der Kommunistischen Partei, in der Roten Hilfe, im Verband Volksgesundheit Freikörperkultursparte, in den graphischen Verbänden (Verband der Deutschen Buchdrucker und Verband der Graphischen Hilfsarbeiter), in der Konsumgenossenschaft und im Arbeiter-Turn- und Sportbund. Meine Frau nimmt aktiv am politischen Leben teil, was, entgegen der Meinung vieler, die Harmonie unserer Ehe absolut nicht stört, weil sie streng auf den Prinzipien unserer sozialistischen Weltanschauung basiert: unbedingte Gleichberechtigung in allen Fragen, weitestgehende persönliche Freiheiten.«*[47]

Hier spricht jetzt kein Prolet mehr von der schweren Kunst des proletarischen Alltags und Kampfes. Tureks politisches Tempo hat ihn auf den letzten Seiten in die Ecke des roten Schlaumeiers geworfen. Er zeigt sich nun von der Seite des linken Lebenskünstlers, ein Hundertfünfzigprozentiger mit einem politischen Patentrezept: Organisiere dich bei der Kommunistischen Partei und du hast auch zu Hause keinen Kummer mehr. *»Darum, ihr Mühseligen und Beladenen, die Parole heißt: Durch Kampf zum Sieg! Der Urwald ist noch groß, tüchtige Kolonisten werden dringend gebraucht, und wenn ihr nun das Buch aus der Hand legt, beginnt gleich mit dem ersten Spatenstich!«*[48] Wäre da nicht das Bild vom »Urwald« Kapitalismus, in dem auch der kommunistische Prolet Turek sich noch aufhalten muß, dann bliebe die Erinnerung an einen, der sich um den Verschnaufens willen einordnen möchte. Zu verstehen wäre es[49].

STÜRMEN – BREIT ANGELEGT

»Ich war wohl begeistert, wenn sich etwas bewegte, was von denen ausging, die wie ich waren, ich wurde hingerissen von den Massen, nie aber von den Führern. Und ich tat schließlich auch manches, aber faktisch war's doch immer das Gleiche: ich lief mit, wenn es losging, ich schrie mit, wenn alle schrien, ich stürmte, wenn man stürmte, sonst fast nichts.«[50]

Und das ist nicht wenig, was der Schriftsteller Oskar Maria Graf zusammen mit revolutionären Massen in München erlebte: Durchbruch, getragen von veränderungsbereiten Massen, eine Sprengkraft, die ihre soziale und politische Gefangenschaft für Augenblicke – Tage der Münchner Revolution[51] – abzuwerfen vermag. Gleichzeitig, noch in der Atemlosigkeit des Aufbruchs, wird klar, daß Freiheit ein sehr fernes Ziel ist und der Weg dahin sehr dunkel. Befreiung aus den herrschenden Verhältnissen des untergehenden Wilhelminismus und der hinterlassenen Kriegs- und Nachkriegsverhältnisse; ja, aber wie und woraufhin?

Graf beschreibt auch den Weg zurück in neue Gefangenschaft, getrieben von einer weißen, weimarrepublikanischen Schreckensherrschaft und wieder eingeholt von einem aussichtslosen Gefangenendasein. Die revolutionär gesinnten Massen, vor allem unabhängig-sozialdemokratische Arbeiter, auch Intellektuelle, werden ihre Fesseln nicht los.

Grafs »Wir sind Gefangene« (1927) beschreibt einen *circulus vitiosus:* sich aufbäumen, wieder zurückfallen, in sich zusammensinken. Er ist den Weg durch Vorkrieg, Krieg und Revolution mitgegangen. Er bleibt bei ihnen, ist einer von ihnen, mal hinter ihnen her, mal vorweg, oft am Wegrand, wenn sie vorbeiziehen, oft aber auch unter ihnen. Graf läßt sich von den herrschenden Verhältnissen erschüttern und hilft mit, an ihnen zu rütteln. So ist er Abgründen nahe und schleppt schwer an Irrtümern. Graf bleibt schwer von Begriff, auch als Autor ist er nicht schlauer als sein Ich-Erzähler[52]. Er will nur kapieren, was er am eigenen Leibe erfährt. Seine Vernunft ist wenig erkenntnisbereit, eher schon von einer ungefügen, dickköpfigen Neugier. Schwer auch drückt ihn das alte Schuld- und Sühnedenken und immer wieder fällt er in Zerknirschungen.

Als bäuerlicher Prolet ist er tump und listig zugleich. Immer hat er es mit Himmel und Hölle, mit Sturm und Sumpf, mit Besäufnis und Begräbnis. Wenig wird sublim, viel bleibt ungeschlacht. »Wir sind Gefangene« zeichnet ein historisch-konkretes Bild aufbrechender Menschen, ihres Agierens zwischen Bauch und Kopf. Die Köpfe, Theoretiker, Führer bleiben fern und unverstanden. Sie sind zu weit weg, schon zu weit voraus. Für sich sind sie schon vor dem Krieg in einen Zustand der Rastlosigkeit geraten, wissen dann aber nicht weiter und wohin.

Grafs Erinnerung an Kindheit und Jugend vermittelt vor allem einen Einblick in die Unerträglichkeit der Vorkriegsverhältnisse für die einfachen Leute auf dem Land und in der Stadt. Früh rebelliert er gegen Kinderfron und Stumpfsinn der Lebensumstände. Er verlegt sich aufs Wildern und wütende Zerstören: *»Der Müller hatte seinen eisernen Pflug mitten im Acker stehen gelassen. Er wurde auseinandergeschraubt, und die Teile wurden in alle Windesrichtungen geworfen. Der Wirt am See baute auf der sogenannten Etztalhöhe ein Almhäuschen aus Holz. Wir schufteten vier Sonntage – immer wieder gestört von harm-*

losen Spaziergängern – bis wir es vom Erdboden losbrachen, dann flog es krachend den Hügelrücken hinunter. Das war direkt gigantisch: Die im Wege stehenden Bäume brachen ab, das Geröll sauste nieder, und der hölzerne Koloß wälzte sich drohend weiter. Drunten liefen die Leute zusammen wie bei einem Brand und konnten nichts tun. Einen furchtbaren Krach tat es, und das ganze Haus zerschellte. Wir waren längst weg und spielten ganz harmlos daheim in unserem Hof mit leeren Kisten Hausbauen.«[53]

Elementar bleibendes, schier unstillbares Bedürfnis nach Vergeltung für erlittenes Unrecht und vage (vor-)empfundenen Lebensbetrug.

Vorerst stößt Graf an die Grenzen seiner Rachegelüste und ihrer Befriedigung. Zähneknirschend und fäusteballend muß er das einsehen. *»Es mußte etwas geschehen. Die Rache war viel zu klein. Sie tat nach unserem Dafürhalten niemandem weh.«*[54] Er versucht es mit Indianer- und Bandenromantik, mit verschiedenen Tagträumereien, mit Lesewut und versteigt sich exzessiv in den Wunschtraum von eigener napoleonischer Größe; schließlich treibt's ihn in die Stadt. In München versucht er sich als Bäckergeselle durchzuschlagen und träumt vom Ruhm eines Schriftstellers. *»Damals empfand ich zum erstenmal meinen verworrenen, schäbigen Charakter [...] In dumpfer Angst verbrachte ich die Zeit. Ich las viel, ich schrieb und dichtete, aber eigentlich wartete ich bloß auf die Katastrophe.«*[55]

Bald läuft Graf anderen mit der Vorkriegsgesellschaft Unzufriedenen über den Weg. Er beginnt, angeregt durch revolutionäre Arbeiter und Intellektuelle, Stirner, Nietzsche, Tolstoi und Kropotkin zu lesen, kommt mit den Menschen um den »traumseligen Sozialrevolutionär« Gustav Landauer[56] – so von Clara Zetkin charakterisiert –, mit Erich Mühsam und Franz Jung zusammen. Er ist von den neuen, revolutionären Ideen berauscht und versteht nicht viel, wie er zugibt. Er hat etwas gegen die Bohème in ihrem Schwanken zwischen Bürger und Antibürger, aber auch der radikalere Vorkriegsrevolutionär gefällt ihm gar nicht. *»Es ist ein seltsam Ding um einen deutschen Revolutionär, dachte ich, durchs Dunkel schreitend, er ist wie der ewig zerklüftete Zwanzigjährige mit den unverdaulichen Idolen, der leibhaftige Don Quichotte mit dem ewigen Drang, ein Nazarener zu sein.«*[57] Die deutsche Sozialdemokratie scheint für Graf politisch gar nicht existent zu sein, sie kommt so wenig in Frage wie andere Wege, etwa die Alternativ-Szene mit ihrer »Naturtrottelei« und dem »Verdauungsphilistertum«. Graf will anderes und mehr, er sehnt sich nach einer *»große[n], ganz große[n] Veränderung«*, nach etwas, das ihn *»ganz aus den Geleisen des Jetzigen herausriß.«*[58]

Grafs Vorkriegserlebnisse machen auf die untergründig wachsende Revolution aufmerksam, auf ein in den Massen sich entwickelndes Denken von Erlösung und Veränderungsbereitschaft. Immer mal wieder muß dieses gefesselte Denken sich Luft machen und gegebenenfalls in Raserei und Tobsucht verfallen. *»Da hatten mich Fäuste. Ich ließ den Mehlkübel mit aller Gewalt auf den Gesellen niedersausen, daß es krachte. Der Lehrling schrie entsetzt auf. Jetzt faßte mich das fliegende Gefühl großer Wut. Mein Köper zitterte, und nun gab es kein Halten mehr. Ich raste. Der Geselle stürzte blutüberströmt abermals auf mich. Ich bellte auf, erwischte die Kohlenschaufel, und nun ging es an wie bei Mord und Totschlag. Der Geselle wich in den Backraum zurück. Ich schlug die Lampe herunter, stürzte nach vorn ins Dunkel und schlug unausgesetzt und wahllos auf alles ein. Die Brezenbretter krachten, der Laugenkübel spritzte, der Schragen flog schmetternd auseinander. [...] Die zwei plärrten noch mehr. Um uns spritzten Teig und Dreck. Alles mußte hin, kaputt* *gehen!... Auf einmal stand die ganze Bäckerfamilie in Nachthemden da und wimmerte auf, –*

›*Geht einer her! Jeden erschlag' ich mausetot!*‹ *schrie ich sinnlos und brüllte weiter:* ›*Diese Schufte! Ich geh! Ich geh sofort!*‹ *[...] Keiner wagte an mich heranzukommen.*«[59]

Man spürt die Lust in diesem Jähzorn, das langjährige Warten auf Veränderung der eigenen Lage, auf ein Ende der Schikanen als Arbeitssklave, die Entbehrungen und wie der darüber zustande gekommene Wutstau befreiend explodiert.

All das geschieht noch im Einflußbereich des Krieges und nicht der Revolution. Der Krieg kommt ihr zuvor, reißt ihre Energien – Graf und einige wenige ausgenommen – noch in seinen Strudel hinein. Als es dann soweit ist im August 1914, da ist Graf wie vor den Kopf geschlagen: war das die »große Veränderung«? »*Ich glotzte zuerst, dann konnte ich das Lachen kaum noch halten. Dennoch brachte ich im Innern ein dumpfes Mißbehagen nicht los. Ich wußte nicht, was es war. Es drückte nur auf jeden Entschluß, den man fassen wollte. [...] Ich war vollkommen verblödet jetzt.*«[60]

Ganz anders seine Dichterfreunde. Sie vergessen vorübergehend ihren anarchistischen Haß auf den Staat und wollen ihm nun zu Kriegsdiensten sein. Ihnen ist der Krieg Aufbruch, Revolution fast. Für Graf aber steht bald fest, er würde nicht mitmachen. Losgebunden schon von Untertanenbewußtsein, von Pflicht- und Dienstauffassungen befreiter, reagiert Graf mit einer verstockten Kriegsgegnerschaft. Er will sein Leben einsetzen, um nicht Soldat zu werden.

Das macht ihn nicht nur bei seinen Vorgesetzten unbeliebt. Auch seine Kameraden meiden ihn wie das wandelnde Unheil. Sie fürchten in ihm ihren eigenen versäumten Widerstand. Ihre Warnungen schlägt Graf in den Wind. Er praktiziert eine isolierte, nach innen durchschlagende Kriegsdienstverweigerung. Seine Aussichten sind finster. »*Die Behandlung ist noch viel zu gut. Es muß soweit kommen, daß man uns bloß mehr mit Hundepeitschen traktiert, dann stemmen wir uns dagegen. Die Unterdrückung muß unerträglich werden, dann kommt die Änderung.*«[61]

Der organisierte, kollektive Widerstand ist desolat. Graf hat nur die Wahl zwischen individuellem Widerstand als Lauf in den Amok und jener trostreichen Haltung kriegsfeindlich gesinnter Kameraden, die – ihre eigene Aktivität damit auch aufschiebend – sagen: »*Nur die Masse macht es.*« Graf muß seinen Widerstand gegen diesen 1. Weltkrieg aus dem Scherbenhaufen der spätestens 1914 zerplatzten sozialdemokratischen Kriegsgegnerschaft heraus organisieren.

»*Nieder mit dem Krieg. Die Masse macht es nicht. Der einzelne muß es machen.*«[62] Das ist ja nicht ganz falsch, denn die Massen müssen den Widerstand gegen den Krieg wieder lernen und dieses Lernen fängt mit einzelnen an, mit ihrem Denken und Handeln vorerst noch quer zum Kriegsgehorsam. Einfach totschlagen kann man sie nicht alle – das war gegen die militärische Ordnung – und Todeskommandos nehmen solche wie Graf stur und konsequent nicht an. Es bleiben die Irrenanstalten. Aber auch hier geht Graf mit dem Kopf durch die Wand.

»*Alle Kameraden waren bereit zum Ausbruch [...] Da kam Hanisch aus dem Abort. Mit einem Satz war ich ihm im Gesicht, krallte mich in seine Wange und riß ihn nieder. Ein furchterregender Lärm erhob sich. Die Wärter stürzten auf mich, aber alle Kranken waren rebellisch und halfen [!] zu mir. Die Tür ging auf. Von der* ›*schweren Station*‹ *kam ein Dut-*

zend Wärter. Die Arme wurden uns krachend in die Rücken gebogen. In die Schultern gab es Spritzen und dann ging es ins Dauerbad. Neben mir in der Wanne lag Leow. Er machte mir Zeichen, hielt die Faust hoch: ›Rache!‹ Ein Wärter kam und versetzte ihm einen Stoß.«[63] Ihre Vernunft ist archaisch einfach: frei sein oder krepieren. Das ist die Vernunft der Unterdrücktesten, und sie ist auch armselig und traurig. Aber es ist der gute und gerechte Anfang eines Weges, der sich nur allzubald wieder verlaufen kann[64].

Wehruntauglich aus dem Irrenhaus entlassen, stürzt sich Graf in den zivilen Kampf um seine nackte Existenz. Antimilitarismus und Ansätze von Klassenbewußtsein drohen im Dschungel des Überlebens verlorenzugehen. Er schlägt sich herum, will hoch und raus da. *»›Es muß jetzt anders werden!‹ stieß ich bissig heraus.*«[65] Ganz allmählich nur kommt die auf den November zueilende Bewegung wieder in Sicht, nicht als eine die Klassengesellschaft verändernde Kraft, sondern als Kriegsgegnerin. *»Eine echte Revolution macht Schluß mit dem Kriegführen*«[66]. Aber Graf ist, hierin vielen »einfachen Leuten« gleich, noch nicht bereit, etwas für eine grundlegende gesellschaftliche Veränderung zu tun. Er lebt verbissen und mürrisch weiter. Die Nachrichten von den ersten Meutereien in der Marine erreichen ihn umstellt vom Klein-Klein seiner privaten Interessen. Nun aber wird er doch zu einem kleinen Tropfen im mächtig anschwellenden Fluß der Revolution in Deutschland. *»So im Dahingehen dachte ich über mein ganzes Leben seit der Militärentlassung nach. Ich fand nichts Helles und Schönes in diesem Rückblick. Langsam geriet ich in eine Spannung. Erbitterung und Wut kamen und wurden zuletzt eine einzige unbestimmte Rachsucht.*

Das ist ja alles dummes Zeug, Friede und Brot und Freiheit! flog durch mich. Einfach losgehen und abrechnen mit allen, die dir jemals wehegetan haben im Leben. ›Nieder!‹ brummte ich zähneknirschend und fühlte den Schweiß auf meinem ganzen Körper: ›Einfach alles nieder!‹«[67]

Graf hat den zornigen Blick zurück auf einen Leidensweg. Er kommt aus einem umstürzlerischen Lebensgefühl, das sich nun durchzusetzen beginnt, allmählich das Überwältigende der Kriegserfahrungen abträgt, gedankenfrei für Widerstand mit revolutionärer Perspektive. In diesem Zusammenhang läßt Graf ausnahmsweise einen »Führer«, nämlich Kurt Eisner, zu Worte kommen. *»Jetzt aber zeigen sich die ersten Anzeichen des Erwachens! Alle Drohungen, alles was man so ausgiebig benützt, um jedes revolutionäre Wollen zu unterdrücken – Kriegsgesetze, Einkerkerungen, Füsilierungen und alle sonstigen Verordnungen werden diesen Willen der Massen nicht mehr aufhalten, nicht mehr ausrotten können! Die Herren von der Obersten Heeresleitung und die weisen Richter am grünen Tisch der Reichskanzlei irren, wenn sie annehmen, die überall aufflackernden Meutereien, die Streiks und Demonstrationen des Proletariats seien nur eine Bewegung für den Frieden allein. Nicht um eine bloße Gegenbewegung, Genossen und Genossinnen, handelt es sich mehr – es handelt sich, darüber müssen wir uns alle klarwerden, um eine Fortbewegung in die Revolution hinein!*«[68]

Aber was ist das denn, die Revolution? Den breiten Massen bleibt das unklar. Revolution ist nur ein Wort für einen überbrodelnden Eintopf von Interessen und Bedürfnissen und Sehnsüchten. »Expropriation« ist schon ein fremdländisches, exotisches Gericht. Gewaltanwendung allein klingt nach einem vertrauten, einheimischen Rezept. *»Ich schwärmte immer nur für Gewaltanwendung und ›Losgehen‹*«[69].

Graf äußert hier etwas von dem historische Form gewordenen umstürzlerischen Bewegungsdrang in den Massen. Ihr Stürmen ist breit angelegt, führt aber nicht weit und tief genug vor in die sie unterdrückenden, herrschenden Verhältnisse. Über Streik kommen sie nicht hinaus. Zu bald auch ist der revolutionäre Sturm der Massen vorüber und bis zum nächsten größeren Sammeln und Anlauf versackt Graf in ein Sumpfleben zwischen Bohème und Schiebereien. Weit weniger als persönliches Versagen zeigt dieses Versacken den Zustand der Revolution selbst. Es mangelt ihr an einer in den Massen verankerten politischen Einsicht. Es fehlt eine politische Theorie.

Graf durchleidet die Qualen des nur-spontanen Revolutionärs. »›*Was geht uns die ganze Scheiße an!... Die Korruption marschiert!... Schnaps her!... Alles muß korrumpiert werden!‹ Erst in der nächsten Frühe kam ich heim. Alles war verwüstet an mir*«[70]. Und dabei handelt es sich doch nur um eine vorübergehende Flaute des revolutionären Sturms in den Massen. Sowie sie wieder festen, revolutionären Schritt fassen, richtet auch Graf sich wieder auf und ist mit ihnen. Er bewundert ihren Mut und Schwung und läßt sich davon mittragen. »*Tafeln trugen die Leute mit, darauf stand ›Friede und Brot‹, ›Brot und sofortiger Frieden‹, und neue Zusammenstöße ereigneten sich da und dort. Viel, viel kühner war die verbitterte Masse. [...] Mit jedem Tag fühlbarer geriet die Maschinerie der so fest geglaubten Ordnung aus den Fugen. Es war, wenn man die dunklen, dichten Massen durch die Straßen ziehen sah, wirklich fast so, als sei ein drohender Strom aus seinem eingedämmten Bett gebrochen und überflute alles.*«[71] Aber noch verschwendet Graf keinen Gedanken auf strategische Überlegungen. Theorie und Organisation, das sind Dinge, die er beiseite läßt wie etwas schon allzu lange Versäumtes. »*Fragt einen sinnlos Wütenden, was er will, wenn er sich auf seinen Gegner stürzt! Fragt, was der Eingesperrte will, wenn er in den Zellen nebenan Rebellierende hört, wie sie den Wächter überwältigen, die Gänge durchrennen und entkommen! Bewegung, Beunruhigung, nur keinen Stillstand, das vielleicht wollte ich. ...Ich las das* Programm der Bolschewiki, *las Landauers Aufruf zum Sozialismus wieder, las revolutionäre Flugblätter und Broschüren. Ach, da wiederholten sich bloß die ewig gleichen Wortwendungen! Was interessiert mich das. Immer losgehen, einfach losgehen! So fing alles bei mir an und hörte auf –*«[72].

Graf hat eine vage Vorstellung von der Kurzsichtigkeit und strategischen Hilflosigkeit der revolutionären Münchner Bewegung. Atemlos, und ohne sich Zeit zu gönnen für eine Selbstbesinnung der revolutionären Anstrengungen, werden Fehler-Korrekturen versäumt. Diese Schwäche bleibt ein murrendes Ungenügen an der Revolution selbst. Graf will eine zum Anfassen haben, eine Revolution, deren verändernde, direkt und sofort wirkende Kraft in das Mark des elenden Alltags eindringt.

Gleichzeitig ist sein praxisfernes Träumen von einer anderen und »besseren« Revolution hellsichtig genug, um die Ahnungslosigkeit derer zu kritisieren, die die Revolutionsabgewandtheit des umliegenden Landes nicht zur Kenntnis nehmen wollen. »*Hinten beim Dorf gingen wir über die stoppeligen, winterstarren Felder. Ein Hase lief aufgescheucht eine Ackerfurche entlang. Raben flogen krächzend in der Luft, die Postkutsche fuhr auf der Straße und aus meinem Schuldorf Aufkirchen liefen die Kinder. ›Herrgott, das tut direkt wohl‹, sagte ich stehenbleibend und holte Atem, ›mir graust vor der Stadt.‹ Eine leichte Traurigkeit empfand ich.*

›*Da machen sie Kriege und Revolutionen und rennen herum und kämpfen, lassen sich totschießen für fixe Ideen, machen Gesetze, verbieten und verhaften... Und da heraußen, rundherum geht alles den gewöhnlichen Gang: der Bauer ackert, das Korn wächst, es wird Winter und Sommer, die Menschen fangen an zu sterben, und alles ist friedlich und schön... Zu was eigentlich dieser ganze Rummel?‹«* [73] Schnell, leider zu schnell hat sich Graf wieder gefaßt. Seine Korrektur kommt pauschal und wie von einem ertappten Sünder: *»Immer muß Revolution sein.«* Eine gewisse Verunsicherung bleibt und verhilft zu einer Eigenständigkeit, die das völlige Aufgehen in einem politischen Programm nicht zuläßt.

Graf ist unzufrieden mit den revolutionären Maßnahmen und der Revolutionsführung. Als Kurt Eisner einmal zögert, kampfbereite Arbeiter unter Gewaltandrohung nach Hause – anstatt in den Kampf – schickt, reagiert Graf ausgesprochen verbittert und enttäuscht. *»›So ist die deutsche Revolution! Wenn man anfangen will – gleich kommen die Herren Regierer mit Soldaten, und wenn nicht gefolgt wird, wird geschossen!‹ [...] Diese Münchner Revolution war ein Gaudium für ihre Gegner.«* [74] Revolutionäre Münchner Arbeiter beginnen auf ihre Führer zu schimpfen, die Führer werfen ihren Arbeitersoldaten Disziplinlosigkeit vor und die Revolution bleibt stecken. Als die ersten Führer ermordet werden, reagiert Graf immer noch bitter und verbockt. *»›Jaja, jaja, jetzt kommt dann der Eisner, der Mühsam, der Gandorfer, der Levien und der Toller und der Leviné und so geht's weiter... Paß nur auf! ...Und dann fangen sie langsam mit den Kleinen an... Es ist direkt wunderbar, wie die Leute arbeiten. Die wissen genau, was sie wollen‹, räsonierte ich bissig, ›aber uns wird's doch nie einfallen, die Herren auch so nacheinander wegzuräumen. Wir haben ja Charakter! Wir sind ja ethisch! Ach, wir sind ja so anständige Menschen!‹«.* [75] Alles verfinstert sich, da hilft auch die Motzerei nichts mehr.

Die Revolution fährt sich fest, ebenso Graf. Mal argumentiert er pazifistisch, mal militant. Bald fallen die Schüsse auf Eisner, und jetzt erst, jetzt, wo es offensichtlich nicht weitergeht mit der Revolution in München, da stürmen die Massen wieder und Graf mit ihnen. Das kommt Graf selbst komisch vor und er beschreibt es als »drollige Vehemenz«. *»Es war wirklich merkwürdig mit mir. Ständig schwankte ich zwischen diesem Wechsel: Entweder sich vor der Welt vergraben – denn eigentlich hatte ich zu Zeiten fast so etwas wie Furcht vor ihr – oder sich von ihr ins Ungefähre tragen lassen. Jedes Ereignis – ob's nun das Wildern des Hünen, die Idee für ein Gedicht, die auftauchende Reaktion, die verpfuschte Revolution oder die Teppiche waren – ergriff mich sofort derartig, daß ich es mit einer fast drolligen Vehemenz in mir zu verarbeiten suchte. Gleich entwarf ich Pläne, gleich baute ich aus, stellte die waghalsigsten Überlegungen an und machte Programme. Das blieb so von Jugend auf. [...]; räumte ich den Briefträger weg, verklatschte mich niemand mehr; wenn keine Bauern mehr waren, konnte man in ihren Gärten und auf ihren Feldern machen, was man wollte; hörte der Meister auf, war es mit dem Schinden zu Ende; und endlich, schoß ich Ludendorff nieder, so mußte der Krieg aufhören; knallte man die Reaktionäre nacheinander weg, war die Reaktion erledigt. Nichts einfacher als diese Einsicht.«* [76] Das Elend vorübergehend beseitigen, das geht noch an. Von unten auf aber etwas wie einen wirklichen Fortschritt auf den Weg bringen, dazu reichten Kraft und Einsicht nicht.

Durch Eisners Ermordung wird der Elan der Massen noch einmal gewaltig provoziert, und sie laufen prompt in die für sie bereitgestellten Fallen. *»Ich sah Zitternde, ich sah Wutblasse und Blutgierige. Überall wiederholte sich das gleiche Schreien nach Rache. Die Massen kamen ins Treiben, der Strom floß durch die Stadt. Das war anders, ganz anders als am*

7. November. Wenn jetzt einer aufgestanden wäre und hätte gerufen: ›Schlachtet die Bürger!
Zündet die Stadt an! Vernichtet alles!‹, es würde geschehen sein. Die tausend kleinen Stürme
hatten sich vereinigt, und ein einziger dumpfer, dunkler, ungewisser Losbruch begann. Ich
spürte es an mir am genauesten: Noch nie war ich so völlig Massentrieb gewesen wie jetzt,
noch nie war ich so eins mit Tausenden.«[77]

Jetzt erst und erst unter dem Druck der von der Konterrevolution bestimmten Ereignisse denkt Graf sehr ernsthaft darüber nach, wie er der Revolution persönlich am nütz-
lichsten sein kann. Der durch Spartakus/KPD organisierte kollektive Kampf etwa scheidet
dabei für Graf aus, das ist ihm eine Form der revolutionär bestimmten Kurzsichtigkeit und
der schlecht getarnten Perspektivlosigkeit. Einen Spartakisten läßt er sagen:»›*Jetzt müs-*
sen wir uns ranhalten! [...] Bloß in München ist noch was zu machen mit der revolutionären
Bewegung. Draußen steht die Weiße Garde, herinnen konspirieren die Konterrevolutio-
näre... Wenn nicht sofort alle Proleten bewaffnet werden, sind wir verratzt. [...] Die Stu-
denten auf der Universität haben alle ›Bravo!‹ gebrüllt, als Eisners Ermordung bekannt
wurde... Zustand von Revolution! [...] Na, die Kotzbude ist schon geschlossen [...] Alle
werden zusammengefangen [...] Es müssen übrigens sofort Guillotinen arbeiten‹.

Er redete daher wie der höchste Mann im Staat. Während er so hin und her humpelte,
mustere ich ihn unvermerkt. Unwillkürlich ging mir durch den Kopf: Genau wie er ist die
ganze deutsche Revolution. Sie hat auch einen Klumpfuß und hinkt. Ich mußte auf einmal
laut auflachen und rief: ›Du bist ein Symbol, Mensch! Du bist ein echtes Symbol!‹«[78]

Natürlich ist das etwas boshaft gegen die junge KPD, trifft doch aber ihre politische Isolation, ihre Rigidität und ihre heimlichen etatistischen Tendenzen.

Graf zeigt zugleich auf einen heiklen Punkt revolutionärer Massenbewegungen: Die
Massen brauchen sowohl ihre eigene Aktion und Bewegung als auch etwas, was von ihnen
aus über sie hinausführt.

Der mehrheitssozialdemokratische Putschversuch gegen die Münchner Räterevolution
kann noch einmal zurückgeschlagen werden. Aber die Militanz der Massen bleibt nur ab-
wehrend, sie entwickeln keine strategische Offensive mehr. Was sie jetzt noch anpacken,
führt nicht mehr weg von den Schlachtbänken der Konterrevolution. »*Überall zogen lange*
Reihen verhafteter, zerschundener, blutiggeschlagener Arbeiter mit hochgehaltenen Armen.
Seitlich, hinten und vorne marschierten Soldaten, brüllten, wenn ein erlahmter Arm nieder-
sinken wollte, stießen mit Gewehrkolben in die Rippen, schlugen mit Fäusten auf die Zittern-
den ein. Ich wollte aufschreien, biß aber nur die Zähne fest aufeinander und schluckte. Das
Weinen stand mir hinter den Augen. Ich fing manchen Blick auf und brach fast um, sam-
melte mich wieder und sah einem anderen Verhafteten ins Auge. Das sind alle meine Brüder,
dachte ich zerknirscht, man hat sie zur Welt gebracht, großgeprügelt, hinausgeschmissen,
sie sind zu einem Meister gekommen, das Prügeln ging weiter, als Gesellen hat man sie aus-
genützt und schließlich sind sie Soldaten geworden und haben für die gekämpft, die sie prü-
gelten. – Und jetzt?

Sie sind alle Hunde gewesen wie ich, haben ihr Leben lang kuschen und sich ducken müs-
sen, und jetzt, weil sie beißen wollten, schlägt man sie tot. Wir sind Gefangene –.«[79]

Die Unterdrückten, die sich erhoben haben, bleiben Gefangene, werktätige Gefangene
der Prügelordnung des Kapitalismus. Aber in dieser Erkenntnis ist ein heimlicher Triumph
verborgen.

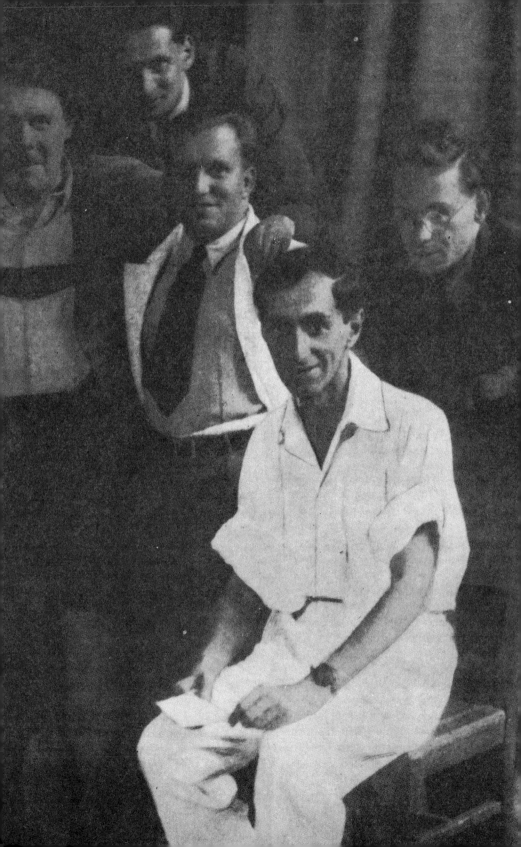

Grafs schwärmerisches Eins-Sein-Wollen mit den Erniedrigten und Beleidigten ist todernst. Das Glück, das er darüber empfindet, und die Solidarität führen ihn folgerichtig und
wie zur Bekräftigung seines Dazugehörigkeitsgefühls in das Leichenschauhaus der Münchner Revolution. *»Auf dem schmutzigen Pflaster lagen die toten Arbeiter. Hingeschmissen, gerade, schief, auf dem Rücken oder auf der Seite. Nur die Füße bildeten eine gerade Linie
mit der Hand. Es roch gräßlich nach Blut und Leichen. Man schlurfte auf den rotgefärbten
Sägespänen dahin von Mann zu Mann. Um mich herum flüsterten, weinten, klagten und
wimmerten die Leute und beugten sich ab und zu nieder auf die Toten, an die man Paket-
adressen oder kleine Pappdeckel geheftet hatte. Darauf stand der Name oder eine Nummer.
Ich konnte kaum mehr atmen, ich wollte davonlaufen, aber es standen viele um mich, hinter
und vor mir und schoben mich sacht weiter. [...] Mich fror, ich zitterte. Die meisten Toten
waren zerfetzt, der lag im blutigen Hemd da, dem hing aus einer trichterförmigen Halswunde
ein Stück Schlagader, dem fehlte der Unterkiefer, diesem die Nase, zwei, drei und mehr
Schüsse hatten den ausgelöscht, dort lag einer mit überdecktem Haupt, daneben einer mit
halbem Kopf, mit ausgelaufenem Hirn, nur ein kleines Stück Wand vom Hinterschädel war
noch zu sehen. Dem hatte man die Paketadresse an die Zehe gebunden, weil alles an ihm
zerrissen war, alles nur Blut. Das Weinen und Jammern verstärkte sich. Furchtbar sind die
Blicke der Suchenden, der Gehetzten!«*[80]
Graf hadert mit dem Ende der Münchner Revolution. Daß sie so ausgehen mußte, das
kommt ihn schwer an und wird zu einer fortdauernden Untragbarkeit. Aus ihr heraus wen-
det er sich – auf den allerletzten Seiten, also unwiderruflich – an die alte Instanz Gott.

> *»Noch einmal aber raste ich, um ins Vergangne auszuschauen,/
> und sehe Brüder aus dem Nebel näher kommen,/
> auf gleichem Weg und gleichgebeugt von Last und Prüfung./
> Auf ihre Stirnen hat das Tägliche und alle stumme Not der Zeit/
> ein helles ›Doch‹! geschrieben –/
> Wir sehen uns nur an/ und schreiten weiter, Mann für Mann./
> Denn jenes Ewige, das Gott so züchtigt, weil er es unendlich liebt,/
> ist tief in unserm Blut geblieben/
> und strahlt uns wie ein Gnadenlicht voran. –«*[81].

Es fällt nicht leicht, diesen Schluß heute zu begreifen.
Hinter religiösem Trost steht auch politische Einsicht. Denn dieser Gott hat wenig mit
seiner kirchlichen Verwaltung in München oder Rom zu tun. Es ist ein direkter Gott der
proletarischen Massen, volksfreundlich und solidarisch mit den Unterdrückten. Jenes
helle Doch ist Ausdruck eines Glaubens, der im Widerspruch zur halbstaatlichen Instanz
von Kirche und zum alten Heilsglauben steht, Ausdruck für einen proletarischen Widerstandsgeist im trotzigen Bewußtsein von Geschlagenen. Es ist das bekannte, schon recht
ausgeleierte »Trotz alledem« als hohe menschliche Tugend[82].

ERSTES ZWISCHENERGEBNIS:
ANFÄNGE REVOLUTIONÄRER VERNUNFT

Nicht verlorengehen soll die Tatsache des schweren Lernens der kriegsmüden Massen, ihr Widerstand als Resultat körperlicher und seelischer Schwerstarbeit. Dieser Widerstand war kriegsgezeichnet und stets am Rande von Vernichtung. Von hier aus ließe sich die Anhäufung von Hinderlichem und Verquerem erklären. Zu lange lag zu Schweres auf ihren Rücken, aufgeladen von den Schindern, Herren und Herrschenden. Das war nur allmählich abzuwerfen. Mit dem Brot, das ja unterdessen auch gegessen werden mußte, sang man schon einmal oder des öfteren auch des Lied, des Brot man aß. Und das wiederum drückte einen noch tiefer in das Elend.

Vor der gänzlichen Vernichtung bewahrten nicht nur die von ihnen und durch sie Lebenden Brot- und Arbeitgeber, vor allem verhinderten das ihre immer noch breiteren Rücken und dickeren Schädel, mit denen man zur Not auch die Wände der Unfreiheit einrennen konnte. Aufstehenwollen und Revolution hatten es schwer: vorher mußte unendlich viel weggeräumt und abgetragen werden und bis es so weit einmal kommen konnte, war Freiheit etwas sehr Fernes; für die meisten blieb es nichts zum Anfassen.

Das Wichtigste während des Kriegs und danach war die durch das Kriegserlebnis provozierte neue Vorstellung der Massen von sich selbst, der Durchbruch eines neuen Selbstverständnisses, wenn auch beschädigt und deformiert von militärzuchthausähnlichen Verhältnissen. Schriftsteller, die selbst von unten kamen, haben davon Zeugnis abgelegt. Sie machten auf die elementare Politik der Unterdrückten aufmerksam, auf einzelne Elemente ihrer neugewonnenen Kraft. Da waren die Triumphe der massenhaften Verweigerung, die Spielarten des vereinzelt geführten Kampfs, die Überwindung des Ichverbotes und die ersten Erfahrungen des sehr komplizierten, kollektiven Widerstands. Eine neue Kraft waren die Frauen, sie begannen sich allmählich zu einem festeren Bestandteil des neuen Massenselbstverständnisses zu entwickeln.

Die Autoren Plivier, Turek und Graf waren Mittler der Unterschicht. Sie veröffentlichten deren Erfahrungen. Sie präsentierten verschiedene Erfahrungsweisen, das schwerfällig Langsame bei Plivier, das schnellere Ausschreiten bei Turek und das breit angelegte Stürmen Grafs, der schließlich die Dazugehörigkeit, das Einssein mit ihrem Kampf und ihren Niederlagen als neues Glück empfindet.

Wie ist dieses neue Selbstverständnis, gewonnen aus revolutionärer Massenerfahrung und ihrer Vernunft, und wo ist es aufgehoben und nutzbar gemacht für den fortzuführenden Kampf? Natürlich schielte die bürgerliche Literaturkritik auf die revolutionäre Literatur, aber sie konnte und durfte kein ehrliches Interesse an dem hier gehorteten Umsturzpotential haben. Natürlich gab es revolutionäre Organisationen, die sich theoretisch und praktisch um das »Erbe der Revolution« kümmerten. Aber hatten sie, die zur revolutionären Politik Aufgerufenen, wirklich die *Erfahrungen der Massen* dabei im Kopf?

Pliviers »Des Kaisers Kulis« erschien schon 1928 als Vorabdruck in der »Roten Fahne«, bevor 1930 die Buchausgabe herauskam. Das war vielversprechend, wurde jedoch sogleich wieder verschenkt mit einer abschätzigen Kritik in Wittfogels Sammelrezension von Kriegsliteratur im selben Organ. Es hieß dort zunächst richtig: »Langsames, spätes oder von Rückschlägen unterbrochenes Erwachen zu revolutionärer Klarheit über den Klassensinn des Krieges und über die daraus für den revolutionären Arbeiter (steckte er auch im Militärrock) entstehenden Aufgaben kennzeichnen Pliviers ›Des Kaisers Kulis‹ [...] Großartig – klassisch vielleicht – die Schilderung der Flottenkämpfe und des Kulilebens der Marineproleten bei Plivier. Aber der Schilderer des Seemannsschicksals im weiteren Sinn übertrifft den Darsteller der Entwicklung der politischen Bewegung. [...] Wie die zahlreichen Veröffentlichungen zur Frage der Zersetzung der deutschen Flotte nachweisen [...] hatte die politische Bewegung in der Flotte einen sehr viel bewußteren, organisierten Charakter, als es nach Plivier scheint. Auch die Ablehnung der SPD, mit der sich Pliviers Kulis so wenig beschäftigen, hat auf den politisch reifsten Schiffen eine durchaus wichtige Rolle gespielt. In beiden ist Pliviers Buch geschichtlich unrichtig. Die revolutionäre Wirklichkeit ist von ihm nicht ausgeschöpft worden.«[83] Anstatt gerade am Hauptstrang von »Des Kaisers Kulis« zu verweilen, entfernte diese Kritik sich in Richtung auf die Fragen und Probleme der politisch bewußteren, aber hoffnungslos minoritären Avantgarde. Was aber waren die Spitzen der revolutionären Bewegung in Deutschland gegen die schwerfälligeren Massive der breiten Massen?

Die Auseinandersetzung mit der Sozialdemokratie brannte der kommunistischen Kritik Anfang der dreißiger Jahre auf den Nägeln. Plivier wollte oder konnte sich jedoch nicht in die Debatte um den »Sozialfaschismus« einschalten, jedenfalls nicht direkt. Indirekt leistete er einen Beitrag, indem er die Bewegung unterhalb dieser Frage beschrieb, und in dieser tiefergehenden Weise schöpfte er sehr wohl die revolutionäre Wirklichkeit aus.

Ein anderer Kritiker, Klaus Neukrantz, war als Schriftsteller hingerissen von »Des Kaisers Kulis«, als organisierter Kommunist verstieg er sich zum Urteil, Pliviers Roman wäre kein revolutionäres Buch. Er vermißte die marxistische Sicht und die Analyse der »verräterischen Rolle« von Noske und SPD. Das war für Neukrantz der »Kernpunkt der Geschichte der Marine im Weltkriege«[84], den aber habe Plivier fortgelassen. Hier äußerte sich ein ausgesprochen einseitiges, engstirniges Geschichtsverständnis, denn niemals waren SPD und Noske »Kernpunkt«. Sie waren höchstens Nutznießer dieser Geschichte, geschickte Abstauber. So wehrte sich Plivier zu Recht gegen diese Kritik in der »Linkskurve«: »Die Rezension über ›Des Kaisers Kulis‹ in der ›Linkskurve‹ hat allerdings etwas vorbeigehauen. Denn bei der Besprechung eines Buches müßte doch immerhin die in dem Buch enthaltene Sache maßgebend sein. Ich habe in dem Buch ›Des Kaisers Kulis‹ den Seekrieg geschildert und nicht die nachher in den Seestädten ausbrechende Revolution. Der Rezensent aber bedauert, daß ich Noske in dem Buch vergessen hatte. Noske ist in der Hochseeflotte gar nicht gewesen und konnte dort auch keine Rolle spielen. Die angesetzte Kritik wäre berechtigt, wenn ich einen Revolutionsroman geschrieben hätte, so aber ist sie falsch. Das ist bei dem Wert, den die ›Linkskurve‹ beansprucht, bedauerlich. Mit freundschaftlichen Grüßen Theodor Plivier.«[85]

Es scheint ein wenig so, als ob Plivier mit der Abgrenzung »kein Revolutionsroman« in die Knie gegangen wäre. Tatsächlich beschrieb er viel mehr als nur den Seekrieg. Die Skagerakschlacht z. B. war als das Kulis vernichtende und das ihnen ihre eigene Rolle begreiflich machende Ereignis von erheblicher Bedeutung.

Ohne Pause, als dürfe Pliviers doch sehr entgegenkommende, freundschaftliche Replik nicht eine Sekunde für sich und unwidersprochen bleiben, also auch ohne demokratischen

Respekt gegenüber einer anderen politischen Auffassung bzw. dem daraus entstandenen literarischen Werk, antwortete nun das Mitglied der »Linkskurve«-Redaktion Andor Gabor: »Vom nur-proletarischen, vom proletarisch-revoltierenden Standpunkt aus gesehen, darf das Buch dort enden, wo es jetzt tatsächlich endet. Vom proletarisch-revolutionären Standpunkt betrachtet, gehört der von Noske niedergeschlagene Aufstand absolut zum Thema, zu *jenem* Thema, das in des ›Kaisers Kulis‹ gestaltet wurde. Die Kritik von Neukrantz war nicht falsch, da sie den einzig richtigen bewußten, revolutionären Klassenstandpunkt einnahm.«[86]

Das eigentlich Beklemmende dieser Punktum-Kritik war nicht so sehr die Unterbrechung im Dialog zwischen einem parteilosen und einem organisierten Linken. Folgenschwerer war der Gestus des »einzigen«, das Engherzige eines Verwalters der breiten revolutionären Massenerfahrung, eingeklemmt zwischen »proletarisch-revoltierend« und »proletarisch-revolutionär«, also zwischen dem BPRS und dem Rest der Welt. Beklemmend war das Spießige und Rohrspatzige dieser Kritik eines Kommunisten.

Im Sommer 1932 untersagte der Dresdner Magistrat die Ausleihe von »Des Kaisers Kulis« mit der Begründung, es sei »ein Antikriegsbuch mit stärkster kommunistischer Tendenz«. Daraufhin protestierten KPD- und SPD-Abgeordnete in einer gemeinsamen Erklärung[87]. Pliviers »Des Kaisers Kulis« hatte einen von der kommunistischen Kritik gering geschätzten und ungenutzten Wert für die bitter notwendig gewordene demokratische Aktionseinheit gegen den Faschismus[88].

Ein anderer Fall mißlungener und versäumter politischer Nutzbarmachung von Literatur war Tureks »Ein Prolet erzählt«. Turek, Mitglied des BPRS und der KPD, fand in den eigenen Reihen keinen Rezensenten für sein Buch. So griff er zum Mittel der Selbstreklame und zeigte sein Buch sehr bescheiden und knapp in der »Linkskurve« an. Der für die kommunistische Kritik neuralgische Punkt war die Tendenz des Abenteuerlichen in »Ein Prolet erzählt«. Die rechtfertigte Turek selbst so: »Aber alles nicht erlebt aus Lust am Abenteuer, sondern als natürliche Folge der Rebellion gegen die sogenannte Ordnung«[89]. Auch Turek war – ganz wie Plivier – schon ein wenig in der Defensive. Im Vorwort zu seinem Buch schrieb er zur selben Frage: »Wenn ich auch vielfach abenteuerliche Begebenheiten schildere, so wird der Leser doch erkennen, daß die Ursache des Erlebens durchaus nicht Sensationslust war, sondern der leidenschaftliche Zusammenprall zwischen dem starren System sogenannter Ordnung und der Tatauswirkung einer sozialistischen Ideenwelt.«[90] Das war eine glänzende, die kommunistische Kritik vorweg parierende Verteidigung seines Buches: Abenteuer, auch als Tat zwischen dem wilhelminischen *status quo* und ihrer derzeit noch ungelebten, nur erst ideellen Zukunft. Wittfogel urteilte dann in der »Roten Fahne« dennoch so: »Allein, bei ihm überwuchert das zufällige, individuelle Abenteuer allzu oft die Darstellung der wesentlichen Erscheinungen. Die damals geleistete unterirdische Arbeit gegen den Krieg streift Turek nur. Sie gibt seinen Kriegserlebnissen nicht das Gepräge.«[91] So wurde die revolutionäre Massenerfahrung mit der Elle »unterirdische Arbeit gegen den Krieg« gemessen. Die schmalere Spur des Widerstandes schaltete die breitere im Nachhinein aus. Wittfogel ließ jede Neugier am Leben der proletarischen Massen vermissen, so als gehörte Turek nicht zu ihnen.

Der dritte Fall kommunistischer Kritik ist der Umgang mit Grafs »Wir sind Gefangene«. In der Januarausgabe 1930 der »Linkskurve« hatte Graf versucht, sein Buch gegen eine Kritik zu verteidigen, die ihm im wesentlichen sein »Lotterleben« in den Tagen der Revolution vorwarf. Sinn und Aufgabe von Literatur kennzeichnete er so: »Etwa das Volk und die Menschen, den Menschen so darzustellen, wie er euch behagt, wie ihr, Genossen, ihn euch *wünscht,* etwa die Welt und ihr Getriebe zu schildern, wie *beide nicht* sind, bloß damit ein Bild herauskommt, das euch irreführt und – streng genommen – gutgläubig und unkämpferisch macht? [...] Mit Versen, mit Lobliedern und Romanen, die immer nur darauf hinauslaufen, daß die Genossen Recht haben, gut sind, zu Unrecht unterliegen oder mit Begeisterung siegen, ist wenig getan. Tendenz hin, Tendenz her. Literatur ist: das Wissen um den Menschen und das Wissen um alle Hintergründe der Welt vermehren.«[92]

Da ist er noch einmal zu hören, der vitale, linksgerichtete Nonkonformismus, der gerade Anfang der dreißiger Jahre so unendlich viel mehr wert war als die von der »Linkskurve« geforderte ideologische Festigkeit. Die Redaktion der »Linkskurve« demonstrierte politischen Schematismus und Furcht vor der lebendigen Auseinandersetzung: »Wir geben diesem Brief O. M. Grafs gern Platz, trotzdem wir mit ihm nicht einverstanden sind. Allerdings zeigt der Brief, daß der Verfasser des Buches ›Wir sind Gefangene‹ über Revolution, über Literatur, über sein eigenes Schaffen sich Gedanken macht, was sehr wenige deutsche Schriftsteller tun. Wir weisen hier nur auf seinen verschwommenen Begriff ›Volk‹ hin, das ›aus Genossen‹ sich zusammensetzen soll...«.[93]

Der Freiheit Oskar Maria Grafs, anders zu denken und zu fühlen als der »Linkskurve« lieb war, wurde nur sehr von oben herab und schulterklopfend stattgegeben. Nicht nur, daß Grafs menschheitsumarmender Gestus Volk gleich Genosse mißverstanden wurde, daß auch kein Wort zur Frage von Parteilichkeit, Realismus und Tendenz fiel, auch die Erfahrungen in »Wir sind Gefangene« waren von vornherein erledigt.

»Linkskurve« und »Rote Fahne« erscheinen zuweilen wie abgeschnitten auch von ihrer eigenen politischen Vorgeschichte und den Massen, an die sie heran wollten. Einzelne Persönlichkeiten der kommunistischen Bewegung waren aufgeschlossener. Der junge Verleger Wieland Herzfelde jedenfalls hatte einen guten Riecher, als er den ersten Teil von »Wir sind Gefangene« unter dem Titel »Frühzeit« (1922) herausbrachte. Für ihn war das ein Fund auf der Suche nach einer neuen, linken Literatur. In diesem Zusammenhang ist auch seine helfende und stützende Rolle gegenüber dem Arbeiterschriftsteller Turek zu sehen.

Die politische Engstirnigkeit der kommunistischen Kritik hebt sich auch deutlich vom Urteil ausländischer Kritiker über Grafs »Wir sind Gefangene« ab. Romain Rolland z. B. wollte Grafs Buch unbedingt mit Rousseaus »Confessions« verglichen sehen und Gorki summierte seinen Eindruck in einem Satz: »›Wir sind Gefangene‹ ist das erste Werk, das den revolutionären Geist der deutschen Massen zum Ausdruck bringt.«[94]

Auch die »bürgerlichen« Autoren hatten ein ganz anderes Gespür für den eigentlichen Wert der Grafschen Prosa. Heinrich Mann schrieb über die spezifische Qualität der von Graf am eigenen Leibe gemachten Erfahrung: »Das kann nur einer wagen, der seiner Sprache sicher ist und der weiß: was ich schreibe, ist das Eigentliche.«[95] Geradezu überwältigt war Thomas Mann von Grafs Erstling. »Frühzeit« fand aber sonst nur wenig Beachtung in Deutschland, mehr übrigens in der Sowjetunion. Als dann der Münchner »Drei Masken Verlag« den ersten, leicht veränderten Teil und den zweiten Teil neu herausbringen wollte, tat er das nur nach dem Versprechen Thomas Manns, »Wir sind Gefangene«

zuvor in der »Frankfurter Zeitung« zu rezensieren. Überraschenderweise lobt Mann die Distanz zur bürgerlichen Welt und die bei Graf aufbrechende »neue, proletarische Welt«. Er warnte davor, Graf in eine Reihe mit Ganghofer, Ruderer oder Ludwig Thoma zu stellen, da Grafs Bodenständigkeit und Urwüchsigkeit zu stark von internationalem Sozialismus geprägt und sein Volksbegriff zu revolutionär wären. Thomas Mann gab unumwunden zu, daß kein Buch seit längerer Zeit ihn so gefesselt, verwundert und beschäftigt hatte wie diese Aufzeichnungen. »Ich kann nicht sagen, wie die Originalität des Buches mich gereizt und belustigt hat, die eins ist mit der Natur des erlebnistragenden ›Helden‹, ungeschlacht und sensibel, grundsonderbar, leicht idiotisch, tief humoristisch, unmöglich und gewinnend. Sein Blick liegt auf Menschen und Dingen, volkhaft stumpf, wie es scheint, scharfsichtig in Wahrheit, verschmitzt, in verstellter Blödheit und läßt sich nichts vormachen, von keiner Seite. Ein proletarischer Golem tappt lehmschwer, staunt, wird wild, schlägt drein, hilft sich listig und plump durch die Zeit, die ihn beschmutzt und erniedrigt und doch mit vielem ihr Eigenem auf seiner Seite ist. Ein ringendes Trachten ist in ihm, zur Menschlichkeit und zu Gott. Er treibt es unmöglich und erregt Lachen und Kopfschütteln; aber er gewinnt dabei unser Herz [...]«[96]

Bis hierher läßt sich zusammenfassend sagen: die revolutionäre Massenerfahrung in Literatur blieb im wesentlichen verstreut und ungenutzt für die politische Auseinandersetzung. Das Verhältnis der parteigebundenen, kommunistischen Literaturkritik zu ungebundenen proletarisch-revolutionären Literaten deutet auf einen historischen und politischen Bruch in der Kontinuität des kriegsgezeichneten Widerstands.

Dieser Bruch betrifft nicht nur die kommunistische Bewegung. Er ist auch das geplante und organisiert herbeigeführte Ergebnis konterrevolutionärer Aktivitäten, wie sie in der Ermordung von Karl Liebknecht und Rosa Luxemburg am spektakulärsten sich austobten. Diese beiden Morde unter vielen anderen waren der planmäßige Einbruch in die historische Widerstandskontinuität der Massen. Sie, Rosa Luxemburg und Karl Liebknecht, waren ja doch schon bedenkenswert weit zu hauptsächlich proletarischen Massen vorgestoßen. Ihre Ermordung funktionierte relativ erfolgreich in der Verhinderung revolutionärer Bemühungen, von ihnen zu lernen. Die Theorie ging dann andere Wege, ging nicht zusammen mit dem spontanen Selbstverständnis, wie es revolutionär in den Massen aufbrach. Hier klafft ein Loch in der deutschen Geschichte.

In Deutschland, dem Land des anerzogenen Untertanenbewußtseins und des befohlenen Kadavergehorsams, fürchteten die Herrschenden nicht nur die Führer und Organisatoren des Sozialismus, mehr noch mußten sie beide als Theoretiker fürchten. Liebknechts handschriftliches Manuskript »Meinungsverschiedenheiten und Klassengegensätze«, 1916 im Zuchthaus Luckau abgefaßt, orientierte auf die selbständige Initiative der Massen und gegen deren sozialdemokratische Behinderung: »Jede Organisationsform, die die Schulung im internationalen revolutionären Geist und die selbständige Aktionsfähigkeit und Initiative der revolutionären Massen hemmt, ist zu verwerfen. [...] Keine Verbindung, die der freien Initiative Fesseln anlegt. Diese Initiative in den Massen zu fördern ist gerade in Deutschland, dem Land des passiven Massenkadavergehorsams, die dringendste Erziehungsaufgabe, die gelöst werden muß, selbst auf die Gefahr hin, daß vorübergehend alle ›Disziplin‹ und alle ›strammen Organisationen‹ zum Teufel gehen. Dem Individuellen ist weit größerer Spielraum zu geben, als in Deutschland bisher Tradition.«[97]

Liebknecht scheint eine Organisation vor Augen gehabt zu haben, die nur aus der Bewegung der Massen selbst kommen konnte und mußte. Kommunismus als Wort und Phrase fallen weg. Überhaupt nicht organisationsfeindlich, hat Liebknecht hier das tiefere, massengerechtere Bedürfnis nach Organisation angesprochen. Es ist eine klare Absage an alles Aufgesetzte, nicht historisch Gewachsene.

Die Rolle der revolutionären Führungskraft erschien bei ihm in erster Linie als die Praxis der weitherzigen Vereinheitlichung revolutionärer Interessen, Führung als Beitrag zum Zusammenschluß auch der »scheinbar abstrusesten« Kräfte.

»Alle abgesplitterten ›radikalen‹ Elemente werden zu einem nach den immanenten Gesetzen des Internationalismus bestimmten Kristall zusammenschießen, wenn Intransigenz gegen allen Opportunismus, Weitherzigkeit gegen alle Bemühungen eines gärenden revolutionären Kampfgeistes geübt wird«[98].

Rosa Luxemburg, ebenfalls im Gefängnis, hatte ihren Blick wie Liebknecht auf neue Wege in Deutschland gerichtet. Mit größter Spannung verfolgte sie die revolutionären Ereignisse in Rußland, war begeistert, aber auch skeptisch bis ablehnend gerade den Maßnahmen der »Diktatur des Proletariats« gegenüber, die die Bewegungsfreiheit der Massen einengten. Sie widersprach heftig der These vom zu schwerfälligen Mechanismus der demokratischen Institutionen und plädierte für die Beibehaltung und Erweiterung der demokratischen Elemente im Kampf für die sozialistische Revolution wie im Sozialismus. Vor die Wahl zwischen die Schranken und Mängel der bürgerlichen Demokratie und deren Abschaffung im Sozialismus gestellt, argumentierte sie konsequent demokratisch. Natürlich macht Liebe blind, auch die Liebe zu den Massen. Aber Rosa Luxemburg sah sehr wohl, daß die sozialistische Revolution nicht ohne Gewalt und der Sozialismus unter Umständen auch gegen Teile der Massen verteidigt werden mußte, wollte diese Gewalt jedoch nur vorübergehend und nicht als staatliche Institution zulassen. In der russischen Revolution wäre sie damit möglicherweise gescheitert. Ihre Kritik an der Leninschen Staatstheorie ist dennoch und gerade in Deutschland überdenkenswert. »Lenin sagt: der bürgerliche Staat sei ein Werkzeug zur Unterdrückung der Arbeiterklasse, der sozialistische zur Unterdrückung der Bourgeoisie. Es sei bloß gewissermaßen der auf den Kopf gestellte kapitalistische Staat. Diese vereinfachte Auffassung sieht von dem wesentlichsten ab: die bürgerliche Klassenherrschaft braucht keine politische Schulung und Erziehung der ganzen Volksmasse, wenigstens nicht über gewisse enggezogene Grenzen hinaus. Für die proletarische Diktatur ist sie das Lebenselement, die Luft, ohne die sie nicht zu existieren vermag.«[99] Wie mußte es denn wirken, wenn man 1919 in Deutschland – der eine, alte Staat ist gerade vertrieben und der andere, neue Staat sorgt auf seine Weise, sehr diktatorisch und wenig demokratisch für »Ordnung« – nun einen dritten nur »auf den Kopf gestellten, kapitalistischen« Staat proklamierte und dazu lediglich erklärte, das sei der richtige? So, ohne das Lebenselement Demokratie, konnte es mit der proletarischen Demokratie nichts werden.

Rosa Luxemburgs Gedanke war einfach und ungeheuer zugleich: sie wollte durch Massenmobilisierung die Demoralisierten, Beleidigten und Geschundenen für den Sozialismus gewinnen. Sozialismus sollte nicht zu einem Rezept in der Tasche einer Partei werden, weil Sozialismus in Deutschland noch »völlig im Nebel der Zukunft« lag.

Nur vordergründig scheint Rosa Luxemburgs Denken schon durch die weiteren Ereignisse widerlegt zu sein. Jedenfalls wurde ihre Ermordung zum scheinbar unaufholbaren Verlust an Erfahrung für die Massen, konterrevolutionär und unter Mitwirkung der deutschen Sozialdemokratie organisiert.

Aber auch die Führung der Kommunistischen Partei glaubte auf dieses Denken verzichten zu können. Sie war – ganz entgegen ihrem muskelprotzenden Selbstverständnis – schlicht überfordert. Die von ihr in Angriff genommene Aufgabe der Befreiung bestand weiter und betraf in erster Linie die Massen; sie traf der Verlust ihrer im 1. Weltkrieg gewachsenen und korrigierten Erfahrungen als Verlust der Anfänge einer revolutionären Vernunft am schwersten[100].

REVOLUTIONÄRER, KRIEGSVERSEHRTER WIDERSTAND

Adam Scharrer war einer der wenigen proletarischen Kader in der Parteispitze der nach dem Heidelberger KPD-Parteitag 1919 gegründeten KAPD[101]. Als Schriftsteller verweigerte er sich weitgehend dem von ihm als einem der einflußreichsten Führer der KAP mitgesteuerten linkssektiererisch-massenfernen Parteikurs. Ideologische Purismen sind bezeichnenderweise weder für seine proletarischen Hauptgestalten noch in deren Auseinandersetzungen mit KPD-organisierten Arbeitern von Bedeutung. Sowohl in »Vaterlandslose Gesellen« (1929) als auch in »Der große Betrug« (1931) erscheinen gerade die politischen Entscheidungen der von Scharrer gestalteten Menschen in spezifischer Weise lebensnah, voller Selbstzweifel und Irrtum. Im scharf ausgeprägten Widerspruch zwischen politischer und schriftstellerischer Praxis, dem hier nicht weiter nachgegangen werden kann, wird in beiden Romanen ein Stück proletarischer Lebenswirklichkeit unterhalb der sozialistischen Organisationen sichtbar, die Lebenswege des ehemals sozialdemokratischen und bald kommunistischen Hans Betzoldt in »Vaterlandslose Gesellen« und des sozialdemokratisch bleibenden Albert Buchner in »Der große Betrug.« Der Kommunist endet unter der hastig auf das Berliner Schloß gepflanzten, wieder heruntergerissenen roten Fahne und der Sozialdemokrat am Boden der Rationalisierungswellen.

Scharrer war den Hoffnungen der einstmals einheitlich sozialdemokratisch geführten deutschen Arbeiterbewegung nachgegangen, hatte ihre Revolutionierung und ihre Domestizierung durch die Sozialdemokratie verfolgt. Am Ende, in den Jahren vor 1933, war er ratlos. Die rote Fahne war bloß ein Versprechen geblieben; der grüne Zweig, nach dem die proletarischen Massen nach dem Krieg wie nach einem Balken griffen, verwandelte sich in der Klassenwirklichkeit der Weimarer Republik zu einem Strohhalm. »›Krieg!‹ Die Arbeiter bluten und hungern! ›Frieden?‹ Die Arbeiter bluten und hungern!«[102] So lautete Adam Scharrers durch die Geschichte erhärtete Wahrheitsformel.

Scharrers Hans Betzoldt in »Vaterlandslose Gesellen« marschiert noch in den letzten großen Aufmärschen Juli/August 1914 für den Frieden mit; doch als es an die konkrete Praxis des Kriegsverweigerns geht, wird das zu einem ungeahnten, letztlich unmöglichen Unterfangen.

Im Arbeiterzirkel um Hans Betzoldt fällt einer nach dem anderen um bzw. wird umgeworfen, vom Krieg überrannt. Mancher versucht erst gar nicht zu widerstehen. Einige lassen sich mit in den Kriegstaumel hineinreißen, andere werden paradoxerweise von ihren um die Familienexistenz bangenden Frauen hineingedrängt, andere resignieren, lassen ihren Antimilitarismus wie ein Handtuch fallen und schleichen den Gestellungsbefehlen nach. Die Verweigerung der Teilnahme am Krieg ist sehr viel schwieriger als gedacht. *»Der Wirt ist in Artillerieuniform und bedient in Stiefeln und Sporen. Das Groschenorchester brüllt; das Lokal ist voll. Meine Wirtin bestellt einen ›Halben‹ und schreit mich an: ›Na, Hans, ergib dich schon, sie werden dich nicht gleich totschießen!‹ Sie scheint guter Laune und spendiert. ›Paul hat sich das auch überlegt‹, fährt sie fort, ›bist wohl nun ganz allein als Miesmacher‹. Paul Gerstacker, der eifrigste Kriegsgegner unserer Gruppe, schaut mich lauernd an und antwortet dann: ›Ja, ich geh auch mit, es geht nicht anders.‹«* [103]

Hans Betzoldt versucht nun nicht etwa, seine Freunde und Kollegen umzustimmen und von der Richtigkeit seines Tuns zu überzeugen. Sein Weg als Kriegsgegner beginnt anders, beginnt mit einer kleinen Unanständigkeit. Er geht und prellt die Zimmerwirtin.

Auf ein Leben in der wilhelminischen Illegalität ist Scharrers Held gar nicht vorbereitet. Auch politisch hat er nicht viel mehr im Kopf. Er sagt sich immer nur: durchkommen, durchkommen, ohne daß es Kopf und Kragen kostet. Zurückgeworfen in die nackte Existenz eines unorganisierten, weil »vaterlandslosen« Proleten, wird er Freiwild unter dem wilhelminischen Ausnahme- und Kriegszustand. Scharrer schreibt gegen das Klischee der obersten Heeresleitung, das »ganze Volk« sei freiwillig zu den Waffen geeilt.

Aber dieser Zustand ist auch Neubeginn und Ausgangspunkt, nicht nur Tiefstand der proletarischen Bewegung in Deutschland bis dahin. *»Das ist es ja, man hat sich das so einfach vorgestellt. Aber nun stellt sich heraus, daß man mit den einfachsten Dingen nicht gerechnet hat. Hier war es genauso. Ich mußte mich zurückziehen, die Weiber waren wie verrückt. Ich soll ihre Männer ›ins Unglück stürzen‹, hätte leicht reden, säße trocken. Dann kam die Haussuchung. Alles haben sie durchgeschnüffelt. Tetsche haben sie geholt, hatten ihn wohl schon auf dem Visier. Und Fidel steckte der preußische Kommiß, wie den meisten, zu tief in den Knochen. Und daß ›oben‹ alle umgeschwenkt sind, das hat dem Faß den Boden ausgeschlagen.«* [104] Das Ende des sozialdemokratischen Internationalismus, wie er noch auf den großen Sozialistenkongressen 1907 in Stuttgart und 1912 in Basel proklamiert wurde, erscheint bei Scharrer gar nicht so sehr durch die Führung der Sozialdemokratie zustandegekommen. Hier handelt die Führung eher im Einvernehmen mit den sozialdemokratischen Massen bzw. ihrer Mehrheit. Und in dieser Mehrheit ist beides, Ahnungslosigkeit und Überrumpeltsein, Panik vor der seit 1870/71 innerlich und äußerlich gewachsenen Bereitschaft für den Krieg. Der Krieg ist ihnen eingefleischt und in den Knochen, ist integraler Bestandteil des proletarischen Untertanenbewußtseins. *»›Daß die dummen Proleten sich auf die Führer verlassen haben, das war der Fehler. Sie sind alle feige. Für die Geldsäcke lassen sie sich umbringen, für sich haben sie keine Courage. Ich hätte gar nicht nötig, mich in die Nesseln zu setzen. Ich sitze warm mit meinen zwei Jahren Z. Aber ich meine doch, es geht um die Sache. Das haben sie nicht begriffen. Vorderhand ist alles aus, die Bande ist ja rein verrückt. – Aber das dicke Ende kommt nach.«* [105] Hier spricht ein radikal gebliebener Kriegsgegner Gedanken beim ersten Besinnungsversuch aus, einer, der das Kaiserreich auch vom Innern seiner Gefängnisse her kennengelernt hat. Sein Ton ist bitter. Das Leben des illegalen Kriegsdienstverweigerers Hans Betzoldt läuft bald zusammen mit anderen kriegsgehetzten armen Teufeln am Rande der wilhelminischen Gesellschaft, den ersten Deserteuren, den Kriminellen, den entlaufenen Fürsorgezöglingen, den Prostituierten und Schiebern. Betzoldt hält das nicht lange aus. Dieses Leben scheint ihm unerträglicher als die Front. Schnell ist er am Ende seiner individuellen Kriegsdienstverweigerung: »*Ich habe keine Lust, von jedem Narren als Feigling beschimpft zu werden; mich wie Ungeziefer zu verkriechen. Ein solches Leben ertrage ich einfach nicht. Und auf welche Weise man Selbstmord begeht, ist schließlich gleichgültig.*«[106] Inneres Gleichgewicht und persönliche Identität findet er so, über ein kurzes Schwächegefühl beim Lesen des Gestellungsbefehls hinweg. Ist er doch nicht so »vaterlandslos«? Aber er kommt diesem Befehl ja nicht freiwillig nach, es ist eine wilhelminische Erpressung. Aus ihr heraus würde er neue Sicherheit gewinnen und möglicherweise einen Weg, gegen den Krieg handeln zu lernen. »*Wo ist jetzt die Internationale? Die deutsche Sozialdemokratie hat ihr den Krieg erklärt. Sie ist tot. Wir müssen wieder ganz von vorne anfangen.*«[107] Das bedeutet konkret wie auch in der Verallgemeinerung von Scharrers Held: die revolutionäre, später spartakistische und dann kommunistische Bewegung entsteht in den Schützengräben des 1. Weltkriegs, Kind in erster Linie des Kriegs.

Politische Ziele entwickeln sich sehr spät und unter permanenter Kriegseinwirkung. Betzoldt z. B. probiert zunächst die Aufsässigkeit. Er bleibt sitzen, grüßt nicht, wenn militärische Vorgesetzte nahen. Nicht das aber zerrt an seinen Nerven. Zerrüttender ist die Ohnmacht seines Antimilitarismus, die anfängliche Trost- und Ausweglosigkeit der Kriegsgegner. Selbst die ersten Kenntnisse über die »Ursachen des Krieges« lassen ihn kalt. Nur die Hoffnung auf ein Wiedersehen mit seiner hastig-kriegsgetrauten Frau Sophie hält ihn noch hoch. »*Diese Gedanken an Sophie erhalten mich aufrecht, geben mir die Kraft, die blanken Knöpfe an den blauen Lumpen zu putzen, den Affentanz auf dem Kasernenhof scheinbar ernst zu nehmen. Es wäre sonst unerträglich. Auch unerträglich trotz des Materials von Klaus über die ›Ursachen des Weltkrieges‹. Ich bin enttäuscht und erschüttert zugleich. Was nützt es, wenn der eine und der andere die Wahrheit über diesen Krieg erfährt und zum Schweigen gezwungen wird? Was nützt es? In spätestens vier Wochen sind wir draußen, neue kommen – und gehen wieder, und wieder kommen neue. Wo bleibt die Tat! Irgend etwas, ein Signal, ein erlösender Schrei!*«[108] Bis die Erkenntnisse über die Ursachen des 1. Weltkriegs greifen und zur Praxis gegen die Folgen des Krieges beitragen, dauert es. Betzoldt muß noch hindurch durch die Depressionen der politischen Niederlage der Kriegsgegner von 1914 und hindurch durch die lang sich hinziehende Unwissenheit bei seinen Kameraden. Viel Zeit zum Nachdenken und Grübeln gibt es nicht. Schneller als gedacht steht er vor der Alternative, erschossen zu werden oder selbst zu schießen. Die frischen Toten, an denen vorbei er – seine Entscheidung treffend – in den ersten Sturmangriff läuft, bekräftigen seinen Entschluß, am Leben bleiben zu wollen. »*Eigenartig ist das doch, das Gefühl, das von den frischen Gräbern in die Hirne schleicht. Sie waren so, wie man es sich vorstellte: ein einfaches Holzkreuz; ein grüner Zweig oder ein paar liegen darauf; an einem der Holzkreuze hing ein Helm. Die sind auch so, in der Nacht vielleicht, hier angerückt. Wie viele mögen hier schon liegen? Was würde Sophie sagen, wenn sie mich morgen hier verscharren? Würde sie auch so mit offenem Munde und mit großen Augen nach Luft schnappen wie Anna?*«[109]

Vor dem ersten Schußwechsel scheint alles zu streiken in Hans Betzoldt. »*Die Knochen zittern mir ein wenig. In meinem Innern steigt ein schmerzendes Würgen hoch. Ich muß mir die Augen wischen, möchte etwas fortwischen, was mich am Sehen hindert. Bringe automa-*

tisch mein Gewehr in Anschlag, nehme Druckpunkt und lasse wieder los. Mich hier nieder-
knallen lassen, und dann auch hier liegenbleiben: Warum denn.«[110] Das ist die Wehrhaftigkeit angesichts frischer Gräber, mit der ein Staat immer rechnen kann, aber nicht nur der
Staat: auch seine Untertanen, die so auch anfangen, sich gegen ihn und seine Interessen
zu wehren.

Scharrer macht etwas von der inneren Zerrissenheit der Kriegsnotwehr der meisten seiner Teilnehmer sichtbar. Bald, der erste Sturmangriff ist überstanden, ist Hans Betzoldt
auf eine ausweglose, finstere Art entschlossen: Es nützt nichts, es muß jetzt vorwärts über
Leichen gehen. Er tut das, wie alle anderen es tun und sich dabei vorübergehend auf entsetzliche Weise verändern: Sie belauern sich wie böse gewordene Narren. Auch Betzoldt
fällt zuweilen in Anwandlungen von Mord und Totschlag. Er sieht dann nur noch feindlich
Lebensgefährliches, einen Gewehrlauf oder ein französisches Käppi. Alles, was sich dahinter und darunter verbirgt, bringt den Tod.

»Sechs Mann haben sie schon niedergeknallt. Himmelkreuzdonnerwetter! – Hunde!

*Ganz fein, aber deutlich sehe ich einen Gewehrlauf vorkriechen, ein Käppi hinter ihm
auftauchen.*

Warte, du Schwein!

*›Peng‹ und schon wieder fällt einer der Unseren und wälzt sich; mir scheint, als wäre es
immer dasselbe Gewehr. Habe ich ihn erwischt? Sein Käppi fliegt fort. Klatsch! Sand spritzt
mir ins Gesicht. Ein neues Käppi taucht auf. Patsch, er wankt hintenüber.*

*In drei Sprüngen bin ich im Laufgraben. Er ist voll gepropft. Keiner will vorgehen, keiner
will der erste sein, keiner als Deckung für die anderen dienen; ich bin der erste und werde
geschoben.*

*So, schleichend, die Kugel erwarten? Feiges Gesindel! Eine unbeschreibliche Wut packt
mich.«*[111]

So entstehen Ruhmestaten auch von Kriegsgegnern, so erhalten sie ihre Auszeichnun-
gen.

Scharrer läßt seinen Helden tief hineinfallen in die befohlene, erpreßte Mordgesinnung.
Betzoldt muß sich erbrechen, überlebt aber. Er muß erst in die Lehre des Krieges gehen,
bevor er ihn bekämpfen lernt. Und er wird von ihm geprägt bleiben.

Ähnlich widersprüchlich wie die Grunderfahrung des Krieges – töten, um nicht getötet zu werden – erlebt Betzoldt die Kameradschaft. Sie erscheint ihm schrecklich billig
und unverzichtbar zugleich. *»Wenn die Granaten über uns krepieren, die zerschundenen
Nerven den Angriff erwarten, Patrouillen nach vorn schleichen oder ein Angriff bevorsteht,
dann gibt dir der Leutnant eine Zigarette, der Bauernsohn oder Gutsbesitzer ein Stück
Wurst. ›Nimm, Kamerad!‹ sagen sie dann. Was wollen sie noch damit, wenn die Kugel sie
trifft? Es ist dann gut, einen Kameraden zu haben, auf den man sich verlassen kann. Sie ist
billig, diese Kameradschaft – und hört sofort auf, wenn wir etwas weiter vom Schuß sind.
[…] Die Kameradschaft im Kriege ist die größte Lüge, die je erfunden wurde. Sie war niemals eine freiwillige, sondern immer nur eine Gemeinschaft von Todeskandidaten. Und
doch habe ich zwei gute Kameraden verloren.«*[112]

Aber auch eine tiefer verstandene, menschliche Kameradschaft kommt nicht los vom
Krieg bzw. von jener Kombination aus Befehlsgewalt und Notwehraktion. Sie ist nicht
Kriegsinteresse, wird auseinandergerissen und liquidiert. Selbst der Sprung in den gegen-

überliegenden feindlichen Schützengraben hilft nicht weiter. Das Fraternisieren ganzer Frontabschnitte – wie es historisch verbürgt ist – bringt den Frieden auch nicht (aber den französischen Soldaten gleich massenhaft standrechtliche Erschießungen wegen »Meuterei vor dem Feind«.)

»Ein französischer Soldat steigt aus dem Graben. Ein zweiter, ein dritter – die ganze Front steht vor dem Graben. Die Augen leuchten, die ›Feinde‹ gehen auf einander zu; ihre Hände greifen ineinander. Die ganze Front Flirey-St. Baussant ›fraternisiert mit dem Feinde‹. Ihr Schlachtruf ist, hüben wie drüben: Friede! [...] Zwei Tage später fällt von drüben ein Schuß. Sofort springen mehrere der Alpenjäger über den Graben und bedeuten uns, daß – sie greifen an die Schulter – ein Offizier geschossen hat.«[113]

Das ist seltene Wirklichkeit, aber ganz sicher häufiger Traum. Auch die verschiedenen Formen, sich vor dem »Tod für das Vaterland« zu drücken, schaffen keinen wirklichen Ausweg. Eine bewußt eingeheimste Geschlechtskrankheit, eine Kugel, die sich beim Gewehrreinigen löst, aus Versehen versteht sich, das sind schon trügerisch hohe Preise für das eigene Davonkommen, den individuellen »Frieden«. Meist gibt es lebenslanges Zuchthaus oder Siechtum drauf. Je länger der Krieg dauert, desto schwieriger wird das Überlaufen. Liebknecht ist nur für eine kleine Schar diskutabel, nur für sehr wenige ist sein Name mehr als ein Ruf. Schon die Verständigung darüber ist ja lebensgefährlich. *»Da geschieht, was ich nie vergesse: Die kleine Frau läßt ihren Scheuerlappen in den Eimer fallen, richtet sich an ihrem Besen hoch, macht mit der Hand eine bittende Bewegung, und sagt in gebrochenem Deutsch: ›Internationaler Kapitalismus ist schuld! Internationale der Arbeiter kaputt. Alle verraten, nur einer nicht in Allemagne: Liebknecht!‹ Sie arbeitet dann ruhig weiter, aber sie kann ihre Tränen nicht verbergen. Ich auch nicht. Ich stelze auf sie zu und gebe ihr die Hand. Wir sehen uns nur an, sagen nichts zueinander. Wir hätten wohl auch nicht sprechen können, wenn wir dieselbe Sprache gesprochen hätten. Dann nimmt sie ihren Eimer und verschwindet. Sie darf ja nicht in Verdacht kommen, ihr Vaterland zu verraten. Auch ich muß mich hüten.«*[114] So sehen Sternstunden der proletarischen Massen während des 1. Weltkriegs aus, diese hier fand in einem deutschen Lazarett in Frankreich statt: beinahe wortloser, verstohlener Internationalismus.

Die organisierte Antikriegsarbeit kommt nur sehr langsam in Gang. Die Grundhaltung ist einfach und schwer zugleich, denn sie besteht in der Umkehrung und Beibehaltung der den Massen anerzogenen und diktierten Tugenden Geduld und Ausdauer. *»Das Schreien nützt nicht immer, es kann uns sogar viel schaden. In Schutzhaft sitzen schon genug. Wir müssen die Massen aufklären, hier und draußen. Oder wir sprengen uns selbst in die Luft. [...] Auch wir müssen ›durchhalten‹. Wer den längsten Atem hat, der hat gewonnen.«*[115] Betzoldt wird, schneller als bei seinen Kollegen und Kameraden in Betrieben und an den Fronten, bei seinen Vorgesetzten als Aufsässiger bekannt. Es entstehen schwarze Listen, die aber den ersten Aufschwung des antimilitaristischen Widerstands nicht mehr abwürgen. Betzoldt lernt, daß die äußerlich ruhige Erscheinung der Soldaten das revolutionäre Vertrauen in sie nicht irre machen darf. Es geht doch vorwärts. Die antimilitaristischen Kräfte wachsen unter der Oberfläche. Sprengen sie die trügerische Oberfläche, *»sieht die Welt etwas anders aus.«*[116] Betzoldt bleibt bei organisierter, illegaler Arbeit. Nichts wird ihm fremd an denen, deren Leiden und langsames ›Lernen‹ auch durch ihn geht. Ein totales Besäufnis während des Vormarsches in Rußland bringt wenige Augenblicke innerer Ge-

nugtuung und reueloser Respektlosigkeit vor der Obrigkeit. Schon sprechen Befehlsver-
weigerungen sich wie Lauffeuer herum, ein unausgesprochenes Aha, Kommunikation der
Renitenz. Sogar die Selbsterniedrigung birgt einen Funken von Erhebung. *»Ich bin etwas
enttäuscht, wäre zu gern zwischen zwei Bajonetten in Arrest gefahren oder marschiert, vorbei
an dem Kommando der gefangenen Russen, die Knüppeldämme legen und ebenfalls diesen
›Schutz‹ genießen. Ich bin bar jeder Scham, habe masochistisches Verlangen, meine eigene
Verwahrlosung mit der Gleichstellung der Feinde des Vaterlandes quittiert zu sehen und
schütte Gustav mein verbrecherisches Herz aus.«*[117] Während der antimilitaristische Widerstand sich nur sehr langsam in die Breite entwickelt, gibt es rückläufige Bewegung bei
ihren Vorkämpfern. Sie drohen inzwischen aufgerieben zu werden. Einige geben auf, andere ziehen sich in sicher gepolsterte Entrüstung zurück. Auch Betzoldt dreht immer mal
wieder durch. Das ist seine Möglichkeit, nicht zu zerbrechen.

Die ersten Kraftproben kriegsmüder Massen im Vorfeld der Revolution stehen noch
bevor und selbst der Weg von den großen Streikbewegungen der Munitions- und anderer
Arbeiter Anfang 1918 bis zum 9. November ist noch sehr weit. Es dauert seine Zeit, bis
das in die Massen hineingeschundene Phlegma überwunden ist. Ihr Widerstand kommt
dann begriffsstutzig und blitzartig zugleich. *»Sie, die morgens mit wehem Herzen von ihren
rachitischen Kindern gehen, deren Väter sterben und faulen im Eisenhagel und Gas, spüren
mit einem Male die kalte, unerbittliche Verhöhnung. Ein Stück Papier fliegt einem Gaul unter den Bauch. Er tänzelt, der Reiter stutzt, zieht seine lange Plempe, reißt den Gaul herum.
Die Front der berittenen Blauen formiert sich zur Attacke, die Säbel sind gezückt, die Pisto-
lentaschen geöffnet. – Doch die Massen stehen, stumm, Hohn in den Gesichtern. ›Zurück!‹
Warum zurück! Sie begreifen das nicht, glauben nicht an die Vollendung der Provokation«.*
Erst der Schrei einer niedergerittenen Frau läßt sie losstürmen, ganz elementar und in-
stinktsicher. *» Wie ein Blitz fährt es durch die Reihen: Eure Macht ist nur die Kehrseite unserer Schafsgeduld.«*[118] Das will erst mal erfahren sein, nicht nur von einem, von vielen, so
daß Blut und Tränen nicht mehr zum Zaudern und Zögern verführen. Eine Erfahrung dieser Art sitzt dann aber auch fest, sehr notwendig fest, denn schon hageln die Gestellungs-
befehle, die Rausschmisse und die direkteren Formen der Liquidierung des Widerstands.

Scharrer schreibt am Anfang des letzten Kapitels seltsam lakonisch, daß es jetzt zum
»Schlußakt« käme – das offene Losbrechen der Novemberrevolution ein Schlußakt? Wohl
ist der Krieg zu Ende, aber nun soll es doch eigentlich richtig losgehen. Nun gilt es, die
Hoffnungen einzulösen, nun wartet der Widerstand auf die Belohnungen in einer größeren
Freiheit. Damit ist es nichts. Schon die Novemberrevolution läppert sich so hin. Die Massen nehmen sich zwar etwas heraus, trauen sich aber nichts zu. Auch Betzoldt lacht seinem
Wachtmeister, nachdem er eigenmächtig den Urlaub überzogen hat, ins Gesicht. Das kann
man sich Anfang November 1918 in Deutschland schon mal erlauben. *»Ich lache. Es ist
ja alles schon so klar. Wir sind bereits eingekleidet. Er schnappt nach Luft, wird rot wie ein
Krebs und brüllt: ›Unverschämter Bursche!‹ Eine Sturzflut von Speichel springt mir ins Gesicht. Ich nehme mein Taschentuch, wische mich ab, im ›Rühren‹. Er stürzt davon, als wolle
er mich sofort abführen lassen – aber nichts folgt. Mein Fall ist nichts Besonderes mehr!«*[119]
Lachen als Vorschuß auf die revolutionäre Befreiung – das läßt sich verstehen nach jahrelang angestautem Leiden und Hoffen. Was aber, wenn die Luft schon raus ist, gleich in
den ersten Tagen? Dann ist die »Revolution« nicht mehr als eine augenblickliche, vor-

übergehende Erleichterung, ein Sich-Aufrichten der Masse. Noch merkwürdiger, weil so harmlos und gutgläubig, ist der Schluß des Romans. »*Die Millionenmassen der Arbeiter haben auch die letzten Widerstände niedergezwungen. Alles ist in unseren Händen. Aus den Seitenstraßen kommt Gesang.* ›*Rot ist das Tuch, das wir entrollen!*‹ *Karl Liebknecht spricht. Auf dem Schloß weht die rote Fahne.*«[120] Dort weht sie nicht allzu lange.

Es ist, als spüre Scharrer in diesen letzten Worten seines ersten Romans dem schönen, so lange und bitter gehegten Traum nach, dem (Selbst-)Betrug über die Novemberrevolution, ohne ihn sich in diesem Buch schon offen einzugestehen. Es ist, als traute er sich – nicht »trotz alledem«, sondern nach alledem – nicht mehr an die volle, häßliche Wahrheit heran.

Mal ist sein Held Hans Betzoldt überempfindlich, mal eher stumpf, matt und gleichgültig. Seine Müdigkeit im Abseits des chauvinistischen Massentaumels ist Verbindung und Widerstand zu den Kameraden und Arbeitskollegen. Den Kopf steckt er immer aber nur so weit in den Sand, daß er eben noch mitbekommt, was in den anderen wirklich vorgeht.

»*Zivilisten mit ihren Pappkartons ziehen singend nach dem Bahnhof. Kirchenglocken läuten. Der Bahnhof selbst ist abgesperrt. Von der Straße aus winken die Massen den Feldgrauen zu, die Zug um Zug die Halle verlassen.* ›*Nach Paris!*‹ ›*Jeder Schuß ein Russ.*‹ ›*Jeder Stoß ein Franzos.*‹ – *Unzählige Aufschriften verkünden, daß die jungen Soldaten nicht wissen, was ihnen bevorsteht – oder es nicht wissen wollen.*«[121] Man darf Soldaten nicht immer aufs Wort glauben. Scharrers Beobachter Hans Betzoldt hat bald den Bogen ihres Erfahrungsweges heraus und kann ihn genau verfolgen, aber das nützt ihm nichts. »*Einige Proletarier sind darunter, die meinen,* ›*man macht den Stumpfsinn eben mit, weil es keinen Zweck hat, sich dagegen aufzulehnen.*‹«[122] Ein Oberlehrer legt den Krieg so für sich aus: »*Wir sind eben Soldaten, was gibt's da noch zu fragen!*« Betzoldts Fragerei nach der Gesinnung der Kameraden stört. In der Kaserne fällt er unangenehm auf. »›*Was fragst du noch, wir sind Soldaten!*‹ ›*Laß das niemand hören, sonst geht es dir dreckig*‹, *sagte ein Arbeiter zu mir, der mir ein Bild von seinen Kindern zeigte.*«[123]

Das ist deprimierend. Sie haben den Krieg schon zu einem Zeitpunkt verinnerlicht, wo die Unklarheit über den Weg seiner Beendigung am größten ist.

Scharrers Held hat Front und Heimat während des Krieges kennengelernt. Was er da so sehen und erfahren kann, das bestätigt ihm sein Wissen über den Krieg und läßt ihn verzweifeln. »*Ich habe Arbeit gefunden, freue mich und weiß nicht warum. Anna macht mir alles zurecht und sagt:* ›*Hest doch Schwein, wat wüllst du denn?*‹ *und lacht. Ich drehe Granatkörper, das Stück eine Mark. Ich rechne: jede Schicht zehn Mark, kann ich täglich mindestens fünf Mark sparen, bis sie mich holen. Ich fühle wieder Eisen unter meinen Fingern, höre wieder das Schnalzen der Späne. Jede Granate kann ein Dutzend Menschen vernichten – ich denke keinen Gedanken mehr zu Ende.*«[124]

Sieht man auf das Ganze des Krieges, dann bleibt man besser nicht bei Verstand. Besser ist die Gewöhnung an das Entsetzliche und Absurde: So denkt man aber nur eine Zeitlang. Immer wieder drängt sich das Nichtauszudenkende des Krieges an einen heran. Dann rettet die Aufsässigkeit, oder die Schwermut läßt einen nach unten wegsacken, für eine Weile: daß es zu Hause einfach so weitergeht, daß man dort wie im Frieden weiterlebt, während man sich draußen umbringt. Sicher, auch an der Heimatfront wird gekämpft. Aber hier wie an der Front sind es Minderheiten und die Verbindungen Front/Heimat sind sporadisch, abhängig vom militärischen Ausnahmezustand.

Scharrer verschont auch aus eigener Erfahrung seinen Helden nicht von Gefühlswallungen dieser Art: Er ist niedergeschlagen, alles ist so sinnlos, so albern und zugleich schrecklich. Außerdem fühlt er sich allein. Schließlich aber hat der Kriegsalltag ein leidliches, inneres Gleichgewicht hergestellt.

Eigentlich ist es noch gar keine revolutionäre Vernunft, nach der er lebt, eher eine Lebenseinstellung der Vorsicht. Sein Kamerad, der mecklenburgische Kleinbauer Gustav, formuliert das so: »›Vernunft‹, sagt er noch einmal und schüttelt den Kopf. ›Ich glaube nicht an die Vernunft. Zu viele haben leicht reden. Sie predigen Durchhalten und machen sich an uns gesund.‹«[125]

Zu sehr hat sich der Alltag des Krieges auch auf das Innenleben der Menschen geworfen und versucht, es abzutöten. Oft ist es nur eine Geste: »›Frau Betzoldt!‹ – Gustav kommt eiligen Schrittes. Sophie dreht sich um, und Gustav reicht ihr hastig beide Hände. ›Hebben Sie Dank für alles, Sophie!‹ Er hebt wie zur Betonung ihre Hände mit den seinen und zieht sie ruckartig wieder nach unten. Als wolle er etwas abschütteln.«[126] Hier hat einer sich nicht nur bedanken wollen, er macht sich beinahe gewaltsam vom Leben los. Ruckartig ist die Herzlichkeit zwischen den Menschen zu beenden, anders scheint es nicht möglich. Der Soldatenabschied, bis heute dick mit Chauvinismus verkleistert, ist auch vorweggenommenes Sterben.

Der Bauer Gustav scheint das gewußt zu haben und will schließlich doch nur leben bleiben. Seine Warnung an den Freund und Kameraden Betzoldt, sich beim Widerstand ruhig etwas zurückzuhalten, ist wohlüberlegt und weitsichtig. Gegen den Vorwurf des Opportunismus steht hier die Klugheit, der längere Atem der Geschundenen. »›Gott‹, sagt Gustav, ›du mokst noch vel to vel Kram, Hans. Mußt di dorbi 'n beten torög holn, süs krieg'n se di andersrum kaputt. Mußt immer bedenken: die Menschen kosten nichts und die andern ducken sich. Sie hebben die Näs noch nich vull nauch.‹«[127] Betzoldt, mal antimilitaristischer Heißsporn, mal heulende Trübsal, kann dieses Rezept gut gebrauchen. Gerade hat er sich geweigert, auf Befehl in russische MGs zu rennen und kann nun von Glück sagen, daß er es nicht mit dem Kriegsgericht zu tun bekommt. »Du fohrst immer am besten, wenn du von gar nichts weten deist, dann fällst du am wenigsten up. Die sich vordrängeln, warn am ersten dotschoten! […] Man mut sehen, wie man von ein Tag inn annern kummt. Ewig kann der Dreck doch ok nicht duern.«[128] Hier ist der Widerstand schon bis zur Unkenntlichkeit in Bauernschläue und -phlegma aufgegangen.

Aber diese Haltung liegt so nahe. Anders als der Bauer Gustav kommt der Kamerad August Wendt nicht davon. Von ihm bleibt nur eine nachdrücklich beunruhigende Erinnerung. Auch dieser Soldat hatte seine Art, sich zu verabschieden. Er macht das sorgfältig, bedacht und doch wie innerlich aufgescheucht. »Ich reiche ihm die Hand hin. Er schaut an mir hoch, nimmt die Pfeife aus dem Mund, wischt sich, als wollte er etwas essen, die Rechte erst am Hintern ab und reicht mir sie wortlos und zögernd, als wäre er gar nicht darauf gefaßt, daß wir voneinander gehen. ›Leb wohl, Hans!‹

Als ich zum Hof hinaus bin und noch einmal zu ihm hinübersehe, sitzt August Wendt wieder auf der Bank. Sein Gesicht liegt in seinen hohlen Händen, die er auf die Knie stützt.

Seine Mütze liegt ihm vor den Füßen.«[129] Hier hat es einen erwischt, lange bevor er wirklich spurlos im Krieg verschwindet und nicht mehr berichten kann, was und wie es ihn gepackt hatte. Die Erinnerung an solche Gesten und Bilder belastet auch einen aktiven Antimilitaristen. Hans Betzoldt jedenfalls ist wie durchgeschüttelt: »*Alles wankt, schwimmt fort, entrückt! Übrig bleibt eine elende Kreatur, die sich mit allen Fasern an das blödsinnige bißchen Leben klammert, und die doch erst erlöst ist, wenn sie tot ist. Wozu sich darüber noch aufregen? Man muß das alles so laufen lassen, wie es läuft, man ändert doch nichts. Ganz leer wird mir im Kopf, und so müde bin ich, so schrecklich allein.*«[130] Der Krieg hat einen seiner Gegner voll getroffen und droht ihn wie viele andere an die Wand zu drücken. Aber der 1. Weltkrieg hält noch Tückischeres für seine Gegner bereit. So gibt es Ansätze und Befreiungsversuche, die führen noch tiefer in die Unfreiheit. Scharrer hört die »Verzweiflungsschreie« in harmlosen Worten, geht ihnen nach, dringt tiefer ein in die Verdrahtung von Anpassung und Widerspruch.

Was z. B. der Deserteur Walter über Selbstverstümmelung berichtet, das ist zunächst einmal Auflehnung und führt doch in eine der offenen Fallen für Widerstand: »›*Der gesunde Mensch sträubt sich, sich selbst zu verkrüppeln, weil das gegen alle Natürlichkeit ist. Ein gesunder und aktiver Kerl krepiert lieber, weil er sonst auch innerlich verkrüppeln müßte. Aber auch das schaffen sie fort, haben sie auch bei mir geschafft, das ist das schlimmste. Die nicht zerfetzt werden, werden innerlich getötet. Alle Disziplin, auch alle natürliche Disziplin geht zum Teufel. Mit den Menschen, die sich selbst vernichten, innerlich vernichten, ist kein Widerstand mehr möglich. Es fragt sich nur, wie lange es dauert, bis sie auch das noch gründlicher besorgt haben.*‹«[131]

Was nützt einem da die Erkenntnis, daß der Krieg kein Ungeheuer ist, daß er von Menschen, von Klassen gemacht wird und diesmal unter dem Zwang des kapitalistischen Systems. Wer sein Ende mit Schrecken übersteht oder vermeiden kann, auf den warten buchstäblich Schrecken ohne Ende.

»*Ein Suchen und Tasten ist das alles, ein Drehen im Kreise, Rückkehr zum Ausgangspunkt. Wo irgendwo ein Nacken sich steift, ein Mund sich öffnet, fassen die Häscher rasch zu. Sie wissen, die Revolution hockt im Dunkeln. Ein Schrei, noch einer, ein dritter – und die Geister des Umsturzes sind alarmiert.*«[132] Noch hemmt der Schrecken der letzten Niederlage die Massen. Dann aber treibt die Massen gerade das voran, was sie zuvor niedergehalten hat. Irgendwann übersteigt der Widerstand gegen den Krieg dessen Auswirkungen. »*Aber nun fällt auch der letzte Schatten von mir ab. Die Jahre überstandener Angst, erlittenen Hungers, erlebter Schändung peitschen zu neuem Widerstand. Und nicht nur mich. Die Lawine rollt. In Kiel löst sich der erste Stein. Unter den Matrosen züngelt die Flamme der Rebellion. Fabriken öffnen sich. Die Hetze setzt wieder ein. Die Berittenen formieren sich zu Attacken. Die Blauen schultern wieder die Karabiner. Die Spitzel treten in Funktion. Es nützt nichts mehr.*«[133]

Was also war mit dem Widerstand der Massen gegen den Krieg, mit ihren Hoffnungen auf Freiheit geschehen? Scharrer hat eine Ebene des Widerstandes festgelegt, die ihn heruntergekommen, weil bis auf die stumpfe Kriegsverdrossenheit heruntergebracht, zeigt. Hauptanliegen der Revolution wird die Beendigung des Krieges. Der revolutionäre Widerstand war kriegsversehrt.

Dieses Bild des zerschundenen, kriegsbenommenen Widerstands zeichnet Scharrer noch viel härter, schärfer konturiert und unversöhnlicher in seinem Nachkriegsbuch »Der große Betrug«, dessen Hauptfigur Albert Buchner aus dem Frieden in den Krieg und aus dem Krieg in den Frieden wie aus einem Saustall in den anderen geht. Buchner ist Landarbeiter, Pferdeknecht, später Ziegeleiarbeiter und dann Metallarbeiter. Sein Leben lang ein kreuzbraver und anständiger Mensch, wird er gehänselt und geschunden, neigt zu Jähzorn und wählt dann doch nur gemäßigt, d. h. mehrheitssozialdemokratisch. Scharrer hat also mit »Der große Betrug« sich von den Vorkämpfern der Massen zu ihren rückschrittlicheren Teilen gewandt, von den »vaterlandslosen« zu den »treuesten Söhnen«. Albert Buchner läßt das »Vaterland« auch in der »Stunde der Gefahr« nicht im Stich. Er hat in den Vorkriegsjahren auf das Naheliegende setzen gelernt. Wehren tut er sich nur in Fragen seines Lohns und wenn's seine engere Familie betrifft.

Eine Szene zwischen dem Großknecht, der Alberts späterer Frau, der zweiten Magd Margot, den soeben herausgeschnittenen Hengsthoden in den Ausschnitt werfen will, und Albert, der sich lange Zeit foppen läßt und nur diese Gemeinheit endlich nicht mehr hinnimmt, charakterisiert Scharrers Nachkriegshelden in der Vorkriegszeit[134]. Soweit ist Albert vor dem Krieg noch empfindlich, er hat – auf der Ebene der Rauferei – noch Selbstbewußtsein. Nicht jeder Schuft darf sich ungestraft über ihn hermachen. Am Ende aber, nach dem Krieg spätestens, ist auch dieser Restbestand von Widerstandsgeist aufgebraucht und zerrieben. Ist der Krieg schon unvorstellbar, unvorstellbarer noch ist nach *diesem* Krieg *dieser* Friede.

1933 wäre Albert an die fünfzig Jahre alt gewesen; gebrochen hätte er den langen Lauf durch die Weimarer Republik mitgemacht bis zum Faschismus, bis in seinen früh schon blutleeren Zustand. Albert Buchner ist lange vorher schon innerlich entwaffnet und zur Ohnmacht getrimmt worden.

Albert Buchner steigert seinen Vorkriegslohn innerhalb von zehn Jahren von 27 auf 40 Mark. Er arbeitet als Lagerverwalter und nach Feierabend auf einem Stück Laubenland. Als der Krieg ausbricht, möchte er ehrlich überzeugt sein Vaterland verteidigen. Er glaubt allen Grund dafür zu haben. »*Er verfolgte mit Eifer die steigenden Wahlerfolge der Partei und die wachsenden Mitgliederzahlen der Gewerkschaften. Er rannte manchen Sonntag mit Flugblättern treppauf, treppab, und als der Krieg ausbrach, stand Albert auf dem Standpunkt, daß alle Hoffnung auf die große Sache zuschanden werden muß, wenn die Feinde siegen. Die ›russische Dampfwalze‹, die ›Knute des Zarismus‹, das war doch noch schlimmer als Marianneneck.*«[135]

Marianneneck ist das Heimatdorf in der Nähe von Posen und ein Leben als Pferdeknecht. Da kommt er her, der Albert Buchner, und da will er nicht wieder hin. Am Krieg teilnehmen scheint jetzt selbstverständlich und vernünftig. Das gebietet die Sicherung des einmal Erreichten, des bescheidenen und hart erarbeiteten Arbeiterwohlstandes. Die Bewilligung der Kriegskredite durch die SPD ist Signal für die Anspannung der eigenen Kräfte. Auch als der Krieg länger dauert als von Albert und anderen ursprünglich angenommen, ändert das nichts an Alberts Haltung. Am Ende des Krieges ist Albert schon ganz noskitischer Biedermann.

Albert ist wie viele Sozialdemokraten der Auffassung, die SPD habe eine richtige Revolution gemacht, und das genügt ihm. Er ist zufrieden mit dieser Revolution. Andere Auffassungen darüber prallen an ihm ab. »›*Aber die meisten von uns konnten sich ja nichts anderes vorstellen als arbeiten und Lohn empfangen. Dazu gehören denn auch die anderen, die den Lohn bezahlen, unsere Ausbeuter. Hier liegt der Hase im Pfeffer. Solange wir in diesem Zustand etwas Unabänderliches sehen, wird es auch so bleiben. Muß es ja so bleiben...!*‹«[136] Von dieser antikapitalistischen Einsicht ist Albert weit genug entfernt. Er bleibt so, was er war, fügsam in den Rahmen Lohn, Preis und Profit eingespannt, überaus korrekt und stets pünktlich. Als Proletarier ist er politisch bald entmannt.

Um so furchtbarer ist, daß selbst Alberts politische Rechnung nicht aufgeht. Rationalisierung, Dequalifizierung seiner Arbeitskraft und Entlassung schließlich sind für ihn gänzlich unverdaulich.

Albert Buchner lebt den Alltag eines sozialdemokratischen Arbeiters in den Jahren der Putsche, Aufstände und Bürgerkriege. Wenn er zum Arbeitsnachweis geht, dann pfeifen manchmal die Kugeln nur so um ihn herum, auch mal Schrappnells, aber das rührte ihn nicht sonderlich. Schilder wie »Wer weiter geht, wird erschossen« lassen ihn kalt. Er geht ja nicht weiter. Höchstens sinken seine Hände noch tiefer und noch schwerer in die Hosentaschen, aber auf dem Weg nach Hause. Die revolutionär eingestellte Verwandtschaft kommt nicht an bei Albert. Das heißt nicht, daß Albert es zuläßt, wenn man sie beschimpft oder sonstwie unmenschlich behandelt. Die Familie hält zusammen. Nur erfolgreich abwehren kann Albert so gut wie nichts. Zu viel läßt er sich gefallen und sein Nörgeln nutzt nichts. Allerdings gibt es da noch viel Üblere unter seinen Arbeitskollegen. Das sind die »Zünftigen«, die es verstehen, sich mit dem Meister stets gutzustellen, die mit den Spitzenlöhnen und die, die ihre Arbeitsplätze »ihre« nannten. *»Und außerdem: Es waren keine ›Kriegs‹-Dreher. Sie hatten ihr Handwerk ›ehrlich‹ gelernt. Sie tranken ihre Mollen für sich und sahen selbstbewußt auf die Ungelernten und Angelernten herab.«*[137]

So also, von dieser aristokratischen Vornehmheit unter Arbeitern, ist Albert nicht. Er ist einer von denen, die bis zum Umfallen schuften und dann nur noch zu Kurzschlußhandlungen fähig sind. Das bekommt der halsabschneiderische Hauswirt Hillgast zu spüren: ein letztes verzweifeltes Auflehnen, eine Erinnerung an proletarische Wehrhaftigkeit. Es bringt nichts ein, im Gegenteil: Es treibt ihn noch tiefer in das Elend. *Wie* er sich wehrt, ohne Perspektive und in blinder Selbsthilfe, das bringt ihn gerade um. So verliert er bald die Lust auch an diesem Rest von Wehrhaftigkeit. Kommt jetzt einer daher, und ist nur ein bißchen geschickt, dann hört Albert wohl hin, aber es reißt ihn nicht mehr vom Hocker. »›*Die USP ist sich der Verantwortung, die sie auf sich nimmt, bewußt! – Die USPD lehnt es ab, die – Arbeiterschaft – in – ein – aussichtsloses – Blutbad – zu – hetzen!!!*‹ *Dann wartete er die Wirkung seiner mit Pathos in den Saal geschleuderten Worte ab. Er war erfahren in der rednerischen Behandlung der ›Masse‹, man sah es an seinem faunischen Lächeln. ›Strolch!‹ ›Demagoge!‹*«[138].

Das kann Albert nicht mehr verstehen, daß einer so etwas nach dieser Rede rufen kann. Scharrer hat mit Albert Buchner jenen Typ des vor dem Krieg schon weitgehend domestizierten und während des Krieges militarisierten, schließlich unbeholfen gewordenen sozialdemokratischen Arbeiters skizziert, der dann in den Grauzonen politischer Abstinenz wehrlos dahinvegetierte.

Albert Buchner nimmt gerade noch wahr, daß es mit der Ruhe und der Ordnung der Weimarer Republik auch nicht zum besten steht. Sein Sohn Erich plündert aus Hungersnot[139] und stirbt als Freiheitskämpfer gegen Kapp. In den SPD-Zeitungen werden die Plünderer als Verbrecher und die Kämpfer als Helden gefeiert, auch das versteht Albert einfach nicht mehr. Sein Rechtsgefühl ist schon sehr nachhaltig verletzt und zersetzt worden. Er bleibt stoisch wie die vielen anderen, die mittlerweile gelernt haben, daß es wenig bringt, wenn man sich wehrt. Ihre erst tatenlose und dann wortlose Verzweiflung und ihr Hadern mit einer Zeit, die sie nicht verstehen, schottet sie immer dichter gegen die Erkenntnis der eigenen lebensgefährlichen Lage ab.

Jedes Herausfallen aus der Rolle des proletarischen Untertanen, jedes notgedrungene Reagieren scheint in tiefere menschliche und soziale Not zu führen. Nicht zu mucken ist Bestandteil einer fatalen Schlauheit.

Das Drücken der Stückpreise vor allem hat ihm die Beine bleischwer und die Augen trübe gemacht. »*Albert starrte erst Sekunden stumm und gläsern über den Tisch, ging dann schwerfällig auf Schmidt zu, unbegreifbar, was er vorhatte, aber unbeirrbar in diesem Vorhaben. Schmidt konnte mit knapper Not aus der Tür entkommen. Meister Groll rannte hinter ihm her über den Hof. Nach einigen Minuten kamen die beiden Portiers und forderten Albert auf, den Betrieb zu verlassen. Als Grund der Entlassung war Arbeitsmangel angegeben.*«[140] Der wirkliche Grund ist sein Versuch, aktiv und praktisch die Herabsetzung seines Lohns zu verhindern. Gewerkschaft, Zusammenschluß oder anderes Vorgehen und Sichwehren, das ist schon lange nicht mehr im Horizont Albert Buchners.

Nicht aufgehoben in der sozialdemokratischen Regierungspraxis und dem Demokratie-Verständnis von Noskes Nachfolgern, auch nicht aufgehoben in den Zukunftsversprechungen einer »Diktatur des Proletariats«, greift Albert immer wieder nach letzten Hoffnungen, als wären es die vorletzten, ungestüm und blind. »*Irgendwann und -wie müssen doch wieder solidere Verhältnisse eintreten. Albert rechnete aus, wieviel er tags darauf ausgezahlt bekam. Es war mehr, bedeutend mehr, als die Wellendreher verdienten. [...] Er rechnete auf lange Sicht, auf Jahre regelmäßiger Arbeit. Er war doch nicht der ›erste Beste‹. Umsonst hatte Meister Stempel nicht gerade ihn genommen. Er wollte Ruhe nach all den wüsten Jahren. Er wollte keine Reichtümer erwerben, er wollte Arbeit, Anerkennung seiner Arbeit, einen Sonntag in der Woche und später – ein Fleckchen Laubenland. Sonst nichts!*«[140] Sein Streben, auf einen grünen Zweig zu kommen, ist nicht von vornherein illusionär, es ist nur aussichtslos geworden inmitten von Inflation und Rationalisierung. Durchhaltevermögen im täglichen Kampf um die proletarische Existenz ist sicherlich eine proletarische Tugend. Aber Arbeitslosigkeit etc. ist ja keine klimatische, zufällige Angelegenheit im Dschungel des Kapitalismus.

Albert will – oder muß – sich auf die Sonnenseite seines Lebens konzentrieren bzw. auf einen immer schmaler werdenden Sonnenstreifen. Das trübt die Hoffnung nicht gar so schnell und hilft in schweren Zeiten. Er läßt sich aber auf eine Weise bluffen und von seinen Brotgebern und Vorgesetzten an der Nase herumführen, daß es nur schwer mit anzusehen ist.

Das ist mit Opportunismus in der Arbeiterbewegung nicht zu erklären. Albert repräsentiert die ganz berechtigte, eigentlich sehr nüchterne Angst um die ökonomische Existenz[142]. Selbst das Zusammenstürzen dieser Hoffnungen kann ihn von dieser Angst nicht befreien.

Physischer Zusammenbruch, Krankheiten, machen ihn wohl kaputter, nicht aber klü-
ger. Im Gegenteil, mit der Zeit wird er rückschrittlich im Sinne von einsichtsloser. »*Margot
teilte mit ihren Kindern das Leben, wie es war, und die Kinder teilten mit ihr ihre Sorgen.
Da wuchs aus dem kleinsten Erlebnis des einen oft gemeinsame, verbindende Freude. Albert
stand den Veränderungen von Verhältnissen und Menschen ablehnend gegenüber. Er hielt
die ›böse‹ Zeit für eine anomale, vorübergehende Erscheinung. Sein Urteil war kurz und
bündig: ›Verrückt!‹.*«[143]

Albert wird kleiner, schrumpft in eine Haltung des Nicht-Sehen-und-Nicht-Hören-
Wollens zurück und gerade das dünkt ihm weltklug. Alles um ihn herum wird egal, und
als seine mit der Republik unversöhnte Tochter ihn irgendwann einmal einen Feigling
schimpft, da ist es lange schon zu spät. Er kann sie auch in diesem Punkt nicht mehr verstehen. Er ist nun vollkommen herunter, todwund.

ZWEIFEL AM SOZIALISTISCHEN GANG

»Brennende Ruhr« (1928), Karl Grünbergs Roman um den Kapp-Putsch, kann heute ganz anders gelesen werden. Schafft man es, die Trompeten und Posaunen für die sozialistische Revolution zu überhören, dann werden Untertöne vernehmbar: die Schwierigkeit, nach 1914, nach der Burgfriedenspolitik der Sozialdemokratie Widerstand gegen die deutsche Reaktion neu zu organisieren. Hinter der proletarisch-revolutionären Titanologie erscheint dann der tiefgehende, von Anfang an vorhandene Zweifel an der neugewonnenen revolutionären Identität.

Die politisch-ideologische Festgefahrenheit in »Brennende Ruhr« zu erkennen, darf nicht das verbergen helfen, was sich als Problem darunter auftut: unter dem gar nicht hellsichtigen Haß der Kommunisten auf Kleinbürgertum und Sozialdemokratie, die politischen Qualen der – zwar notwendig gewordenen, aber doch immer noch unseligen – Spaltung der proletarischen Bewegung in Deutschland; unter der Proleten-Reklame für das Ziel der sozialistischen Revolution in diesem Land die heikle Frage nach ihrem Weg. »*Lustig flatterte der rote Wimpel im Winde*«[144] – schon gut, wörtlich verstanden ist es nichts weniger als lustig. Grünberg meint es auf das Ganze der Befreiung gesehen ehrlich, und er macht es sich wirklich nicht leicht, wenn er den anfangs sozialdemokratisch, begeistert republikanisch denkenden Werkstudenten Ernst Sukrow zur Hauptfigur eines Romans macht, der die bis heute machtvollste Aktionseinheit gegen den Aufmarsch von rechts zum Thema hat. Ernst Sukrow ist zwischen den Unabhängigen Ruckers und den Kommunisten Grothe gestellt; aber vor einer Entscheidung, der Grünbergs Held am Ende bezeichnenderweise ausweicht, liegt die breit angelegte Episode der politischen Kompromittierung Sukrows durch den frühen Faschismus in Gestalt einer nazistisch-verführerischen Fabrikantentochter. Sicher, Sukrow wird Kommandeur der ersten Roten Armee auf deutschem Boden, aber auch nur deshalb, weil er genügend Kriegserfahrung besitzt. Dieser Sukrow ist ein schwerer Brocken in der deutschen Revolutionsgeschichte: Er kommt deklassiert aus dem Krieg, läßt sich vom Parfüm der frühen Hakenkreuz-Saloons betäuben, wird führender Rotarmist, nachdem er wenige Augenblicke vor Ausbruch der Ruhrkämpfe noch vor den Toren des – fiktiven – Städtchens Schwertrup herumbummelte. Sukrow könnte einer deutschen Operette entstiegen sein: So nichts zu suchen ist sein Sinn.

Schließlich steigt diese Grünbergsche Gestalt, wahrhaftig kein Paradeheld des sozialistischen Ganges in Deutschland, aus dem politischen Kampf aus.

Karl Grünberg ist ein strammer Zweifler. Er nähert sich der Frage nach den Möglichkeiten und Chancen der sozialistischen Revolution in Deutschland von verschiedenen Seiten. Die Arbeiterklasse selbst ist ihm keine Selbstverständlichkeit mehr und er läßt sich seinen Blick auf die deutsche Klassenwirklichkeit nicht von den Gattern proletarischer Lagermentalität verstellen[145].

Selbst die gute alte Haut, der unabhängig-sozialdemokratische Ruckers, seit fünfundzwanzig Jahren »in der Bewegung«, hat geradezu traumatische Zweifel. Bevor man ihn als aktiven und führenden Teilnehmer des Aufstands gegen Kapp (und Noske) zur Ermordung in die Kiesgruben fährt, überkommt es ihn vollkommen zu Recht. »*Warum konnte das nicht anders sein? Warum mußten immer und immer wieder die Arbeiter geschlagen werden? Warum waren die anderen auch diesmal wieder die Stärkeren? – Da kroch es wieder heran, dieses ekelhafte, schleimige Untier mit den boshaft phosphoreszierenden Augen und den unzähligen Polypenarmen. Diese Fangarme schlängelten sich überall heran an alle fortschrittlichen Kräfte, banden sie, saugten ihnen die Lebenssäfte aus. Wie höhnisch-überlegen diese Fresse grinste! Bald stand darin etwas von der höflichen Korrektheit des Bürgermeisters Livenkuhl, bald etwas von der verbindlichen Liebenswürdigkeit des Generaldirektors Buchterkirchner. Dann spielte es mehr hinüber in die haßerfüllte Freundlichkeit der Geschäftsleute, um schließlich in das Grienen überzugehen, das ständig um den Mund des Gewerkschaftssekretärs Reese lag. Endlich aber zerfloß es zu jenem Lächeln, das ihn in den letzten Wochen oftmals zum Rasen gebracht hatte, jenes hilflose Lächeln vieler Genossen, wenn sie wieder einmal vor den einfachsten selbständigen Aufgaben versagten...«*[146]

Erst ist der Zweifel noch politische Anfechtung und dann schon Drakula: das scheinheilige Entgegenkommen der Bourgeois-Kräfte, der mühsamer verborgene – weil viel verunsichertere – Kleinbürgerhaß, die frohlockende Überlegenheit der Gewerkschaftsführung und – hier bleibt Grünberg ganz nüchtern – die Unselbständigkeit der kampfbereiten Arbeiter. Allein wegen dieser Passage sollte man das Getöse für die sozialistische Revolution verzeihen. Grünbergs Schwindelgefühl ist berechtigt, es hätte ihm und seiner Generation von Arbeitern nützen können.

Ganz anders wiederum läßt Grünberg den Arbeiter Grothe die deutsche Nachkriegswirklichkeit und den Zustand der proletarischen Massen sehen. Der Kommunist Grothe übt überscharfe Kritik an den ausmarschbereiten Rotarmisten, Proletariern ohne Uniform, Familienvätern mit geschultertem Gewehr. *»›Genossen‹, brüllte Grothe mit einer Stärke, die ihm der Zorn verlieh, und augenblicklich wurde alles wieder mäuschenstill. ›Hier gibt's nichts zu lachen. Die Sache ist zu ernst. Für den wilhelminischen Größenwahn habt ihr euch jahrelang in Schlamm und Dreck gesielt, euch aushungern, betrügen, quälen und treten lassen. Da hat kein Aas auch nur gemuckt. Aber wenn es um eure eigene Sache geht, um eure Frauen und Kinder, dann geht von vorneherein das Räsonnieren los. Das dulden wir nicht! Wer für unsere große Sache nicht Not und Entbehrungen auf sich nehmen kann, der kann noch viel weniger sein Leben in die Schanze schlagen. Auf solche Elemente verzichten wir!‹«*[147] Vielleicht war das gut gemeint, auch ernst – es muß verheerend gewirkt haben. Ein wenig mehr Rücksicht auf die Vernunft der einfachen Leute kann dazu führen, die objektiven Schwierigkeiten im Begreifen des Widerspruchs zwischen »der Sache« des proletarischen Kampfes und der eigenen Sache zu erkennen. Wer diesen Kampf noch nicht als »eigene Sache« begreift, der muß deswegen doch noch kein »Element« sein. Grothe brüllt mit dem Zorn des Löwen, leider bleiben die Mäuschen still. Grothe-Grünberg vergißt, daß größere Teile der Arbeiterklasse den Krieg vielleicht ganz gerne verweigert hätten, wenn sie gewußt hätten, warum und wie. Es reichte während des Kriegs nicht, gegen den Krieg gewesen zu sein. Ein politisches, erreichbares Ziel mußte her. Nun erst, mit dem Kampf gegen Kapp und dann gegen »Noske«, gibt es dieses Ziel und durch den republikanischen Frieden eine günstigere Ausgangsposition. Und trotzdem, vor der »eigenen Sache« türmt sich der Schutt der vaterländischen, nicht-eigenen Sache des Krieges. Die angetretenen Kämpfer wollen sich redlich gegen die Wiederherstellung der Zustände von vor 1918 schlagen und müssen doch noch den Noske und den Severing in sich abtragen. *»Dieselbe Truppe, die so heldenhaft gekämpft, freudig zu den höchsten Anstrengungen und*

Opfern bereitgewesen war, begann sich zu zersetzen, als sie merkte, für eine verlorene Sache zu stehen.«[148]
Aber das ist gar nicht verwunderlich. Grünberg ist in der Beobachtung der Auswirkung des – in der Tat sie verratenden – Bielefelder Abkommens auf die Soldaten der Roten Armee ihrer Vielgesichtigkeit auf der Spur. Leider schiebt er sie viel zu schnell beiseite, sich vor größerer Verwirrung schützend. Er stimmt ein in das Gejammere über den »Verrat« der SPD- und Gewerkschaftsführer, die doch so genau wissen, daß es auch in den bereits revolutionierten proletarischen Massen eine nur begrenzte politische Standfestigkeit gibt, eine Mischung aus Kapitulation vor der alten Arbeiterbewegung und Unsicherheit gegenüber der neuen. Je verzweifelter die Lage der Roten Armee wird, desto größer muß die Hoffnung auf die »Genossen« in der Regierung, auf die Großmut der politischen Verwandt- und Sippschaft um Noske und Severing werden.

Anders war auch der schnell um sich greifende Defätismus in der Roten Ruhrarmee nicht zu begreifen. Wo sollen z. B. die inneren Verbotstafeln vor »Plünderung« als Auswirkung des Defätismus herkommen. Grünberg entwickelt ein begrenztes Verständnis auch in diese Richtung:

»Das ist gar nicht so verwunderlich, Genosse. Man hört an deinen Fragen, daß du den Betrieb hier noch nicht kennst. Das da sind Düsseldorfer, sonst ganz gute Kerle, ich habe sie bei Westhofen angreifen sehen! Aber frage sie, was sie bis jetzt an Löhnung und Verpflegung kriegten? Laß dir ihre Stiefel zeigen. Aus Düsseldorf war eine Ladung Stiefel für sie unterwegs, ich habe das Auto selbst gesteuert. Aber hinter Walsum wurden wir von einem Marodeurhaufen, ebenso abgerissen wie der hier, angehalten und ausgeplündert. Als ich mit leeren Händen kam, riß ihnen die Geduld«[149]. Bezeichnend sind die Grenzen in Grünbergs Verständnis dieser Rotarmisten. Es endet bei den Frauen, die als Rotkreuzschwestern und freiwillige Helferinnen mit ausgezogen waren und nun als Revolutionsflittchen endend vorgestellt werden. Grünberg bedenkt zu wenig, wie die Kämpfer und Mitkämpfer konkret befähigt und ausgerüstet waren, als es losging mit der revolutionären Bewegung in Deutschland; was sie durchgemacht haben, aus welcher geschichtlichen Dunkelheit sie gekommen sind. Das heißt nicht, daß er diese Frage nicht doch stellt. Als der Kampf vorbei ist, die Rote Ruhrarmee geschlagen, möchte Grünberg einen lehrreichen Schluß finden. Wie soll es weitergehen?

Das Schlußbild läßt einen sehr verhaltenen Optimismus durchscheinen. *»Langgezogene Schiffssirenen gellten herauf. Ein schwarzer Schleppdampfer mit grünroten Buglaternen schaufelte das Wasser. Nur langsam gewann er mit der endlosen Kette tiefbeladener Kohlenschiffe hinter sich Terrain gegen die reißende Strömung.«*[150] Für die Zeit nach 1920 ist das ein treffendes Bild. Revolution und Sozialismus sind nicht in Sicht, zumindest als Ziel nicht, eher als unmenschliche Anstrengung vor allem Anfang.

Ernst Sukrow aber steigt aus. Der Held verbietet geradezu die Verknüpfung mit einer revolutionären Perspektive in Deutschland. Sukrow endet »indifferent«, wie sein unentwegt weiterkämpfender kommunistischer Freund Max Grothe richtig feststellt. Grünbergs Held hat keine Hoffnung mehr nach der Niederlage der Roten Armee. *»Die SPD ist für mich natürlich erledigt! Die ›Unabhängigen‹? – Die finde ich noch komischer! Die haben durch ihre Verhandlungswut, durch ihr ›Möchtegern‹, aber mit Samthandschuhen‹ das ihrige zu unserer Niederlage beigetragen. – Die Kommunisten? Die Partei ist viel zu klein, um was* *zu erreichen, und dann – solch günstige Gelegenheit wie beim Kapp-Putsch kommt niemals wieder! Ja, die Russen, das sind andere Kerle, aber Deutschland ist ein hoffnungsloser Fall!‹«*[151]

Ja, die Russen! Wenn aber die russische Revolution weit ist, was ist mit den Deutschen? Grünbergs Antwort auf diese Frage wird nirgends konkret in »Brennende Ruhr«, sie bleibt ausweichend, übergreifend und vorsichtig.

Unterm Strich kommt raus: Die Deutschen, vor allem die proletarischen Massen in Deutschland und ihre Vorkämpfer, haben einen langen, im wesentlichen noch im dunkeln liegenden Weg vor sich. Karl Grünberg hat als organisierter kommunistischer Autor und im Gegensatz zur Führung seiner Partei vor 1933 einen sehr berechtigten Zweifel am unausweichlich sozialistischen Gang in Deutschland. Was wirklich in Deutschland und mit seiner Revolution geschehen ist, das sieht er in der folgenden Episode: »*Der erste Zusammenstoß erfolgte an der über die tiefliegende Eisenbahn hinwegführenden Brücke. Ein großes Lastauto, auf dem Kopf an Kopf Sicherheitssoldaten standen, bahnte sich, fortwährend hupend, seinen Weg durch die von Menschen gefüllte Straße. Hinten angebunden war ein Minenwerfer.*

Auf der steilen Brückenrampe geriet der Minenwerfer seitlich ins Rutschen und kippte an der Bordschwelle um. Die Menge drängte sich heran, und ein junger Bursche versuchte, mit seinem Taschenmesser das Seil zwischen Auto und Geschütz zu durchschneiden.

In diesem Augenblick flog vom Auto herab ein kleiner Gegenstand einer Frau mitten in den Einholekorb. Mehr einer instinktiven Eingebung folgend, schleuderte die erboste Korbträgerin das schwarze Ding mit dem blanken Metalldraht augenblicklich zurück.

Die Eierhandgranate krepierte nach Art eines Schrappnells mit dumpfem Krachen dicht über den Köpfen der Soldaten. Die Wirkung war eine doppelte. Man sah blutbespritzte Uniformen kopfüber herunterspringen. Für die Menge aber, von der die wenigsten überhaupt die Ursache gemerkt hatten, war die Detonation das Signal zum Losbruch des so lange zurückgehaltenen Grolls. Kaum einer hatte eine andere Waffe als seine Fäuste, aber man riß die bestürzten Soldaten mit bloßen Händen nieder, trat sie mit Füßen, entriß ihnen die Waffen. ›Ihr Hunde wollt auf uns schießen?‹ – Fäuste, Markttaschen, Taschenmesser, Hausschlüssel, Gewehrkolben, Seitengewehre sausten nieder, aber das Ungestüm der herandrängenden Menge war so groß, daß in dem wüsten Knäuel bald kaum noch einer die Arme heben konnte. ›Schlagt sie tot, die Bluthunde!‹

Plötzlich peitschten von der anderen Seite in schneller Folge Schüsse die Straße entlang. Im Nu stob die Menge auseinander, aber die Männer, die die Karabiner an sich genommen hatten, begannen aus Hausfluren und hinter Mauervorsprüngen hervor die anrückenden Truppen zu beschießen. Der Straßenkampf begann.«[152]

So war das. So beginnt der revolutionäre Gang in Deutschland: ein Zufall, ein geschicktes Ausnutzen dieses Zufalls durch beherztes Eingreifen einiger weniger, ein Losbrechen vieler, ohne daß den meisten die Ursache bekannt ist. Der Straßenkampf beginnt elementar, sein Ausgang ist ungewiß. Er ist eine historische Errungenschaft, in jedem Fall. Mit ihr muß man sich erst vertraut machen, und so etwas dauert. Inzwischen siegt die Reaktion.

DIE PHILOSOPHEN HABEN DIE WELT NUR VERSCHIEDEN INTERPRETIERT,
ES KOMMT ABER DARAUF AN, SIE ZU VERÄNDERN! KARL MARX

PLATZ!
dem Arbeiter

DIE HERRSCHENDEN IDEEN EINER ZEIT SIND IMMER

OHNMACHT 1933

»*Todesmutig drangen die Arbeitersoldaten vor. Ein Seitenflügel des Berggewerkenhauses ging in die Luft. Polternd flogen Stuckornamente und Mauerpfeiler auf das Pflaster. ›Hinein, Jungen, hinein! Immer drauf, Genossen!‹ Barhäuptig stürmte Schloder voran. Die schweißnassen Haare klebten den Arbeitersoldaten auf den Stirnen. Und weiter, immer weiter ging der Sturmlauf.*«[153]

Was macht man bloß mit diesen und ähnlichen Sätzen und Bildern, was fangen wir heute, rund ein halbes Jahrhundert später mit ihnen an?

»*›Diesmal schlagen wir sie klein!‹ sagte Karl. Fritz war derselben Meinung. In der Rathausgasse stand ein Arbeitersoldat bei einem Minenwerfer. ›Den werden wir gebrauchen können‹, sagte er und lachte. Karl besah sich das Ding. ›Ich glaube, es ist nicht mehr ganz intakt. Wir müßten einen Waffenschmied…‹, aber die letzten Worte gingen in dem wieder aufflammenden Feuergefecht unter.*«[154]

Und was hat man Anfang 1933 mit diesen Sätzen und Bildern niedergeschlagener revolutionärer Kämpfe beginnen können? Der Autor von »Märzstürme« (1933), der Kommunist Otto Gotsche, wurde im März 1933 nach einer Schießerei auf offener Straße verhaftet. Sein erstes Buch war schon Wochen vorher in einer Auflage von 20 000 Exemplaren von den Nazis eingestampft worden[155].

»Märzstürme« konnte also keine Erfahrungen mehr für die Weimarer Republik veröffentlichen. Dadurch entfallen die gestellten Fragen nicht, eher werden sie noch dringlicher. Was wollte Gotsche aktuell mitteilen? Wie gefährlich sind seine Erinnerungen an die Kämpfe 1921 gegen den kriegstreibenden deutschen Faschismus? »*Zwanzig und mehr Polizisten schossen auf einmal und noch einmal und noch einmal. Einer nach dem anderen brach unter den Kugeln am Zaun zusammen. In dem dicht dahinterstehenden Haus zerbrachen die Scheiben.*

›Feuer!‹ ›Feuer!‹

Als letzter brach Bernhard Dietrich zusammen. Das schmale Gesicht kalkweiß. Er fühlte nichts mehr. Die knochigen Hände rissen das Hemd an der Brust auf: ›Es lebe die Weltrevolution!‹«[156] Das ist finstere deutsche Wirklichkeit auch zum Zeitpunkt der eingestampften »Märzstürme«, auch ein wenig Pariser Commune: das Festhalten an einem großen Ziel inmitten der Niederlage, in Massakern und eigenem Untergang.

Aber die Überlebenden, die Nachgeborenen tun gut daran, diesem Heldentum nicht nur mit Hochachtung zu begegnen. Sich an diese Gestalt nur trauernd zu erinnern, wäre falsch. Schließlich ist sie zum Schluß ganz isoliert und gar nicht mehr von dieser Welt in ihrer stolzen Geste. Wie es dazu gekommen ist, das ist wichtig. Warum war einer, der für die Revolution ist, zum Schluß so allein?

Fritz Gretschke, Gotsches Held mit Zügen des Autors, erklärt kurz vor Kriegsende einem jungen, politisch noch unerfahrenen Arbeitskollegen die Revolution: »*›Die haben die längste Zeit oben gesessen. Der Krempel bricht doch bald zusammen. Dann ist Revolution!‹*«[157] Das ist der bekannte, leicht geglaubte Irrtum der jungen deutschen Revolutionäre. Da hilft auch der hastig nach Osten geworfene Blick nicht weiter. »*Stahlharte Fäuste umklammerten die Gewehrschäfte, an denen noch vom langen Lagern Lehm und Feuchtig-*

keit klebten. Die ledernen Riemen waren vermodert, Bindfaden oder ein kurzer Strick ersetzte sie. Blitzschnell formierten sich die Kampfbataillone. Die ›Achtundneunziger‹ hatten das Wort. Entweder siegen und dem Sowjetland da drüben die Bruderhand reichen oder untergehen.«[158]

Es fehlt der lange, aus der eigenen revolutionären Vergangenheit kommende, weite Blick voraus in die eigene revolutionäre Zukunft. Die Realgeschichte des mitteldeutschen Aufstandes zeigt, daß die proletarischen Massen in eine gut vorbereitete, geschickt getarnte Falle gelaufen sind. Von oben sind diese Kämpfe als Schlußstrich unter die revolutionären Nachkriegsaktionen gedacht, geplant und ausgeführt. Wenig von dem findet sich in Gotsches »Märzstürmen«. Die Aufstandsromantik hilft das verbergen, obwohl alles sehr blutig und schlecht ausgeht. Das Schimmern der »mattblauen Gewehrläufe« bleibt. Zwar schildert Gotsche den Verlauf des Aufstandes und seine Niederlage realistisch, aber er sieht auch im Untergang der Tapferen nur die Tapferkeit und hinterfragt ihren Sinn nicht, nicht ihre Notwendigkeit. Das ganze erinnert zuweilen stark an Wildwest mitten im hochindustrialisierten Deutschland Europas. *»›Hallo, Reinhardt! Im Rathaus ist eine schöne Geschichte passiert! Stanger und Hendriks sitzen da mit dem Bürgermeister und paffen dicke Zigarren!‹*

›Mit dem Bürgermeister? – Ich denke, der lebt gar nicht mehr!‹ Reinhardt bohrte seine schwarzen Fäuste sinnend in die Taschen und klimperte mit den Patronen.«[159]

Gleich zieht er! Aber es dauert nicht lange und zwei Lagen Reichswehrartillerie sorgen für rasche, blutige Klarheit. Nun sind die Vorkämpfer und Avantgardisten unter sich. *»›Ja, ja, ich dachte mir so etwas – alles weggelaufen! Ist das aber verwunderlich? Kein Brot, fünf Patronen in der Tasche und tagelang keinen Schlaf [...] Es ist auch direkt beängstigend hier oben mit dieser verfluchten Scheinruhe! [...] Werden die auf der Halde auch die Flanke decken können? Die Stellung ist gut. Wenn da Männer sind, fallen Späne‹.*

Was war das für ein Kämpfer. Fritz fühlte eine Kraft in sich aufsteigen, wie er sie nie zuvor gekannt hatte.«[160]

Die Märzkämpfer sind weggelaufen, laufen – oft vergeblich – um ihr Leben und die Führer tun ihre Pflicht: ihr möglichstes, um Schlimmstes zu verhindern, unter Aufopferung ihres Lebens. So weit, so nicht gut. Was soll dieses Sichaufbäumen in den kommenden Tod? Hier ist eine revolutionäre Perspektive schon ganz ohne Reichweite und in Wirklichkeit kraftlos bei aller revolutionären Kraftmeierei. Führer der Massen, als Avantgarde unter sich, sind objektiv keine Führer mehr. Was sie jetzt trotzdem und immer noch tun und aushecken, das läuft Gefahr, unsinnig zu werden. Lernen sie das verstehen, ist es gut. Lernen sie es nicht, dann ist es vor allem für die Massen schlecht.

So tun die beiden revolutionären Jungarbeiter etwas sehr Richtiges und Notwendiges, wenn sie Plakate für den Frieden kleben. Aber schon vor der Novemberrevolution denken sie in bequem zu öffnenden Schubladen von »Arbeitern« und »Spießern«. Der reale Kern dieses Denkens liegt dazwischen, in den Übergängen zwischen »spießigen« Arbeitern und mutigen Angestellten beispielsweise. Nicht der klassenmäßige, schroffe Gegensatz irritiert, sondern die außer acht gelassene bündnispolitische Zone. Für unsere beiden revolutionären Jungarbeiter sind da bestenfalls »Passanten«, politisch eine Grauzone.

Gotsche steckt um 1930 noch tief im uneingestandenen Lagerdenken der Arbeiterbewegung. Das hat mehr mit sozialer und politischer Verelendung als mit Klassenbewußtsein zu tun. Statt politischer Anziehungskraft für Angehörige anderer Schichten und Klassen entwickelt sich eine Art proletarisch-kollektive Eigenbrödelei und den Nur-noch-Arbeitern geht die eigene wie die Befreiung aller anderen als Perspektive verloren.

Gotsche geht so weit, daß er einen jungen, endlich zum Kampf bereiten proletarischen »Fußballer« vor den Toren des revolutionären Arbeiterkollektivs stehen und wieder nach Hause gehen läßt. *»Märzstürme brausten über das Land und peitschten zerrissene Wolken- und Rauchfetzen vor sich her. In den Straßen standen hier und da in kleinen Gruppen diskutierende Arbeiter beisammen. Sachlich und ruhig die einen, aufgeregt und wütend die anderen. ›Ich halte das nicht mehr aus! Sollen denn diese Leute das Recht haben, so an die dreißigtausend Proleten als Spitzbuben und Verbrecher zu beschimpfen? Da platzt ja dem Gemütlichsten bald die ruhige Ader!‹ erboste sich ein schlanker, jüngerer Arbeiter. ›Jetzt kommst du auch an! Früher sagtest du immer: Geh doch bloß los mit der Partei! – Dein Fußball war der Lebenszweck, das war wahrscheinlich wichtiger!‹ Ein Alter fuhr ihm heftig in die Rede und spuckte seinen Priem auf das Trottoir. ›Einmal kann man doch bloß gescheit werden! Du hast früher sicher auch dein Steckenpferd gehabt!‹«* [161]

Das ist nett gemeint von diesem Älteren, Erfahreneren. Aber das Gespräch geht jetzt in eine Richtung, die gerade den Dazugestoßenen – repräsentativ für sehr viele – den Weg nach Hause anstatt in die Kampfgruppen gehen läßt. Er geht, gänzlich unbemerkt von den schon Überzeugten.

»›Die Partei wollen sie ja gerade kaputtschlagen‹, erwidert ein anderer. ›Unsere Partei? Da werden sie sich die Zähne ausbrechen!‹ brüllte Keppens. Ein vorbeifahrendes Kindermädchen sah sich erschrocken um. ›... Die Margarine ist auch wieder teurer geworden!‹ hörten sie eine vorübergehende Frau schimpfen. ›Ich kann meine Bälger nicht mehr durchschleppen! Jeden Lohntag bringt der Alte weniger nach Hause! Und dann kriegste für die Papierlottern nischt!‹ klagte eine andere. Die Männer schwiegen mit zusammengebissenen Zähnen. ›Ich habe Mittagsschicht!‹ sagte ein untersetzter Mann. ›Ich muß heim!‹ ›Ich auch!‹ Der Fußballer ging hinterher.« [162] Warum bleibt denn keiner stehen, warum gehen die, die stehengeblieben sind, denn wieder weg? Ein Kindermädchen erschrickt gar! Die Partei, die Partei, die ist hier in einem zu kleinen, viel zu engen Besitzstand. Zu ihr sagten zu wenig »unsere«.

»Auf der anderen Seite kam Schloder mit seiner Frühstückstasche unter dem Arm. Er kam über die Straße und lachte. ›Ihr seid ja mächtig in Fahrt hier!‹« [163]

Der neu zu Gewinnende ist gegangen, der immer schon Überzeugte und Kampfbereite kommt. Eigentlich gibt es nichts zu lachen und keinen Grund für gute Laune. Gotsche hat eine kleine Szene über die isolierte Vorhut der Massen festgehalten. Wie die Massen hier ganz beiläufig durch Führung ersetzt werden, so, in dieser Unbeachtetheit, ist das entsetzlich realistisch: Es ist die genau beschriebene politische Isolierung der kommunistischen Vorhut – ohne das begriffen zu haben. Übrig bleibt eine Organisation, deren höchstes Bestreben ist, »wie ein Mann« dazustehen und zu kämpfen – ein Mann, ein Wort; hoffentlich nie so ein Staat, auch nicht als Übergang.

So weit ist der Sprung nicht von der »Ein Mann«-Partei bis zum »Ein Mann«-Staat. Der Etatismus geht im 1. Weltkrieg durch eine seiner immer wieder notwendigen Feuertaufen. Unten gehorchen, weil oben befohlen wird, das muß sich auch einem Arbeiter im Feldrock einschleifen. Das ist Bestandteil seiner Lebenserfahrung im Krieg. Wo so lange

Jahre ein Befehl ein Befehl – trotz Kriegseinwirkungen etc. – ist, warum sollen da am Ende nicht auch seine Hacken zusammenklappen?

»›*Eiker, du nimmst die erste und reißt die Gleise im Einschnitt auf. Werkzeug findest du wohl? – gleichzeitig Nordrand sichern!*‹

›*Jawohl*‹

›*Genosse Rehberger?*‹

›*Hier, Bernhard!*‹

›*Mühlberg besetzen! Bis zur Abdeckerei die Flanke decken! Kurierdienst nach der ›Linde‹ organisieren!*‹

›*Jawohl*‹

›*Dritte Kompanie?*‹

›*Jawohl*‹

›*Als fliegende Truppe in der ›Türkeischenke‹ stationieren!*‹

›*Wird gemacht!*‹

Die Kolonne stampfte über das Pflaster.«[164]

Das klappt wie am Schnürchen! Gelernt ist gelernt und es ist ja so, daß die Disziplin, auch die militärische, lebenswichtig ist. Nur, hier schimmert etwas zu unverhohlen der Stolz auf den preußischen Kommiß in den eigenen, proletarischen Reihen durch.

Neben jenem Grundzug in Gotsches Roman über die Märzkämpfe 1921, nämlich die Voraussetzungen einer revolutionären Umwälzung auch auf neupreußische Art herbeizuzwingen, erscheint die Auseinandersetzung um die Beteiligung an den Wahlen unter bürgerlich-kapitalistischen Machtverhältnissen einigermaßen zwieschlächtig. Karl Tiedt, nach Fritz Gretschke wichtigste Figur in »Märzstürme«, ist grundsätzlich gegen jede Beteiligung der Kommunisten an den ersten Reichstagswahlen der Weimarer Republik. Fritz Gretschke setzt sich mit folgender Begründung für eine Beteiligung unter den Märzkämpfern durch: »›*Aber Karl, sieh doch ein, daß es nicht der Parlamentarismus ist, der die Partei zu diesem Entschluß gebracht hat. Wir haben während des Krieges unsere Propaganda gezwungenermaßen illegal durchgeführt. Aber heute ist das doch anders. Wir können offen auftreten. Wenn wir noch soviel Flugblätter und Zeitungen vertreiben, die Arbeiter sind doch fasziniert durch die großen Reden in Berlin. Das Spiel der Reformisten muß dort durchkreuzt werden, wo sie es spielen! Unsere Agitation wird dadurch enorm gesteigert, und wir können in breitem Rahmen unsere Arbeit voranbringen*‹.«[165]

Gotsche läßt seinen revolutionären Jungarbeiter eine richtige Beobachtung machen. Anfangs gibt es eine starke Faszination gerade in proletarischen Teilen der Bevölkerung, im Parlament scheint ihre Sache verfochten zu werden. Hier knüpft auch das kommunistische Kernargument für eine Beteiligung an den Wahlen an, es ist die Hoffnung auf einen möglichst öffentlichen, großangelegten politischen Meinungsstreit als Schule der bislang weitgehend vom politischen Meinungsbildungsprozeß Ausgeschlossenen. Aber Fritz Gretschke reduziert dieses Argument auf eine bedrückende Weise. Er bestätigt Karl Tiedts einseitig verengte Beschreibung des Parlaments als Schwatzbude, indem er es im Grunde nur als Tribüne der revolutionären Partei der Arbeiter gegen die bürgerlichen Konkurrenzparteien benutzen will.

»*Das Spiel der Reformisten muß dort durchkreuzt werden, wo sie es spielen!*« Muß es wirklich dort, im Parlament, durchkreuzt werden? Diese Frage stellt sich bei einem Roman, der gerade in dem historischen Augenblick publiziert werden sollte, in dem mit der NSDAP eine Partei – der Hauptsache nach – parlamentarisch zur Macht gelangte, die die Selbstbestimmung der Menschen auf eine bis dahin ungeahnte Weise außerkraft setzte. Aus der Sicht von 1933 erscheint mir Fritz Gretschkes Haltung zum Parlamentarismus selbst auf eine fundamentale Weise und gleich dreifach fragwürdig: Das bürgerlich-parlamentarische System hält mit seinem Kardinalprinzip der Repräsentativität an der politischen Fremdbestimmung fest, zweitens gestattet es den im wesentlichen reibungslosen Übergang in die Diktatur und drittens orientiert die weimar-kommunistische Abschaffung des Parlamentarismus ihrerseits nicht auf Selbstbestimmung als oberstem, wenngleich nicht einzigem demokratischen Prinzip.

Der von Gotsche angelegte Parlamentarismusstreit wird im Roman »Märzstürme« mit Blickrichtung auf eine starke kommunistische Partei beigelegt und damit unterbunden. Alle vernünftigen Gedanken, u. a. die unbedingt notwendige, von der KPD vernachlässigte revolutionäre Gewerkschaftsarbeit, die Gotsche unter dem Eindruck der auf 1933 zueilenden politischen Entwicklung in Deutschland noch in seinen dann von den Nazis eingestampften Roman hineinarbeitet, sind auf eine merkwürdige Art kraftlos. Je lauter und durchaus subjektiv ehrlich sie verkündet werden, desto mehr schwindet ihre politische Überzeugungskraft. Die Worte, in die diese richtigen Gedanken gekleidet sind, riechen förmlich nach der ihnen 1933 erteilten historischen Lektion in politischer Ohnmacht.

»War das erst drei Jahre her, als er erfuhr, daß man gegen den Krieg etwas tun müsse? Daß das Volk seine Sache in die eigenen Hände nehmen müsse? Was waren das für Jahre! Wildbewegt, heiß, voller Sturm und Lärm…

Tief atmete seine Lunge die lang entbehrte Freiheitsluft. Jenseits der Bahn ragten die Schlote und Türme des Leunawerkes auf, dröhnte der Pulsschlag der Arbeit, schufteten die Proleten in dem großen Werk.«[166]

In der unausgesprochenen Verbindung von individueller Freiheit und dem Kollektiv der schuftenden Proleten, so als wäre es der heimliche, riesengroße Garant für unaufhaltsame, kommende Freiheit (und nicht eine ihrer historischen Möglichkeiten), lag eine der Hauptursachen für die Niederlage der revolutionären Arbeiterbewegung vor 1933. Arbeit allein macht nicht frei, die Kommunistische Partei auch nicht.

ZWEITES ZWISCHENERGEBNIS:
ANFÄNGE REVOLUTIONÄRER VERNUNFT
UNTER KRÄNZEN UND SCHLEIFEN

Die KPD ging aus den Reichstagswahlen im Juni 1920 mit 441 793 Stimmen hervor, das waren 1,7%. Die USPD konnte 4 896 095 Stimmen auf sich vereinigen, das waren 18,8%. Und für die SPD, die Partei der Kriegsbewilligung und des Burgfriedens, derzeit schlicht als »Noskes« bekannt, stimmten immer noch 5 616 164 Menschen, das waren 21,6%. Die Reichstagswahlen vier Jahre später im Mai 1924 veränderten das Kräfteverhältnis zwischen zweiter und dritter Internationale in Deutschland, auch nach dem Übertritt der Mehrheit der USPD zur KPD, nicht wesentlich: KPD 3 693 139 gleich 12,6% und VSPD 6 008 713 gleich 20,3%. Die KPD blieb die Avantgarde mit dem kleineren Massenanhang, sie blieb in den folgenden Jahren mit ihrer politischen Moral und Zielsetzung unter sich. Bei den Reichstagswahlen 1928 brachte es die KPD auf 3 263 354 Stimmen, während die SPD – als Wählerpartei – mittlerweile beinahe dreifach so stark geworden war: 9 151 059 Stimmen. Auch die Mitgliederzahl der KPD stagnierte: 1925 waren es 122 755 Mitglieder, 1926 waren 134 248 Mitglieder und 1927 wieder nur 124 729 Mitglieder. Ab 1930 kam Leben in die kommunistische »Bewegung«. Natürlich spielten die Lebensumstände der Massen während der Wirtschaftskrise da hinein: 1930 124 000 Mitglieder und 4,5 Millionen Wähler. In relativ kurzer Zeit, bis zum Herbst 1932 erhöhte sich die Mitgliederzahl auf das Dreifache, nun waren es 360 000 Mitglieder. 1,5 Millionen Neuwähler kamen hinzu.

Also war die KPD doch nicht isoliert. Aber nach dem sprunghaften Anstieg des kommunistischen Einflusses in der Weimarer Republik kam eine böse Überraschung, eine, die unfaßbar war. Es ist die auch heute nur unter Entsetzen zu betrachtende Tatsache, daß diese kommunistische Millionen-Partei wenige Monate nach ihren größten Erfolgen Anfang 1933 vom Erdboden zu verschwinden beginnt. Gegen Hitlers Diktatur erfolgte von ihr nichts Nachdrückliches und praktisch Verhinderndes; und das, obwohl der Machtwechsel an die NSDAP doch eher ein – wenn auch lang und blutig vorbereiteter – parlamentarischer Handstreich war und z. B. weniger Menschenleben als die Novemberrevolution gekostet hat. Es kam sogar noch zu Wahlen am 5. März 1933: die KPD wurde von 4,8 Millionen Menschen gewählt.

Der äußerst mutige Widerstand vieler einzelner ändert nichts an dieser gespenstischen Entwicklung der kommunistischen Bewegung bis 1933. Sie demonstrierten nur, daß es auch anders hätte kommen können.

Die KPD war nicht irgendeine am Ende des 1. Weltkriegs gegründete Partei. Es hatte vielversprechend mit ihr angefangen. Spartakus/KPD war nicht weniger als die erste gesellschaftliche Kraft in Deutschland, die aus der Arbeiterbewegung heraus – aber außerhalb der Sozialdemokratie – den Kampf gegen den Kapitalismus und sein gesellschaftliches System aufgenommen hatte. Der Widerspruch der Kommunistischen Partei zur deutschen Sozialdemokratie gehört mit zu den Hauptfaktoren des Scheiterns 1933. Einerseits war der Bruch mit der SPD zu scharf, wie sich in der kommunistischen Sozialfaschismus-Polemik Ende der zwanziger Jahre zeigte[167], andererseits war dieser Bruch nicht scharf genug, was an der heimlich vorherrschenden Auffassung vom Zusammenbruch des Kapitalismus in der Theorie des »revolutionären Auswegs« ablesbar ist[168].

Legendäre Führergestalt dieses Auswegs war Ernst Thälmann, Teddy genannt. Die Arbeiter liebten das Direkte an ihm, seine radikalen Kampfansagen an die bürgerliche Gesellschaft. Ultralinks, waren sie wie er vernarrt in die Strategie des revolutionären Durchbruchs, der von Thälmann propagierten Politik auf einen Schlag. Er soll frei gesprochen haben, der Teddy Thälmann, sah aus wie ein waschechter Hamburger Schauermann, groß und breit, mit Glatze. Die KPD war bzw. wollte sein wie er, immer »ein Mann«, immer starker, kommender Sieger über Bourgeoisie und Kapitalismus. Zweifel daran waren der Siegesgewißheit abträglich und wurden rausgeworfen. Doch hinter dieser Einheitsstärke wüteten die Führungskämpfe unter Facharbeitern und Intellektuellen, die kleinen und größeren Scharmützel[169]. Unterdessen ging die große Schlacht gegen den aufkommenden Faschismus verloren.

Bezeichnenderweise scheint es bis heute keine Loslösung von der alten Arbeiterbewegung zu geben. Sie lastet schwer auf allen Neuanfängen. Auch wenn es unzulässig ist, historische Prozesse in biologische Begriffe zu pressen, so drängt sich mir doch ein grausiges Bild über den deutschen Kommunismus von 1933 auf: der von einem äußerst kräftigen Rumpf abgeschlagene Kopf und – entgegen allen medizinischen Erkenntnissen – Kopf und Rumpf noch eine geraume Zeit in Bewegung; die KPD, wie sie sich durch Faschismus und Krieg, Exil und Moskau, vorbei an den antifaschistischen Inlandskämpfern in die staatstragende SED fortschleppt; und die Anhänger der KPD, ihre einstigen Wähler, ferne und fernere Sympathisanten, soweit sie nicht in KZs oder sonstwie umgebracht worden sind, wie sie fast alle aufgehen im Alltag des Faschismus.

Natürlich läßt dieses Bild eine Vielzahl von Fragen unbeantwortet. Das wäre ein Vorzug. Was dachte der abgeschlagene Kopf auf dem Weg von Weimar, was mußte er in der Zwischenstation Moskau denken lernen und was hatte er, mittlerweile in den einen Teil des zweigeteilten Nachkriegsdeutschlands eingeflogen, dazugelernt? Was ist mit Ulbricht geschehen, dem kühnen kommunistischen Redner in Massenversammlungen der Faschisten vor 1933 und dem ersten Vertreter einer deutsch-demokratischen Erziehungsdiktatur nach 1945? Wie kam es zum Erfahrungsverlust der aktiven Inlandskämpfer und des passiven antifaschistischen Widerstands in der deutschen kommunistischen Bewegung nach 1945/49? Ausgehend von der Literatur des 1. Weltkriegs sind diese Fragen ganz sicher nicht zu beantworten, wohl aber könnte ihr historisches Vorfeld erhellt werden. Spartakus/KPD kamen aus diesem Krieg. Ihre Männer und Frauen waren die organisierte Speerspitze eines massenhaften, umstürzlerisch gewendeten Kriegserlebnisses. Spätestens aber in der Novemberrevolution zeigte sich neben ihr die unbändige Vielfalt unorganisierter Konsequenz aus diesem Erlebnis.

Die gegenwärtig mächtigste – weil im anderen Teil Deutschlands staatstragende – Form der organisierten, wissenschaftlich geprägten Erinnerung an die nach dem 1. Weltkrieg sich entwickelnde, revolutionäre Pionierliteratur möchte sich den Anschein geben, als seien ihre Verbindungen zu dieser Literatur die einzig legitimen:»Das war aber auch keine Literatur der gähnenden Langeweile, nichts für Mucker und Zimperliche. Das war eine Pionierliteratur, eine Literatur der aufgekrempelten Hemdsärmel, eine Literatur großartiger, vernichtender Attacken gegen die herrschende Klasse, eine Literatur, Dickichte von Aberglauben, Urwaldhaftes rodend und den Dschungel der kapitalistischen Anarchie lichtend mit dem literarischen Buschmesser.«[170]

Dem könnte man zunächst einmal zustimmen – wenn auch mit Fragezeichen z. B. nach »vernichtend« –, wüßte man nicht, wer hier unter welchen Umständen spricht. Es handelt sich um einen Vortrag im Rahmen der 17. Arbeiterfestspiele und zum Abschluß der »Woche der schreibenden Arbeiter«, gehalten im Auftrag des Freien Deutschen Gewerkschaftsbundes und der Akademie der Künste der DDR am 1. Juli 1978, ein Festvortrag des Literaturhistorikers Alfred Klein zum 50. Jahrestag des Bundes proletarisch-revolutionärer Schriftsteller[171]. Alfred Klein redet hier mit den Worten Johannes R. Bechers auf dem IV. Deutschen Schriftstellerkongreß von 1956. Daher der etwas hemdsärmelige Ton? Klein, aus einer Leipziger Arbeiterfamilie, Absolvent des SBZ-/DDR-ZBW, der Arbeiter- und Bauernfakultät, hat dabei durchaus das Pathos der »eigenen Sache«, wenn er von der auf Befreiung der Arbeiterklasse abzielenden »Pionierliteratur« spricht (zu deren literaturwissenschaftlicher Bekanntmachung er wesentlich beigetragen hat[172]). Daß gerade er diese Literatur zur »Vorstufe der Literatur in der DDR« erklärt und in den Dienst einer Partei, ihrer Gewerkschaft und ihres Staats gestellt wissen will, die Arbeitern das Streikrecht vorenthält (u. a.), das ist entweder Schlitzohrigkeit oder Festredner-Pikanterie:

»[…] wir brauchten in Staat und Wirtschaft und Kultur Menschen, wie wir sie in Anna Seghers ›Das siebte Kreuz‹, Willi Bredels ›Die Prüfung‹ oder Jan Petersens ›Unsere Straße‹ in ihrer ganzen Unbeugsamkeit im Einsatz für ein neues Deutschland geschildert fanden. Auch andere Vorkämpfer einer besseren Zeit, wie die Männer und Frauen aus Karl Grünbergs ›Brennende Ruhr‹, Hans Marchwitzas ›Sturm auf Essen‹, Adam Scharrers ›Vaterlandslose Gesellen‹ […] sowie aus Gotsches ›Märzstürme‹ […]«[173]. Auch den gebeugten, runtergewirtschafteten Albert Buchner des Adam Scharrer? Überhaupt: wer braucht hier wen, wen nicht und warum?

Vielleicht brauchten diese Menschen, die gewünschten wie die weniger gewünschten, eine andere Partei, eine andere Regierung? »Dennoch bildet das, was war, was ist und was werden wird, im Grundsätzlichen eine Einheit. Das vielstrapazierte Wort, daß man wissen muß, woher man kommt, um besser erkennen zu können, wohin man gehen muß, gilt auch hier.«[174] Die ideologische Schluckkraft dieser Haltung, die die historische Einheit und Kontinuität solchermaßen und grundsätzlich über den Widerspruch und Bruch in der Geschichte stellen möchte, ist erstaunlich. Bleibt, was so in den vollen Mund genommen wird, nicht im Halse stecken, angesichts dessen, was in der DDR geschieht?

»Wir sprechen mit Recht von Kämpfen, wenn wir in die Vergangenheit zurücksehen und von unserer Gegenwart in die Zukunft blicken. Auch bei der Gründung des Bundes sollten wir vom Heute das Geschichtliche zu werten und uns klarmachen versuchen, was der Inhalt der damaligen Kämpfe war und wie widersprüchlich sie verliefen. Erst bei einer dialektischen Betrachtungsweise wird ja Geschichte lebendige Geschichte und vermag sie, Menschen zu beeinflussen. Oktoberrevolution, Gründung der KPD an der Jahreswende 1918/19, das Thälmannsche ZK 1925.«[175] Das sind die Säulen aus der Geschichte für die Grundrisse des DDR-Sozialismus, auf die sich u. a. das Establishment der DDR-Kulturpolitik beruft. An ihnen zerschellt alle Dialektik und aller Widerspruch.

Das sind lauter Wegweiser in die DDR der SED. Ein Blick auf ihre Rückseite zeigt folgendes: die lange Phase der Domestizierung der Arbeiterbewegung durch die SPD vor 1914, der 1. Weltkrieg als eine umfassend geführte Attacke zur Verelendung der Massen in Deutschland, das halbe Scheitern der deutschen Revolution im November 1918 und in den Jahren danach, ihr vorläufig gänzliches Scheitern unter maßgeblicher, wenn auch ungewollter Beteiligung der KPD 1933.

Die SED plündert die Geschichte zum Zweck der Legitimation der eigenen Herrschaft[176]. Lage, Interessen, Vorstellungen der breiten Volksmassen, deren Ziele und ihr Scheitern sind wie weggesprengt aus dem SED-Bild von Geschichte. Die Niederlagen der Massen müssen bei Strafe des Unterganges der neuen Herren an den Rand der Geschichte gedrängt werden, hier fristen sie ein Dasein unter Kränzen und Schleifen, auch mal besichtigt von Festrednern und anderen Würdenträgern.

»Eine Zeitlang kam der Kommunismus unter den Intellektuellen, auch unter den

Künstlern regelrecht in Mode, allerdings oft nur in der Form eines verschwommenen Gefühlssozialismus, der bald an der Wirklichkeit zerbrechen mußte.«[177]

Das ist der alte Fehler der Weimarer KPD – jetzt steht die Macht eines ganzen Staates dahinter, bis an die Zähne bewaffnet und in Kinder und Jugendliche hineinorganisiert[178] –, die nicht anerkennen wollte, daß die nicht kommunistisch organisierten Autoren, z. B. Plivier oder Graf, aus der Erfahrung der Unterdrückten schrieben. Die sogenannte heimatlose Linke kam genau so von unten wie die später in der Kommunistischen Partei beheimatete. Hellsichtigkeit aus politischer Eigenständigkeit entwickelte sich zu einer Wahrnehmung, die weite, von den kommunistischen Autoren unberücksichtigte oder übersehene Erfahrungsfelder literarisch sichtbar zu machen verstand. Umgekehrt schlug sich die politische Erblindung der KPD in einer funktionalisierten, verarmten Wahrnehmung nieder.

Es gehört zur hymnischen und auf die Dauer langweilenden Absolutsetzung der kommunistischen Schriftsteller durch die Verwalter des revolutionären Erbes in der DDR, daß zwischen diesen Autoren und den politisch ungebundenen ein scharfer Trennungsstrich gezogen wird. Entgegen dieser nachträglichen Spaltung der organisierten und unorganisierten Autoren ist es berechtigt, in allen zusammen Zeugen einer ursprünglich schwer zu integrierenden Widerstandskraft zu sehen. Ausgebrochen aus den Schützengräben, Zuchthäusern, Arbeitslagern und Munitionsfabriken, dokumentiert sie einen ersten Anlauf gegen die Herrschaftskontinuität in Deutschland.

Es lohnt sich heute wieder, die ungeteilte, rote Literatur gegen den Krieg zu lesen.

Wir Deutsche sind zum Gehorchen auf der Welt!

IN DEN FRIEDEN VERKLEIDET

»Mit Lenin sitzt er [Stalin] auf der Bank/
Und Thälmann setzt sich nieder zu den beiden./
Und eine Ziehharmonika singt Dank...«

Das Lachen beim Wiederlesen dieser Zeilen[179], jetzt Anfang der 80er Jahre, bleibt dann im Halse stecken, wenn man sich an den Anfang vom Ende der revolutionären Sozialdemokratie vor dem 1. Weltkrieg erinnert, an jenen Hang zur Maienseligkeit und -geselligkeit als Ausdruck nachlassender Wachsamkeit. Ein Glück nur, daß der Dichter nicht auch noch einen einfachen Arbeiter neben diese drei gepflanzt hat.

Dennoch, bis heute denkt jeder »Antifaschismus« gleich »Sozialismus«. Sogar Antikommunisten geben damit unfreiwillig einen Hinweis darauf, daß der deutsche Kommunismus einstmals trotz großer, folgenschwerer Fehler das starke Zentrum gegen Faschismus und Krieg gewesen ist.

Der Krieg wird stets anders vorbereitet als erwartet. Zwischen den beiden ersten großen Kriegen, die beide von den in Deutschland herrschenden Kreisen angezettelt wurden, läßt sich konkrete Kriegsvorbereitung noch mitten im Frieden und scheinbar ohne jeden direkten Bezug zu militaristischen Bestrebungen an Scharrers Albert Buchner studieren. Lange vor dem 2. Weltkrieg, auch noch vor der entscheidenden Weichenstellung 1933, war hier nicht nur einer innerlich entwaffnet worden. In seiner verzweifelten Erfüllungsbereitschaft gegenüber dem ständig wachsenden Druck der Arbeitsnormen ist Albert Buchner beinahe gänzlich vernichtet, willenloses, selbst für den Krieg und das Morden bereites Kanonenfutter. Der tödliche Verschleiß führt mitten im Frieden bis vor die Tore des Krieges. Scharrer liefert hier ein Stück Anschauungsunterricht für das, was man heute die sogenannte psychische Verarmung der Unterschichten zu nennen sich angewöhnt hat. Besonders lehrreich ist Scharrers Fingerzeig auf den organisierten Charakter dabei. Albert Buchner versinnbildlicht die weit in die deutsche Geschichte vorausgreifende Auswirkung der unzureichend als Verrat bezeichneten sozialdemokratischen Politik der Kriegskreditbewilligung im Sommer 1914. Der ungelernte Metallarbeiter Buchner wehrt sich noch Anfang der 20er Jahre gegen diese Auswirkung und immer noch geht es bergab mit ihm. Das ist kein Todestrieb, keine Selbstzerstörung. Das ist Hilflosigkeit als Ergebnis der erzwungenen und hingenommenen Rückstufung auf Sorgen einzig um die materielle Existenz. Und das kann die Vorstufe ihrer rückschrittlichen Politisierung werden. Von hier aus wird Pogromstimmung müheloser angefacht. Das lehrt nicht nur der Prolet Turek in seiner Beschreibung des besinnungslosen Sturms der Hungernden auf die in den ersten Stunden der Novemberrevolution unbewachten Proviantlager. Das macht auch Scharrers Metallarbeiter Hans Betzoldt glaubhaft, wenn er schließlich doch zähnefletschend über Leichen vorwärts geht.

In diesem Zusammenhang heißt Krieg als Erfahrungsverlust, daß in Vergessenheit gerät, wie schwer es gerade für die proletarischen Massen ist, den Kampf gegen Krieg und alle seine offenen und versteckten Vorbereitungen auch nur aufzunehmen. Obendrein wissen sie am besten über die Folgen Bescheid, über die zusätzlichen Schmerzen und Lei-

den. Der Kampf gegen den Krieg scheint als Übel größer als das unvermeidliche Heran-
kommen des Kriegs selbst. In dieser Entscheidung muß sich revolutionäre Vernunft gegen
eine absolut verständliche und berechtigte Angst wehren und behaupten. Konsequenter-
weise sind die Anfänge der revolutionären Vernunft während und nach dem Ersten Weltkrieg auch glaubensbestimmt, wie der bäuerliche Prolet Oskar Maria Graf im Schmerz der
Niederlage der Münchner Räterevolution bekennt. Das Untröstliche, nur schwer Hinzu-
haltende dieses säkularisierten, revolutionären Glaubens an die Gerechtigkeit des Wider-
stehens ist eine historisch gewachsene Komponente der revolutionären Vernunft. Auch
ihr Verlust wöge schwer[180].

Das Festhalten möglichst vieler Anfänge der revolutionären Vernunft führt nicht zu
Theoriefeindlichkeit, eher zum Eintreten für eine organische Theoriebildung von unten.
Das hat auch nichts mit Organisationsfeindlichkeit zu tun, es sei denn, die Einbeziehung
der anarchischen Elemente eines entstehenden Widerstandes mit einzubeziehen, sei mit
Organisationsfeindlichkeit identisch. Sicher, die straff geführte proletarische Revolution
gegen den russischen Zarismus z. B. schlug eine Bresche in das weltweite kapitalistische
System. Aber war es eine richtige Bresche[181]? Unter anderen diese Frage nicht zu stellen,
bedeutet eine sublime Schwächung der wachsenden Kriegsgegnerschaft heute.

Die proletarische Revolution, was ist das? Ich weiß es nicht, ich kann sie mir in Deutschland mit seiner weit zurückgreifenden Tradition eines »tiefsitzenden Disengagement in
Protest und Widerstand«[182] nicht mehr vorstellen. Vielleicht hat sie hier so, wie sie seit
über 60 Jahren »russisch« auf uns kommen soll, gar nichts zu suchen. Vielleicht liegt ein
Teil des von Lenin beschworenen Geheimnisses des Krieges[183] für Deutschland darin, daß
eine Massenbewegung gegen den kommenden Krieg sich viel weniger in einer Wiederbe-
lebung humanistischer, demokratischer oder sozialistischer Traditionen entwickelt, als viel
mehr quer und abseits von ihnen.

Für diesen Gedanken spricht unter anderem der Stolperschritt, mit dem Pliviers Matrosen in ihre Revolte am Rande der Vernichtung gehen; und dies auch dann, wenn die Revolte schließlich niedergeschlagen wird. Auch Turek, der hinter der Revolution herhetzt
und sie als Mitglied der kommunistischen Partei vorübergehend in Händen zu halten
wähnt, gibt Anlaß, von Wiederbelebungsversuchen abzulassen.

Wenn also keine proletarische Revolution nach russischem Vorbild, was dann?

Schlußversuch

Was unter Anwendung des Begriffs von den Massen in der Kriegsliteratur wenigstens angehoben werden konnte, setzt man besser nicht sogleich dem gleißenden Licht unserer modernen Gesellschaftstheorien aus. Nach zwei Weltkriegen und angesichts eines möglichen dritten scheint es mir angebracht, sich den Ansätzen von Vernunft und Vernunftersatz der einfachen Leute zu nähern, um daran anzuknüpfen. Der immer wieder verschüttete Reichtum in ihren mißlungenen Befreiungen macht nachdenklich genug.

Wer, wenn nicht die Massen, soll den Krieg – gegen die eigenen, objektiven Interessen – immer wieder mitmachen und kann ihn deshalb verhindern und bekämpfen lernen? Sich mit ihnen einzulassen, d. h. immer auch mit einzelnen besonderen Menschen, lohnt schon deshalb, weil man so etwas über die Voraussetzungen des Krieges erfährt.

Schon vor dem Krieg und erst recht danach waren sie zutiefst irritiert. Der Krieg hatte sie auf eine finstere und schiefe Ebene getrieben. Sie waren von ihren profitsüchtigen Herren reingelegt worden, und das ahnten sie alle mehr oder weniger, die Katczinskis, Podbielskis, die Soldaten Sacht und Renn, der ungelernte Metaller Buchner, kurz die, an die mancher immer noch als an »das Pack« denkt.

Die einen wußten mitten im Geschoßhagel blitzartig Bescheid, anderen dämmerte es während eines Heimaturlaubes. Die im Vergleich zur Mehrheit wenigen, die den Kampf mit dem Krieg aufnehmen wollten, hatten die Lebensgefahr, in der sich alle befanden, für sich verdoppelt. Nicht selten gerieten sie in die Hände derer, die blind weiterschlachteten, irgendwann auch sich selbst.

Trotzdem, es gab viel, wenn auch kriegsversprengte Einheit: das politisch übergreifende Bedürfnis nach Rache für den großen Betrug, ein gleichermaßen vorhandenes, unheimliches Gefühl beim Vorgehen vorbei an frischen Toten oder jene hilflose, aber leidenschaftliche Sehnsucht nach Entschädigung und Trost, nach einem »Kreuz oder so etwas« (Büchner). Es konnte aber auch »Lenin« sein und forderte dann beinahe Übermenschliches. Überall dabei hockten Widerspruch und Widerstand, noch in der Verfälschung davon zeugend.

All das, was von oben herunterkam und niederdrücken sollte, die Idee des Krieges insbesondere, wurde nicht ohne weiteres geschluckt. Sie machten sich ihren eigenen Reim drauf und veränderten es immer, sei es auch nur geringfügig. Sie sträubten sich, so gut sie konnten; oft konnten sie nicht. Zu gut war der lange vor 1914 ausgekundschaftete Weg in die aktive »Verteidigung des Vaterlandes« ausgeschildert und der Weg zu einer revolutionären Befreiung endete 1918 bis 1920 in einem unbekannten Gelände.

Während sich der Deserteur Schlump noch über die Anschlüsse der Züge in Deutschland wunderte und freute, fand der Prolet Turek den Anschluß an Spartakus nicht. Beide versinnbildlichen, wie schwer es gewesen sein muß, die Kontinuität deutscher Herrschaft zu durchbrechen, auch die in beide hineingeprügelte und eingefressene.

Wenn trotzdem ein Angehöriger der herrschenden Klasse sagte: »Wenn das Pack sich zu fühlen beginnt…«, dann saß der Massenverachtung auch die Angst vor den Massen im Genick. Die politische Entwicklung zwischen den beiden ersten Weltkriegen konnte sich aber auf das »Pack« durchaus so auswirken, daß ein Jungarbeiter wie Franz Kreusat – wurde er nicht, wie so viele, früh erschossen – später sich wie Krenek fühlte. Die umgekehrte Entwicklung blieb seltener.

Albert Buchner, hätte er denn, lange vor 1933 von der Sozialdemokratie innerlich entwaffnet, gegen den Strom zu schwimmen gewagt, als es darauf ankam? Er konnte das doch gar nicht mehr.

Nicht die Großmächte schlittern in den Krieg, wie es im Vergleich 1980/1914 regierungsoffiziell formuliert und von den Medien nachgeplappert wurde. Wohl aber können sie ganze Völker dazu bringen. Solange es möglich ist, daß imperialistische Großmächte auftreten und Kriege zwecks Neuverteilung der Welt entfesseln, solange – länger nicht – sind sie in der Lage, die obskure Sehnsucht zu wecken, Soldat zu sein[1].

»Ein Glück scheint mir die Einheitsküche bei der Wehrmacht: Schon im Weltkrieg war die Küche unvergleichlich viel besser, wenn die Offiziere aus ihr mitverpflegt werden mußten. [...] Für unsere Parteiveranstaltungen wird das kalte Büffet die beste Einrichtung sein«[2]. Sich mit dem Fraß des einfachen Mannes gemein machen, das ist ein altes Kriegsrezept, in diesem Fall von Hitler im September 1941. Der Preis für das zweifellos nicht nur von ihm allein empfundene Glück ist hoch.

An die Rechnung, die hinter diesem Glück den Massen aufgemacht wird, muß ich denken, wenn ich seit Anfang 1980 die wortgewaltigen Beschwörungen führender Politiker höre: Nie ging es uns besser ...! Das Barbarische dieser Wohlstandsformel wird recht deutlich, wenn sie mit der mangelnden Verteidigungsbereitschaft neuerdings in einem Atemzug genannt wird. Es besteht darin, daß Krieg immer inbegriffen ist – und eigentlich auch immer war.

So gesehen gilt es, nicht nur den Militärdoktrinen den Kampf anzusagen. Besondere Beobachtung verlangen die geschickteren Konzeptionen von »Verteidigung«.

Ein Weg am Krieg vorbei kann nur eingeschlagen werden, wenn die Politik vom Prinzip der Achtung und Nichteinmischung in die inneren Angelegenheiten anderer Länder bestimmt ist. Wenn überhaupt, dann sehe ich hier eine Parallelität zwischen heute und 1914. Denn diese Politik hat sich immer noch nicht durchgesetzt. Wir brauchen Mehrheiten gegen den kommenden Krieg, in welcher Maske von Rechtfertigung er auch daherkommen mag. Wenn breite Teile der Bevölkerung, wenn die Massen lernen, die Kriegstreiber besser als vor 1933 und vor 1914 in diesem Land in Schach zu halten, dann entsteht vielleicht so etwas wie eine tiefergehende, revolutionäre Bereitschaft zu Veränderung und gesellschaftlicher Umwälzung. Es ist durchaus nicht sicher, ob das gelingt. Jedenfalls wird es nicht ausreichen, in den vergangenen Kriegen sich den künftigen vorstellen zu wollen. »Mit den Gefühlen von 1870 versackte Deutschlands beste Generation vor einer Wirklichkeit, auf die niemand vorbereitet sein konnte. Mit den Gefühlen von 1929 (Remarque) werden kommende Kriegsheere in eine Schlacht ziehen, in der sie plötzlich wie Fliegen, aber von innen her erwürgt, auf der Nase liegen können. [...] Der Krieg als Einrichtung ist ebensowenig oder ebensosehr Gegenstand eines Kunstwerks wie die Schiffahrt als Einrichtung. Joseph Conrad, dessen Briefe jüngst in England herauskamen, verwahrte sich mit dem höchsten Grad von Recht dagegen, als Verfasser von See- oder Schiffahrtsromanen abgestempelt zu werden. Ebensosehr, schrieb er an seinen Freund, könne man Thackeray einen Verfasser von Salonromanen nennen, weil das Milieu, in dem sie sich begeben, der bürgerliche Salon des neunzehnten Jahrhunderts sei. Der Krieg ist nichts anderes, als eine Form des menschlichen Lebens ganz nackt zur Ansicht gebracht. Nur wer mit so sehenden Augen Dinge des Krieges betrachtet, kann einen umfassenden und wesenhaften Abriß von ihm geben [...] In Wahrheit ist der Krieg ja eine vollkommen erledigte und sinnlos gewordene Lebensform. [...] Die Menschen merken nicht, wenn eine ihrer Einrichtungen leer läuft; man muß es ihnen ungeheuer deutlich machen. Dazu kommt, daß die jeweiligen Erzählungen aus Kriegen von der Entwicklung der militärischen Technik jeweils altmodisch gemacht werden, ohne daß die Eingeweihten es den Opfern solch ungewollter Kriegspropaganda mitteilen«, schrieb Arnold Zweig 1929 als »Mitteilung an zukünftige Verfasser von Kriegsromanen«[3]; und weiter:»Dazu habe ich in die Verdrängung des Krieges nicht das Loch und Tor gebrochen, aus dem jetzt eine frisch-fröhliche Konjunktur strömt, um, nur wenig abgewandelt, die alte Freude am Krieg als unbürgerlicher Lebensform, als Gelegenheit zum großen Abenteuer wiederzufinden, jenes Aufatmen, mit dem ich mich noch einmal werde zu beschäftigen haben. Der große Schwindel hinter dieser Empfindung täuscht alle vierzig Jahre einer unerfahrenen Generation vor, daß sie aus der verruchten bürgerlichen Zweckverflechtung, aus der Aufgefressenheit durch den unveränderbaren Stundenplan, aus der Seßhaftmachung an einer kargen Stelle gerettet werde durch den Krieg, der ihr Gelegenheit gebe, die menschliche Person nach unerhörten Seiten auszuweiten. Die neuen Kriegsbücher verschweigen, wie sehr im Krieg diese fluchwürdige und niederträchtige Form der modernen Verflechtung, des Festbindens jedes einzelnen, die höchstmögliche Steigerung erfuhr. Seit den antiken Galeerensklaven hat es keinen Typ Menschen gegeben, der so wie der moderne Krieger bis in den Schlaf und Tod hinein untermenschlich geknechtet war – quer durch alle Lande und alle Militarismen. Aber man muß, um dies aussprechen zu können, *zunächst einmal sich die Empfindung für ein richtigeres menschliches Leben bewahrt haben [...]*«[4] Wahrheit über und gegen die Kriegsgefahr der Gegenwart müßte von unten kommen. Daß dieses »unten« heute den Glanz früherer Erlösungshoffnungen verloren hat, sollte uns nicht hindern, mit diesem Begriff unsere Interessen zu verknüpfen, allerdings mit seiner denkbar ausgeweiteten Form.

»Warum«, fragte unser siebenjähriger Sohn eines Morgens beim Frühstück, »warum haben die Panzer lange Nasen?« Wir sahen uns alle etwas ratlos an.

Als niemand eine Antwort auf die Frage wußte, antwortete er selbst. »Weil sie so lügen!«

Dieses Buch soll ein »Versuch« sein – will sagen: es ist keine Einführung in oder kein Abriß der (Kriegs-) *Literaturgeschichte* der Zeit. Diesen literarischen »Subkontinent«, die
»Kultur- und Sittengeschichte« der (Nach-)Kriegsgeneration inklusive ihrer spezifisch
literarischen Sozial- und Ideologiegeschichte in der ganzen lexikalischen Breite darstellen
und diskutieren zu wollen, ginge weit über Möglichkeiten und Absichten dieses Buchs.

Aber auch, wenn man sich auf weniger ambitionierte Fragen und Lese-Interessen beschränkt: Manches fehlt, vor allem aus Zeit- und Platzgründen, was durchaus in der Reichweite eines solchen Versuchs liegen könnte.

So fehlen beispielsweise die Kriegsaufzeichnungen von E. E. Kisch oder der Kapp-
Putsch-Roman von Erich Knauf (»Ca ira!«). Es fehlt auch Edlef Köppens Roman »Heeresbericht« und in Zusammenhang damit die Frage nach den literarischen Mitteln, in diesem Fall der Verfremdungskonstruktion *Montage.* Köppen montiert Dokumente des
Kriegs und der Kriegsführung, offizielle Verlautbarungen, Reklametexte des Kriegsge-
schäfts, Tagebuch-Zitate u. a. zu einer ideologischen Kontrastebene in der Erzählung;
der Frontalltag einer Batterie (Artillerie-Einheit) ist der Realitätsausschnitt, in dem auf
Umwegen der Lernprozeß des Kriegsfreiwilligen Adolf Reisiger stattfindet, der schließlich
im Lazarett das Kriegs»ende« mit den Worten quittiert: »*Es ist ja immer noch Krieg. Leckt
mich am Arsch.*« So typisch Köppens Botschaft die Empfindungen nicht nur liberaler Intellektueller Ende der 20er Jahre artikulierte, als das Buch 1930 im kleinen Horen-Verlag
erschien, stand es inhaltlich im Schatten von Remarques »Im Westen nichts Neues«, was
ein Grund gewesen sein mag, daß es trotz der Begeisterung engagierter (literarischer) Kritiker eigentlich nie richtig bekannt wurde.[5]

Es fehlt auch ein Buch, das in seinen Hauptteilen die grauenvolle Schilderung der barbarischen Zustände in wilhelminischen Militärstrafanstalten ist und in seinem Schlußteil
eine anekdotische Erzählung vom Aufstand der Matrosen in Wilhelmshaven und Kiel und
den letzten verzweifelten Kämpfen der revolutionären Matrosen in Berlin; »Das Opfer«
von Albert Daudistel erschien 1925 als eines der frühesten und wurde, zumindest in der
Arbeiterbewegung, eines der bekanntesten Werke der Kriegsliteratur.[6]

Frauen spielten in der Kriegserfahrung der Massen, so wie sie uns in der Kriegsliteratur
begegnet, kaum eine Rolle, schon gar nicht als Autorinnen. Deshalb an dieser Stelle ein
Hinweis auf ein Buch, das zunächst nur eine Artikelserie war, 54 im Laufe des Jahres 1932
in der »Roten Fahne« erschienene Folgen unter dem Titel »Frauen führen Krieg« von
Emma Tromm und Paul Dornberger.[7] Beeindruckt von Remarques Buch wie offenbar viele
Arbeiter, schrieben sie – auf eine Anregung des später von den Nazis ermordeten »Rote
Fahne«-Kulturredakteurs Manny Bruck hin – auf, wie das Kölner Proletariermädchen
Luise Köhler den Krieg erlebt hat, in der Arbeiterjugend, in der Munitionsfabrik, als
dienstverpflichtete Kontoristin in einem Etappenschreibbüro in Frankreich, in der revolu-
tionären Situation 1918 in Köln.[8]

Emma Tromm emigrierte nach dem Reichstagsbrand in die Sowjetunion, und 1934 erschien bei der Verlagsgenossenschaft Ausländischer Arbeiter in Moskau eine Buchausgabe ihrer Aufzeichnungen.

So wenig vollständig also dieser Wieder-Lese-Versuch ist, auch in thematischer Hinsicht, etwa wenn er das Problem der (literarischen) Sprache der »zu ihrem Ausdruck«
kommenden Massen in der Kriegsliteratur ausklammert, so wenig konnte er auf die zeit-

weilig in Deutschland außerordentlich einflußreiche fremdsprachige Literatur über den Krieg eingehen, auf Jaroslav Hašek ebensowenig wie auf Barbusse oder Dos Passos; und ebenso bleiben natürlich andere Genres wie Lyrik oder Dramatik, in denen das Thema Krieg bereits sehr früh aufgegriffen wurde, außerhalb dieser Untersuchung.

Das Thema ist keineswegs abgeschlossen; im universitären Bereich hoffentlich nicht, und außerhalb der literaturwissenschaftlichen Diskussion scheint es – vor dem Hintergrund von Nachrüstungsdebatte und Kriegsvorbereitungen und einer breiter und intensiver werdenden Friedensbewegung – sogar eine ganz unvermutete Brisanz zu haben, zumindest für die Leitung von »Radio im amerikanischen Sektor« Berlin, einer »Stimme der freien Welt«, kurz RIAS: Auf dem vorliegenden Buch basiert ein – zeitlich erweitertes – Hör-Feature in drei Teilen, von denen zwei im August 1981 gesendet wurden. Die dritte, für den 6. September vorgesehene und bereits produzierte Folge wurde kurzfristig abgesetzt – »aus aktuellem Anlaß« (RIAS-Ansage) und ohne weitere Information, auch gegenüber dem Autor. RIAS-Intendant von Hammerstein und sein Programmdirektor Kundler hatten die Absetzung über den Kopf des zuständigen Redakteurs hinweg und gegen den Protest der Hauptabteilung Kulturelles Wort verfügt. Die Redaktion wurde zu absolutem Stillschweigen vergattert; der Autor erhielt erst vier Tage später eine Erklärung:
»Der Versuch, deutsche Antikriegsliteratur in beispielhaften Ausschnitten darzustellen, ist vom Autor mit zeitgeschichtlichen Marginalien versehen worden, die die Literatur-Präsentation mit einer subjektiven Position fast materialhaft verschmelzen und Verzerrungen und Fraglichkeiten enthalten, wie sie im Interesse einer sachlich orientierten Darstellung keinen Bestand haben können.«[9]
Man kann solche Sätze – der gewöhnliche »Unausgewogenheit«-Vorwand der Zensurfälle der letzten Jahre in prätentiöser Form – ja nicht lesen, ohne an Satire zu denken. Aber sie karikieren (sich) nicht, die Herren des Worts. Der Schöngeist als Amtswalter redet und schreibt tatsächlich so; und so vergleichsweise harmlos der Vorfall ist, auch so zieht die manchmal doch abgetan geglaubte Vergangenheit in eine beängstigend vergleichbar werdende Gegenwart ein...
Diesmal hagelte es Proteste: die RIAS-Redakteure ließen sich nicht mundtot machen, mehrere Zeitungen und Zeitschriften griffen den Fall auf oder druckten die Presse-Erklärung von Verlag und Autor ab, eine politische Galerie brachte die inkriminierte Sendung als Bandaufnahme und szenische Lesung an die Öffentlichkeit, der Direktion des Senders wurden Hörer- und Leserbriefe sichtlich unangenehm. Dem Autor wurde angeboten, »eine neue Bearbeitung zu versuchen«, was der zuständige Literatur-Redakteur H.-G. Soldat mit ironischem Rückgriff auf den Sprachstil der RIAS-Oberen kommentierte:
»Geklärt werden muß allerdings noch, wer innerhalb unseres Hauses die redaktionelle Betreuung übernehmen soll, da es mir aufgrund eines hierbei unzulässigen subjektiven Engagements unmöglich sein dürfte, die politischen Imponderabilien genau genug abzuwägen.«
Kurz, die Sendung wurde vier Wochen später wieder unverändert angesetzt, allerdings nicht ohne eine Schutzmaßnahme fürs blöde Publikum, dem in einer anschließenden halbstündigen »Diskussion« erklärt wurde, wo überall die Meinung des Autors durch die objektive Geschichtsauffassung der RIAS-Leitung widerlegt sei...

Die Nachrichten dieser Tage waren voll von Meldungen über Massendemonstrationen in Bonn und Berlin, Paris und Rom, London, Madrid, Athen, Warschau und Bukarest für Frieden und Abrüstung in Ost und West; Millionen in beiden Teilen Europas auf den Straßen – sollte *in die Massen* doch Bewegung kommen, der Geist der Selbstverteidigung…?

Anmerkungen

ZUR EINLEITUNG

[1] *Der Spiegel* 17/1980
[2] *Frankfurter Rundschau,* 10. 7. 1979
[3] Ebenda, 21. 12. 1979
[4] *Der Spiegel* 17/1980
[5] Willi Bredel, Die Väter. Zit. nach der Ausgabe Berlin (DDR) und Weimar 1965, S. 440; vgl. auch Bredels Skizze »Erinnerung an die Augusttage 1914« im *Sinn und Form*-Sonderheft Willi Bredel, 1965.
[6] *Der Spiegel* 19/1980
[7] Ebenda.
[8] *Frankfurter Allgemeine Zeitung,* 16. 5. 1980
[9] Vgl. hierzu Hans Leip, Das Tanzrad oder die Lust und Mühe eines Daseins, Westberlin 1980; »Wie einst Lili Marleen...« wurde berühmter als sein Autor. Lale Andersen machte das kleine Lied zu einem Durchhalte- und Trostlied fast sämtlicher Armeen des 2. Weltkrieges. Die Schlagermelodie hatte Norbert Schultz komponiert.
[10] Adam Scharrer, Vaterlandslose Gesellen, Berlin und Wien 1929, zitiert nach dem Neudruck, Westberlin o. J., S. 104 ff. (= Proletarisch-Revolutionäre Romane, 11).
[11] Zit. nach *alternative* 129, Zum Dilemma linker Literaturwissenschaft, Die Leichtigkeit von Antworten nicht vortäuschen, Klaus Briegleb im Gespräch mit Hildegard Brenner, S. 218
[12] Hans-Thies Lehmann, Notizen über Text und Theorie, in *alternative* 129, S. 241
[13] Walter Höllerer, Das historische Bewußtsein und das Gedächtnis des Elefanten, in: *Literatur und Kritik,* Oktober 1979, S. 527
[14] Vgl. hierzu u. a. Ingo Scheller, Teilnahme am Leben des Stoffes. Über den produktionsorientierten Umgang mit der Literatur, in: *alternative* 127/128, S. 166
[15] Tretjakov, Die Arbeit des Schriftstellers, Reinbek 1972, S. 120
[16] Günter Blöcker, Ein Hamlet in Knobelbechern, Romane von gestern – heute gelesen, *Frankfurter Allgemeine Zeitung,* 25. 1. 1980
[17] Klaus Theweleit, Männerphantasien, 2 Bde., Frankfurt/M. 1978, auch als rororo-Taschenbuch Nr. 7299
[18] Karl Heinz Bohrer, Die Ästhetik des Schreckens, München 1979
[19] Joseph Borkin, Die unheilige Allianz der I.G. Farben. Eine Interessengemeinschaft im Dritten Reich, Frankfurt/M., New York 1980
[20] Rosa Luxemburg, Briefe an Freunde, Hamburg 1950, zit. nach Ossip K. Flechtheim, Einleitung zu Politische Schriften III, Frankfurt 1971³, S. 13
[21] »Daß sie den Krieg akzeptiert haben, das ist für die Deutschen kein Problem.« Dieser Satz fiel in einem Gespräch zwischen Alice Schwarzer, Daniel Cohn-Bendit und Jean Paul Sartre. Ist der Krieg nur für »die« Deutschen kein Problem? Siehe *Les Temps Moderns,* Juli–August 1979 und *Die Tageszeitung,* 12. 10. 1979, S. 10

ZU TEIL I

[1] Der bayrische Historiker Karl Alexander von Müller nannte Deutschland im August 1914 einen »heroisch-aristokratischen Kriegerstaat«. Fritz Fischer, Historiker und Autor des Anfang der 60er Jahre heftig umstrittenen Buchs »Griff nach der Weltmacht«. Die Kriegszielpolitik des kaiserlichen Deutschland 1914/18« (Düsseldorf 1961), sieht die deutsche Geschichte in der Kontinuität des preußischen Staates und nicht in der des mittelalterlichen Deutschlands. Auf dem 32. Deutschen Historikertag in Hamburg im Oktober 1978 hielt er an seiner Hauptthese der historischen Kontinuität von Wilhelminismus zum Faschismus fest und erinnerte an Müllers Einschätzung von 1914. Vgl. hierzu:»Der Stellenwert des Ersten Weltkrieges in der Kontinuitätsproblematik der deutschen Geschichte« in: *Historische Zeitschrift*, Bd. 229 (1979), S. 26f.

Die durch Fritz Fischers Thesen ausgelöste Kontroverse ist, scheint es, noch nicht beendet. Immanuel Geiss' »Aufsätze zur Vorgeschichte des Ersten Weltkrieges« bewegen sich in der Spur dieser Kontroverse.

Eine der Gegenpositionen wird in »Gebhardts Handbuch der deutschen Geschichte«, Bd. 4, vertreten. Karl Dietrich Erdmanns »Die Zeit der Weltkriege« (Stuttgart 1976) geht grundsätzlich von einer Offenheit der geschichtlichen Situationen aus. Gesellschafts- und Systemzwänge scheinen bei ihm von untergeordneter Bedeutung zu sein. Fischers Diskussion der Kontinuitätsproblematik wird aus dieser Sicht eher als Einbahnstraße in die Katastrophe verstanden.

Auch der amerikanische Kulturhistoriker Peter Gay wehrt sich gegen eine pauschalisiert verstandene Verurteilung der jüngsten deutschen Vergangenheit. Das Dritte Reich erscheint ihm nicht als unausbleibliche Folge der deutschen Vergangenheit. Vgl. hierzu »Freud, Juden und andere Deutsche. Herrscher und Opfer in der modernistischen Kultur«, Oxford 1978.

[2] Hans Daiber, Vor Deutschland wird gewarnt, 17 exemplarische Lebensläufe. Gütersloh 1967, S. 108

[3] Ebenda, S. 112

[4] Walter Benjamins Polemik »Friedensware« (*Literarische Welt,* Mai 1926) richtete sich gegen Fritz von Unruhs »scheußliches Friedensbuch« (Benjamin am 15. 6. 1926 an H. von Hofmannsthal): »Im Frieden der gemeinsamen Verdauung ist seine Internationale ausgebrütet, und das Galamenü ist die magna charta des künftigen Völkerfriedens.« Heute nachzulesen in: Walter Benjamin, Gesammelte Schriften III, Frankfurt am Main 1972, S. 23f.

Diese Kritik trifft nicht den frühen Unruh, dessen »Opfergang« 1933 verbrannt wurde.

[5] Fritz von Unruh, Opfergang, Berlin 1919, S. 203f.

[6] Die Blitzkriegstrategie hatte zum Ziel, die Gegner im Westen und Osten Deutschlands nacheinander und »blitzartig« niederzuwerfen. Unter Aufbietung aller Kräfte – die dann 1914 aber nicht ausreichten – sollte zuerst Frankreich innerhalb weniger Wochen besiegt werden. Diese Strategie gründete sich auf den sogenannten Schlieffenplan, der in seiner letzten Fassung seit Ende 1905 bestand und die Grundlage für den Aufmarsch der deutschen Armeen 1914 bildete. In der Marneschlacht vom 5.–9. September 1914 standen sich fünf deutsche Armeen (900000 Mann mit 3360 Geschützen) und sechs französische Armeen (1082000 Mann mit 3000 Geschützen) gegenüber. Das deutsche Heer erlitt eine schwere strategische Niederlage und mußte etwa 50 km von der Marne- auf die Aisne-Linie zurückgehen. Die Marneschlacht bedeutete den Übergang des Bewegungskrieges in den Stellungskrieg, an der Ostfront kam der Bewegungskrieg Ende September 1914 zum Erliegen.

Die Frühjahrsoffensiven 1915 brachten keine Entscheidung. Das änderte sich auch nicht durch den von der Haager Landkriegsordnung 1907 verbotenen Einsatz von Giftgas in der Schlacht bei Ypern Ende April/Anfang Mai 1915. Die Schlacht vor Verdun begann am 21. Februar 1916, dauerte bis in den Oktober desselben Jahres, führte ebenfalls zu keiner Entscheidung, »kostete« aber beide Seiten rund eine Million Tote und Verwundete.

[7] Opfergang, S. 163

[8] Ebenda, S. 182

[9] Vgl. hierzu auch Karl Heinz Roth, Die »andere« Arbeiterbewegung, München 1977, S. 42 f., besonders Anmerkung 71.

[10] Leonhard Frank, Der Mensch ist gut, Zürich 1918 (Max Rascher Verlag), zuvor in René Schickeles pazifistischen *Weißen Blättern* 1917 erschienen; zitiert nach der Ausgabe Amsterdam 1936, S. 190f.

[11] Der Mensch ist gut, S. 191

[12] Ebenda, S. 61

[13] Eberhard Kohl, Die steckengebliebene Revolution, Deutschland 1918/19, in: *L 76*, 1978, Heft 4, S. 97

[14] Um den Griff nach der Weltmacht nicht zu gefährden und um den Raubkrieg auf dem Rücken der Volksmassen durchführen zu können, waren mehrfache Absicherungen nach unten nötig gewesen. Die wichtigste Garantie war die Militarisierung der Betriebe. Männer und Frauen arbeiteten unter der Kontrolle eines uniformierten »Reklamierten«, sie selbst teilweise ebenfalls in uniformähnlicher Kleidung. Zum Teil lebten die Frauen sogar kaserniert. Sie wurden kommandiert wie militärische Einheiten. Am grauenhaftesten war die Lage der zwangsrekrutierten ausländischen Arbeiter aus Polen und Belgien. Ihre Tageslöhnung lag unter dem Existenzminimum. Viele starben an Entkräftung. Wer sich den Anweisungen der deutschen »Kapos« widersetzte, wurde brutal bestraft. Dies und die Unterbringung in Baracken war eine Vorwegnahme der späteren faschistischen Konzentrationslager mit ihrem Prinzip der »Vernichtung durch Arbeit«; siehe auch Roth, Die »andere« Arbeiterbewegung, S. 49/50
Nicht nur für die ausländischen Arbeiter, für alle Werktätigen in kriegsintensiven Betrieben wurde die Arbeit im Durchschnitt trotz vorübergehender Kurzarbeit wegen Rohstoffmangels verlängert. Wer bis Kriegsbeginn 9 Stunden arbeiten mußte, dem wurden jetzt 10, 11 und 12 Stunden befohlen. Die Wohnverhältnisse der breiten Massen verschlechterten sich im Vergleich zum Vorkrieg und dies trotz der zum Zweck der Korrumpierung von proletarischen Schichten gebauten Werkswohnungen. Der Rückgang der Nahrungsmittelrationen gegenüber Friedenszeiten betrug fast 90% bei Fleisch, Fisch, Schmalz und Hülsenfrüchten. Erhöhte Sterblichkeit und Zunahme von Totgeburten waren die direkte Folge. Die Ausmaße und Auswirkungen der berüchtigten Steckrübenwinter sind bis heute nicht gänzlich bekannt. Die Löhne waren gleich zu Beginn des Krieges gesunken und die Lebenshaltungskosten bis zum Frühjahr 1916 um 100% und bis Kriegsende um 150% gestiegen. An Ausgleich für den Verdienstausfall der eingezogenen oder gefallenen Familienväter war überhaupt nicht gedacht; siehe auch Jürgen Kuczynski, Die Geschichte der Lage der Arbeiter unter dem Kapitalismus, Bd. 4, Darstellung der Lage der Arbeiter in Deutschland von 1900 bis 1917/18, S. 385 ff.
Das waren die Methoden, mit denen der Krieg und seine Ziele »am Leben« erhalten wurden. Der Widerstand, der durch sie provoziert und zugleich beschränkt wurde, mußte eine in der deutschen Geschichte seltene Breite und Heftigkeit annehmen.

[15] Der Mensch ist gut, S. 123; Auslassung im Original.

[16] Ein möglicher Einstieg, um in dieser Frage größere Klarheit zu gewinnen, ist die Debatte um die Aufarbeitung deutscher Gewerkschaftsgeschichte, ausgelöst durch die in der Gewerkschaftspresse und in der *Frankfurter Rundschau* geführte Diskussion um das Buch der Marburger Historiker Fülberth/Harrer/Deppe u. a., Geschichte der deutschen Gewerkschaftsbewegung, Köln 1977. Die Autoren kommen zum Schluß, daß das fortschrittliche Erbe der Gewerkschaftsbewegung heute in der DKP verkörpert sei...

[17] Gegen eine »parteikommunistische« Geschichtsschreibung argumentiert beispielsweise Manfred Scharrer, Arbeiterbewegung im Obrigkeitstaat. SPD und Gewerkschaft nach dem Sozialistengesetz, Westberlin 1976. Heraus kommt eine partei»sozialistische« Geschichte der SPD und Gewerkschaft, die in ihrer Tendenz die Politik der sozialdemokratischen Führungsebenen verstehbar bis verständlich zu machen und zum Teil zu verharmlosen sucht. Den sozialdemokratischen Massen widerfährt so eine merkwürdig einseitige historische Gerechtigkeit. Selber schuld, sagt Scharrer.
Eine empirische Untersuchung über die soziale Basis der SPD, über Vorstellungen und Verhaltensweisen ihrer Mitglieder gäbe es nicht, behauptet Scharrer, S. 31. Gleichwohl heißt es in seinem »Schlußwort«: »Ein radikaler Lernprozeß zur Aneignung revolutionärer Kampfmittel und Verhaltensweisen hat es in der Sozialdemokratie vor 1914 nicht gegeben. Die wenigen praktischen Möglichkeiten, von denen ein solcher Lernprozeß hätte ausgehen können, wurden von der Partei- und Gewerkschaftsführung umgangen, *jedoch – und das ist entscheidend – mit Zustimmung der Massen.*« (Hervorhebung E. M.)
Viel spricht für die Annahme eines fehlenden revolutionären Lernprozesses zur Aneignung revolutionärer Kampfmittel, wenn auch nicht nur in der SPD vor 1914. Aber wurden nicht alle Ansätze dazu gerade von der Führung immer wieder sabotiert und verhindert.
Unter Zuhilfenahme der Autorität Wolfgang Abendroths wird Scharrer aber noch deutlicher in seinem Bemühen, die Rolle der Führung in SPD und Gewerkschaft zu verklären:»Der chauvinistische Taumel hatte ohne Einwirkung der Parteiführung und noch bevor diese aus den Urlaubsorten nach Berlin zurückgekehrt war, ›die deutschen Massen erfaßt, und leider nicht nur die kleinbürgerlichen Schichten. Auch diejenigen Teile der Partei, an deren Ablehnung jeder Form der Anpassung an die bestehenden Machtverhältnisse kein Zweifel bestand.‹« (S. 109)
Das ist die glatte Umkehrung der »parteikommunistischen« Verratsthese. Nicht die Führer haben die Massen, die Massen haben die Führer »verraten«, überrascht und überrumpelt? Wo aber kam denn diese von der Führung so gar nicht vorhersehbare Kriegsbegeisterung her? Ist sie nicht in erster Linie Resultat einer Politik, die Scharrer in ihrer Grundlinie richtig beschreibt, nämlich der Trennung von ökonomischem (Gewerkschaft) und politischem (SPD) Kampf? Zwar sieht Scharrer das »opportunistische Verhalten der Parteiführung, sich an die Spitze der Massenstimmung zu setzen« (S. 108), aber das ist nur ein Teil der historischen Wahrheit. Zu ihr gehört das langjährige, oben geduldete und geförderte Sich-breitmachen chauvinistischer Stimmungen unten. Zweifellos gab es beides, den Opportunismus oben und jene Kriegsseligkeit unten. *Entscheidend* jedoch war nicht die Zustimmung der Massen zu den Kriegskrediten, sondern eine Politik, die diese langsam gediehene »Zustimmung« unten erzeugte oder ihr zumindest Vorschub leistete.
So steigerte sich zwar der antizaristische Rachedurst unter den Mitgliedern von Partei und Gewerkschaft zur plötzlich ausbrechenden und gleichwohl einkalkulierten chauvinistischen Raserei in den Tagen Juli/August 1914, aber der sozialdemokratische »Antizarismus« war jahrzehntealter, integraler Bestandteil der außenpolitischen Orientierung von SPD und Gewerkschaft. Das wiederum bestreitet Scharrer gar nicht, hält aber an entscheidenden Punkten dieser These wie schützend seine Hand über die Führungsebenen und den Partei- und Gewerkschaftsapparat.
Zwei Beispiele: a) »Hinter der Burgfriedenspolitik wurde bei Partei- und Gewerkschaftsmitgliedern gleichermaßen eine Verhaltensstruktur sichtbar, die man als Organisationsfetischismus bezeichnen kann. Gemeint ist damit die Angst um die Organisation als solche und das Bemühen, sie um jeden Preis aufrechtzuerhalten.« (S. 113) Angst bei den einfachen Mitgliedern um die Organisation »als solche« ist erstens schwer vorstellbar und zweitens bisher nicht nachgewiesen. In jedem Fall wird diese Angst mit unterschiedlichen Ausmaßen »oben« und »unten« vorhanden gewesen sein. Davon einmal abgesehen, war aber jener »Organisationsfetischismus« – wiederum ein Versuch sozialpsychologischer Verklärung – ein pausenlos während des Krieges in der sozial-

demokratischen Presse geschwungenes Propagandawerkzeug. Die Bedrohung bzw. die Erhaltung der »Organisation« war fester Bestandteil in der sozialchauvinistischen Begründung für die Burgfriedenspolitik. Diese Organisation erwies sich als hervorragendes Machtinstrument zur Niederhaltung der Arbeiter und ihrer wachsenden Widersprüche gegen die kriegführenden Parteien, die SPD eingeschlossen. Die »Organisation« funktionstüchtig über den Krieg zu bringen, das war das innere Kriegsziel der Führung.

b) »Das Verhalten der Sozialdemokratie bei subjektiv-ehrlicher, wenn auch faktisch falscher Annahme des Verteidigungsfalles, war hinsichtlich der Frage der Unterstützung der Vaterlandsverteidigung konsequent.« (Scharrer, S. 115) Konsequent war die sozialdemokratische Vaterlandsverteidigung in der Folge der großen Friedenskongresse, die den deutschen Angriffskrieg anvisierten. Die subjektive Ehrlichkeit gerade der Führung aber ist zweifelhaft, denn sie hatte durch Bebel, Ledebour und Frank – wie Scharrer selber offenlegt – Einsicht in die strategischen Überlegungen der Reichshaushaltskommission seit 1912 und seit 1913 in die Finanzierung der Heeresvorlage.

Ausgezogen, die »parteikommunistische« – sprich SED/DKP/SEW – These vom Verrat der SPD 1914, den es so einbahnig von oben nach unten tatsächlich nicht gegeben hat, zu widerlegen, landet Manfred Scharrer im Gestrüpp einer Geschichtsschreibung im Geist der Massenverachtung, deren einer Eckpfosten eine eigene Version vom »Verrat« 1914 ist: Nicht die Massen sind verraten worden. Sie sind die eigentlichen Verräter.

[18] Bei der Abstimmung der Kriegskreditvorlage im Reichstag stimmte die sozialdemokratische Fraktion unter Anwendung des Fraktionszwanges, dem auch Karl Liebknecht sich diesmal noch beugte, für die Bewilligung. Zuvor in der Fraktionssitzung war eine Minderheit von 14 Stimmen gegen eine Bewilligung mit 78 Stimmen überstimmt worden.

[19] In der Erklärung der SPD zur Frage der Kriegskreditbewilligung hatte es geheißen, daß die Partei »in der Stunde der Gefahr das eigene Vaterland nicht im Stich lassen werde«. Liebknechts Antimilitarismus war politischer Ausdruck des kleineren linken Parteiflügels.

Nach dem Fall des Sozialistengesetzes begegnete der Staat der Sozialdemokratie weiterhin mit Repressionen. Aber der Reformismus der sozialdemokratischen Politik, das Wachsen der Gewerkschaften und das Fortwirken kleinbürgerlich-handwerklicher Traditionen schufen eine gewisse Bereitschaft zur Anlehnung, ja zur Verschmelzung von Arbeiterbewegung und Staat.

[20] Der Mensch ist gut, S. 19

[21] So, wie die breiten Massen die Umwälzung der kapitalistischen Gesellschaft als reale Möglichkeit erahnen und erkennen konnten, so wurden sie Zeuge des Hintergehens und Unterlaufens des von ihnen in Gang gesetzten historischen Prozesses.

Der Haß auf den Krieg und seine Organisatoren und Gewinnler war stark, aber daneben war die Angst vor der Konterrevolution und daneben wiederum ein Hoffnungspotential, das mit »Ruhe und Ordnung« nach dem jahrelangen Kriegselend rechnete. Der Noskismus konnte sich auch auf die widerstrebenden Hoffnungen von Teilen der Bevölkerung auf ein endlich friedensgemäßes Leben stützen.

Der Noskismus führte nicht nur die im Vergleich zur Gesamtheit der aufrührerischen Massen schwachen Freikorptruppen, Formationen der Sicherheitspolizei etc.; mit diesen führte Noske die tausend unzerrissenen Fäden der Massen zur kapitalistischen Gesellschaftsordnung ins Gefecht. Kleinbürger, besser situierte Arbeiter und ländliche Bevölkerung erhofften sich nichts Gutes von der Revolution. Ihnen waren die Wege der Revolution zu schmal, zu fremd und deshalb zu gefährlich. Will man von einer durch den Noskismus geschaffene Mentalität der Massen nach 1918 sprechen, dann zählte zu ihr auch die widersprüchliche Haltung, die Blutrünstigkeit wie ein notwendiges Übel auf dem Weg des kaiserlichen in das Weimarer Deutschland in Kauf nahm.

[22] Kurt Tucholsky, Der Streit um den Sergeanten Grischa, *Weltbühne* 50/892, 13. 12. 1927 und

Gesammelte Werke, hrsg. von Mary Gerold Tucholsky und Fritz J. Raddatz, Reinbek 1975, Bd. 5, S. 411

23 Bruno Vogel, Es lebe der Krieg, Leipzig (o. J. 1924), Verlag die Wölfe (neu im Guhl-Verlag Westberlin erschienen), S. 9

24 Es lebe der Krieg, S. 18f.

25 Ebenda, S. 44

26 Unruhs »Opfergang« konnte wegen der Kriegszensur nicht erscheinen. In der Buchausgabe von 1919 heißt es: »Das Erscheinen dieses Buches, das im Sommer 1916 vollendet vorlag, wurde bis zum Winter 1918 durch die Zensur verhindert.« Es sollen allerdings Abschriften durch die Gräben gegangen sein.

27 Zur Entstehung und Verbreitung von »Der Mensch ist gut« siehe auch Leonhard Franks autobiographischen Roman »Links wo das Herz ist« (München 1952). Die Einfuhr von »Der Mensch ist gut« nach Deutschland wurde sofort verboten, auch einzelne Exemplare per Post konnten die deutschen Grenzen nicht passieren. Leonhard Frank griff deshalb zu einem verblüffend einfachen Trick. Er läßt seinen Helden »Michael« sich erinnern »im Halbschlaf, an einen Verehrer, Professor X, der in der Propaganda-Abteilung des deutschen Auswärtigen Amtes arbeitete. Er fragte ihn brieflich, ob er ihm eine Anzahl Exemplare und eine Namenliste senden dürfe, und bekam von dem Träumer, der nicht zu ahnen schien, welcher Gefahr er sich aussetzte, in einem Dankbrief die zusagende Antwort.
Nach langem Suchen fand Michael in der Altstadt einen Buchbinder, der hohe Stöße übriggebliebener Einbanddecken vom Schweizer Gesetzbuch hatte und von einem Buch ›Ritt durch die Wüste‹, mit einem Kamel und einem Beduinen in weißem Gewande, der auf die Glut der untergehenden Wüstensonne zureitet. Michael kaufte von seinem Honorar tausend Exemplare seines Buches, ließ sie in diese harmlos aussehenden Umschläge binden und sandte die drei riesigen Kisten nach Berlin an Professor X ins Auswärtige Amt.
Als der Brief kam, in dem Professor X mitteilte, daß er die Kisten bekommen und die Bücher an die Personen geschickt habe, [...] war Michael verblüfft wie jemand, der durch einen unerwarteten Glücksfall sein Ziel doch noch erreicht hat.« (Links wo das Herz ist, S. 71 f.; zit. nach der Taschenbuchausgabe, Ffm. 1976.)
Die treibende Kraft des literarischen Exils in der Schweiz während des 1. Weltkrieges war der elsässische Schriftsteller René Schickele, der mit seiner von Franz Blei übernommenen Zeitschrift *Die weißen Blätter* vor dem Krieg, der Zensur und der Polizei in Deutschland geflohen war. Zusammen mit Stefan Zweig war Schickele Mitglied des Gründungskomitees der *Clarté*, einer Gruppe radikaler Pazifisten (unter ihnen Thomas Hardy, H. G. Wells, Upton Sinclair, Charles Gide, Anatole France, Georg Duhamel, Jules Romains und Henri Barbusse.) Als Barbusse sich dem »russischen« Kommunismus zuwandte, trat Schickele zusammen mit anderen aus der Gruppe »Clarté« aus.
Schickeles Werk ist seit Jahrzehnten vergriffen und vergessen und auch *Die weißen Blätter* wurden von der Welle der Zeitschriften-Neudrucke bislang nicht ergriffen.

28 Wegen »Gotteslästerung« sofort verboten.

29 Alles außer »Offizier« und »Louis Ferdinand« von Unruh kam auf die Liste »unerwünschter und verbotener Literatur«, insbesondere »Opfergang«. Von Frank sollte alles außer »Räuberbande« und »Ochsenfurter Männerquartett« verbrannt werden. Vogel scheint nicht regulär auf die Liste »des schädlichen und unerwünschten Schrifttums« (1935/38) gekommen zu sein. Punkt 2 zur Anfertigung von Verbotslisten richtete sich aber in besonderer Weise auch gegen sein Buch »Es lebe der Krieg«, nämlich »gegen die Zersetzungserscheinungen unserer artgebundenen Denk- und Lebensform« darin. (Zit. nach F. Andrae, Volksbücherei und Nationalsozialismus, Wiesbaden 1970.)

[30] Zit. nach: Eine kritische Würdigung seines 100. Geburtstages, Das Vorbild Stresemann, in: *Frankfurter Allgemeine Zeitung*, 6. 5. 1978. Zu ganz anderen Ergebnissen kommen Theodor Eschenburg und Ulrich Frank-Planitz, Gustav Stresemann. Eine Bildbiographie, Stuttgart 1978. Auch für Felix Hirsch ist Stresemann ein bevorzugter Held der deutschen Geschichte. (Felix Hirsch, Stresemann. Ein Lebensbild, Göttingen 1978.) Ähnlich einseitig geht das in Zusammenarbeit mit dem Auswärtigen Amt der Bundesrepublik entstandene Buch »Gustav Stresemann 1878/1978«, Westberlin 1978, vor.

[31] Gustav Stresemann, Vermächtnis, Bd. 2, S. 245

[32] Zit. nach Fritz Fischer, »Der Stellenwert des Ersten Weltkriegs...«, a.a.O., S. 44

[33] Vgl. auch die Geschichte der deutschen Diplomatie, 3. Bd., Teil 1, Die Diplomatie in der Vorbereitung des Zweiten Weltkrieges 1919–1939, Berlin 1948, S. 402f.

[34] Carl von Ossietzky, *Weltbühne* 1928, Nr. 37, S. 389

[35] Noch während des Krieges schrieb Kellermann durchaus kriegsfreundliche Literatur. In einem Geleitwort zu »Der Krieg im Argonnerwald« (Berlin 1916) heißt es: »Unvergängliche Lorbeeren erwarb sich ein Jeder [!], der im Argonnerwald Leib und Leben einsetzte für Kaiser und Reich. Wilhelm, Kronprinz.« Bernhard Kellermanns Kriegsliteratur war dieser Art: »Zu sehen war nichts. Die Gewehre knallten. Die Kugeln zischten. Da sie häufig Zweige berührten, so gab es viele Querschläger und die Wunden waren schlimm. Die Schwärme der Maschinengewehrkugeln pfiffen durch das Gebüsch… Die Kühnsten, die Tapfersten kehrten nicht wieder. Ehre ihrem Gedächtnis. Die Gewehre peitschten im Wald, der Tod war überall.« (Argonnerwald, S. 23)

[36] Bernhard Kellermann, Der 9. November, Berlin 1920, zit. nach der Ausgabe Berlin 1946, S. 453. Das Werk wurde 1933 sofort verboten.

[37] Ebenda, S. 453f.

[38] Ebenda, S. 454

[39] Vgl. hierzu Ingeborg Süttmayers Untersuchung: Das Frühwerk Joseph Roths 1915–1926. Studien und Texte, Freiburg 1967

[40] Vgl. auch Roths Artikel 30. 7. 1932: Der Kulturbolschewismus, oder 29. 10. 1932: Die nationale Kurzwelle, auch in: Werke, Bd. 4, hrsg. und eingeleitet von Hermann Kesten.

[41] Joseph Roth, Briefe 1931/32, in: Roth, Briefe 1911–1939, Köln, Berlin 1970, hrsg. und eingeleitet von Hermann Kesten.

[42] Joseph Roth, Radetzkymarsch, Berlin 1932, S. 555f. »Radetzkymarsch« wurde vom 17. April bis zum 9. Juli 1932 in der *Frankfurter Zeitung* vorabgedruckt.

[43] Radetzkymarsch, S. 557

[44] Ebenda.

[45] Sämtliche Werke Roths wurden nach 1933 verboten.

[46] Bertolt Brecht, Man muß das Unrecht auch mit schwachen Mitteln bekämpfen. Aufsätze über den Faschismus 1933–39, Gesammelte Werke, Frankfurt 1967, hrsg. vom Suhrkamp Verlag in Zusammenarbeit mit Elisabeth Hauptmann, Bd. 20, S. 229f.

[47] Walter Benjamin, Friedensware, a.a.O.

[48] K. A. Wittfogel, Romane über den imperialistischen Krieg. Der Klassenkampf in der Kriegsliteratur 1914 bis 1930, in: *Rote Fahne* 26. 7. 1930, wieder abgedruckt in: Manfred Brauneck (Hrsg.), Die rote Fahne. Kritik, Theorie, Feuilleton, München 1973.

[49] Ebenda.

[50] Geschichte der deutschen Literatur, Von einem Autorenkollektiv unter Leitung von Hans Kaufmann in Zusammenarbeit mit Dieter Schiller, Bd. 10, 1917 bis 1945, Berlin (DDR) 1973, S. 526

[51] Ebenda.

[52] *Pariser Tageblatt* 12. 12. 1934, zit. nach Werke, Bd. 4, S. 287

[53] Carl von Ossietzky, Remarque-Film, in: *Weltbühne*, Nr. 51/16. 12. 1930

[54] Zum Ossietzky-Prozeß und seinen politischen Hintergründen siehe auch Bruno Frei: Carl von Ossietzky, Eine politische Biographie, Westberlin 1978, insbesondere Kap. 8, »Hier steh ich...«. Im März 1929 hatte Ossietzky, als Herausgeber der »Weltbühne« einen Artikel »Windiges aus der deutschen Luftfahrt« von W. Kreiser veröffentlicht. Der Artikel ging auf die bereits bekannte Tatsache ein, daß die Reichswehr Rüstungsbeschränkungen des Versailler Vertrages umging. Für das Reichsgericht in Leipzig war das ein willkommener Anlaß, den leidenschaftlichen Friedenskämpfer Ossietzky wegen Landesverrats zu 18 Monaten Gefängnis zu verurteilen.

[55] Tucholsky unter dem Pseudonym »I.W.« (Ignaz Wrobel), »Wie war es –? So war es!«. Vorrede zu dem Buch des Matrosen Becker, Wie ich zum Tode verurteilt wurde, Ernst Oldenbourg Verlag, München (1928), zit. nach Werke Bd. 6, S. 288

[56] Über die Ausmaße der allgemeinen Kriegsmüdigkeit ist begreiflicherweise nur schwer Zahlen- und Faktenmaterial zu beschaffen. Kriegsmüde waren noch keine Kriegsdienstverweigerer. Aber die aktiven Kriegsdienstverweigerer markieren doch die Schwelle zur Grauzone der Kriegsmüdigkeit. In Deutschland kam es etwa im Vergleich mit Rußland, England und Frankreich aber auch mit Amerika zu geringeren Verweigerungsaktionen. Folgt man den Untersuchungen der »Internationale der Kriegsdienstgegner«, dann war die Kriegesdienstverweigerung in Deutschland zwar zahlenmäßig geringer, aber doch weit bedeutender als allgemein angenommen wurde. Neben »syndikalistischen« und »linkssozialistischen« Gruppen waren es vor allem Hunderte von Einzelgängern. Vgl. »Gewalt und Gewaltlosigkeit. Handbuch des aktiven Pazifismus«, Zürich und Leipzig 1928, S. 259. Bekannt, aber zahlenmäßig nicht genau zu erfassen ist die Tatsache, daß sich vor allem gegen Ende des Krieges sogenannte Deserteure zu Tausenden in den Städten verborgen hielten und ihre lebensgefährliche, illegale Existenz dem »Heldentod« an der militärischen Front vorzogen. Vgl. hierzu Frank, Links wo das Herz ist, a.a.O., S. 108

[57] Roth, Wer ist Ginster, Werke Bd. 4, S. 362

[58] Ginster. Von ihm selbst geschrieben, Berlin 1928. Siegfried Kracauers Anonymität wurde streng gewahrt, blieb aber in eingeweihten Kreisen, vor allem Verlagsleuten und Kritikern, kaum verborgen. In der 1963 bei Suhrkamp herausgekommenen Ausgabe fehlt das Schlußkapitel (auf Verlangen des Autors.) Joachim Maass kritisierte bereits 1931 die oberflächliche »Schlußapotheose«, den »Erlösungsversuch« Ginsters (*Kölnische Zeitung*, 19. 7. 1931). Später wandte sich u. a. Theodor W. Adorno gegen das Schlußkapitel. In »Der wunderliche Realist« meinte er, daß der Schluß zu sehr mit einer historisch ungerechtfertigten Positivität kokettierte. Zitiert wird nach der neuen Frankfurter Ausgabe, hier S. 103, S. 180

[59] Ginster, S. 195

[60] Ebenda, S. 214

[61] Ebenda, S. 152

[62] Ebenda, S. 271
Hinsichtlich der Ursachen des Krieges ging Kracauer als Filmkritiker weiter. Er warf der Remarque-Verfilmung vor, nur Stimmung gegen den Krieg zu machen. Vgl. *Frankfurter Zeitung*, 7. 12. 1930; vgl. in diesem Zusammenhang auch Michael Gollbach, Die Wiederkehr des Krieges in der Literatur, Kronberg/Ts. 1978, S. 313f.

[63] Walter Schiffels, Formen historischen Erzählens in den zwanziger Jahren, in: Die deutsche Literatur in der Weimarer Republik, hrsg. v. Wolfgang Rothe, Stuttgart 1974, S. 205

[64] Schlump, Von ihm selbst erzählt. München, (Kurt Wolff Verlag). 1928, S. 13

[65] Schlump, S. 65

[66] Ebenda, S. 24

[67] Ebenda, S. 54

[68] Ebenda, S. 56

[69] Ebenda, S. 90
[70] Ebenda, S. 97
[71] Ebenda, S. 112
[72] Ebenda, S. 135
[73] Ebenda, S. 143
[74] Ebenda, S. 158
[75] Ebenda, S. 225
[76] Ebenda, S. 273
[77] Ebenda, S. 274
[78] Ebenda, S. 280
[79] Schriftsteller, Künstler und Wissenschaftler begrüßten den Ausbruch des 1. Weltkrieges mit dem »Aufruf an die Kulturwelt«, im September 1914 veröffentlicht. Unter den 93 Unterzeichnern befanden sich auch solche, die später ihre chauvinistischen Auffassungen korrigierten, darunter Arno Holz, Thomas Mann, Alfred Döblin, Arnold Zweig, Fritz von Unruh und Robert Musil. – Im »Aufruf an die Kulturwelt« heißt es in bezug auf zu Recht erhobene Massaker-Vorwürfe gegen die deutsche Kriegsführung vor allem in Belgien: »Es ist nicht wahr, daß unsere Kriegführung die Gesetze des Völkerrechts mißachtet. Sie kennt keine zuchtlose Grausamkeit [...] Sich als Verteidiger europäischer Zivilisation zu gebärden, haben die am wenigsten das Recht, die sich mit Russen und Serben verbünden und der Welt das schmachvolle Schauspiel bieten, Mongolen und Neger auf die weiße Rasse zu hetzen« (zit. nach Romain Rolland, Das Gewissen Europas, Tagebuch der Kriegsjahre 1914–1919, Berlin/DDR 1963, S. 94f.).
Etwa zur gleichen Zeit schrieb z. B. Robert Musil unter der Überschrift »Der Tod hat keine Schrecken mehr«: »Die Grundlagen, die gemeinsamen, über denen wir uns schieden, die wir sonst im Leben nicht eigens empfanden, waren bedroht, die Welt klaffte in Deutsch und Widerdeutsch, und eine betäubende Zugehörigkeit riß uns das Herz aus den Händen, die es vielleicht noch für einen Augenblick des Nachdenkens festhalten wollten« (*Die neue Rundschau*, Nr. 9/1914). Musil beschreibt hier, was für breite Teile der in eine Art chauvinistischen Taumel geratenen deutschen Bevölkerung zugetroffen haben mag.
[80] Zur Entstehungsgeschichte des Zyklus, zu dem außer »Grischa« die Bände »Junge Frau von 1914« (1931), »Erziehung vor Verdun« (1935) und »Einsetzung eines Königs« (1937) gehören, vgl. u. a. »Arnold Zweig. Werk und Leben 1887–1968«, hrsg. von Georg Wenzel, Berlin (DDR) und Weimar 1978.
[81] Arnold Zweig, Der Streit um den Sergeanten Grischa, Leipzig 1927 (1.–15. Tausend, Oktober 1927, 16.–25. Tausend, November 1927), zit. wird nach der Ausgabe Berlin (DDR) 1948/53, S. 191f.
[82] Tucholsky, Der Streit um den Sergeanten Grischa, Weltbühne 50/892 (13. 12. 1927), Werke, Bd. 5, S. 410
[82a] Aufschlußreich und – über die spezifisch jüdische Problematik hinaus – exemplarisch für die zwiespältige geistige Haltung vieler junger, bürgerlicher Intellektueller zu Beginn des Kriegs ist der folgende Brief Arnold Zweigs an Helene Weyl vom 27. August 1914:
»Liebe Frau Helene,
vorgestern kam, sehr begrüßt, Ihre Karte und regte mich eigentlich zu sofortiger Antwort an. Aber wir packen, und ich sitze außerdem scharf hinter einer neuen Arbeit, so daß ich mir's verkneifen mußte, sogleich zu schreiben. Wir packen – das heißt, wir müssen uns trennen. Bice geht nach Berlin zu ihren Eltern, ich nach Kattowitz zu den meinen, um dort, den Ereignissen näher als hier, meinen Landsturmdienst zu tun. Was uns das bedeutet, werden Sie sich vorstellen können; und uns hält nur der Gedanke in aller Fassung, ja Heiterkeit, daß es die Größe und der Zwang der Zeit ist, der uns trennt – Notwendigkeit, die starke Trösterin. Wir haben beide Sinn für Wirklich-

keit, und daß es diese Art von Realität ist, die auch unser Geschick in ihre Gleise einbezieht und uns am eigenen Leibe die große Not und die alles überragende Pracht und Macht der Gegenwart fühlen läßt, dafür sind wir *dankbar.*

Wir, Menschen, die so gerne achten und das Achtbare und Echte überall suchten, sehen mit einem manchmal wahrhaft heißen Glück plötzlich, über Nacht, aus einem Volke ichsüchtiger Krämer und patriotisch-politischer Phrasendrescher das große tüchtige deutsche Volk erwachen; der fette Bürger, unser Antagonist, lernt plötzlich wieder sich einordnen, opfern, echt fühlen – er verliert seine moralische Häßlichkeit, er wird schön! Dies schon beglückt; und so genügt es zu sagen, daß die Haltung des Heeres, des Einzelnen wie der Gesamtheit, des Gemeinen wie der Leitung, der Zurückgebliebenen wie derer in der Front, ganz herrlich ist – ein jauchzendes, tollkühnes Entzücken vibriert in mir, wenn ich die Zeitungen lese. [...] Das große Deutschland ist wieder da, die klare ungeheuer geniale Kälte der Kantischen Intuition und das Feuer Beethovenscher Allegretti und Scherzi spukt in der deutschen Kriegführung, die tragende Ordnung »romantisch«-deutscher Fassaden und der gefaßte, schweigsame Griffel Holbeinscher Zeichnungen gibt sich kund im Rhythmus des organischen Lebens der Daheimgeblieben[en] – und über allem hängt die furchtlose Nähe des Todes (und des Teufels-Schreckens) aus Dürers großem Blatt. Der Ritter reitet. Daß Liliencron dieses Deutschland nicht mehr erlebte! Ich habe viel, viel neue Gedanken über das Wesen der Nation gehabt, die ich noch nicht fixieren kann. So hat mich die im tiefsten verbindende Kraft der *Kulturgemeinschaft,* die mir früher nicht *so* gegeben war, geradezu überfallen. Ich weiß ganz genau – und Sie wissen, daß das zu meinem Glücke gehört –: ich nehme meinen leidenschaftlichen Anteil an unseres Deutschlands Geschick als *Jude,* auf meine mir eingeborene jüdische Art mache ich die deutsche Sache zu meiner Sache; ich höre nicht auf, Jude zu sein, sondern ich bin es *immer mehr,* je wilder ich mich freue, je tiefer ich empfinde, je heftiger ich nach Aktivität dränge. Ich wäre als Kriegsfreiwilliger gegangen, aber außer meiner Verpflichtung gegen Bice war es vor allem meine körperliche Zartheit, die mich abhielt. Ich habe mit dem Gedanken und Entschluß eine lange Woche schwer gerungen: aber ich sehe ja nichts! Auf 400 Meter schieße ich, selbst mit Brille, ja an einem Hause vorbei, weil ich es schlecht sehe – und 400 Meter ist das normale Minimum. [...] Also stürme ich Land und schreibe.« Hs. im Arnold-Zweig-Archiv, Potsdam; zit. nach »Arnold Zweig 1887–1914«, hrsg. v. Georg Wenzel, Berlin (DDR) und Weimar 1978, S. 61ff.

83 Grischa, S. 424
84 Ebenda, S. 467
85 Ebenda, S. 403
86 Ebenda, S. 424
87 Ebenda, S. 467
88 Ebenda, S. 403
89 Ebenda, S. 265
90 Soldaten sangen dieses aufrührerische »Sturmlied« zur Melodie des Volksliedes »Es klappert die Mühle am rauschenden Bach«, aber auch zur Melodie des alten Berliner Schlagers »Denkste woll«.
91 Grischa, S. 471
92 Ebenda, S. 470
93 Ebenda, S. 469
94 Ebenda, S. 470
95 Ebenda, S. 470
96 Ebenda, S. 470
97 Ebenda, S. 470f.
98 Ebenda, S. 471

[99] Ebenda, S. 469

[100] Ebenda, S. 471

[101] Ebenda, S. 469

[102] *Deutsches Adelsblatt* Berlin Nr. 47/1929, zit. nach »Welt und Wirkung eines Romans. Zu Arnold Zweigs ›Der Streit um den Sergeanten Grischa‹«, Berlin und Weimar 1967.

[103] Hermann Pongs, Krieg als Volksschicksal im deutschen Schrifttum, *Euphorion* 1934, S. 40 (Teil 1) und S. 182 (Teil 2).

[104] Hermann Pongs (1889–1979) empfahl sich gerade mit seiner Schrift »Krieg als Volksschicksal« den faschistischen Machthabern. Nach 1945 änderte Pongs seine politischen Auffassungen nicht wesentlich und blieb dennoch eine in der Germanistik geachtete Persönlichkeit.

[105] K. A. Wittfogel, Romane über den imperialistischen Krieg, a.a.O., S. 400. Hervorhebung im Original.

[106] Josef Lenz, Warum sind wir keine Pazifisten, *Linkskurve*, Jg. 1929, H. 1, S. 5 f.

[107] Alfred Polgar, Krieg als Erzieher, in: »Hinterland«, Berlin 1919, S. 23

[108] Herbert Ihering, Die getarnte Reaktion, Berlin 1930, zit. nach »Deutsche Literaturkritik«, hrsg. v. Hans Mayer, Bd. 3, Vom Kaiserreich bis zum Ende der Republik, Frankfurt/M. 1968, S. 672

[109] Ihering, a.a.O., S. 672 f. Hervorhebung im Original.

[110] Alfred Kurella, Symptome, *Linkskurve* 1931, Heft 2, S. 8

[111] Bertolt Brecht, Der Streit um den Sergeanten Grischa. Über alte und neue Kunst (etwa 1927, Werke, Bd. 18, S. 53).

[112] Arnold Zweig, Der Krieg und der Schriftsteller, 1932/34, zit. nach »Welt und Wirkung eines Romans«, a.a.O. (auch von Kantorowicz in *Ost und West* abgedruckt). – Nach 1933 wurden alle Bücher Zweigs verboten.

[113] Ludwig Renn, Krieg, Frankfurt 1929, S. 112, zit. nach der DDR-Ausgabe Leipzig (Reclam) o. J.

[114] Krieg, S. 194 f.

[115] Ebenda, S. 91 f.

[116] Ludwig Renn, Über die Voraussetzungen zu meinem Buch »Krieg«, in: *Linkskurve* 1929, H. 1, S. 11. – 1933 wurde nur Renns »Nachkrieg« auf die Verbotslisten gesetzt.

[117] Ludwig Renn, Nachkrieg, Frankfurt 1930, zit. nach der DDR-Ausgabe Leipzig (Reclam) o. J.

[118] Krieg, S. 197 f.

[119] Die Zeitschrift *Der Ring* (3. Jg., Heft 19/1930, S. 356) nennt als Auflagenhöhe Ende April 1930 125 000 Exemplare. Renn selbst sagte in einem Gespräch im Jahre 1969, daß »Krieg« in einer Auflage von 160 000 Exemplaren erschienen sei. Später in der DDR waren es 181 000. »Krieg« wurde in 15 Sprachen übersetzt, u. a. russisch, englisch, französisch, chinesisch. Siehe hierzu: *Weimarer Beiträge*, 15. Jg., H. 5, Ludwig Martienssen, Interview mit Ludwig Renn.

[120] Karl Hugo Sclutius, Pazifistische Kriegspropaganda, in: *Weltbühne* 25 (2. 4. 1929), S. 519

[121] Krieg, S. 343

[122] Ebenda, S. 361

[123] Nachkrieg, S. 131

[124] Ebenda, S. 241

[125] Ebenda.

[126] Ebenda, S. 253 f.

[127] Renn, Über die Voraussetzungen zu meinem Buch »Krieg«, *Linkskurve*, 1929, H. 1, S. 12

[128] Ebenda.

[129] Marcel Reich-Ranicki, Der brave Soldat Renn, *Frankfurter Allgemeine Zeitung*, 21. 4. 1979. Als Ludwig Renn kurz nach seinem 90. Geburtstag starb, behielt Reich-Ranicki seinen intellektualistischen Hochmut durchaus bei. Das Grundmuster ist seit 1963 festgelegt, siehe: Der brave Soldat Renn, in: M.R.R., Deutsche Literatur in West und Ost, München 1963, S. 343–353

[130] Nach Fritz Gaupp, *Börsenblatt für den Deutschen Buchhandel* Nr. 131 vom 10. 6. 1930, erschien Remarques »Im Westen nichts Neues« am 31. 1. 1929 im Berliner Propyläen-Verlag (Ullstein). Die erste Auflage war vorbestellt mit 30000 Exemplaren; nach zwei Monaten waren 300000, am 7. Mai 500000 und nach 16 Monaten waren eine Million Exemplare in Deutschland verkauft. Der tägliche Bestelleingang beim Verlag betrug zeitweilig 6000–7000. Im Ausland wurde Remarque in kürzester Zeit ein vielgefragter Autor. Am Ende des Jahres 1929 war »Im Westen nichts Neues« in 12 Sprachen übersetzt. Stand im Frühsommer 1930: englische Ausgabe 310000, französische Ausgabe 440000, amerikanische Ausgabe 325000 Exemplare. Der Autor selbst schätzte später die Gesamtauflage auf über 6 Millionen (Weltbürger wider Willen, *Der Spiegel*, 9. 1. 1952, S. 22ff.)

Günter Blöcker erinnert sich an den Spätherbst 1928, als »Im Westen nichts Neues« als Fortsetzungsroman in der *Vossischen Zeitung* erschien: »Es waren aufregende Wochen, als die Vossische Zeitung im Spätherbst 1928 Erich Maria Remarques ›Im Westen nichts Neues‹ als Fortsetzungsroman veröffentlichte. In meinem Elternhaus wurde die ›Voß‹ gelesen; und ich erinnere mich gut, mit welcher Ungeduld wir alle Tage auf die nächste Folge warteten. Dabei hatte, wie man bald erfuhr, niemand dem Manuskript besondere Chancen gegeben. Der S. Fischer Verlag, dem der Autor es zuerst angeboten hatte, war gänzlich ablehnend gewesen. Aber auch im Hause Ullstein hatte man sich nur zögernd und ohne große Erwartungen zur Annahme entschlossen. Man war sich sicher, nichts mehr vom Krieg wissen zu wollen – man hatte ihn, mitsamt seinen Ursachen und Folgen, erfolgreich verdrängt oder meinte doch, es getan zu haben. Gerade dies aber erwies sich als der große Irrtum« (Günter Blöcker, Ein Hamlet in Knobelbechern, *Frankfurter Allgemeine Zeitung*, 25. 1. 1980)

Der Autor selbst reagierte auf seinen Erfolg merkwürdig bedrückt, wie man in Harry Graf Kesslers Tagebüchern nachlesen kann: »Das größte Wunder sei schon immer für ihn gewesen, wie es komme, daß er überhaupt existiere. Schwermütige Jugend, Selbstmordgedanken. Dann der Krieg. Als er zurückkam, war seine Mutter eben gestorben. Sah sie tot im Krankenhaus, konnte sie aber nicht wiedererkennen. Im Kriege hatten alle immer gedacht: Wenn erst Frieden ist, wird sich alles schon finden. Aber in Wirklichkeit hätten sie sich dem Frieden gegenüber ebenso hilflos gefühlt wie gegenüber dem Krieg. Was anfangen? [...]

Der Erfolg seines Buches habe ihn mehr deprimiert als erfreut. Vorher habe er geglaubt, daß ein Erfolg befriedigen könne; aber da habe er gesehen, daß der Erfolg nichts sei, daß er den Menschen nicht ausfülle. Nie sei er dem Selbstmord so nahe gewesen wie in den ersten Monaten nach dem Erscheinen seines Buches. Was ihn aus der Depression wieder herausgebracht habe, sei der Gedanke gewesen, daß das Buch irgendwie vielleicht genützt habe. Das sei es, die Hilfe, die man dieser oder jenen guten Sache, der des Friedens zum Beispiel, leiste oder irgendeinem Menschen, das sei das einzig Wertvolle« (Kessler, Tagebücher, Frankfurt 1961, S. 592f.).

Beides, diese fast schon privat anmutende Reaktion des Autors und die überwältigende Aufnahme seines Buches, rühren an das Erfolgsgeheimnis von »Im Westen nichts Neues«, das so wenig erklärt scheint bis heute. Vgl. hierzu auch Armin Kerker »Im Westen nichts Neues und so weiter. Eine verfehlte Remarque-Biographie«, in: *Die Zeit*, Nr. 47 am 11. November 1977, S. 4 (Rez. von Franz Baumer, E. M. Remarque; Köpfe des XX. Jahrhunderts 85, Berlin 1977). Das Nicht-zur-Kenntnis-nehmen-wollen des Zwiespältigen in »Im Westen nichts Neues« dauert bis heute an, eines der letzten Beispiele ist ein TV-Portrait (Franz Baumer am 24. 6. 1978, ARD.) Statt auch nur eines Wortes über die durch Remarque stimulierte moralische Klimaveränderung in Deutschland am Vorabend des Faschismus gab es viele Worte über einen angeblich äußerst fragwürdigen Erfolgsschriftsteller. »Hat Erich Maria Remarque wirklich gelebt?« – Diese polemische Frage seines Denkmalsenthüllers Mynona aus dem Jahre 1929 müßte man verneinen. Über den Bildschirm lief nämlich ein »literarisches Portrait«, das ausgesprochen hintersinnig erschien. »Der Vorgestellte nämlich erwies sich als ein Mann, der erfolgreiche Romane verfaßte, auch emigrieren mußte, ein bißchen in Paris herumtrank, dann in Hollywood und New York lebte und der von der amerikanischen Wissenschaft anerkannt wurde. Ein Mann, der sich gerne mit hübschen Frauen fotografieren ließ und in einer Traumvilla lebte« (Ernst Johann, *Frankfurter Allgemeine Zeitung*, 27. 6. 1978).

130 Tucholsky, Der neue Remarque, unter I.W. in *Weltbühne* 20/732, 19. 5. 1931, zit. nach Werke, Bd. 9, S. 209f.

131 Im Westen nichts Neues, zit. nach der Ausgabe Berlin 1929, 401.–425. Tausend, S. 17

132 Im Westen nichts Neues, S. 14

133 Ebenda, S. 140f.

134 Ebenda, S. 155

135 Ebenda, S. 267

136 Z. B. die sozialdemokratische Kriegspropaganda u. a. in der *Sozialdemokratischen Feldpost* (Hrsg. und Verleger IK-Verlag [Albert Baumeister]) war bemerkenswert. Der führende Sozialdemokrat Südekum antwortete auf die immer lauter werdende, berechtigte Kritik an seinen beschwichtigenden Thesen zur allgemeinen Hungersnot: »Wer die Liebe zum Vaterland und die Anerkennung der Pflicht zur Vaterlandsverteidigung als ›bürgerliche Ideologien‹ höhnisch ›ablehnt‹ […], wer sich also sozusagen auf den Standpunkt stellt, daß ihn der ganze Weltkrieg gar nichts angehe, für den gibt es natürlich auch keine Einzelfragen, die der Erörterung wert wären. Nur sollten sich die Vertreter solcher Anschauungen nicht Sozialdemokraten nennen, denn sie sind keine; ihre Anschauungen sind anarchistisch, aber nicht sozialistisch.« Weiter unten heißt es in demselben Artikel: »Auch hier kann ich nur wiederholen, daß es ein Zeichen grenzenloser politischer Unzulänglichkeit ist, die Stellung zu den gewaltigen Fragen dieses Weltkrieges von der Tatsache abhängig machen zu wollen, daß mehr oder weniger schwere und mehr oder weniger vermeidbare Fehler bei der Nahrungsversorgung unseres Volkes vorgekommen sind.« Darunter las man: »Gaben der Götter. Alles geben die Götter, die unendlichen,/ Ihren Lieblingen ganz;/ Alle Freuden, die unendlichen,/ Alle Schmerzen, die unendlichen, ganz« (*Sozialdemokratische Feldpost* vom 15. 10. 1916, Nr. 11, S. 3). In einem Leitartikel vom 1. 7. 1916, *Sozialdemokratische Feldpost* Nr. 4, lesen wir: »Der *Grundgedanke des modernen Sozialismus* [Hervorhebung im Original], daß die wirtschaftliche Entwicklung eine Stufe erreicht hat, wo die Leitung der Produktionsmittel durch die Gesamtheit den Kulturzwecken besser entspricht und segensreicher für die Menschheit ist als die Leitung durch das Privatkapital und durch das Walten des Wettbewerbs, – dieser Grundgedanke hat sich im Laufe des Krieges glänzend bewährt.« Konkret gemeint war die Beteiligung der SPD an der Burgfriedenspolitik und ihre halbstaatliche Mitverantwortung für die Kriegstreiberei. Weiter unten in demselben Artikel heißt es: »Das nationale Gefühl ist etwas Ursprüngliches und Instinktives, es ist mit dem Menschen einer bestimmten Nation geboren. Die internationale Solidarität ist erst ein späteres Erzeugnis« (S. 1). Auf der Ebene des einfachen, durch die SPD auf chauvinistische Spuren gelenkten Arbeiters hört sich das etwa so an: »Man spricht und schreibt gegenwärtig davon, daß sich die kleinasiatischen Gebiete der Türkei sowohl klimatisch wie in ihrer Bodenbeschaffenheit sehr gut zur Baumwollkultur eignen sollen. Das wäre im Interesse der Baumwollindustrie Deutschlands und Oesterreich-Ungarns gewiß sehr erfreulich; aber nur dann, wenn es in diesem Kriege gelingt, die Aufteilung jener Gebiete unter die Vierverbandsmächte zu vereiteln. Vielleicht führt der Krieg auch zur Veränderung in den Besitzverhältnissen von anderen Landgebieten, die heute unter der politischen Herrschaft Englands stehen und die für die Rohstoffversorgung der Textilindustrie in Betracht kommen« (H. Krätzig in dem gewerkschaftlichen Kriegsbuch »Arbeiterinteressen und Kriegsergebnis«, »Preis fürs Feld 1 Mk. bei freier Zustellung«, zit. nach *Sozialdemokratische Feldpost* Nr. 4, 1. Juli 1916).

Der totale Krieg schon im 1. Weltkrieg und mit sozialdemokratischer Befürwortung wurde unter dem Namen des »Vaterländischen Hilfsdienstes« geführt. Der führende Sozialdemokrat Dr. Eduard David, Mitglied des Reichstages, führte hierzu folgendes in der *Sozialdemokratischen Feldpost* Nr. 15 am 15. 12. 1916 aus: »Das am 2. Dezember vom Reichstag angenommene Gesetz über den vaterländischen Hilfsdienst bedeutet einen gewaltigen Eingriff in die Lebensverhältnisse des deutschen Volkes. Alle 17–60jährigen arbeitsfähigen Männer werden, soweit sie nicht heerespflichtig sind, davon betroffen. Das Recht des einzelnen auf freie Verfügung über sein Tun und Lassen wird aufgehoben. Jeder Hilfsdienstpflichtige kann gezwungen werden, in einem der öffentlichen oder privaten Betriebe, ›die für Zwecke der Kriegsführung oder der Volksversorgung unmittelbar oder mittelbar Bedeutung haben‹, zu arbeiten. Es soll kein Recht auf Müßiggang mehr geben. Der unnützen Verschwendung von Arbeitskraft zur Erzeugung von entbehrlichen Dingen oder zur Befriedigung sonstiger Luxusbedürfnisse soll vorgebeugt werden. Das neugeschaffene Kriegsamt erhält den Auftrag und das Recht, die vorhandenen Arbeitskräfte planmäßig auf die für die Kriegsführung und Volksversorgung notwendigen Betriebe zu konzentrieren. Diese große organisatorische Idee ist der sozialistischen Gedankenwelt entnommen.« Nach einem Rückverweis auf das Gothaer Einigungsprogramm von 1875 und der darin angesprochenen »allgemeinen Arbeitspflicht« heißt es in sehr offener, bedenkenswerter Weise: »Mit dem ›freien Spiel der Kräfte‹ ist es aus. Es hat Schiffbruch gelitten in der Zeit staatlicher Not; mehr und mehr hat man es ausschalten müssen bei der Versorgung von Heer und Volk. Es soll durch das Prinzip einer planmäßig organisierten Staatswirtschaft ersetzt werden. Das sozialistische Prinzip ist auf dem Marsche. Es offenbart seine ›staatserhaltende‹ Kraft, seine höhere Zweckmäßigkeit« (S. 2).

137 Im Westen nichts Neues, S. 267
138 Ebenda, S. 267
139 Ebenda, S. 59
140 Ebenda, S. 90
141 Ebenda, S. 18 f.
142 Wilhelm Müller-Scheld, Im Westen nichts Neues eine Täuschung, Studie, Idstein/Ts. 1929, S. 3.
143 Müller-Scheld, S. 4
144 Ebenda, S. 40
145 Ebenda, S. 37
147 Ebenda, S. 29
147 Franz Arthur Klietmann, Im Westen wohl was Neues, Berlin 1931.
148 Klietmann, S. 17, 119, 145.
149 Von Klietmann seinem »Contra Remarque« als Motto vorweggeschickt.
150 Tucholsky, Hat Mynona wirklich gelebt?, unter I. W. in: *Weltbühne*, 31. 12. 1929
151 Sclutius, Pazifistische Kriegspropaganda, *Weltbühne* 25, 2. 4. 1929
152 M. Helfand, Giftstoff »Remarquismus«, *Bücherschau*, S. 133
153 Ebenda, S. 134
154 *Rote Fahne* 53, 1929
155 *Internationale Pressekorrespondenz* 37/1929
156 Erst anläßlich des zweiten Remarque-Buches äußert sich Kurt Kersten: »In seinen Grundzügen war schon das erste Buch Remarques ›Im Westen nichts Neues‹ arbeiterfeindlich«. Kurt Kersten, Zwei Ausgaben des Exerzierreglements, in: *Linkskurve* 1931, H. 1, S. 10
157 *Neue deutsche Literatur* 10/78, S. 47
158 Kurt Kersten, a.a.O.
159 K. N., das ist Klaus Neukrantz, mag noch einmal demonstrieren helfen, wie verfehlt die linke, insbesondere die kommunistische Pazifismuskritik war: »Nein, es ist nicht wahr! Das Buch über

die Kriegsschuldlüge von 1914 ist noch nicht geschrieben worden. Pazifismus ist die furchtbarste Kriegsschuldlüge, weil er die wahren Ursachen des Krieges, die in den politisch-ökonomischen Voraussetzungen der bürgerlichen und kapitalistischen Gesellschaftsordnung liegen, leugnet und sich weigert, ihre einzig mögliche Beseitigung durch den gewaltsamen Sturz dieser Gesellschaftsordnung zu fordern« (*Rote Fahne*, 4. 3. 1929). Das waren mächtige, abstrakte Worte, mit denen sich keine Politik machen ließ. Sie zielten am Alltagsverständnis vom Krieg vorbei und hätten hier doch anknüpfen müssen.

[160] Zit. aus Weimarer Republik, hrsg. vom Kreuzberger Kunstamt und dem Institut für Theaterwissenschaft der Universität Köln, 2. Auflage, Westberlin 1977, S. 479

[161] Ebenda.

[162] Ebenda, S. 480

[163] Der Weg zurück, S. 91 f.

[164] Ebenda, S. 92

[165] Ebenda, S. 92

[166] Ebenda, S. 364

[167] Otto Biha machte es sich unter der Überschrift »Wirklich zurück« in der *Linkskurve*, April 1931, S. 24/25, einfach: Er machte für die von Remarque nur nachgezeichnete Entwicklung der Nachkriegsjahre den Autor verantwortlich.

[168] Josef Lenz, a.a.O., S. 3

[169] Sclutius, a.a.O., S. 517

[170] Johannes R. Becher hatte sich intensiv mit der Kriegsproblematik bzw. den Möglichkeiten literarisch-publizistischer Bekämpfung der Kriegsgefahr auseinandergesetzt. Becher wurde 1925 wegen angeblicher Vorbereitung zum Hochverrat verhaftet. Die Anklage richtete sich hauptsächlich gegen den Gedichtzyklus »Der Leichnam auf dem Thron« und gegen seinen Antikriegsroman, die Gaskrieg-Vision »Levisite oder Der einzig gerechte Krieg« (1926). Der weltweite Protest u. a. von Schriftstellern wie Gorki, Rolland, Brecht und Thomas Mann half, die Anklage niederzuschlagen. Zum Hochverratsprozeß gegen Becher vgl. »Aktionen. Bekenntnisse. Perspektiven. Berichte und Dokumente vom Kampf um die Freiheit des literarischen Schaffens in der Weimarer Republik«. Hrsg. v. Fr. Albrecht, K. Kändler, A. Klein u. a., Berlin (DDR) und Weimar 1966.

[171] Johannes R. Becher, Die Kriegsgefahr und die Aufgaben der revolutionären Schriftsteller, in: *Literatur und Weltrevolution*, Sonderheft 1931, zit. nach: Zur Tradition der sozialistischen Literatur in Deutschland, S. 228

[172] K. A. Wittfogel, a.a.O.

[173] Ab Ende der 20er Jahre zeigten die Wahlresultate den Übertritt städtischer und ländlicher Mittelschichten zur faschistischen Bewegung. Unter diesen politischen Voraussetzungen als *unmittelbaren Ausweg* aus der ökonomischen und politischen Krise die »Diktatur des Proletariats« zu fordern bedeutete, den Weg zu einer volksweiten Aktionseinheit gegen den Faschismus zu verbarrikadieren. Hinzu kam die Tatsache, daß das sowjetische Vorbild wegen seiner anti-demokratischen Züge auch auf scharfe Ablehnung stieß.

[174] Karl Radek, Die moderne Weltliteratur und die Aufgaben der proletarischen Kunst, in: *Internationale Literatur* 1934, H. 5, S. 5.

[175] Bezeichnenderweise wird Bredels scharfe Erwiderung in dem DDR-Standardwerk »Zur Tradition der sozialistischen Literatur in Deutschland« (Berlin und Weimar 1967) nicht vollständig wiedergegeben. Ein Vergleich der Seiten 609 bis 613 mit der Wiedergabe von Bredels Radek-Kritik in »Sozialistische Realismuskonzeptionen«, Dokumente zum 1. Allunionskongreß der Sowjetschriftsteller, hrsg. von H.–J. Schmitt und G. Schramm, Frankfurt 1974, ergibt in der Tendenz der einzelnen Auslassungen eine deutliche Zensur-Richtung: Bredels Hauptvorwurf, daß Radek gerade die kämpferisch-antifaschistischen Autoren eleminiert habe, fällt unter den Tisch der »Tradition sozialistischer Literatur in Deutschland«.

[176] Geschichte der deutschen Literatur 1917 bis 1945, a.a.O.

[177] Ebenda, S. 311 f.

[178] Ebenda, S. 347

[179] Ebenda, S. 347 f.

[180] Ebenda, S. 348 f.

[181] Michael Gollbach, Die Wiederkehr des Weltkrieges in der Literatur, a.a.O., S. 67

[182] Es ist eine Haltung in der Sekundärliteratur, die Walter Benjamin 1931 als »symptomatische Zeiterscheinung« in der Literatur beschrieb: »Kurz, dieser linke Radikalismus ist genau diejenige Haltung, der überhaupt keine politische Aktion mehr entspricht. Er [Kästner] steht links nicht von dieser oder jener Richtung, sondern ganz einfach links vom Möglichen überhaupt. Denn er hat ja von vornherein nichts anderes im Auge als in negativistischer Ruhe sich selbst zu genießen.« (Walter Benjamin, Linke Melancholie, *Die Gesellschaft*, 8/1931. Zit. nach: Ges. Schriften III, hrsg. v. H. Tiedemann-Bartels, Frankfurt/M. 1972, S. 281.)

[182] Gollbach, S. 70

[183] Wolfgang Rothe, Vorwort zu »Die deutsche Literatur in der Weimarer Republik«, Stuttgart 1974

[184] Ebenda, S. 205

[185] Ebenda, S. 206

[186] Renn ging 1956 von ausschließlich westlich orientierten »räuberischen Gruppen« aus. Er hatte die »Monopolkapitalisten« vor Augen. Die staatskapitalistische Entwicklung vor allem in der Sowjetunion, so wie die Überfälle auf Prag 1968 und auf Afghanistan rechtfertigen eine politische Ausweitung der Beschreibung »räuberische Gruppen« heute auch auf diese Großmacht.

[187] Ludwig Renn, Weshalb gibt es keine Literatur über den Krieg? In: *Neue deutsche Literatur*, H. 1, 1956, S. 126

[188] Im Westen nichts Neues, S. 45

[189] Ebenda, S. 9

[190] Stephan Hermlin, Abendlicht, Westberlin 1979, S. 54 f.

[191] Zit. nach F. Andrae, Volksbücherei und Nationalsozialismus, Wiesbaden 1970

ZU TEIL II

[1] Siehe auch Karl-Heinrich Pohl in: Weimars Wirtschaft und die Außenpolitik der Republik 1924 bis 1926. Düsseldorf 1979. Pohl arbeitet insbesondere die Rolle der der deutschen Schwerindustrie verpflichteten DVP und ihres Vorsitzenden Gustav Stresemann heraus.

[2] Beängstigend ist in diesem Zusammenhang u. a. die Frage nach den politischen Freiheiten in einem zukünftig möglichen, polizeigeschützten Atomstaat.

[3] Zu Höhe und Entwicklung der Auflagen von Richthofens »Der rote Kampfflieger« von 1917 bis 1938: (insgesamt 420000) siehe Donald Ray Richards, The German Bestsellers in the 20th Century. A complete Bibliography and Analysis 1915–1940, Bern 1968.

[4] Manfred von Richthofen, Der rote Kampfflieger, 1917, neu erschienen München 1977, S. 17

[5] Richthofen, S. 8

[6] Ebenda, S. 57

[7] Ebenda, S. 109

[8] Ebenda, S. 110

[9] Ebenda, S. 112

[10] Ebenda, S. 149

[11] Boelcke, ein anderer Fliegerheld aus dem 1. Weltkrieg, vgl. hierzu: Hauptmann Boelckes Feldberichte, Gotha 1916, 51. bis 100. Tausend.

[12] Richthofen, Kampfflieger, S. 93

[13] Richthofen zum Schriftsteller P. M. Lampel, aus: P. Supf, Das Buch der deutschen Fluggeschichte, Stuttgart 1958, Bd. II, S. 442, zitiert bei: Der rote Kampfflieger, a.a.O., S. 190

[14] Klaus Mann, Prüfungen. München 1968, S. 157

[15] Siegfried Kracauer, zitiert nach Lethen/Kittsteiner, Jetzt zieht Leutnant Jünger seinen Mantel aus, in: *Berliner Hefte* 11, Mai 1979, S. 25

[16] Walter Benjamin, Theorien des deutschen Faschismus, Rez. zum Sammelband »Krieg und Krieger«, hrsg. von Ernst Jünger, in: Benjamin, Ges. Schriften III, a.a.O., S. 238f.
Im Nachwort zu »Das Kunstwerk im Zeitalter seiner technischen Reproduzierbarkeit« schrieb Benjamin: »Der Faschismus versucht, die neu entstandenen proletarisierten Massen zu organisieren, ohne die Eigentumsverhältnisse, auf deren Beseitigung sie hindringen, anzutasten. Er sieht sein Heil darin, die Massen zu ihrem Ausdruck (beileibe nicht zu ihrem Recht) kommen zu lassen. [...] Die Massen haben ein Recht auf Veränderung der Eigentumsverhältnisse; der Faschismus sucht ihnen einen *Ausdruck* in deren Konservierung zu geben. Er läuft folgerecht auf eine Ästhetisierung des politischen Lebens hinaus.« (Ges. Schriften I, 2, S. 467)

[17] Wolfgang Harich, zitiert nach Karl Heinz Bohrer, Die Ästhetik des Schreckens, München 1979, S. 521

[18] Alfred Andersch, Mein Lesebuch, Frankfurt 1978, im Vorwort, s. auch in: Lesebuch, Zürich 1979, S. 154f., dort heißt es u. a. »...konservativ war er nie. Niemals!«

[19] Jünger in einer Fernsehsendung Frühjahr 1979, vgl. hierzu u. a. *Frankfurter Allgemeine Zeitung*, 25. 4. 1979: »Der alte Herr läßt sich befragen«.

[20] Ernst Jünger, In Stahlgewittern, 1920, zitiert nach der Ausgabe 1941, S. 1. (Zu den einzelnen Fassungen und Ausgaben s. auch Ulrich Böhme, Fassungen bei Ernst Jünger, Meisenheim 1972.)

[21] Stahlgewitter, S. 2

[22] Ebenda, S. 2f.

[23] Ebenda, S. 3

[24] Ebenda, S. 3f.

[25] Ebenda, S. 4

[26] Ebenda, S. 99

27 Ebenda, S. 101 f.

28 Ebenda, S. 23 f.

29 Ebenda, S. 91

30 Ebenda, S. 257

31 Ebenda, S. 295

32 *Militärwochenblatt* 1923, Nr. 3, S. 53 und Nr. 32, S. 588; vgl. auch Jüngers »Skizze der modernen Gefechtsführung«, ebenda Nr. 20, S. 433

33 Ebenda. Hervorhebung im Original. Andersch zur militärpolitischen Bedeutung von Ernst Jünger: »Ernst Jünger ist also, und ohne schlechtes Gewissen, Soldat gewesen. Sein Werk war dann, in der Weimarer Republik, der geistige Bezugspunkt der Reichswehr. An der Neufassung der Heeres-Dienstvorschrift hat er mitgewirkt.« Lesebuch, a.a.O., S. 160

34 Richards, a.a.O., gibt die Gesamtauflage von 1917 bis 1940 mit 682 000 Exemplaren an.

35 Richards, a.a.O.

36 Bernd Felix Schulte, Die deutsche Armee 1900–1914, Zwischen Reform und Verändern, Düsseldorf 1977

37 Walter Flex, Der Wanderer zwischen beiden Welten, ein Kriegsbericht. 1917; zitiert nach der Ausgabe 481. bis 495. Tausend, München o. J., S. 47

38 Vgl. hierzu u. a. Alfred Kurella in »Zwischendurch«; zuletzt Peter Mayer-Tasch, Aus grauer Städte Mauern, Von der blauen Blume zu den Lagerfeuern von Wyhl. *Frankfurter Allgemeine Zeitung*, 23. 2. 1980. Hier heißt es hinsichtlich der politischen Orientierung der Jugendbewegung: »Daß die Jugendbewegung in ihren Anfängen eher unpolitisch war, daß die entschiedene Distanz zu Politik und Parteien geradezu zum Herzstück ihrer latenten Programmatik wurde, ist unverkennbar. Unverkennbar ist aber auch, daß ihr ebenso sehnsüchtiges wie beharrliches Verlangen nach umfassender geistiger Erneuerung nicht gänzlich unpolitisch bleiben konnte. Wo Einfachheit, Offenheit, Geradheit und Natürlichkeit als höchste soziale Tugend gepriesen wurden, wo idealistische Zielsetzungen der weitverbreiteten materialistischen vorgezogen wurden, konnte eine Konfrontation mit dem Geist der gründerzeitlich-wilhelminischen Gesellschaft kaum ausbleiben.« Vgl. auch Karl O. Paetel, Versuchung oder Chance?, Göttingen 1968

39 Flex, Wanderer, S. 37

40 Ebenda, S. 23

41 Ebenda, S. 10

42 Ebenda, S. 7

43 Ebenda, S. 31

44 Ebenda, S. 9. Hervorhebung im Original. Ein Tip: Diesen Topos einmal gegenlesen zum Ende des Leutnants Trotta in Roths »Radetzkymarsch« ...

45 *Die Zeit*, Nr. 28, 7. 7. 1978

46 Annemarie Auer, Gedanken beim Lesen, in: *Sinn und Form,* 4/77, S. 873

47 Vgl. hierzu O. E. Schüddekopf, Die revolutionäre Situation um die Jahreswende 1932/33, in: Linke Leute von rechts, Stuttgart 1960; ebenfalls Karl Heinz Roth, a.a.O., S. 102 f.

48 Siehe hierzu: Flemming/Krohn/Stegemann/Witt, Die Republik von Weimar, Kronberg/Ts. 1979. Dort in diesem Zusammenhang u. a.: »Während des Weltkrieges, der sich wider Erwarten nicht als ›Blitzkrieg‹ beenden ließ, sondern sich als langandauernder, zermürbender Abnutzungs- und Materialkrieg entpuppte, wurden die sozialen Fundamente dieses Systems ausgehöhlt. Das Offizierskorps blähte sich auf; vielfach prägten im unmittelbaren Kampfgeschehen bürgerliche Reserveoffiziere das Bild; die zuvor sorgfältig gepflegte Trennung zwischen Mann und Offizier wurde zwar nicht prinzipiell aufgehoben, aber die Gegensätze schliffen sich in der rauhen Wirklichkeit der Schützengräben ab und wirkten da, wo sie weiterhin wie z. B. in der Marine beachtet wurden, um so aufreizender.« (S. 69)

49 Karl Prümm, Die Literatur des soldatischen Nationalismus (1918–1933), Kronberg/Ts. 1974
50 Prümm, S. 104
51 Ebenda, S. 103
52 Ebenda, S. 129
53 Ebenda, S. 112
54 Karl Heinz Bohrer, Die Ästhetik des Schreckens, München 1979.
55 Bohrer, S. 262
56 Ebenda, S. 95
57 Gerda Liebchen, Ernst Jünger. Seine literarischen Arbeiten in den zwanziger Jahren. Bonn 1977
58 Hermann Kähler, Bohrers schreckliche Ästhetik. In: *Sinn und Form*, Heft 5/79, S. 1106
59 Heinz Dieter Kittsteiner/Helmut Lethen, Jetzt zieht Leutnant Jünger seinen Mantel aus, a.a.O.,
    S. 32
60 Walter Benjamin, Theorien des Faschismus, a.a.O.
61 Siehe auch P. P. Pasolini, Die unseligen Jugendlichen (1975). Dort heißt es in diesem Zusammen-
    hang: »[...] erstens haben wir, die Antifaschisten, das Bewußtsein vom alten Faschismus ver-
    drängt, haben uns auf bequeme Art von unserem ›intimen, innigen Verhältnis‹ [...] zu ihm befreit
    (wir haben die Faschisten immer nur als unsere ›armen Brüder im Geiste‹ angesehen). Vor allem
    aber haben wir – unbewußt zwar, aber gerade deswegen sind wir um so schuldiger – die erniedri-
    gende Gewalt des neuen Faschismus, das wahre Massaker, das er in Gang gesetzt hat, akzeptiert.
    Warum diese Komplizenschaft mit dem alten Faschismus, und warum diese widerstandslose Hin-
    nahme des neuen? Weil – und damit komme ich zum Kernpunkt – uns allen, eingestandermaßen
    oder nicht, eine Leitidee gemeinsam ist: daß das Schlimmste auf der Welt die Armut sei und daß
    daher die Kultur der armen Klassen durch die Kultur der herrschenden Klasse ersetzt werden
    muß«; zit. nach *Alternative* 125/126, S. 130
62 Vgl. Georg Hensel in *Frankfurter Allgemeine Zeitung,* 26. 7. 1979
63 Siehe hierzu Edwin Klinger, Arnolt Bronnen. Werk und Wirkung. Eine Personalbiographie, Hil-
    desheim 1974. Klinger nennt die folgenden Daten: 28. 6. 1935 als Angestellter der Reichsrund-
    funkgesellschaft gekündigt, bis 1940 als Programmleiter beim Fernsehsender, 13. 5. 1937 Aus-
    schluß aus der Reichsschrifttumskammer und Berufsverbot als Schriftsteller, 1940 für politisch
    unzuverlässig erklärt, 27. 1. 1943 Publikationsverbot für das In- und Ausland, 1944 Einberufung
    zum Kriegsdienst, wegen Wehrkraftzersetzung in Steyr und Wien inhaftiert. Siehe auch »Arnolt
    Bronnen gibt zu Protokoll«, Kronberg/Ts. 1978
64 Bronnens Buch »Deutschland – kein Wintermärchen«, Berlin (DDR) 1956, stellt eine leiden-
    schaftliche Verteidigung der DDR dar. Doch Bronnen blieb der SED ein unliebsamer, nur knapp
    geduldeter und schließlich totgeschwiegener Autor.
65 Tucholsky unter »I. W.«, Ein besserer Herr, in: *Weltbühne* 25/1, 1929; zit. nach Werke Bd. 7,
    S. 112
66 *Vossische Zeitung,* zit. nach »Arnolt Bronnen gibt zu Protokoll«, S. 203
67 *Berliner Tageblatt,* zit. nach »Arnolt Bronnen gibt zu Protokoll«, S. 203
68 H. Ihering, O. S., Bronnens Oberschlesienroman, in: *Börsen-Courier,* 23. 6. 1929
69 F. C. Weiskopf, Der deutsche politische Roman. Zwei Versuche, Heinz Pols »Entweder oder«
    und Arnolt Bronnens »O. S.«, in: *Berlin am Morgen,* 25. 8. 1929
70 Ernst Jünger, Wandlungen im Kriegsbuch. Arnolt Bronnens Roman »O. S.«, in: *Der Tag,* Berlin,
    23. 5. 1929
71 Paul Fechter, zit. nach »Arnolt Bronnen gibt zu Protokoll«, S. 203
72 *Berliner Nachtausgabe,* zit. nach »Arnolt Bronnen gibt zu Protokoll«, S. 203
73 Rosenberg in *Völkischer Beobachter,* zit. nach »Arnolt Bronnen gibt zu Protokoll«, S. 204
74 Joseph Goebbels, zit. nach »Arnolt Bronnen gibt zu Protokoll«, S. 204

[75] Gregor Strasser in *Nationalsozialistische Briefe,* zit. nach »Arnolt Bronnen gibt zu Protokoll«, S. 204

[76] Arnolt Bronnen, O. S., Berlin 1929, S. 24; 1.–10. Tausend 1929, 11.–15. Tausend 1929, 16.–25. Tausend 1930

[77] Ebenda, S. 24

[78] Ebenda, S. 26

[79] Ebenda, S. 26 f.

[80] Ebenda, S. 3

[81] Ebenda, S. 39

[82] Ebenda, S. 48 f.

[83] Ebenda, S. 80 f.

[84] Ebenda, S. 83

[85] Ebenda, S. 93

[86] Ebenda, S. 103

[87] Ebenda, S. 136

[88] Ebenda, S. 329

[89] Ebenda, S. 333

[90] Arthur Zickler durfte z. B. im *Vorwärts* (Januar 1919) folgendes schreiben: »Vielhundert Tote in einer Reih,/ Karl Liebknecht, Rosa, Radek und Kumpanei,/ Es ist keiner dabei?« – Wenige Tage später waren auch Liebknecht und Luxemburg ermordet. Zur Mordhetze am Anfang der Weimarer Republik vgl. u. a. auch Ernst Friedrich, Oskar Kanehl, Der proletarische Dichter, Berlin 1924.

[91] Zur Praxis des politischen Mordens in der Republik vgl. u. a.: Emil Gumbel, Verräter verfallen der Fehme. Opfer, Mörder, Richter 1919–1929, Berlin 1929. Gumbel stützte sich bei seinen Untersuchungen auf die Protokolle des Reichstagsausschusses für Femeorganisationen und Fememorde.

[92] Nach Richards (a.a.O.) 104. Tausend 1939, 1930 25.–84. Tausend.

[93] Kessler, Tagebücher, a.a.O., S. 282. Hervorhebung im Original.

[94] Zur sich verändernden Lage der Mittelschichten führte Fritz Sternberg in seiner Untersuchung »Der Faschismus an der Macht« (Amsterdam 1935) aus: »Im gesamten Vorkriegskapitalismus war es ihnen bis auf gewisse Ausnahmen nicht direkt schlecht ergangen. Die Vermögensberaubung durch die Inflation sah man als Kriegsfolge an, machte also nicht den Kapitalismus dafür verantwortlich. In den Jahren 1924/29 hatte sich, bis auf die Bauern, ihre Lebenslage ziemlich stabil gehalten.
So war ihre Proletarisierung ein Prozeß, der ihren Traditionen, der ihren Erfahrungen von Generationen widersprach. So antworteten sie auf ihre Proletarisierung, indem sie ihre Entproletarisierung verlangten. Genau so, wie seinerzeit die Arbeiterklasse auf die erste Einführung von Maschinen, die sie brotlos machte, nicht mit Marxismus antwortete, sondern die Maschinen zu zerstören suchte, um die Zustände wieder herbeizuführen, die *vor* der Einführung von Maschinen bestanden hatten, genau so antworteten die Mittelschichten auf die immer stärkere Proletarisierung ihres Daseins romantisch-reaktionär: sie sehnten sich nach den Zuständen zurück, die *vor* ihrer Proletarisierung gegeben waren.
Die Aufgabe der Nazis, die sie mit allem Raffinement gelöst haben, bestand darin, dieser Sehnsucht der Mittelschichten eine gewisse systematische Form zu geben und damit gleichzeitig ihnen all die Vordergrundlösungen zu versprechen, von denen diese Mittelschichten selbst glaubten, daß sie ihnen helfen würden« (S. 30).

[95] Ernst von Salomon, Die Geächteten, Hamburg 1929; zit. nach der Ausgabe Hamburg 1962; S. 218

[96] Die Geächteten, S. 13
[97] Ebenda, S. 13f.
[98] Ebenda, S. 16
[99] Ebenda, S. 17
[100] Ebenda, S. 17f.
[101] Ebenda, S. 19
[102] Ebenda, S. 21f.
[103] Ebenda, S. 22f.
[104] Ebenda, S. 25
[105] Ebenda, S. 26
[106] Ebenda, S. 26f.
[107] Ebenda, S. 28
[108] Ebenda, S. 29
[109] Ebenda, S. 34
[110] Ortega y Gassets Bild der Massen in »Aufstand der Massen« (1931): »Es gibt eine Tatsache, die das öffentliche Leben Europas in der gegenwärtigen Stunde – sei es zum Guten, sei es zum Bösen – entscheidend bestimmt: das Heraufkommen der Massen zur vollen sozialen Macht. Da die Massen ihrem Wesen nach ihr eigenes Dasein nicht lenken können noch dürfen und noch weniger imstande sind, die Gemeinschaft zu regieren, ist damit gesagt, daß Europa heute in einer der schwersten Krisen steckt, die über Völker, Nationen, Kulturen kommen kann.« Dies sind die ersten Sätze des spanischen Kulturphilosophen, dessen Auflagen in den fünfziger Jahren gerade in der Bundesrepublik bemerkenswert waren. Vgl. hierzu sein »Wort zuvor an meine deutschen Leser« in: Aufstand der Massen, wesentlich erweiterte und aus dem Nachlaß ergänzte Neuausgabe, 8./9. Tausend der erweiterten Neuausgabe. (Gesamtauflage derzeit: 307000)
[111] Salomon, Die Geächteten, S. 35
[112] Ebenda, S. 35f.
[113] Ebenda, S. 38f.
[114] Ebenda, S. 40
[115] Ebenda, S. 41
[116] Ebenda, S. 42
[117] Ebenda, S. 77
[118] Ebenda, S. 110
[119] Ebenda, S. 134f.
[120] Ebenda, S. 135
[121] Vgl. hierzu: Mein Kampf, Bd. 1, München 1925, 29. Auflage, Gesamtauflage 1933: 1180000, S. 369f.
[122] Salomon, Die Geächteten, S. 136
[123] Siehe auch Elsa Brandstroem, Unter Kriegsgefangenen in Rußland und Sibirien 1914–1920, ebenfalls Elsa Brandstrœm-Archiv, Berichte und Dokumente offizieller Kommissionen. Walter Hasenclever vergleicht Dwingers »Armee hinter Stacheldraht« mit Dostojewskis »Memoiren aus einem Totenhaus«: »Wenn Dostojewski als deutscher Soldat wie der Verfasser dieses Buches in den ersten Kriegstagen an der russischen Front gefangen und vier Jahre nach Sibirien geschleppt worden wäre: er hätte nicht erschütternder und lebendiger seine Leidenszeit schildern können. Auf dreihundert Seiten ist ein Dasein beschrieben, das als Denkmal ewiger Schande die Jahrhunderte überdauert.« Zit. nach Hirschfeld, Sittengeschichte des Weltkrieges. Leipzig u. Wien 1929, S. 593
[124] Erich Edwin Dwinger, Armee hinter Stacheldraht, Jena 1929 (151. bis 165. Tausend); Überset-

zungen erschienen in Dänemark, England, Frankreich, Holland, Polen, Schweden, Spanien und den USA.

[125] Der Versailler Vertrag beendete formal den 1. Weltkrieg und schuf gleichzeitig mit der Neuaufteilung der Welt zugunsten der Ententemächte einen der Hauptanlässe für den 2. Weltkrieg; die beschränkte Souveränität Deutschlands wurde zu einem Hauptargument für die NSDAP.

[126] Dwinger, Armee hinter Stacheldraht, S. 110

[127] Ebenda, S. 179

[128] Ebenda, S. 195

[129] Ebenda, S. 106

[130] Ebenda, S. 40

[131] Ebenda, S. 196

[132] Ebenda, S. 197

[133] Ebenda, S. 177

[134] Ebenda, S. 110

[135] Ebenda, S. 37

[136] Werner Beumelburg, Die Gruppe Bosemüller, Oldenburg 1930, S. 71

[137] Ebenda, S. 71

[138] Ebenda, S. 127. Hervorhebung im Original.

[139] Ebenda, S. 151, 152.

[140] Ebenda, S. 159f.

[141] Ebenda, S. 165

[142] Ebenda, S. 167

[143] Ebenda, S. 167f.

[144] Ebenda, S. 175f.

[145] Ebenda, S. 180

[146] Ebenda, S. 193

[147] Ebenda, S. 194

[148] Ebenda, S. 195

[149] Ebenda, S. 198

[150] Ebenda, S. 199

[151] Vgl. Karl Prümm, Das Erbe der Front, a.a.O.

[152] Die Gruppe Bosemüller, S. 203f.

[153] Ebenda, S. 206

[154] Siehe auch Otto Pöggeli in *Zeitwende,* Januar 1980: Angst, die die Überlegung nicht aufkommen lassen will, nicht so sehr als »Grundbefindlichkeit« (Heidegger) und eher als Auswirkung von Macht und Gewaltausübung.

[155] Hans Zöberlein, Der Glaube an Deutschland, 1931, zit. nach der 34. Auflage, 441.–470. Tausend, München 1940

[156] Bertolt Brecht, Arbeitsjournal, Zweiter Band 1942 bis 1955, hrsg. von Werner Hecht. Frankfurt 1973, S. 596 (Eintragung vom 29. 7. 1943).

[157] Hitlers Widmung:»Hier ist das Vermächtnis der Front niedergelegt! Ein einfacher Soldat, der nicht beabsichtigte, die Kriegsliteratur zu vermehren, hat sich in jahrelanger, mühevoller Arbeit neben seinem Beruf eine Last von der Seele geschrieben. Kämpfe und Schlachten stehen in historischer Treue mit Tag und Stunde, Ort und Gelände wieder auf. Nicht so, wie man vielleicht die Ereignisse heute nach Jahren erst sieht. Gipfel und Abgründe stehen nebeneinander und immer die sturmfeste Treue der Kameradschaft dabei. Man hört das Herz der Front schlagen, den Quell jener Kraft, die unsere unvergänglichen Siege schuf. Und ungewollt greift die soziale Frage ins Geschehen ein, das Denken der ›vaterlandslosen Gesellen‹.

Das Buch hat allen etwas zu sagen: Dem Soldaten, dem Politiker, den schaffenden Deutschen
aller Stände, der heranwachsenden Jugend ist es das Erbe der Front!
München, im Februar 1931.«
[158] Der Glaube an Deutschland, S. 328
[159] Ebenda, S. 97f.
[160] Ebenda, S. 153
[161] Ebenda, S. 325
[162] Ebenda, S. 154
[163] Ebenda
[164] Ebenda, S. 146
[165] Ebenda, S. 156
[166] Ebenda, S. 357
[167] Ebenda, S. 240f.
[168] Hans Zöberleins »Der Glaube an Deutschland« ist, was die Verbreitung dieses Buches betrifft,
sicher auch ein Produkt des nationalsozialistischen Propaganda-Apparates. Damit allein aber läßt
sich der Erfolg nicht erklären. 1939 sollen 470 000 Exemplare ausgeliefert worden sein. In den
ersten drei Jahren, also 1931 bis 1934, waren es 235 000 Exemplare. Vgl. auch Dietrich Strothmann, Nationalsozialistische Literaturpolitik. Ein Beitrag zur Publizistik im Dritten Reich, Bonn
1968, S. 327 und 396.
[169] Karl Dietrich Erdmanns Darstellung der deutschen Geschichte im 20. Jahrhundert in Gebhardts
Handbuch der Deutschen Geschichte »Die Zeit der Weltkriege«, Stuttgart 1976, gestattet sich
diesen Blick von unten gar nicht erst.
Egmont Zechlin, einer der Hauptkritiker Fritz Fischers, betrachtet die historischen Ereignisse vor
dem 1. Weltkrieg unter dem Aspekt von »Weltgeschichte als Machtgeschichte«. Die militärischen, wirtschaftlichen und psychologischen Kriegsvorbereitungen auf deutscher Seite versteht
er aus einer allgemein angenommenen, gesteigerten Kriegsgefahr. Folgt man Zechlin, dann war
die Vorkriegs- und Kriegspolitik Deutschlands nicht auf Eroberungen und Vorherrschaft in Europa gerichtet. Ihm scheint historisch plausibel, was Admiral Tirpitz, einer der eifrigsten Kriegs-
rüster, dem Historiker Fritz Kern gesagt haben soll: »Eventualpräventivkrieg. Wir sagten am
5. Juli: wir müssen was tun, sonst ist Österreich in ein paar Jahren nicht mehr bündnisfähig. Indem
wir was tun, stechen wir zugleich in die Entente hinein. Eine Blutprobe, sehen, was sie eigentlich
denkt. Macht sie Krieg, dann wollte sie ihn, und dann kommt es besser 1914 als 1916. Oder sie
weicht zurück und dann kolossaler Erfolg. Dies ist die Fehlspekulation.« Aus: Egmont Zechlin,
Krieg und Kriegsrisiko, Zur deutschen Politik im Ersten Weltkrieg, Düsseldorf 1979
[170] Vgl. hierzu Fritz Fischer, Bündnis der Eliten, Zur Kontinuität der Machtstrukturen in Deutschland 1871–1945. Düsseldorf 1979
[171] Brecht, Arbeitsjournal. Hrsg. v. Werner Hecht, Frankfurt/M. 1973. Eintragung vom 15. 8. 1944
[172] Alexander von Bormann, Vom Traum zur Tat. Über völkische Literatur, in: Die deutsche Literatur der Weimarer Republik, a.a.O., S. 322.
[173] Karl Marx und Friedrich Engels, Manifest der Kommunistischen Partei, in: Ausgewählte Schriften in zwei Bänden, Bd. 1, S. 31, Berlin (DDR) 1951.
[174] Tucholsky, Prozeß Marloh, unter I. W. in *Weltbühne* 52/755, 18. 12. 1919; zit. nach Werke,
Bd. 2, S. 224ff.
[175] Klaus Theweleit, Männerphantasien, a.a.O.
[176] Vgl. u. a. Lothar Baier, In den Staub mit allen Feinden der Frau. Klaus Theweleits halb wissenschaftliche, halb persönliche Untersuchung, wie sich der Faschismus in der Literatur widerspiegelte, in: *Frankfurter Allgemeine Zeitung*, 18. 4. 1978
Theweleit kritisiert Prümms Ansatz einer »kritischen Rationalität« besonders scharf, s. Männer-

phantasien Bd. 1, S. 561, (Anm. 20). Aus Theweleits Sicht wird die universitäre Faschismusdiskussion im wesentlichen durch zwei Theorien bestimmt, die vom »Primat der Politik« und die vom »Primat der Industrie«.

[177] Alfred Sohn-Rethel, Zur Klassenstruktur des deutschen Faschismus (Frühjahr 1941), zit. nach Theweleit, a.a.O., Bd. 2, S. 533

[178] Männerphantasien 2, S. 533

[179] Ebenda, S. 399

[180] Ebenda, S. 400

[181] Ebenda, S. 401

[182] Ebenda, S. 411

[183] Siehe in diesem Zusammenhang Hirschfeld, Sittengeschichte des Weltkrieges, 1929, insbesondere die Kapitel »Kriegserotik in Literatur und Kunst« und »Verbote erotischer Literatur im Kriege«.

[184] Männerphantasien 2, S. 411f.

[185] Vgl. Ralph Giordano, Das Problem – der häßliche Deutsche, in: Fremd im eigenen Land. Juden in der Bundesrepublik, hrsg. v. Henryk M. Broder und Michel R. Lang, Frankfurt 1979, S. 168. Nach dem 1. Weltkrieg beobachtete Kurt Tucholsky die folgende, sehr ähnliche Grundhaltung: »Wie ist das zu erklären? Wie kann ein Volk gedeutet werden, das nach allem, was geschehen ist, nach allem, was es erfahren und gelitten hat, den verlorenen Krieg als einen kleinen Betriebsunfall ansieht – ›Reden wir nicht weiter drüber!‹ –, und das heute, heute am liebsten das alte böse Spiel von damals wieder aufnehmen möchte: die Unterdrückung durch aufgeblasene Vorgesetzte, ein Deutscher tritt den andern und ist stolz, ihn zu treten, die schimmernden vergötterten Abzeichen, der Götze Leutnant – ›unser Militär‹. Wie ist das zu erklären?« (Tucholsky unter I. W., Unser Militär, Weltbühne 9, S. 201, 20. 2. 1919; siehe auch Werke, a.a.O., Bd. 2, S. 24)

[186] Henryk M. Broder, Warum ich lieber kein Jude wäre; und wenn schon unbedingt – dann lieber nicht in Deutschland, in: Fremd im eigenen Land, a.a.O., S. 90

[187] Nachzulesen in: Bernt Engelmann, Vorwort zu »Fremd im eigenen Land«, a.a.O., S. 25

[188] Jeanette Lander, Unsicherheit ist Freiheit, in: Fremd im eigenen Land, a.a.O., S. 261f. Zum Beispiel des »Schulrektors«: Hitler wird immer noch wie eine exotische Gestalt behandelt, etwa wie Karl der Große. Siehe auch Eberhard Straub, Hitler und die Lehrer von Heute. Über das Elend des Geschichtsunterrichts an den Schulen, in: Frankfurter Allgemeine Zeitung, 18. 5. 1978

ZU TEIL III

[1] Theodor Plivier über seine Arbeit, Aus meinem Leben, Prospekt des Malik-Verlages, Berlin 1932.

[2] Siehe auch Walter Fähnders, Martin Rector, Linksradikalismus und Literatur. Untersuchungen zur Geschichte der sozialistischen Literatur in der Weimarer Republik, Hamburg 1970, Bd. 1, S. 319ff.: Theodor Pliviers Flugschriften.

[3] Siehe Erhard Lucas, Zum Entstehungsprozeß und zum Ansatz der Untersuchung »Zwei Formen von Radikalismus in der deutschen Arbeiterbewegung«, in: Arbeiterradikalismus und Die andere Arbeiterbewegung. Zur Diskussion der Massenarbeiterthese, Verlag édition égalité, Bochum 1977.

[4] Karl Heinz Roth, Arbeiterklasse und Arbeiterorganisation in Deutschland 1890 bis 1920, in: Arbeiterradikalismus, a.a.O., S. 43.

[5] »shanghaied« war das nach Paragraph 78 der Wehrordnung zwangsweise aufgebrachte »Menschenmaterial«.

[6] Vgl. R. K. Lochner, Die Kaperfahrten des kleinen Kreuzers Emden, München 1979; vgl. hierzu Harry Wilde, Theodor Plivier. Nullpunkt der Freiheit, München 1965, S. 47ff.

[7] Theodor Plivier, Des Kaisers Kulis, Roman der deutschen Kriegsflotte, Berlin 1930, S. 276. Theodor Plivier ist nach etwas mehr als zwei Jahrzehnten seit seinem Tod ein vergessener Autor. Der Schwerpunkt seines Werkes ist die Auseinandersetzung mit dem Krieg bzw. mit seiner Verhinderung und Abschaffung. Sein Roman über die Novemberrevolution, zuerst 1932 erschienen, wurde erst 1979 in der BRD wieder aufgelegt. (Der Kaiser ging, die Generäle blieben. = Bibliothek der verbrannten Bücher, Hamburg.) Über dieses Buch hieß es am 14. 5. 1932 im linksliberalen *Tagebuch:* »Das Buch könnte auch heißen: Wie Deutschland nicht Republik wurde.« »Stalingrad«, Berlin 1946, wurde ein Welterfolg, aber der Generalinspekteur der Bundeswehr denunzierte dieses Buch 1963 in einer schriftlichen Truppeninstruktion als »Kampfmittel der Gegner der Freiheit oder ihrer mißbrauchten Helfer…« (zit. nach Hans-Harald Müller, Vorwort zu »Der Kaiser ging, die Generäle blieben«, Hamburg 1979).

[8] Des Kaisers Kulis, S. 276f.

[9] Ebenda, S. 277f.

[10] Ebenda, S. 284

[11] Ebenda, S. 114

[12] Ebenda, S. 21

[13] Ebenda, S. 15

[14] Ebenda, S. 24

[15] Ebenda, S. 40

[16] Ebenda, S. 45

[17] Ebenda

[18] Ebenda, S. 60

[19] Ebenda, S. 75

[20] Ebenda, S. 82

[21] Ebenda, S. 150f.

[22] Ebenda, S. 98f.

[23] Ebenda, S. 207f.

[24] Ebenda, S. 199

[25] Ebenda, S. 213

[26] Ebenda, S. 249

[27] Ebenda, S. 272

[28] Ebenda, S. 334

[29] Ebenda, S. 345

[30] Ebenda

[31] Ebenda, S. 360 f.

[32] Ebenda, S. 390

[33] Aber die revolutionäre Matrosenbewegung wurde nicht nur mit Regierungsgewalt gestoppt, sie verlief sich auch, wie man in Döblins »Matrose Thomas« nachlesen kann: »Was war aus unseren Matrosen geworden, die in der Mittwochnacht schlafend, im donnernden Sonderzug, von Wilhelmshaven über Münster, Osnabrück, Köln rasten, um dem Elsaß zu zeigen, was eine deutsche Revolution ist? [...] Am ersten Tage der Matrosenankunft Jubel im Soldatenrat, begeisterte Reden, liebevolle Umarmungen [...] Die Alliierten und der 22. November warfen ihre Schatten voraus. Da waren sie schon nicht mehr glücklich. Und als sich nun Altdeutsche an sie heranmachten, die sich gar nicht revolutionär gaben, da wurde ihnen ganz schwül. Sie setzten sich in den Justizpalast zu den anderen – was sollten sie allein machen, im Schmollwinkel – und bildeten den ›Marinerat‹, teils weil ein Soldat ein Soldat und ein Matrose ein Matrose ist, teils weil sie trotzig festhielten, daß sie ein Mandat von sechzehntausend Matrosen in Wilhelmshaven auszuüben hätten. Sie merkten aber mehr und mehr, daß sie nicht im wilden Wilhelmshaven, sondern im schönen alten Straßburg ihrer Väter waren [...] Sie fluchten auf Matrosenart, dann mezzo, piano, pianissimo« (Alfred Döblin, November 1918, Bd. 1, Bürger und Soldaten, München 1978, S. 217).

[34] Ludwig Turek, Ein Prolet erzählt, Berlin 1930, zit. nach der Ausgabe, Köln 1972, S. 57

[35] Ein Prolet erzählt, S. 165

[36] Ebenda, S. 165 f.

[37] Ebenda, S. 171

[38] Ebenda, S. 99

[39] Ebenda, S. 173

[40] Ebenda, S. 173

[41] Ebenda, S. 178

[42] Ebenda, S. 191

[43] Ebenda, S. 180

[44] Ebenda, S. 179

[45] Ebenda, S. 175

[46] Ebenda, S. 229

[47] Ebenda, S. 294

[48] Ebenda, S. 295

[49] Ludwig Turek kam mit seiner Partei nicht mehr zurecht, bzw. scheint man in der KPD nicht gewußt zu haben, was tun mit so einem wilden Menschen. 1930 begab sich Turek auf große Wanderschaft.

[50] Oskar Maria Graf, Wir sind Gefangene, 1927, zit. nach der Ausgabe München 1978, S. 467 f.

[51] Vgl. Revolution und Räterepublik in München 1918/19, Augenzeugenberichte. Mit einem Vorwort von Eberhard Kolb, München 1978

[52] Zur Frage der Identität von Autor und Ich-Erzähler in »Wir sind Gefangene« siehe auch Rolf Recknagel, Ein Bayer in Amerika. Oskar Maria Graf, Leben und Werk. Berlin (DDR) 1974.

[53] Wir sind Gefangene, S. 20

[54] Ebenda, S. 21

[55] Ebenda, S. 72

[56] Der Graf-Biograph Rolf Recknagel nennt ihn einen Anti-Marxisten, dessen »völlig utopische

Spekulation« mit dem »wissenschaftlichen Sozialismus« – SED-Verständnis – nichts gemein habe, a.a.O., S. 38

[57] Wir sind Gefangene, S. 117

[58] Ebenda, S. 128

[59] Ebenda, S. 136f.

[60] Ebenda, S. 142

[61] Ebenda, S. 177

[62] Ebenda, S. 178

[63] Ebenda, S. 200f.

[64] Ein Beispiel zur Veranschaulichung der Situation kurz nach dem Krieg: die Barackenlager der Großbaustelle Leuna 1921 waren Herd immer neuer Arbeiterrevolten und wurden deshalb nach dem mitteldeutschen Aufstand endgültig abgerissen; vgl. hierzu Karl Heinz Roth, Die andere Arbeiterbewegung, a.a.O., S. 52f.

[65] Graf, Wir sind Gefangene, S. 312

[66] Ebenda, S. 314

[67] Ebenda, S. 316

[68] Ebenda, S. 317f.

[69] Ebenda, S. 319

[70] Ebenda, S. 372

[71] Ebenda, S. 384

[72] Ebenda, S. 388f. Hervorhebung im Original.

[73] Ebenda, S. 406

[74] Ebenda, S. 409

[75] Ebenda, S. 437. Hervorhebungen im Original.

[76] Ebenda, S. 442

[77] Ebenda, S. 445

[78] Ebenda, S. 449

[79] Ebenda, S. 500f. Hervorhebung im Original.

[80] Ebenda, S. 505f.

[81] Ebenda, S. 529

[82] Ein ähnlich revolutionärer, gleichzeitig religiös bestimmter Elan war für die politische Perspektive Leonhard Franks in »Der Mensch ist gut« aufgefallen. Eines der bekanntesten Beispiele für das Zusammengehen von Christentum und Revolution findet sich in dem berühmten Gedicht des russischen Lyrikers Alexander Blok, »Die Zwölf« (1918), das mit folgenden Zeilen endet:
»vorne mit der roten Fahne,
im Gestöber schneeverdeckt,
schreitend wie durch weiße Hallen
blinkend wie von Schneekristallen,
weiße Rosen in dem Haar
vorne Jesus Christus war«.

[83] K. A. Wittfogel, a.a.O., S. 402f.

[84] Klaus Neukrantz, Des Kaisers Kulis, *Linkskurve,* Januar 1930, S. 30f.

[85] *Linkskurve,* Februar 1930, S. 20

[86] Ebenda. Hervorhebungen im Original.

[87] Vgl. hierzu »Plivier über seine Arbeit«, a.a.O., S. 239

[88] Ende Mai 1932, also viel zu spät, versuchte die KPD noch eine überparteiliche Massenbewegung gegen die faschistische Gefahr zu initiieren. Die »Antifaschistische Aktion« hatte den Anspruch, über eine Organisierung kommunistischer Arbeiter und Antifaschisten hinauszukommen. Sie

sollte ein Sammelbecken *aller* kampfbereiten Antifaschisten werden. Jedoch gelang es nicht mehr, die von der SPD, aber auch von der KPD betriebene Spaltung der Arbeiterschaft und des antifaschistischen Kampfes bis zur Machtübernahme durch Hitler 1933 zu überwinden.

[89] *Linkskurve,* Februar 1930, S. 29

[90] Turek im Vorwort zur Ausgabe des Malik-Verlages.

[91] Wittfogel, a.a.O., S. 402

[92] *Linkskurve,* Januar 1930, S. 18. Hervorhebungen im Original.

[93] Ebenda.

[94] Recknagel, Rolf, Ein Bayer in Amerika, Oskar Maria Graf, Leben und Werk, Berlin (DDR) 1977

[95] Recknagel, S. 186

[96] Thomas Mann, Ges. Werke, Reden und Aufsätze, Frankfurt 1974, S. 684 ff.

[97] Karl Liebknecht, Ges. Reden und Schriften, Berlin (DDR) 1971, Bd. 9, S. 304 f.

[98] Ebenda.

[99] Rosa Luxemburg, Politische Schriften, Bd. III, Frankfurt/M. 1968, S. 133

[100] Günter Maschke kritisierte die »Verehrung der gescheiterten Revolutionäre: Rosa Luxemburg, Leo Trotzki, Che Guevara. Nur sie verkörpern noch das Prinzip und erhalten die Flamme. Endlich die wirkliche Revolution schaffen zu wollen heißt jedoch: gar keine zu beginnen«. G. Maschke, Die irdischen Paradiese verblassen, *Merkur,* Dez. 1979, S. 1174. Richtig ist die Kritik der »Lähmung des Handelns durch ein Übermaß an Geschichte« (S. 1175). Richtig ist aber auch, daß die Geschichte nicht stillstehen wird. Gerade deshalb darf die Verehrung der gescheiterten Revolutionäre nicht Endstation sein. Ihr Scheitern darf den Verlust von Massenerfahrung nicht nach sich ziehen.

[101] Hierzu Fähnders/Rector, Linksradikalismus und Literatur, a.a.O., insbesondere Bd. 2, S. 243, über Scharrers Tätigkeit in KAPD/AAUD.

[102] Adam Scharrer, Der große Betrug, Berlin 1931, neu erschienen Berlin (DDR) 1962, S. 203

[103] Adam Scharrer, Vaterlandslose Gesellen, Berlin 1929, neu erschienen, Westberlin, o. J., S. 9

[104] Vaterlandslose Gesellen, S. 19

[105] Ebenda, S. 19

[106] Ebenda, S. 30

[107] Ebenda, S. 37

[108] Ebenda, S. 53

[109] Ebenda, S. 59 f.

[110] Ebenda, S. 60

[111] Ebenda, S. 69 f.

[112] Ebenda, S. 67

[113] Ebenda, S. 72

[114] Ebenda, S. 74

[115] Ebenda, S. 86

[116] Ebenda, S. 111

[117] Ebenda, S. 146

[118] Ebenda, S. 238 f.

[119] Ebenda, S. 263

[120] Ebenda, S. 271

[121] Ebenda, S. 17

[122] Ebenda, S. 47

[123] Ebenda, S. 54

[124] Ebenda, S. 40

[125] Ebenda, S. 123

[126] Ebenda, S. 124f.
[127] Ebenda, S. 147
[128] Ebenda, S. 147
[129] Ebenda, S. 105
[130] Ebenda, S. 152
[131] Ebenda, S. 213
[132] Ebenda, S. 203
[133] Ebenda, S. 265
[134] Der große Betrug, S. 10
[135] Ebenda, S. 17
[136] Ebenda, S. 23
[137] Ebenda, S. 46
[138] Ebenda, S. 59
[139] Jürgen Kuczynski gibt in der Erläuterung einer Tabelle des Pro-Kopf-Konsums ausgewählter Waren für 1913 und von 1920 bis 1923 folgende, differenzierende Beschreibung der Anfang der zwanziger Jahre herrschenden Hungersnot und Unterernährung: »Während im Weltkrieg der Konsum vor allem wegen Warenmangels rapide zurückgegangen war, war er in den Inflationsjahren vor allem wegen der mangelnden Kaufkraft der Werktätigen so abgesunken. Zwar ist der Salzkonsum in der Gesamtbevölkerung recht beachtlich gestiegen, der ebenfalls gestiegene Konsum von Kakao war immer mengenmäßig ganz klein (1913 770 Gramm pro Kopf und Jahr); das einzige Massenkonsummittel, das 1922 und 1923 keine Senkung gegenüber der Vorkriegszeit aufweist und zugleich wirklich Bedeutung hat, ist der Zucker. Alle anderen Nahrungsmittel zeigen ganz erschreckende Senkungen im Konsum, ebenso die Genußmittel und Baumwolle (mit Ausnahme von Heringen in den Jahren 1920 und 1923 – Heringe, die bekanntlich das ›Fleisch der Hungernden‹ sind – und Reis in den Monaten Mai bis Dezember 1921). Am kennzeichnendsten wohl ist die Senkung im Konsum von Kartoffeln und Fleisch – von Fleisch, was zeigt, daß der Konsum qualitätsmäßig zurückgegangen ist ... von Kartoffeln, was zeigt, daß der Konsum auf ein erschreckendes Minimum abgesunken ist.« Kuczynski, Darstellung der Lage der Arbeiter in Deutschland von 1917/18 bis 1932/33, Berlin (DDR) 1966, S. 179f.
[140] Der große Betrug, S. 77f.
[141] Ebenda, S. 103
[142] Kuczynski kommt zu folgenden Schlüssen über die Politik der Einschüchterung durch Kapital und Regierung: »Wenn wir nun im folgenden die Verschlechterungen in der Lage der Arbeiterschaft in den Jahren von 1919 bis 1923 untersuchen, dann müssen wir sie unter zweierlei Gesichtspunkten betrachten: Einmal als charakterisierend die Lage der Arbeiter in diesen Jahren. Sodann aber auch als dunklen Hintergrund für die folgenden Jahre der Relativen Stabilisierung. Denn oft haben sich nach 1923 die reaktionären Kräfte den Arbeitern gegenüber durchgesetzt, indem sie auf die furchtbare Situation in diesen Jahren hinwiesen. Allein schon die Drohung mit der Inflation als ›Folge‹ irgendwelcher Forderungen der Arbeiter genügte oft, um zahlreiche Arbeiter zu verwirren [...] So gelang es der Reaktion, die Inflation der Jahre von 1919 bis 1923 einmal zur Festigung ihrer ökonomischen Position in diesen selben Jahren auszunutzen und sie später als politisches Droh- und Verwirrungsmittel gegen die Arbeiterklasse zu gebrauchen.« Kuczynski, a.a.O., S. 161.
[143] Der große Betrug, S. 150
[144] Karl Grünberg, Brennende Ruhr, Berlin 1928, S. 246
[145] Rohrwasser schlägt in seiner Untersuchung »Saubere Mädel – Starke Genossen« auch Karl Grünberg umstandslos auf die Seite des »Lager«-Denkens. Aber abgesehen davon, daß er im Fall Grünberg den proletarischen Realisten übersieht, setzt sich Rohrwasser in einseitiger Weise mit

dem Problem Sozialfaschismus/Lagermentalität innerhalb der gesamten KP-Politik auseinander. Trotz der folgenschweren Fehler der kommunistischen Führung, die mit ihrer Sozialfaschismusthese und -politik die Spaltung der antifaschistischen Arbeiterschaft vertiefen half, stimmt das von Rohrwasser entworfene Bild des wie von Mauern umgebenen proletarisch-revolutionären Lagers nicht mit der Wirklichkeit der kommunistischen Politik überein. Rohrwasser übersieht u. a. die parlamentarische und kommunale Arbeit der KPD, auch die großen, weit über die Arbeiterklasse hinausreichenden Kampagnen wie gegen den Panzerkreuzerbau oder für die Enteignung der Fürsten. Von daher kommen seine literaturkritischen Ableitungen über ihren ideologiekritischen Ansatz nicht hinaus. Vgl. hierzu Sozialfaschismus und Lagermentalität, in: Saubere Mädel – Starke Genossen, Frankfurt 1975, S. 26 ff.

146 Brennende Ruhr, S. 308

147 Ebenda, S. 256 f.

148 Ebenda, S. 280 f.

149 Ebenda, S. 310 f.

150 Ebenda, S. 379

151 Ebenda, S. 372. – Grünberg selbst interpretierte später (1948) die Figur Suckrows als Beitrag zur antifaschistischen Einheitsfront:»Die Hauptfigur [...] ist ein sozialdemokratischer Werkstudent, der sich trotz allen Schwankens durchaus tapfer und anständig benimmt. [Er wird] keineswegs ein zum Kommunismus bekehrter Saulus. [...] Aber der Leser weiß am Schluß das eine: Wenn es wieder einmal um die Rechte und Freiheiten seines Volkes geht, dann steht auch dieser Kämpfer wieder an der Seite seiner gestrigen Kameraden.« Siehe (Nachwort)»zur 2. Auflage 1948«, in: Brennende Ruhr, München 1974, S. 331

152 Ebenda, S 238 f.

153 Otto Gotsche, Märzstürme, 1933, zit. nach der Ausgabe Berlin (DDR) 1962, S. 134.

154 Märzstürme, S. 137.

155 Der Autor schreibt hierzu im Nachwort 1962:»Dann kam der 30. Januar 1933. Ich mußte in die Illegalität gehen. Die Nacht des Faschismus begann. Als ich Ende März 1933 nach einer Schießerei auf offener Straße verhaftet wurde und von Hamburg-Harburg über das Polizeigefängnis am Alexanderplatz in Berlin und von dort zur Festung Spandau gebracht wurde, wußte ich nicht, was mit dem Buch geschehen war. Ich füge hier ein: Später habe ich erfahren, daß es in zwanzigtausend Exemplaren in Düsseldorf gedruckt worden war und von den Nazis eingestampft wurde.« (Märzstürme, 1962, S. 196.) Otto Gotsche erweiterte und überarbeitete seinen Roman nach dem 2. Weltkrieg (Halle 1971).

156 Märzstürme, S. 155

157 Ebenda, S. 25

158 Ebenda, S. 107

159 Ebenda, S. 58

160 Ebenda, S. 143

161 Ebenda, S. 95

162 Ebenda, S. 95

163 Ebenda, S. 95 f.

164 Ebenda, S. 54 f.

165 Ebenda, S. 62 f.

166 Ebenda, S. 190

167 Noch auf dem IV. Weltkrongreß der Kommunistischen Internationale wurde auch für die deutschen Kommunisten festgelegt, daß eine der wichtigsten Aufgaben sei,»den Widerstand gegen den internationalen Faschismus zu organisieren, der gesamten Arbeiterschaft im Kampfe gegen die Faschistenbanden voranzugehen und auf diesem Gebiete die Taktik der Einheitsfront ener-

gisch anzuwenden«. Diese taktische Konzeption wird auf dem V. Weltkongreß der KI revidiert und der Gegensatz von Faschismus und bürgerlicher Demokratie verwischt. In einer »Resolution über den Faschismus« heißt es: »Bei fortschreitendem Verfall der bürgerlichen Gesellschaft nehmen alle bürgerlichen Parteien, *insbesondere die Sozialdemokratie* [im Original], einen mehr oder weniger faschistischen Charakter an.« Zit. nach Fernando Claudin, Die Krise der kommunistischen Bewegung, Von der Komintern zur Kominform, Bd. 1, Westberlin 1977, S. 170f.

[168] »Die Kommunisten müssen den Arbeitermassen den revolutionären Ausweg aus der Krise zeigen. Die Erwerbslosigkeit, der Hunger, die Not, das Chaos der kapitalistischen Wirtschaft lassen in den Augen von Millionen Proletariern die konkreten Vorzüge der proletarischen Diktatur und der sozialistischen Wirtschaft in der Sowjetunion noch eindringlicher erscheinen und durchdringen sie mit revolutionärem Bewußtsein und Kraftgefühl. So wird die gegenwärtige Etappe der Weltwirtschaftskrise und der akuten Kriegsgefahr beherrscht durch den verschärften Kampf zwischen Bourgeoisie und Proletariat um den kapitalistischen oder den revolutionären Ausweg aus der Krise.« (Resolution des ZK-Plenums, Februar 1932.)
Die Kommunistische Internationale wähnte den Kapitalismus in einer »Endkrise«. Nicht die Arbeiterklasse fand den »revolutionären Ausweg«, sondern der Kapitalismus fand im Faschismus eine Dringlichkeitslösung. Claudin schreibt: »Einmal mehr zeigte sich die monströse ›Logik‹ des kapitalistischen Mechanismus stärker als das moralische Bewußtsein des Proletariats und listiger als die strategisch-taktischen Verordnungen der ›Weltpartei‹ der Revolution.« Claudin, a.a.O., S. 189

[169] Siehe hierzu u. a. Ossip K. Flechtheim, Die KPD in der Weimarer Republik, Mit einer Einleitung von Hermann Weber, Frankfurt/M. 1971.

[170] Alfred Klein, Kühnheit und Begeisterung, *Weimarer Beiträge* 11/1978, S. 19. Ironischerweise hat Klein sich die Kraftausdrücke um das »Dschungel«-Motiv ausgerechnet bei Ludwig Turek ausgeliehen, dessen Buch ja nicht gerade begeistert von der KP-Literaturkritik aufgenommen wurde.

[171] Zu Politik und Literatur des BPRS s. vor allem Walter Fähnders, Proletarisch-revolutionäre Literatur der Weimarer Republik, Stuttgart 1977; des weiteren Helga Gallas, Marxistische Literaturtheorie. Kontroversen im Bund proletarisch revolutionärer Schriftsteller, Neuwied und Berlin 1971; Klein, Im Auftrag ihrer Klasse. Weg und Leistung der deutschen Arbeiterschriftsteller 1918 bis 1933, Berlin und Weimar 1972 (= Beiträge zur Geschichte der deutschen sozialistischen Literatur im 20. Jahrhundert. Bd. 3); Manfred Lefèvre, Von der proletarisch-revolutionären Literatur zur antifaschistisch-sozialistischen Literatur. Habil. Schrift Westberlin, FU 1975 (Masch.); zur Arbeit des illegalen BPRS 1933–35 vgl. auch Jan Petersen, Die Bewährung, Berlin (DDR) und Weimar 1970.

[172] Alfred Klein sieht in den Zirkeln schreibender Arbeiter der DDR einen Weg, »der auf diese Tradition« des BPRS zurückgeht; s. Alfred Klein in: *Sinn und Form*, September/Oktober 1978, S. 936

[173] Alfred Klein, Kühnheit und Begeisterung, a.a.O., S. 7

[174] Alfred Klein, ebenda, S. 9; Klein sah 1978 den Schriftstellerverband der Deutschen Demokratischen Republik ausdrücklich in dieser von ihm skizzierten Einheit des »woher und wohin«. Durch die Politik der erzwungenen oder »freiwilligen« Ausbürgerung von bedeutenden Autoren scheint weniger die Einheit als der Widerspruch dieser kulturpolitischen Entwicklung sich zu bestätigen.

[175] Armin Zeissler in einem Gespräch mit Alfred Klein anläßlich des 50. Jahrestages des BPRS, in: Sinn und Form, 5. Heft 1978, S. 911

[176] Das Herangehen der SED-Geschichtsschreibung unterscheidet sich an diesem Punkt allerdings nur unbeträchtlich von Geschichtsschreibungen anderer Machtbereiche, die nicht so einmütig organisiert sind. Bestes Beispiel für die DDR: Heinz Heiber, DDR. Geschichtlicher Überblick, Frankfurt/M. 1979, Schriftenreihe Geschichte, S. 15: »Hingegen hatte die Kommunistische Par-

tei Deutschlands, der konsequenteste Gegner des deutschen Faschismus und Imperialismus, die schwerste Prüfung ihrer Geschichte in Ehren bestanden. Sie hatte als einzige...« usw. usf. Hier u. a. erscheint Geschichte als spezifische Form der Propaganda.

[177] Alfred Klein, Fünfzig Jahre Bund proletarisch-revolutionärer Schriftsteller Deutschlands, *Sinn und Form*, H. 5/1978, S. 911

[178] Vgl. hierzu u. a. Jürgen Hartwig/Albert Wimmel, Wehrerziehung und vormilitärische Ausbildung der Kinder und Jugendlichen in der DDR, Stuttgart 1979

[179] An das verschiedentlich J. R. Becher zugeschriebene Gedicht erinnert Erich Loest in »Es geht seinen Gang...« (1978), S. 162/63; zuletzt in *Befreiung,* Nr. 17/18, Frühjahr 1980 als Beilage.

[180] Der englische Historiker E. H. Carr, Autor der 14bändigen »History of Soviet Russia«, geht bereits davon aus, daß die Linke das »Herzstück ihres Glaubens«, die Hoffnung auf die Arbeiter als revolutionärer Kraft, verloren habe.

[181] Zweifel in dieser Richtung meldeten u. a. die Marxistin Agnes Heller, aber auch André Gorz in »Adieu au prolétariat« an.

[182] Ernst Köhler, Einige zaghafte Einwände gegen den linken Pessimismus, in: *Freibeuter,* Heft 1/1979, S. 13

[183] W. I. Lenin in »Bemerkungen zu den Aufgaben unserer Delegation im Haag«: »Man muß den Leuten die reale Situation erklären: wie groß das Geheimnis ist, in dem der Krieg geboren wird, und wie hilflos die gewöhnliche Organisation der Arbeiter...« (zuerst veröffentlicht am 26. April 1924 in der *Prawda* Nr. 96). Der internationale Friedenskongreß im Haag am 10. bis 15. Dezember 1922 wurde von der Gewerkschaftsinternationale einberufen.

ZUM SCHLUSSVERSUCH

¹ Siehe auch Günter Kunert, Unsere Angst hat es uns gelehrt. Warum die Deutschen so sind wie
  sie sind, u. a. in *Frankfurter Allgemeine Zeitung*, 8. 12. 79. Kunert vermutet in den Gefühlen der
  Kriegsbegeisterten von 1914 die Kehrseite verborgener Ängste. »In ihrem Widerstand und Widerwillen gegen gegen Psychologie hat die Linke jene obskure Sehnsucht einstiger Soldaten nach
  ihrem Fronterlebnis niemals kapiert und [nie] begreifen können, wie Menschen, die aus Krieg
  und Kriegsgefangenschaft heimkehrten, wieder bereit sein konnten, noch einmal die Uniform an-
  zuziehen. Etwas Verächtliches regte sich in der Betrachtungsweise solcher Bereitschaft, die als
  pure Dummheit, als ideologische Verblendung diagnostiziert wurde. Das wirkliche Motiv bestand
  jedoch in der als angstfrei erlebten Veräußerlichung in einer endlosen Kette von Momenten, die
  zu nichts anderem Zeit ließen als zum blinden Agieren und Reagieren.
  Sicher hatte der Soldat Furcht vor Tod und Verstümmelung, aber diese Furcht war eine andere
  als das sonstige Grundempfinden des von direkten und indirekten Zwängen niedergedrückten
  Individuums, und so eigenartig und unlogisch es klingen mag: Der Krieg und das Soldatsein, jedenfalls solange man nicht persönlich schwer betroffen war, wird als der Lebensabschnitt mit der
  größten Freiheit erinnert.«
² Feldherr bin ich wider Willen, Adolf Hitlers Monologe im Führerhauptquartier, Hamburg 1980,
  zitiert nach *Spiegel* Nr. 11, 10. 3. 1980
³ Arnold Zweig, Kriegsromane, in *Weltbühne*, H. 16, 16. 4. 1929.
⁴ Ebenda
⁵ Edlef Köppen, Heeresbericht. Mit einem Nachwort von Michael Gollbach, Kronberg 1976. – Die
  Ausgabe enthält auch eine Skizze zu Leben und Werk des in den Literaturgeschichten völlig in Vergessenheit geratenen Autors sowie eine kurze Dokumentation zeitgenössischer Kritiken von Gottfried Benn (»Dies Buch ist nicht pazifistisch und nicht nationalistisch, es ist groß und wahr«) bis
  Ernst Toller (»[…] Er hat neben Plivier das mutigste Kriegsbuch geschrieben, das bisher in
  Deutschland veröffentlicht wurde. […] Köppens Buch ›Heeresbericht‹ unterscheidet sich formal
  von allen anderen Kriegsbüchern durch seinen Stil: das Ineinander persönlichen Erlebens und allgemeiner Dokumente der großen Zeit. […] Der Wahnsinn einer Schlacht zeigt seine Spiegelfratze
  im verlogenen amtlichen Heeresbericht. Ich kenne kein anderes Kriegsbuch, in dem Worte wie
  Trommelfeuer, Gasangriff, Unterstand, Schützengraben aufgelöst und vom Sinnlich-Gegenständ-
  lichen her bildhaft neu gestaltet werden. Wer in Köppens Buch diese Worte gelesen hat, wird ihre
  Essenz lange auf der Zunge spüren. […] Köppens Buch müßte Hunderttausende Leser finden […]«)
  »Der Deutsche Sender«, Nr. 34/1931: »Edlef Köppen, der literarische Leiter der Berliner Funk-
  stunde, treibt […] Politik […] bei Veranstaltungen der ›Liga für Menschenrechte‹. [Er] veranstaltet
  ein[en] Anschlag auf den Nationalismus unter Verwendung der Literaturfeme des Rundfunks.
  […] Auf diesen […] Gewaltstreich antworten […] die nationalen Verbände mit geharnischten Protesten, die bis heute keine Genugtuung gefunden haben.« Sie fanden sie kurze Zeit später: 1933
  wurde Köppen aufgrund des »Gesetzes zur Wiederherstellung des Berufsbeamtentums« aus dem
  Rundfunk hinaus»gesäubert«; sein Buch wurde 1935 verboten.
⁶ »Das Opfer« wurde erstmals 1925 im Berliner Verlag »Die Schmiede« veröffentlicht und 1929
  vom Internationalen Arbeiterverlag Berlin–Wien–Zürich übernommen (= Der internationale
  Roman, 4). Die synkretistische Ikonik, die den Stil des Werks bis in den den Titel hinein prägt,
  scheint die Leser nicht irritiert zu haben, jedenfalls wurde der Roman z. B. in der Arbeit des BPRS
  durchaus als Vorbild begriffen.
  Was Daudistels Roman an Autobiographischem enthält, läßt sich aus einer kurzen Selbstdarstel-

lung entnehmen, die er 1929 in der Berliner IAH-Zeitung »Welt am Abend« unter der Überschrift »Das Leben eines Arbeiterdichters« veröffentlichte: Danach wurde er 1915 von einem Marine-Kriegsgericht wegen Meuterei zu 10 Jahren Gefängnis verurteilt, kam aber zwei Jahre später zur Bewährung auf ein Vorpostenkommando. Aktiv beteiligt am Matrosen-Aufstand 1918 und an der Münchener Räte-Republik, verbüßte er in Niederschönenfeld fünf Jahre Festungshaft. Vgl. auch Alfred Kleins Nachwort zur Neuausgabe von »Das Opfer«, Berlin (DDR), 1981.

7 »Die Rote Fahne«, 10. 4. 1932 ff.

8 »Nichts ist erfunden«, bestätigt die Herausgeberin der Neuausgabe Berlin (DDR) 1977, Ingeborg Klaus-Ortloff. Weiter heißt es dort: »Mit dieser Geschichte wollte man vor allem die proletarischen Frauen erreichen«, und: »Ihr Beitrag erhob keinen literarischen Anspruch, war bewußt ›für den Tag‹ geschrieben. Das bezeigt selbst ihre Arbeitsweise. Auf eine Reportage von Egon Erwin Kisch [folgte] ihre Geschichte [...] So saßen beide [...] Abend für Abend, erzählten, schrieben [...], und am Morgen stand der radfahrende Bote der Redaktion vor der Tür, um die nächsten vier Seiten abzuholen. Vorlauf gab es nur für zwei Tage [...]«

9 Schreiben des RIAS vom 8. 9. 1981.

ZEITTAFEL/ÜBERBLICK ÜBER EREIGNISSE BIS 1923

1907   *25. 4.:* Der SPD-Abgeordnete G. Noske bekennt sich im Reichstag zur »Vaterlandsverteidigung«.

August: Kongreß der II. Internationale in Stuttgart. Eine einstimmig verabschiedete Resolution verpflichtet alle sozialistischen Parteien, bei Ausbruch eines Kriegs diesen mit allen Mitteln zu verhindern, bzw. für seine rasche Beendigung einzutreten und einen solchen Konflikt zur Errichtung einer sozialistischen Republik zu nutzen.

12. 10.: Karl Liebknecht wird für seine Schrift »Militarismus und Antimilitarismus« wegen Hochverrats zu 18 Monaten Festungshaft verurteilt.

1908   *März:* Der Reichstag beschließt den beschleunigten Ausbau der Kriegsflotte.

1912   *Januar:* Die SPD wird bei den Reichstagswahlen stärkste Partei.

1913   *30. 6.:* Die SPD-Reichstagsfraktion stimmt – gegen den Widerstand von 37 Abgeordneten, die sich jedoch der Fraktionsdisziplin beugen – dem Wehrbeitrag zu; sie gibt damit den Grundsatz der sozialdemokratischen Arbeiterbewegung »Diesem System keinen Mann und keinen Groschen« auf.

1914   *28. 6.:* Ermordung des österreichischen Thronfolgers in Sarajewo durch serbische Nationalisten.

28. 7.: Österreich-Ungarn erklärt Serbien den Krieg.

25.–30. 7.: Anti-Kriegs-Demonstrationen in Deutschland, an denen sich über 500000 Menschen beteiligen.

31. 7.: Der französische Sozialist und Kriegsgegner Jean Jaurés wird ermordet.

1. 8.: Deutsche Kriegserklärung an Rußland.

3. 8.: Deutsche Kriegserklärung an Frankreich.

4. 8.: Deutscher Einmarsch ins neutrale Belgien; daraufhin britische Kriegserklärung an Deutschland.

–: Die SPD-Reichstagsfraktion bewilligt die Kriegskredite.

–: Das »Gesetz über die Ermächtigung des Bundesrats zu wirtschaftlichen Maßnahmen« – die formale Grundlage für kriegswirtschaftliche Zwangsmaßnahmen – wird mit den Stimmen der SPD verabschiedet.

Oktober: Das chauvinistische »Manifest der Dreiundneunzig« Schriftsteller, Künstler und Wissenschaftler erscheint, in dem es u. a. heißt: »Es ist nicht wahr, daß Deutschland diesen Krieg verschuldet hat [...], daß unsere Kriegführung die Gesetze des Völkerrechts mißachtet [...] Ohne den deutschen Militarismus wäre die deutsche Kultur längst vom Erdboden vertilgt.« Gerhart Hauptmann, einer der Unterzeichner, reimt:
    Es kam ein schwarzer Russ' daher. –/ Wer da, wer?/
    Deutschland, wir wollen an deine Ehr'!/ Nimmermehr!!!
Hermann Hesse antwortet den »93« in der »NZZ« (vgl. S. 38).
Reichskanzler Bethmann-Hollweg verkündet das annektionistische Kriegszielprogramm des Reichs.

2. 12.: Liebknecht stimmt als einziger Abgeordneter im Reichstag gegen die neue Kriegskredit-Vorlage; der Gewerkschaftsführer Legien beantragt seinen Ausschluß aus der Fraktion.

1914   *August/September:* »Schlacht bei Tannenberg« und an den Masurischen Seen; Propaganda-Geburt des Hindenburg-Mythos.

Anfang September: in der »Marneschlacht« wird der deutsche Angriff im Westen gestoppt; der Krieg in Frankreich wird zum »Stellungskrieg« und zur »Materialschlacht«.

1915   *Februar:* Rosa Luxemburg wird verhaftet.

März: Einführung der Brotkarte.

April/Mai: Schlacht bei Ypern. Die deutsche Armee setzt erstmals Giftgas ein.

Mai/Oktober: Die Mittelmächte erobern große westrussische Gebiete (Polen, Kurland, Galizien) und Serbien.

Juni: Italien tritt auf der Seite der Entente in den Krieg ein.

5.–8. 9.: Internationales Treffen sozialistischer Kriegsgegner in der Schweiz (1. Zimmerwalder Konferenz).

1916   *12. 1.:* Die SPD-Reichstagsfraktion schließt Liebknecht aus.

27. 1.: Die erste Nummer der »Spartakusbriefe« erscheint.

21. 2./Dezember: Kampf um Verdun.

1. 5.: Anti-Kriegs-Kundgebung auf dem Potsdamer Platz in Berlin.

31. 5.: Seeschlacht vor dem Skagerak.

Juni/November: Schlacht an der Somme.

22. 8.: Einführung der Fleischkarte.

November: Liebknecht wird zu viereinhalb Jahren Zuchthaus verurteilt. Die »Revolutionären Obleute« in verschiedenen Großbetrieben organisieren als Protest einen Streik Berliner Metallarbeiter.

–: Das preußische Kriegsministerium zentralisiert die Kontrolle über die gesamte Kriegswirtschaft in einem »Kriegsamt«, dessen Leiter General Groener wird.

–: Die acht wichtigsten Unternehmen der Teerfarbenindustrie schließen sich zu einer »Interessengemeinschaft« zusammen, der Vorläuferin der späteren »IG Farben«.

2. 12.: Das »Gesetz über den vaterländischen Hilfsdienst« wird vom Reichstag (bei 19 Gegenstimmen und 8 Enthaltungen) beschlossen: Die freie Wahl des Arbeitsplatzes wird aufgehoben, Arbeiter können in kriegswichtige Betriebe zwangsverpflichtet werden: Arbeitsdienstpflicht für alle Männer vom 17. bis zum 60. Lebensjahr.

Der sprichwörtliche »Kohlrübenwinter« bricht an.

1917   *7. 1.:* Reichskonferenz der sozialdemokratischen Opposition in Berlin.

18. 1.: Die SPD schließt die linke Opposition aus.

Januar: In den Leuna-Werken wird die Produktion aufgenommen.

22. 1.: US-Präsident Wilson fordert die kriegführenden Mächte zu einem »Frieden ohne Sieg« auf.
Während die Entente die Rückkehr zum territorialen status quo ante will (mit Ausnahme der Forderung nach Rückgabe von Elsaß-Lothringen an Frankreich) und von Österreich-Ungarn die Durchführung des Nationalitätenprinzips für Tschechen, Slowaken, Rumänen, Südslawen und Italiener verlangt, besteht die Reichsregierung auf »Grenzberichtigungen« in Frankreich und Belgien, »Einbeziehung Polens in den deutschen Machtbereich« und Reparationsleistungen der Entente. Österreich-Ungarn antwortet gar nicht.

1. 2.: Deutschland erklärt den uneingeschränkten U-Boot-Krieg.

März: Revolution in Rußland; der Zar wird gestürzt, die Regierung Kerenski setzt den Krieg fort.

6.–8. 4.: Gründung der USPD in Gotha, der sich die Spartakus-Gruppe anschließt.

6. 4.: Kriegserklärung der USA an Deutschland.

Mai/November: Schlacht in Flandern, Langemarck-Legende; Rückzug der deutschen Truppen auf die »Siegfriedlinie«.

Juli: Der Zentrumsabgeordnete Erzberger vertritt eine Friedensresolution der Mehrheitsparteien des Reichstags (SPD, Zentrum), die jedoch vor der Staatsstreichdrohung der Obersten Heeresleitung zurückweichen.

17. 7.: Friedensdemonstrationen in Berlin.

3. 9.: Internationaler Jugendtag mit Streiks und Demonstrationen für die Beendigung des Kriegs.

5. 9.: Nach Unruhen in der Kriegsmarine werden die Matrosen Max Reichpietsch und Albin Köbis als »Rädelsführer« erschossen.

7. 11.: Beginn der sozialistischen (Oktober-)Revolution in Rußland.

8.–25. 11.: Friedensdemonstrationen in Berlin.

29. 11.: Russisches Waffenstillstandsangebot ans Reich, daraufhin am

3. 12.: Beginn der Friedensverhandlungen in Brest-Litowsk.

1918   *8. 1.:* US-Präsident Wilson proklamiert das »14-Punkte«-Programm mit den Kernpunkten Freiheit der Meere und der Weltwirtschaft, internationale Rüstungsbeschränkung, autonome Entwicklung nationaler Minoritäten, nationale Grenzziehungen, Errichtung eines unabhängigen polnischen Staats, Neuregelung der »Kolonialfrage«, Errichtung eines Völkerbunds.

Januar: Streiks in Berlin und anderen Städten.

28. 1.–4. 2.: Streikwelle in der Rüstungsindustrie für Aufnahme von Friedensverhandlungen durch Arbeitervertreter, Verbesserung der Lebensmittelversorgung und allgemeines Wahlrecht in Preußen.

1.–3. 2.: Der Aufstand der österreichisch-ungarischen Matrosen im Kriegshafen Cattaro wird niedergeschlagen.

3. 3.: Nach einer neuen Offensive an der Ostfront wird die Sowjetregierung zum Frieden von Brest-Litowsk gezwungen: Rußland verzichtet auf Polen, Litauen, Livland, Kurland, Estland, anerkennt die Ukraine als selbständigen Staat und erklärt sich zu Reparationen bereit.

Juli: Die deutsche Offensive an der Marne und in der Champagne scheitert.

20.–23. 7.: Streiks im Ruhrgebiet für den 8-Stunden-Tag.

8. 8.: Tankangriff (der Ententetruppen) bei Amiens, »der schwarze Tag des deutschen Heeres«.

15. 8.: Die Oberste Heeresleitung verlangt Friedensverhandlungen.

September: Die SPD erklärt ihre Bereitschaft, in die Reichsregierung einzutreten.

28. 9.: Die OHL verlangt erneut sofortige Friedensverhandlungen und eine Regierungsbildung auf breiterer Grundlage.

4. 10.: Deutsches Waffenstillstandsangebot an die US-Regierung Wilson auf der Grundlage der »14 Punkte«.

7. 10.: W. Rathenau fordert in der »Vossischen Zeitung« eine »Levée en masse« (Volkserhebung) zur Fortführung des Kriegs.

–: Reichskonferenz der Spartakus-Gruppe in Berlin; Spartakus fordert die sozialistische Republik und beschließt Maßnahmen zur Bildung von Arbeiter- und Soldatenräten.

–: Friedensdemonstrationen in Berlin und anderen Städten.

17. 10.: Der Parteivorstand der SPD ruft zum friedlichen Übergang vom »Obrigkeitsstaat« zum »Volksstaat« auf (»An Deutschlands Männer und Frauen«).

23. 10.: Karl Liebknecht wird aus dem Zuchthaus entlassen.

29. 10.: Revolutionäre Bewegung in der Flotte; in Wilhelmshaven und Kiel meutern die Matrosen; Bildung von Soldatenräten.

Die SPD schickt Gustav Noske nach Kiel.

–: Wilhelm II. unterzeichnet Verfassungsänderung zur Parlamentarisierung.

6./7. 11.: Die SPD verlangt Abdankung des Kaisers (will aber die Monarchie erhalten) und Verstärkung des personellen Einflusses der SPD in der Regierung.

7. 11.: Kurt Eisner ruft in München die Republik aus.

–: Die Deutsche Turnerschaft ruft zum totalen »Durchhalten« für einen »Siegfrieden« auf.

8./9. 11.: Die »Revolutionären Obleute« und die Spartakus-Gruppe rufen den Generalstreik aus.

9. 11.: Wilhelm II. dankt ab, ebenso die anderen deutschen Fürsten. Scheidemann (SPD) ruft die Republik aus, Karl Liebknecht proklamiert die »freie, sozialistische Republik«. Bildung einer Regierung des Rats der Volksbeauftragten als Koalition von SPD und USPD mit Friedrich Ebert an der Spitze.

1918   *10. 11.:* Abkommen über Zusammenarbeit zwischen SPD und Generalstab (Ebert-Groener-Pakt).

11. 11.: Unterzeichnung des Waffentillstands in Compiègne.

Bis zum Waffenstillstand betrugen die Verluste aller beteiligten Armeen ca. 10 Millionen getötete und ca. 20 Millionen verwundete Soldaten. Die deutschen Verluste wurden offiziell mit 1 885 291 Toten und 4 248 158 Verwundeten angegeben. Im Oktober 1924 gab es in Deutschland 663 726 Kriegskrüppel (aus: Jahrbuch der SPD 1928, Berlin 1929). Die Opfer in der »Zivil«bevölkerung wurden nicht so exakt gezählt; während des Kriegs verhungerten allein in Deutschland ca. 750 000 Menschen, darunter zahlreiche Militärstrafgefangene.

15. 11.: Arbeitsgemeinschaftsabkommen zwischen Unternehmerverbänden und Gewerkschaften.

16.–21. 11.: Reichskongreß der Arbeiter- und Soldatenräte in Berlin. Die Räte diskutieren die Alternative »Rätesystem« oder »Parlamentarismus« und entscheiden – mehrheitlich SPD-Vertreter – für die Wahl zu einer Nationalversammlung. Der Kongreß beauftragt für die Übergangszeit einen »Zentralrat«, an dem sich die USPD nicht mehr beteiligt.

16. 11.: Gründung der Deutschen Demokratischen Partei (DDP).

22. 11.: Gründung der Deutschnationalen Volkspartei (DNVP).

Die Nationalliberale Partei trennt sich von ihrem linken Flügel und benennt sich um in Deutsche Volkspartei (DVP).

24. 11.: Der Rat der Volksbeauftragten setzt die erste »Sozialisierungskommission« ein

(u. a. Hilferding, Kautsky und Rathenau). Die SPD gibt die Losung aus: »Die Sozialisierung marschiert!«

29.–31. 12.: Gründungskongreß der KPD.

1919 *Januar:* Die Regierung wirbt unter demobilisierten Soldaten Freiwillige (Freikorps, »Baltikumer«, »Eiserne Division«) an, die in Kurland, Estland, Litauen und Oberschlesien gegen »bolschewistische Gefahr« und nationale Autonomiebewegungen kämpfen sollen.

4. 1.: Die preußische Regierung (SPD) verfügt die Entlassung des Berliner Polizeipräsidenten Eichhorn (USPD).

5. 1.: Massendemonstrationen in Berlin (gegen die Entlassung Eichhorns); Aufruf der Revolutionären Obleute, USPD und KPD zum Generalstreik; Besetzung u. a. des »Vorwärts«-Gebäudes.

5.–12. 1.: »Spartakus-Aufstand« in Berlin, blutig niedergeschlagen von weißen Truppen unter dem Oberbefehl des Volksbeauftragten Noske.

9. 1.: Arbeiter- und Soldatenrat in Essen beschließt die Sozialisierung des Bergbaus. Das Regierungs-Veto provoziert Streiks, die von Regierungstruppen unter General Watter niedergeschlagen werden.

10. 1.: Räterepublik in Bremen.

15. 1.: Rosa Luxemburg und Karl Liebknecht werden von Regierungssöldnern ermordet.

17. 1.: Die »Rote Fahne« (KPD) wird für 2 Wochen verboten.

19. 1.: Wahlen zur Nationalversammlung.

25. 1.: Trauerzug von Hunderttausenden bei der Beerdigung Karl Liebknechts.

Anfang Februar: Freikorps liquidieren die Bremer Räterepublik.

6. 2.: Regierungstruppen besetzen das Ruhrgebiet. Die Nationalversammlung weicht vor den »Unruhen« in Berlin nach Weimar aus.

11. 2.: Friedrich Ebert wird zum Reichspräsidenten gewählt.

13. 2.: Regierung Scheidemann gebildet.

21. 2.: Kurt Eisner wird in München ermordet.

24. 2./7. 3.: Streiks in Mitteldeutschland (Zentrum Halle) für die Sozialisierung des Bergbaus und für erweiterte Rechte der Arbeiter- und Soldatenräte.

7./8. 3.: Generalstreik und bewaffnete Kämpfe in Berlin. Noske erklärt den Belagerungszustand und verhängt das Standrecht. Etwa 1000 Tote in der Bevölkerung.

21. 3.: Räterepublik in Ungarn mit Béla Kun an der Spitze.

April: Massenstreiks in Württemberg, im Ruhrgebiet und in Mitteldeutschland; Forderungen: Rätesystem und Entwaffnung der Freikorps.

7. 4.–2. 5.: 1. und 2. Räterepublik in München.

1. 5.: Truppen des Generals v. Epp besetzen München und liquidieren die Räterepublik. Weißer Terror in Bayern.

2. 5.: Gustav Landauer wird in München-Stadelheim von weißen Söldnern ermordet.

8. 5.–12. 12.: Erneutes Verbot der »Roten Fahne«.

5. 6.: Eugen Leviné wird nach Verurteilung durch ein Standgericht erschossen.

20./21. 6.: Rücktritt der Regierung Scheidemann; Gustav Bauer (SPD) bildet Koalitionsregierung mit dem Zentrum.

28. 6.: Unterzeichnung des Versailler Friedensvertrags.

3. 7.: Reichswehrminister Noske ernennt General v. Seeckt zum Generalstabschef der neuen 100000-Mann-Armee »Reichswehr«.

19. 7.: Freikorpsverbände besetzen Hamburg, Braunschweig, Magdeburg und Stettin.

11. 8.: Die »Weimarer Verfassung« tritt in Kraft.

4. 9.: General v. Lüttwitz erläßt »Vorbereitenden Befehl zur Unterdrückung größerer Unruhen«.

8. 10.: Attentat auf den USPD-Vorsitzenden Haase. Er stirbt einen Monat später.

1920   *12. 1.:* Regierungsentwurf des »Betriebsrätegesetzes«.

13. 1.: Eine Kundgebung gegen das Betriebsrätegesetz wird von der Polizei mit einem Blutbad beendet: 42 Tote, 105 Verwundete.
»Rote Fahne« (KPD) und »Freiheit« (USPD) werden bis Ende Februar verboten.

24. 2.: Die »Deutsche Arbeiterpartei« benennt sich in München in NSDAP um.

13.–17. 3.: Kapp-Putsch. Truppen des Generals v. Lüttwitz besetzen das Regierungsviertel. Proklamation des Generallandschaftsdirektors Kapp zum Reichskanzler.
Reichspräsident und Regierung fliehen nach Stuttgart.

13./14. 3.: Gewerkschaften, SPD, USPD und KPD rufen zum Generalstreik auf.
Der Befehlshaber des Wehrkreiskommandos VI, General v. Watter, marschiert ins Ruhrgebiet ein.
Die Arbeiter im Ruhrgebiet bewaffnen sich. Unter USPD- und KPD-Führung entsteht in wenigen Tagen die »Rote Ruhrarmee« von fast 100000 Mann.

15. 3.: Kämpfe der Roten Ruhrarmee gegen Freikorps- und Polizeieinheiten.
Kämpfe gegen die Putschisten in Kiel, Hannover, Leipzig u. a. Die Reichswehr bleibt »neutral«.

17. 3.: Der Putsch bricht zusammen. Die Nationalversammlung ruft zum Abbruch des Generalstreiks und zur Beendigung des bewaffneten Widerstands auf.
Die Rote Ruhrarmee nimmt Dortmund ein und lehnt die Entwaffnung und Rückkehr zum status quo ante ab.

24. 3.: Bielefelder Abkommen zwischen dem sozialdemokratischen Reichskommissar Carl Severing mit Vertretern der Betriebe, der Gewerkschaften und der USPD: Sozialisierungsmaßnahmen im Bergbau, staatliche Preiskontrolle und Lebensmittelversorgung, weitergehende Sozialgesetze, Einfluß der Gewerkschaften auf die Regierungsbildung, Entwaffnung und Auflösung der Freikorps, Bestrafung der Putschisten, Einrichtung bewaffneter Arbeiter-Ortswehren, Beendigung des Generalstreiks und Ablieferung der Waffen durch die Arbeiter, Straffreiheit, Verzicht auf Reichswehr- und Polizeiaktionen im Ruhrgebiet.

25. 3.: General Watter und die Bayrische Schützenbrigade Epp rücken auf Dortmund vor.
Die Arbeiter-Vollzugsräte wählen in Essen einen Zentralrat.

27. 3.: Regierungsneubildung im Reich (Koalitionsregierung unter H. Müller, SPD) und in Preußen (Braun, SPD).

28./29. 3.: Der Essener Vollzugsrat dekretiert die Auflösung der Roten Ruhrarmee und das Ende des Generalstreiks.

31. 3.: Das Abkommen von Münster verlängert die Frist der Waffenabgabe bis zum 2. 4.

2. 4.: Reichswehr rückt ins Ruhrgebiet ein; Polizei- und Strafaktionen in den Betrieben und Arbeitersiedlungen.

15. 5.: Die Reichsregierung ernennt eine neue »Sozialisierungskommission« (u. a. W. Rathenau).

6. 6.: Reichstagswahl, aus der das bürgerliche Minderheitskabinett Fehrenbach hervorgeht.

5.–7. 10.: 1. Reichskongreß der Betriebsräte, spricht sich gegen die KPD-/USPD-Forderung nach politischer Eigenständigkeit der Betriebsräte und für die Unterordnung unter die ADGB-Gewerkschaften aus.

4.–7. 12.: Vereinigungsparteitag von KPD und USPD. Die »VKPD« hat ca. 300 000 Mitglieder. Eine USPD-Minderheit kehrt später zur SPD zurück.

1921   *8. 3.:* Französische Truppen besetzen Duisburg, Ruhrort und Düsseldorf (als Reparationspfand).

20. 3.: Abstimmung in Oberschlesien über die Staatszugehörigkeit. Vorausgegangen waren monatelange Kämpfe 1919/20 (Sturm auf den Annaberg) zwischen Freikorps und polnischen Milizverbänden, in denen ein einseitiges fait accompli verhindert werden sollte.

20. 3.–1. 4.: Der Mitteldeutsche Aufstand (Merseburg, Mansfelder Land, Leuna-Werke) wird von Polizeitruppen des Oberpräsidenten Hörsing (SPD) blutig niedergeschlagen.

5. 5.: Londoner Reparationskonferenz der Alliierten stellt Ultimatum (Aburteilung der Kriegsverbrecher, Abrüstung, Reparationsrate von 1 Mrd. M innerhalb von 25 Tagen bei gleichzeitiger Senkung der Reparationsschuld) und droht mit der Besetzung des gesamten Ruhrgebiets.

10. 5.: Regierungsneubildung: Koalition unter Wirth (Zentrum) mit SPD-Beteiligung. Rathenau tritt in die Regierung ein.

26. 8.: Ermordung Erzbergers.

18.–24. 9.: Der Görlitzer SPD-Parteitag beschließt programmatisch die Sozialisierung von Grund und Boden und Energieerzeugung, staatliche Produktionsmittelkontrolle, Ausbau der Sozialpolitik und Schaffung eines einheitlichen Arbeitsrechts durch gesetzgeberische Reformen.

1922   *16. 4.:* Vertrag von Rapallo zwischen Sowjetrußland und Deutschland (Aufnahme diplomatischer Beziehungen, Verzeicht auf Reparationen, wirtschaftliche Zusammenarbeit).

19. 4.: Die alliierte Reparationskommission beruft einen Sachverständigenausschuß zur Prüfung der Zahlungsfähigkeit Deutschlands.

4. 6.: Attentat auf Scheidemann.

24. 6.: Außenminister Rathenau wird ermordet. Reichskanzler Wirth im Reichstag: »Der Feind steht rechts.«

27. 6.: »Berliner Abkommen« zwischen ADGB, SPD und KPD verlangt Gesetz zum Schutz der Republik, Verbot der rechtsradikalen Verbände, Säuberung der Reichswehr und Freilassung der proletarischen politischen Gefangenen.

4. 7.: Demonstrationen und Generalstreik in mehreren Städten für die Durchsetzung des Berliner Abkommens.

28. 7.: »Gesetz zum Schutze der Republik« mit den Stimmen der SPD angenommen, gegen die der KPD, die darin nicht das Berliner Abkommen verwirklicht sieht und befürchtet, daß zugleich die Rechtsgrundlage für die Verfolgung revolutionärer Kräfte geschaffen werde.

27. 11.: »Marsch auf Rom« der italienischen Faschisten.

28. 11.–19. 12.: Streik bei BASF gegen die Einführung des 10-Stundentags und gegen die Entlassung von Teilnehmern am revolutionären Betriebsrätekongreß in Berlin.

10.–15. 12.: Weltfriedenskonferenz des Internationalen Gewerkschaftsbundes in Den Haag; die Konferenz beschließt die Ausrufung eines internationalen Generalstreiks im Kriegsfall.

Dezember: Die Inflation beginnt zu galoppieren. Die Durchschnittspreise erreichen das 1475fache des Stands von 1913. Der durchschnittliche Wochenlohn eines Maurers liegt 40% unter dem statistischen Existenzminimum.

1923   *11. 1.:* Nach der Feststellung der Reparationskommission, die deutschen Kohlelieferungen seien nicht in vollem Umfang erfolgt, besetzen französische Truppen das Ruhrgebiet. SPD und Gewerkschaften lehnen ein Angebot der KPD ab, gemeinsam den Generalstreik im besetzten Gebiet auszurufen. Die Reichsregierung gibt die Parole vom »passiven Widerstand« der Bevölkerung aus.

27.–29. 1.: Parteitag der NSDAP in München; die Reichswehr setzt die Aufhebung eines beabsichtigten Verbots durch.

Februar: Die KPD initiiert die Aufstellung von proletarischen Selbstschutzverbänden, den sog. Proletarischen Hundertschaften.

19. 3.: Der Reichsverband der Industrie und die Reichsregierung verhandeln über eine gesetzliche Arbeitszeitverlängerung.

21. 3.: SPD- und KPD-Mehrheit im sächsischen Landtag wählt E. Zeigner (SPD) zum Ministerpräsidenten.

Der Parteivorstand der SPD warnt vor einem Zusammengehen mit der KPD.

Juli/August: Hungerunruhen und Demonstrationen im ganzen Reich.

11. 8.: Generalstreik gegen die Regierung Cuno in Berlin.

–: Die sächsische Landesregierung beschuldigt Reichswehrminister Geßler, Verbindungen der Reichswehr zu rechtsradikalen Organisationen zu decken (»Schwarze Reichswehr«).

12. 8.: Rücktritt der Regierung Cuno; Große-Koalitionsregierung (DVP bis SPD) unter Gustav Stresemann.

16. u. 28. 8.: Der preußische Innenminister Severing (SPD) verbietet den Reichsausschuß der deutschen Betriebsräte (der seinen Sitz daraufhin nach Jena verlegt) und den Zentralausschuß der Groß-Berliner Betriebsräte.

1.–2. 9.: »Deutscher Tag« in Nürnberg. Gründung des »Deutschen Kampfbundes« aus SA, Reichsflagge und Bund Oberland.

Proletarische Hundertschaften verhindern eine gleiche Veranstaltung in Gotha.

26. 9.: Die Bayerische Regierung verhängt den Ausnahmezustand und ernennt Reg.-Präs. v. Kahr zum Generalstaatskommissar mit Verfügungsgewalt über die in Bayern stationierten Reichswehreinheiten. Die Reichsregierung erklärt ihrerseits den militärischen Ausnahmezustand und überträgt die Vollzugsgewalt Reichswehrminister Geßler.

–: Ende des passiven Widerstands an der Ruhr.

1. 10.: Major Buchrucker putscht mit »Schwarze Reichswehr«-Verbänden in Küstrin.

10./12. 10.: Der sächsische Ministerpräsident Zeigner (SPD) bildet ein »Kabinett der republikanischen und proletarischen Verteidigung«, dem auch Vertreter der KPD angehören.

–: KPD-Vertreter werden auch in die thüringische Landesregierung aufgenommen.

13. 10.: Die Reichsregierung erklärt den Ausnahmezustand in Sachsen, stellt die Polizei unter Reichswehrkommando und verbietet die Proletarischen Hundertschaften.

19./20. 10.: Die Reichsregierung weist den bayerischen Reichswehrkommandeur v. Lossow an, den »Völkischen Beobachter« (NSDAP) zu verbieten; v Lossow weigert sich und wird abgesetzt. Der bayerische Staatskommissar v. Kahr setzt v. Lossow wieder ein und unterstellt die Reichswehrtruppen in Bayern der bayerischen Regierung.

21. 10.: Reichswehr marschiert in Sachsen ein.

–: Die Konferenz sächsischer Gewerkschafter und Betriebsräte in Chemnitz lehnt den Generalstreik gegen die militärische Intervention der Reichsregierung als »unrealistisch« ab.

–: Separatisten rufen in Aachen eine Rheinische Republik aus.

23.–25. 10.: Hamburger Aufstand, wird von Reichswehrtruppen blutig niedergeschlagen.

27. 10.: Die Reichsregierung fordert die sächsische Landesregierung zum Rücktritt auf und erläßt ein generelles Demonstrations- und Streikverbot.

29. 10.: Reichspräsident Ebert setzt die sächsische Landesregierung ab und ernennt einen Reichskommissar. Weißer Terror in Sachsen.

30. 10.: Eine neue Schlichtungsordnung führt die staatliche Zwangsschlichtung bei Streiks ein.

November: Die Inflation erreicht ihren Höhepunkt.

3. 11.: General v. Seeckt verweigert den Befehl, die Reichswehr in Bayern aufmarschieren zu lassen.

8. 11.: »Hitlerputsch« in München.

9. 11.: Reichspräsident Ebert übergibt v. Seeckt den Oberbefehl über die Reichswehr; v. Seeckt verbietet durch Erlaß KPD und NSDAP.

20. 11.: Stillegung der Notenpresse; Ausgabe der Rentenmark: Ende der Inflation.

30. 11.: Das neue Kabinett Marx (Zentrum) erhält mit dem 2. Ermächtigungsgesetz (mit den Stimmen der SPD verabschiedet) die Möglichkeit zu einer Art Wirtschaftsdiktatur. Rigorose Beschränkung des Staatshaushalts; die Reichsverwaltung entläßt über 350 000 Angestellte und Arbeiter.

13./14. 12.: »Vereinbarung zur Behebung der Notlage der deutschen Wirtschaft«: Einführung der 9- bis 10stündigen Arbeitszeit im Montanbereich (59 Wochenstunden für Hüttenarbeiter); faktische Verlängerung der täglichen Arbeitszeit bis auf 12 Stunden in der übrigen Industrie.

Personenregister

Namen aus der Zeittafel, aus Abbildungsverzeichnis und Bildunterschriften sowie bibliographische Namensnennungen aus Quellennachweisen wurden nicht aufgenommen. Kursive Ziffern verweisen auf den Anmerkungsteil.

Literatur

Die folgende Liste umfaßt neben den zitierten Werken die wesentlichen zur literarischen, politischen und historischen Aufarbeitung des thematischen Umfelds herangezogenen Veröffentlichungen, mit Ausnahme kürzerer oder beiläufiger Artikel oder Aufsätze, zu denen sich Quellenangaben lediglich in den Anmerkungen finden.
Angegeben wurden die verwendeten Ausgaben, in der Regel die Erstausgaben oder Erstveröffentlichungen. Da sie in öffentlichen Bibliotheken oft nicht vorhanden und auch sonst nur schwer zugänglich sind, wurden zusätzlich in [ ] im Buchhandel oder in Bibliotheken leichter erhältliche spätere Ausgaben vermerkt.
Kursive Ziffern nach den bibliographischen Angaben im ersten Teil der Liste bezeichnen die Hauptstelle der Interpretation des jeweiligen Werks in diesem Buch.

Bredel, Willi, Die Väter (1943; = Verwandte und Bekannte, Bd. 1), Berlin 1946 [Div. spätere Ausgaben; u. a. bei Reclam/Leipzig, zuletzt Dortmund 1980]; *8ff.*
Beumelburg, Werner, Gruppe Bosemüller, Oldenburg 1930; *134ff.*
Bronnen, Arnolt, O. S., Berlin 1929; *112ff.*
Dwinger, Edwin Erich, Armee hinter Stacheldraht, Jena 1929; *131ff.*
Flex, Walter, Der Wanderer zwischen beiden Welten, München 1917; *101ff.*
Frank, Leonhard, Der Mensch ist gut, Zürich 1917 [Leipzig 1974 und Ges. Werke in 6 Bdn., Berlin (DDR) 1957f., Bd. 6]; *20ff.*
Gotsche, Otto, Märzstürme (1933), Berlin (DDR) 1962; *200ff.*
Graf, Oskar Maria, Wir sind Gefangene, München 1927 [München 1978]; *166ff.*
Grünberg, Karl, Brennende Ruhr, Rudolstadt 1929 [München 1974 = Kl. Arbeiterbibliothek, 3]; *195ff.*
Jünger, Ernst, In Stahlgewittern, Leisnig 1920 [Sämtl. Werke, Stuttgart 1979]; *95ff.*
Kellermann, Bernhard, Der 9. November, Berlin 1920 [Berlin (DDR) 1968]; *35f.*
(Kracauer, Siegfried), Ginster. Von ihm selbst geschrieben, Berlin 1928 [Schriften, Bd. 7, Frankfurt/M. 1973]; *44ff.*
Plivier, Theodor, Des Kaisers Kulis. Roman der deutschen Kriegsflotte, Berlin 1930 [Köln 1981]; *152ff.*
Remarque, Erich Maria, Im Westen nichts Neues, Berlin 1929 [Ullstein-Tb., 56]; *65ff.*
Remarque, Erich Maria, Der Weg zurück, Berlin 1931
Renn, Ludwig, Krieg, Frankfurt/M. 1928 [Frankfurt/M. 1979]; *58ff.*
Renn, Ludwig, Nachkrieg, Frankfurt/M. 1930 [Ges. Werke in Einzelausgaben, Bd. 3 (zus. mit »Krieg«), Berlin (DDR) und Weimar 1974]; *62ff.*
Richthofen, Manfred v., Der rote Kampfflieger, Berlin 1917 [München 1977]; *92ff.*
Roth, Joseph, Radetzkymarsch, Berlin 1932 [Werke, neue u. erw. Ausg. in 4 Bdn., Bd. II, Köln 1975]; *36f.*
Salomon, Ernst v., Die Geächteten, Berlin 1930 [Reinbek 1968 = rororo 461–462]; *119ff.*
Scharrer, Adam, Vaterlandslose Gesellen, Wien und Berlin 1930 [Westberlin o. J. = Proletar.-Revolutionäre Romane, 11]; *183ff.*
Scharrer, Adam, Der große Betrug. Die Geschichte einer Arbeiterfamilie, Wien und Berlin 1931 [Ges. Werke in Einzelausgaben, II, Berlin (DDR) 1962]; *191ff.*
Schlump. – Geschichten und Abenteuer aus dem Leben des unbekannten Musketiers Emil Schulz, genannt »Schlump«, von ihm selbst erzählt, München 1928; *46ff.*
Trakl, Georg, Grodek (1914) [Das dichterische Werk, München 1972 = dtv 6001]; *10*
Turek, Ludwig, Ein Prolet erzählt, Berlin 1930 [Köln 1972]; *160ff.*
Unruh, Fritz v., Opfergang, Zürich 1917; *24ff.*
Vogel, Bruno, Es lebe der Krieg! Ein Brief, Leipzig (1924) [Westberlin 1978]; *31ff.*

Zöberlein, Hans, Der Glaube an Deutschland, München 1931; *140ff.*
Zweig, Arnold, Der Streit um den Sergeanten Grischa, Potsdam 1927 [Div. Ausgaben, u. a. Berlin (DDR) 1954, Reclam/Leipzig 1971, Frankfurt/M. o. J. = Fischer Tb. 1975]; *50ff.*

Barbusse, Henri, Le feu, Zürich 1916; Das Feuer, Tagebuch einer Korporalschaft, Zürich 1918 [Zürich 1979]
Barbusse, Henri, Ein Mitkämpfer spricht, Aufsätze und Reden aus den Jahren 1917 bis 1921, Basel/Leipzig 1922
Becher, Joh. R., (CHCL = CH)$_3$AS(Levisite) oder Der einzig gerechte Krieg, Wien/Berlin 1926 [Berlin (DDR) und Weimar 1969]
Becher, Joh. R., Abschied. Einer deutschen Tragödie erster Teil 1900–1914, Berlin 1945 [Berlin (DDR) 1979]
Benn, Gottfried, Wie Miß Cavell erschossen wurde, Bericht eines Augenzeugen über die Hinrichtung der englischen Krankenschwester, Brüssel 1916
Beumelburg, Werner, Sperrfeuer um Deutschland, Oldenburg 1929
Binding, Rudolf G., Aus dem Kriege, Frankfurt/M. 1925
(Bölcke) Hauptmann Bölckes Feldberichte, Gotha 1916
Böll, Heinrich, Wanderer, kommst du nach Spa, Opladen 1950
Borchardt, Rudolf, Der Krieg und die deutsche Verantwortung, Berlin 1916
Brecht, Bertolt, Gedichte 1933–1938 [Ges. Werke, Bd. 9, Frankfurt/M. 1967]
Bredel, Willi, Die Prüfung. Roman aus einem Konzentrationslager, Prag 1935 [Div. spätere Ausgaben, u. a. Berlin (DDR) 1954]
Bredel, Willi, Erinnerung an die Augusttage 1914, in: »Sinn und Form«, Sonderheft Willi Bredel, 1965
Borchert, Wolfgang, Draußen vor der Tür, 1947 [Das Gesamtwerk, Hamburg 1949]
(Bronnen, Arnolt) Arnolt Bronnen gibt zu Protokoll. Beiträge zur Geschichte des modernen Schriftstellers. Mit einem Nachwort von Hans Mayer, Kronberg 1978
Carossa, Hans, Rumänisches Tagebuch, 1924 [Wiesbaden 1952]
Celine, Louis-Ferdinand, Casse-pipe suivi du Carnet du Cuirassier Destonches, Paris 1951; Kanonenfutter, Reinbek 1977
Conrad, Joseph, Heart of Darkness, London 1911; Herz der Finsternis, Zürich 1977
Daudistel, Albert, Das Opfer, Berlin 1925 [Berlin (DDR) 1981]
Dehmel, Richard, Zwischen Volk und Menschheit, Berlin 1919
Döblin, Alfred, November 1918, Stockholm und Amsterdam 1939 [München 1978]
Dornberger, Paul/Emma Tromm, Frauen führen Krieg, in: »Rote Fahne«, 10. 4. 1932ff.; Buchausgabe Moskau/Leningrad 1934 [Berlin (DDR) 1977]
Dwinger, Edwin Erich, Wir rufen Deutschland, Jena 1932
Dwinger, Edwin Erich, Auf halbem Wege, Jena 1939
Eildermann, W(ilhelm), Jugend im ersten Weltkrieg, Berlin (DDR) 1972
Fallada, Hans, Kleiner Mann – was nun?, Berlin 1926 [rororo 1]
Federn, Karl, Hauptmann Latour, Hannover 1929
Frank, Leonhard, Karl und Anna, Berlin 1926
Frey, A., Die Pflasterkästen, Berlin 1929
Frei, Bruno, Die Matrosen von Cattaro, Berlin 1927
Gabor, Andor, Der rote Tag rückt näher. Reportagen und Skizzen 1928–1932, Berlin (DDR) 1959
Glaeser, Ernst, Die zerstörte Illusion, Berlin 1930
Glaeser, Ernst, Jahrgang 1902, Berlin 1928
Grimm, Hans, Volk ohne Raum, München 1926
Graf, Oskar Maria, Reise in die Sowjetunion 1935, Neuwied 1974, hrsg. von H. A. Walter
Hašek, Jaroslav, Die Abenteuer des braven Soldat Schwejk, dt. Berlin o. J. [Reinbek o. J.]
Hemingway, Ernest, A farewell to arms, London 1930; In einem anderen Land, Berlin 1930

Hermlin, Stephan, Abendlicht, Westberlin 1979

Hesse, Hermann, Krieg und Frieden, Zürich 1946

Heym, Georg, Krieg (1911), in: Menschheitsdämmerung. Symphonie jüngster Dichtung, hrsg. v. K. Pinthus, Berlin 1919

Illes, Bela, Generalprobe, Berlin/Wien/Zürich 1929

Jamet, Albert, Der unbekannte Soldat, mit einem Vorwort von Heinrich Mann, Leipzig/Wien 1932

Jünger, Ernst, Skizze moderner Gefechtsführung, in: »Militär-Wochenblatt«, Nr. 20, 1923 [Sämtliche Werke, Stuttgart 1979]

Jünger, Ernst, Die Ausbildungsvorschrift für die Infanterie, in: »Militär-Wochenblatt«, Nr. 3, 1923 [Sämtl. Werke, Stuttgart 1979]

Jünger, Ernst, Das Antlitz des Weltkrieges, Berlin 1930 [Sämtl. Werke, Stuttgart 1979]

Jünger, Ernst (Hrsg.), Krieg und Krieger, Berlin 1930

Jungnickel, Max, Das lachende Soldatenbuch, München 1915

Kisch, Egon Erwin, Soldat im Prager Korps, Leipzig/Prag 1922

Killinger, M. v., Heiteres und Ernstes aus dem Putschleben, München 1927

Kläber, Kurt, Barrikaden an der Ruhr, Berlin 1925 [Frankfurt/M. 1973]

Knauf, Erich, Ça ira! Reportage-Roman aus dem Kapp-Putsch, Berlin 1930

Köppen, Edlef, Heeresbericht, Leipzig 1930 [Kronberg/Ts. 1976; rororo 4318]

Kraus, Karl, Die letzten Tage der Menschheit, Berlin 1920 [München 1964 = dtv 23/24]

Krieg. Das erste Volksbuch vom großen Krieg, Berlin/Wien/Zürich 1929

Latzko, Andreas, Menschen im Krieg, Zürich 1917

Ludwig, Emil, Juli 1914, Berlin 1929

Marc, Franz, Briefe aus dem Feld, Berlin 1940

Menschheitsdämmerung. Symphonie jüngster Dichtung, hrsg. v. Kurt Pinthus, Berlin 1920 [Reinbek 1959 = rororo-Klassiker, 55–569]

Olbracht, Ivan, Anna, das Mädchen vom Lande, Berlin 1929 [Berlin (DDR) 1953]

Ottwalt, Ernst, Ruhe und Ordnung, Berlin 1929 [Westberlin 1980]

Ottwalt, Ernst, Denn sie wissen was sie tun, Berlin 1931 [Westberlin 1980]

Plivier, Theodor, Der Kaiser ging, die Generäle blieben. Ein deutscher Roman, Berlin 1932 [Hamburg 1978]

Plivier, Theodor, Stalingrad, Berlin 1945

Plüschow, Die Abenteuer des Fliegers von Tsingtau, (1917)

Proletarische Lebensläufe. Autobiographische Dokumente zur Entstehung der Zweiten Kultur in Deutschland, Anfänge bis 1945, hrsg. von Wolfgang Emmerich, Reinbek 1976

Rathenau, Walther, Von kommenden Dingen, Berlin 1917

Reger, Erik, Union der festen Hand, Berlin 1931 [Kronberg/Ts. 1976]

Renn, Ludwig, Über die Voraussetzungen zu meinem Buch Krieg, in: »Linkskurve«, H. 1/1929

Rolland, Romain, Clerambault, Frankfurt/M. 1922

Roth, Joseph, Unerbittlicher Kampf. Antwort auf eine Umfrage, in: »Pariser Tageblatt«, 12. 12. 1934 [Werke Bd. 4, Köln 1975f.]

Roth, Joseph, Briefe 1911–1939. Hrsg. u. eingel. v. H. Kesten, Köln 1970

Schauwecker, Franz, Aufbruch der Nation, Berlin 1930

Schauwecker, Franz, Deutsche Allein, Berlin 1931

Seghers, Anna, Die Gefährten, Berlin 1932 [Berlin (DDR) 1959]

Shaw, George Bernard, Winke zur Friedenskonferenz, Berlin 1919

Tucholsky, Kurt, Unterwegs 1915, 30. 8. 1917 [Ges. Werke Bd. 1, Reinbek 1975]

Tucholsky, Kurt, Wie war es –? So war es! Vorrede zu dem Buch des Matrosen Becker, Wie ich zum Tode verurteilt wurde, 28. 10. 1928 [Ges. Werke Bd. 6]

Turek, Ludwig, Leben und Tod meines Bruders Rudolf, Moskau 1932

Vring, Georg von der, Soldat Suhren, Berlin 1927

Wehner, Josef Magnus, Sieben vor Verdun, München 1930

Weiskopf, Franz Carl, Das Slawenlied, Berlin 1931

Wolf, Christa, Kindheitsmuster, Neuwied 1977

Wollenberg, Erich, Als Rotarmist vor München, Berlin 1929 [Hamburg 1972]
Zweig, Arnold, Der Krieg und der Schriftsteller, »Die Sammlung«, Heft 12, Amsterdam 1934
Zweig, Arnold, Kriegsromane, in: »Die Weltbühne«, Nr. 16/1929 (16. 4. 1929)

Albrecht, Friedrich, Deutsche Schriftsteller in der Entscheidung, Wege zur Arbeiterklasse
   1918–1933, Berlin (DDR) und Weimar 1970
Andrae, F., Volksbücherei und Nationalsozialismus, Wiesbaden 1970
Benjamin, Walter, Das Kunstwerk im Zeitalter seiner technischen Reproduzierbarkeit, Gesammelte
   Schriften, Bd. I, 1, Frankfurt/M. 1974
Benjamin, Walter, Theorien des Faschismus (1930) [Ges. Schriften, Bd. III, Frankfurt/M. 1972]
Benjamin, Walter, Linke Melancholie (1931) [Ges. Schriften, Bd. III, Frankfurt/M. 1972]
Bohrer, Karl Heinz, Die Ästhetik des Schreckens, München 1979
Brauneck, Manfred (Hrsg.), Die rote Fahne, Kritik, Theorie, Feuilleton 1918–1933, München 1973
Deutsche Literaturgeschichte in einem Band, hrsg. von Hans Jürgen Geerdts, Berlin (DDR) 1968
Fähnders, Walter/Martin Rector, Linksradikalismus und Literatur, Untersuchungen zur Geschichte
   der sozialistischen Literatur in der Weimarer Republik, 2 Bde., Reinbek 1974
Fähnders, Walter, Proletarisch-revolutionäre Literatur der Weimarer Republik, Stuttgart 1977
Gallas, Helga, Marxistische Literaturtheorie. Kontroversen im Bund proletarisch-revolutionärer
   Schriftsteller, Neuwied 1971
Geschichte der deutschen Literatur, 1917–1945. Von einem Autorenkollektiv unter Leitung von Hans
   Kaufmann, in Zusammenarbeit mit Dieter Schiller, Berlin (DDR) 1973
Gollbach, Michael, Die Wiederkehr des Weltkrieges in der Literatur. Zu den Frontromanen der spä-
   ten zwanziger Jahre, Kronberg/Ts. 1978
Höllerer, Walter, Das historische Bewußtsein und das Gedächtnis des Elefanten, in: »Literatur und
   Kritik«, Oktober 1979
Jirgal, Ernst, Die Wiederkehr des Weltkrieges in der Literatur, Wien 1931
Kittsteiner, Heinz-Dieter/Helmut Lethen, »Jetzt zieht Leutnant Jünger seinen Mantel aus«, Überle-
   gungen zur »Ästhetik des Schreckens«, in: »Berliner Hefte«, 11/1979
Klein, Alfred, Im Auftrag ihrer Klasse. Weg und Leistung der deutschen Arbeiterschriftsteller
   1918–1933, Berlin (DDR) und Weimar 1972
Krauss, Werner, Literaturgeschichte als geschichtlicher Auftrag, in: »Sinn und Form«, H. 4/1950
Lenz, Josef, Warum sind wir keine Pazifisten? In: »Die Linkskurve«, Nr. 1/1929
Lefévre, Manfred, Von der proletarisch-revolutionären Literatur zur antifaschistisch-sozialistischen
   Literatur, Habil.-Schr. FU Berlin (West), 1975 (Masch.)
Lukács, Georg, Fortschritt und Reaktion in der deutschen Literatur, Berlin 1947
Lukács, Georg, Gestalten und Probleme des Bürgerkrieges, in: »Aufbau«, 12/1950 u. 1/1951
Müller, Hans-Harald, Kriegsroman und Republik. Historische Skizze mit einer Interpretation von
   Adam Scharrers proletarischem Antikriegsroman Vaterlandslose Gesellen, in: Der deutsche Ro-
   man im 20. Jahrhundert. Analysen und Materialien zur Theorie und Soziologie des Romans, hrsg.
   von Manfred Brauneck, Bamberg 1976
Prümm, Karl, Die Literatur des soldatischen Nationalismus der 20er Jahre (1918–1933), Kronberg/
   Ts. 1974
Reimann, Paul, Über realistische Kunstauffassung, Berlin 1949
Renn, Ludwig, Weshalb keine Literatur über den Krieg, in: »Neue deutsche Literatur«, 1/1956
Rilla, Paul, Literatur, Kritik und Polemik, Berlin (DDR) 1952
Rohrwasser, Michael, Saubere Mädel Starke Genossen. Proletarische Massenliteratur, Frankfurt
   1975
Rothe, Wolfgang (Hrsg.), Die deutsche Literatur in der Weimarer Republik, Stuttgart 1974
Sclutius, Karl Hugo, Pazifistische Kriegspropaganda, in: »Die Weltbühne«, H. 25, 2. 4. 1929
Strothmann, Dietrich, Nationalsozialistische Literaturpolitik. Ein Beitrag zur Publizistik im Dritten
   Reich, Bonn [2]1963

Süttmayer, Ingeborg, Das Frühwerk Joseph Roths 1915–1926, Freiburg 1967
Theweleit, Klaus, Männerphantasien, 2 Bde., Frankfurt/M. 1978
Welzig, Werner, Der deutsche Roman im 20. Jahrhundert, Stuttgart 1970
Wittfogel, K. A., Pazifismus oder wirklicher Kampf für den Frieden? In: »Die Front«, H. 4/1929
Wittfogel, K. A., Romane über den imperialistischen Krieg, in: »Die Rote Fahne«, Nr. 109/13. Jg., 11. 5. 1930
Zur Tradition der sozialistischen Literatur in Deutschland. Eine Auswahl von Dokumenten, Berlin (DDR) und Weimar ²1967

Angress, Werner T., Stillborn Revolution. Die Kampfzeit der KPD 1921–1923, Düsseldorf 1973
Augstein, Rudolf, Onkel König und Neffe Kaiser. Wie der Abmarsch in die beiden Weltkriege vonstatten ging, in: »Der Spiegel« 37/1979
Brandstrœm, Elsa, Unter Kriegsgefangenen in Rußland und Sibirien 1914–1920, Leipzig 1931
Brecht, Bertolt, Aufsätze über den Faschismus, 1933 bis 1939, Ges. Werke, Bd. 20, Frankfurt/M. 1967
Brecht, Bertolt, Arbeitsjournal, Erster Band 1938 bis 1942, Zweiter Band 1942 bis 1955, hrsg. von Werner Hecht, Frankfurt/M. 1973
Broder, Henryk M./Michel R. Lang (Hrsg.), Fremd im eigenen Land. Juden in der Bundesrepublik. Mit einem Vorwort von Bernt Engelmann, Frankfurt/M. 1979
Carr, E. H., Russische Revolution und westeuropäische Linke, in: »Befreiung« 17/18, 1980
Claudin, Fernando, Die Krise der kommunistischen Bewegung, von der Komintern bis zur Kominform, Bd. 1, Westberlin 1977
Ein anderes *Deutschland.* Texte und Bilder des Widerstandes von den Bauernkriegen bis heute, Westberlin 1978
Deppe, Frank/Georg Fülberth/Jürgen Harrer (Hrsg), Geschichte der deutschen Gewerkschaftsbewegung, Köln 1977
Fischer, Fritz, Griff nach der Weltmacht. Die Kriegszielpolitik des kaiserlichen Deutschland 1914/1918, Düsseldorf 1971
Fischer, Fritz, Der Stellenwert des Ersten Weltkrieges in der Kontinuitätsproblematik der deutschen Geschichte, in: »Historische Zeitschrift«, Bd. 229/1979
Flechtheim, Ossip K., Die KPD in der Weimarer Republik. Mit einer Einleitung von Hermann Weber, Frankfurt/M. 1971
Flemming, Jens/Claus-Dieter Krohn/Dirk Stegemann/Peter Christian Witt (Hrsg.), Die Republik von Weimar. Düsseldorf 1979
Foertsch, Hermann, Der Offizier der neuen Wehrmacht, 2 Bde., Berlin 1936
Frei, Bruno, Carl von Ossietzky. Eine politische Biographie. Erweiterte u. veränd. Neuausgabe, Westberlin 1978
Friedrich, Ernst, Krieg dem Kriege! 2 Bde., Berlin 1926 [Westberlin 1978]
Geschichte der Diplomatie, 3 Bde., Teil 1: Die Diplomatie in der Vorbereitung des Zweiten Weltkrieges 1919–1939, Berlin 1948
Geschichte der deutschen Arbeiterbewegung in 8 Bänden, hrsg. v. Institut für Marxismus-Leninismus beim ZK der SED. Bde. 2 bis 4, Berlin (DDR) 1966
Gumbel, Emil J., »Verräter verfallen der Fehme«. Opfer, Mörder, Richter 1919–1929, Berlin 1929 [Tübingen 1979]
Hallgarten, George W. F., Hitlers Reichswehr und die Industrie. Zur Geschichte der Jahre 1918 bis 1933, Frankfurt/M. 1962
Heer, Hannes, Burgfrieden oder Klassenkampf. Zur Politik der sozialdemokratischen Gewerkschaften 1930–1933, Neuwied 1971
Hentschel, Volker, Weimars letzte Monate. Hitler und der Untergang der Republik, Düsseldorf 1979
Hindenburg, (Paul v.), Briefe, Reden, Berichte, München 1925 und 1927
Hücking, Hans H., Wehrunterricht in der DDR, in: »Frankfurter Hefte«, Heft 1, Januar 1980
(Hitler, Adolf). Feldherr bin ich wider Willen. Adolf Hitlers Monologe im Führerhauptquartier, Hamburg 1980

Illustrierte Geschichte der deutschen Revolution, Berlin 1929 [Frankfurt/M. 1970]

Kantorowicz, Alfred, Vom moralischen Gewinn der Niederlage, Berlin 1949

Kessler, Harry Graf, Tagebücher 1918–1937, Frankfurt/M. 1961

Kolb, Eberhard, Die steckengebliebene Revolution, in:»L 76«, 4/1978

Kuczynski, Jürgen, Die Geschichte der Lage der Arbeiter unter dem Kapitalismus, Bd. 4: Darstellung der Lage der Arbeiter in Deutschland von 1900 bis 1917/18, Berlin (DDR) 1967

Kuczynski, Jürgen, Dass., Bd. 7: Darstellung der Lage der Arbeiter in Deutschland von 1917/18 bis 1932/33, Berlin (DDR) 1966

Lenin, Wladimir Iljitsch, Bemerkungen zu den Aufgaben unserer Delegation im Haag (4. 12. 1922) [Werke Bd. 33, Berlin (DDR) 1971]

Liebknecht, Karl, Rekrutenabschied (22. 9. 1906) [Ges. Reden und Schriften, Bd. I, Berlin (DDR) 1958]

Liebknecht, Karl, Militarismus und Antimilitarismus [Ges. Reden und Schriften, Bd. I, Berlin (DDR) 1958]

Liebknecht, Karl, Die sieben »Glossen« Liebknechts, Ges. Reden und Schriften, Bd. 9, Berlin (DDR) 1971

Liebknecht, Karl, Mitteilungen, Briefe und Notizen aus dem Zuchthaus Luckau, Ges. Reden und Schriften, Bd. 9, Berlin (DDR) 1971

Lucas, Erhard, Märzrevolution im Ruhrgebiet, März/April 1920, Frankfurt/M. 1970

Lucas, Erhard, Arbeiterradikalismus, Zwei Formen von Radikalismus in der deutschen Arbeiterbewegung, Frankfurt/M. 1976

Ludendorff, Erich, Der totale Krieg, München 1936

Luxemburg, Rosa, Politische Schriften, III, hrsg. und eingeleitet von Ossip K. Flechtheim, Frankfurt/M. ³1971

Luxemburg, Rosa, Briefe aus dem Gefängnis, Berlin 1919 [Westberlin 1980]

Luxemburg, Rosa, Briefe an Freunde. Nach dem von Luise Kautsky fertiggestellten Manuskript, Hamburg 1950 [Westberlin 1981]

Mann, Golo, Deutsche Geschichte 1919–1945, Frankfurt/M. 1958

Mann, Golo, Theoriebedürftigkeit der Geschichte, in:»Neue Rundschau«, Erstes Heft 1979

Mao Tsetung, Woher kommen die richtigen Ideen der Menschen, Peking 1963

Marx, Karl/Friedrich Engels, Briefe: Marx an Kugelmann, London, 12. April 1871; Engels an Marx, London, 15. Dezember 1882, Engels an H. Starkenburg, London, 25. Januar 1894 [Ausgewählte Briefe, Berlin (DDR) 1953]

Maschke, Günter, Die irdischen Paradiese verblassen.»Revolution« und das Übermaß an Geschichte, in:»Merkur« 12/1979

Mehring, Franz, Zur Kriegsgeschichte und Militärfrage, Berlin (DDR) 1967

Noske, Gustav, Von Kiel bis Kapp, Berlin 1920

Oertzen, F. W. v., Die deutschen Freikorps 1918–1923, München 1938

Ossietzky, Carl v., Remarque-Film, in:»Die Weltbühne«, Nr. 51/1931

Ossietzky, Carl v., Der Fall Remarque, in:»Die Weltbühne«, Nr. 15/1932

Pohl, Karl Heinrich, Weimars Wirtschaft und die Außenpolitik der Republik 1924 bis 1926. Vom Dawesplan zum Internationalen Eisenpakt, Düsseldorf 1979

Retzlaw, Karl, Spartakus, Aufstieg und Niedergang. Erinnerungen eines Parteiarbeiters, Frankfurt 1971

Roth, Karl Heinz, Die »andere« Arbeiterbewegung und die Entwicklung der kapitalistischen Regression von 1880 bis zur Gegenwart. Ein Beitrag zum Neuverständnis der Klassengeschichte in Deutschland. Mit ausführlicher Dokumentation zur Aufstandsbekämpfung, München 1977

Ruge, Wolfgang, Deutschland 1917–1933, Berlin (DDR) 1974

Sartre, Jean Paul, Die Linke neu denken, in:»Freibeuter« 4/1980

Scharrer, Manfred, Arbeiterbewegung im Obrigkeitsstaat. SPD und Gewerkschaft nach dem Sozialistengesetz, Westberlin o. J. (= Rotbuch 161)

Scheler, Max, Der Genius des Krieges und der Deutsche Krieg, Leipzig 1915

Spartakusbriefe, hrsg. vom Institut für Marxismus-Leninismus beim ZK der SED, Berlin (DDR) 1958

Sternberg, Fritz, Der Faschismus an der Macht, Amsterdam 1935 [o. O., o. J. (ca. 1971)]

Thälmann, Ernst, Reden und Aufsätze 1930 bis 1933, Köln 1975

Thimme, Friedrich/Carl Legien (Hrsg.), Die Arbeiterschaft im neuen Deutschland, Leipzig 1915

Tucholsky, Kurt, Militaria: Offizier und Mann (9. 1. 19), Verpflegung (21. 1. 19), Von großen Requisitionen (30. 1. 19), Von kleinen Mädchen (6. 2. 19), Vaterländischer Unterricht (13. 2. 19), ›Unser Militär‹ (20. 2. 19), Zur Erinnerung an den ersten August 1914, in: Ges. Werke Bd. 2, Hamburg 1974

Vranicki, Predrag, Geschichte des Marxismus, Frankfurt/M. 1974

Weltkrieg, Was wir vom Weltkrieg nicht wissen, Leipzig 1936

Wiegand, Richard, »Wer hat uns verraten...« Die Sozialdemokratie in der Novemberrevolution (1918/19), Westberlin 1975

Zetkin, Clara, Revolutionäre Kämpfe und revolutionäre Kämpfer 1919. Rosa Luxemburg, Leo Jogiches, Eugen Leviné, Franz Mehring und all den treuen, kühnen, revolutionären Kämpfern und Kämpferinnen zum Gedächtnis, Ausgewählte Reden und Schriften, Bd. 2, Berlin (DDR) 1960

ABBILDUNGEN

Umschlag Vorderseite: Nach einem Foto aus Ernst Friedrich, Krieg dem Kriege, (Berlin 1925)

> *Rückseite:* Revolutionäre Arbeiter werden in München von weißen Truppen gefangengenommen, Foto 1919

Frontispiz Otto Dix, So sah ich als Soldat aus. Tusche/Feder 1924 (Germanisches Nationalmuseum, Nürnberg)

Seite 11 oben: Fahrt an die Front, Foto 1914

> *unten:* Feldpostkarte Georg Trakls an Adolf Loos aus dem k.u.k. Feldspital Nr. 7/14 in Krakau (undatiert, etwa Mitte Oktober 1914):
> Lieber Herr Loos!
> Nach monatelanger Kreuzfahrt durch ganz Galizien sende ich Ihnen die herzlichsten Grüße. Ich war einige Tage recht krank, ich glaube vor unsäglicher Trauer. Heute bin ich froh, weil wir beinahe sicher nach Norden marschieren werden und in einigen Tagen vielleicht schon in Rußland einmarschieren werden. Die herzlichsten Grüße an Herrn Kraus. Ihr sehr ergebener Georg Trakl
> aus: Expressionismus. Literatur und Kunst 1910–1923. Katalog der Ausstellung des Dt. Literaturarchivs Marbach 1960

12 »Der wahre Jacob« Nr. 733 vom 28. August 1914. Da die schon vorbereitete Nr. 732 der alle 14 Tage erscheinenden sozialdemokratischen satirischen Zeitschrift noch die (kriegsgegnerische) Juli-Haltung der SPD widerspiegelte, wurde sie nicht ausgeliefert; statt dessen erschien diese »Ersatznummer«. (Bildarchiv Preuß. Kulturbesitz, West-Berlin).

22 John Heartfield, Fotomontage, »AIZ«, 28. 8. 1932

27 Fritz v. Unruh, Hier spricht New York. Gesprochen im Pen-Club, 15. Mai 1941. In: »Aufbau« (N. Y.), 1941, Nr. 21 (23. 5. 41), Titelblatt
v. Unruh, 1933 aus der Preußischen Akademie der Künste ausgeschlossen, emigrierte zunächst nach Frankreich und konnte 1940 aus dem Internierungslager in die USA fliehen.

36 Ludwig Renn, Selbstporträt. Entstanden in Nazihaft in Bautzen, 1933. Mit freundlicher Genehmigung des Verlags Volk und Wissen, Berlin (DDR)
Leonhard Frank, Der Mensch ist gut. Umschlag der Volksausgabe, Weimar 1918

37 Joseph Roth. Zeichnung von Benedikt Dolbin, etwa 1924 (Schiller-Nationalmuseum, Marbach)

38 Hermann Hesse, O Freunde, nicht diese Töne! In: »Neue Zürcher Zeitung«, 3. 11. 1914

39 »Die weißen Blätter«. Titelblatt von Heft 6/Juni 1917
René Schickeles Zeitschrift emigrierte in die Schweiz und wurde während des Kriegs zum bedeutendsten Forum der pazifistischen deutschen Literatur.

René Schickele. Zeichnung von Benedikt Dolbin, o. J. (Institut für Zeitungsforschung, Dortmund)

69 Manuskript-Seite von »Der Streit um den Sergeanten Grischa« (Arnold Zweig-Archiv, Akademie der Künste der DDR); »angeheftet«: Arnold Zweig als Soldat vor Verdun, Foto 1917 (ebd.)

Inhalt